化学之树

周栋 著

·广州·

图书在版编目（CIP）数据

化学之树/周栋著．—广州：华南理工大学出版社，2020.8
ISBN 978-7-5623-6437-5

Ⅰ.①化… Ⅱ.①周… Ⅲ.①中学化学课－高中－教学参考资料 Ⅳ.①G634.83

中国版本图书馆 CIP 数据核字（2020）第 138558 号

Huaxue Zhi Shu
化学之树
周 栋 著

出 版 人：卢家明
出版发行：华南理工大学出版社
（广州五山华南理工大学 17 号楼，邮编 510640）
http：//www.scutpress.com.cn E-mail：scutc13@scut.edu.cn
营销部电话：020-87113487 87111048（传真）
责任编辑：吴兆强
责任校对：刘惠林
印 刷 者：广东虎彩云印刷有限公司
开　　本：787mm×1092mm　1/16　印张：21　字数：525 千
版　　次：2020 年 8 月第 1 版　2020 年 8 月第 1 次印刷
定　　价：60.00 元

版权所有　盗版必究　印装差错　负责调换

广东省教育科学规划课题"学科思想思维方法与高中学科互动教学研究"（2016yqjk181）

目 录

化学树在蒸腾与回馈 ··· 1

第一章 化学树在蒸腾 ··· 3
第一节 化学树之根——化学思想 ··· 3
第二节 化学树之干——初学者学习化学物质的思维过程 ·················· 3
第三节 化学树之叶枝——化学知识和化学方法 ································ 5
第四节 初学化学思维方式运用个案 ·· 31

第二章 化学树在回馈 ··· 88
第一节 后学化学精细的思维方式的应用个案 ·································· 89
第二节 后学化学精细的思维方式推理的依据——物质结构理论和方法 ········ 116
第三节 后学化学精细的思维方式推理的依据——元素周期律、电离理论与方法
·· 129
第四节 后学化学精细的思维方式推理的依据——化学反应速率理论、
氧化还原反应理论和方法 ··· 143
第五节 后学化学精细的思维方式推理的依据——设计实验的方法和
观察实验现象方法 ··· 158
第六节 后学化学精细的思维方式推理的依据—由物质的性质、反应
推出其用途、存在、制备的方法 ·· 165
第七节 电性力是化学作用的基础 ·· 173

第三章 物质的精华 ··· 189
第一节 过氧化钠 ··· 189
第二节 氯化钠 ·· 190
第三节 氢氧化钠（俗名：烧碱、火碱、苛性钠）···························· 192
第四节 镁 ··· 194
第五节 铝 ··· 196
第六节 氧化铝 ·· 198
第七节 氢氧化铝 ··· 199
第八节 铝盐——明矾（十二水硫酸铝钾）······································ 201
第九节 铁 ··· 203

第十节　氧化亚铁······205

第十一节　氧化铁······206

第十二节　四氧化三铁······207

第十三节　氢氧化亚铁······209

第十四节　氢氧化铁······210

第十五节　亚铁盐······211

第十六节　铁盐······214

第十七节　氯气······217

第十八节　氯化氢······219

第十九节　氢气······220

第二十节　水······222

第二十一节　过氧化氢（俗称双氧水）······225

第二十二节　硫······227

第二十三节　二氧化硫······228

第二十四节　亚硫酸······231

第二十五节　三氧化硫······233

第二十六节　硫酸······234

第二十七节　氮气······237

第二十八节　一氧化氮······239

第二十九节　二氧化氮······241

第三十节　硝酸······242

第三十一节　氨气······246

第三十二节　氨水······248

第三十三节　铵盐······249

第三十四节　硝酸盐······251

第三十五节　碳······252

第三十六节　一氧化碳······254

第三十七节　二氧化碳······256

第三十八节　碳酸······257

第三十九节　碳酸盐······259

第四十节　碳酸氢盐······261

第四十一节　硅······263

第四十二节　二氧化硅······264

第四十三节　硅酸······266

第四十四节　硅酸盐 ··· 267
第四十五节　甲烷 ··· 268
第四十六节　乙烯 ··· 270
第四十七节　乙炔 ··· 272
第四十八节　苯 ··· 274
第四十九节　苯的同系物的特别反应 ··· 275
第五十节　溴乙烷 ··· 276
第五十一节　乙醇 ··· 278
第五十二节　苯酚（石炭酸） ··· 280
第五十三节　乙醛 ··· 283
第五十四节　乙酸（俗名醋酸） ··· 285
第五十五节　乙酸乙酯 ··· 287
第五十六节　油脂 ··· 288
第五十七节　葡萄糖 ··· 290
第五十八节　蔗糖　多糖 ··· 292
第五十九节　氨基酸 ··· 293
第六十节　蛋白质 ··· 295

第四章　物质之间的相互转化与高考题 ··· 297
第一节　物质之间的相互转化及其反应方程式 ·· 297
第二节　高考题中的化工流程及其反应方程式 ·· 318

化学树在蒸腾与回馈

　　一门学科的知识、方法、思维、思想如同一棵树。一个个具体的知识如同一片片树叶，学科方法如同树枝，学科思维如同树干，学科思想如同树根。我们往往通过学科方法去认识一定量的树叶——有代表性的知识，并归纳形成和掌握学科方法；学科方法镶嵌于学科思维方式之上，从而建构学科思维方式；树干连根，就是通过在认识活动中反复运用化学知识，建立学科和运用学科解决问题。下图树干所示的思维过程为：实验→现象→物理性质、化学反应→化学性质→结构。自下而上，很像一棵活生生的树在蒸腾。

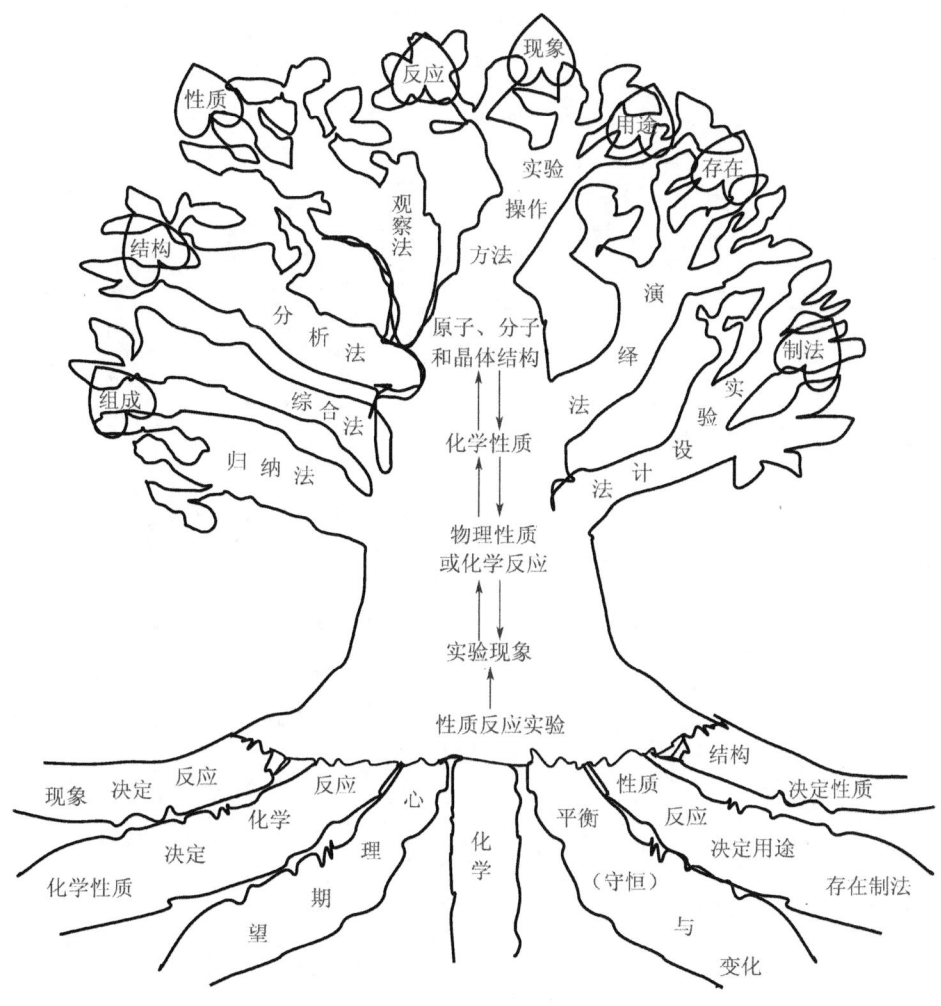

树不仅通过根、干、枝、叶向上输送营养素,而且像上图逆向将树叶生产的一部分物质依次回馈树枝、树干、树根,形成良性循环,使树不断发展壮大。老师在指导学生学习代表性知识的过程中,使学生获得了学科方法、学科思维、学科思想后,也应该构建逆向的、学习效率更高的、有利于学生终生发展的思维方式。如化学:以物质结构为起点,推出其性质,接着推出反应,推出实验现象,再通过实验验证,推出其用途、存在、制法。一旦学生具备推出的实验现象与实验观察到的完全一致的能力,该学生即可出师。为此自上而下,很像一棵活生生的树在回馈。

第一章　化学树在蒸腾

化学前辈们经过比较分析众多的化学物质，综合得出结论：化学是在原子、分子层次研究物质的组成、结构、性质、变化及其规律、实验现象、用途、存在、制法的基础自然科学。

学科思想是对某一学科的本质认识，它在认识活动中被反复运用，带有普遍性的指导意义，是建立学科和运用学科解决问题的指导思想。而化学的定义是对化学学科的本质认识，它在认识活动中被反复运用，带有普遍性的指导意义，是建立化学学科和运用化学学科解决问题的指导思想，所以化学的定义属于化学学科的基本思想。

在研究物质各个方面精髓关系早已被化学界公认：物质结构决定其性质；物质的化学性质决定其能发生的化学反应；化学反应决定其实验现象；物质的性质和化学反应决定其用途、存在、制备方法。但在中学学习阶段，这些关系要通过按化学树的思维过程去逐渐认识。这些化学的精髓关系确定下来后，在学习化学物质的活动中被反复运用，带有普遍性的指导意义，是运用学科解决问题的指导思想，故也列入化学思想。

化学物质与化学理论有什么关系？化学理论是在研究化学物质的过程中，根据需要进一步探索而形成。所以，化学理论应该为研究化学物质服务，并逐步发展完善。

第一节　化学树之根——化学思想

综上所述，化学思想概括如下：

（1）化学是在原子、分子层次研究物质的组成、结构、性质、变化及其规律、实验现象、用途、存在、制法的基础自然科学。

（2）物质结构决定其性质。

（3）物质的化学性质决定其能发生的化学反应。

（4）化学反应决定其实验现象。

（5）物质的性质和化学反应决定其用途、存在、制备方法。

但在书首语《化学树在蒸腾与回馈》中的所画注的"心理期望""平衡（守恒）原理"等自然规律不仅是化学的根基，也是所有科学的根基，故在此不列入。科学发展过程是人们心理处在平衡时，发现问题，破坏原平衡，解决问题，科学得到发展，又建立新的心理平衡的过程。

第二节　化学树之干——初学者学习化学物质的思维过程

学科思维是在学科研究或学习的过程中所采用的各种方式、手段、途径等。

以化学定义为指导，从以上各方面认识物质，并不是对物质这些方面知识的罗列，而是希望找到一条符合人认识规律的、能将物质的这些方面有机联系起来的线索。这条线索正是科学家研究物质的过程，如图1-1所示。

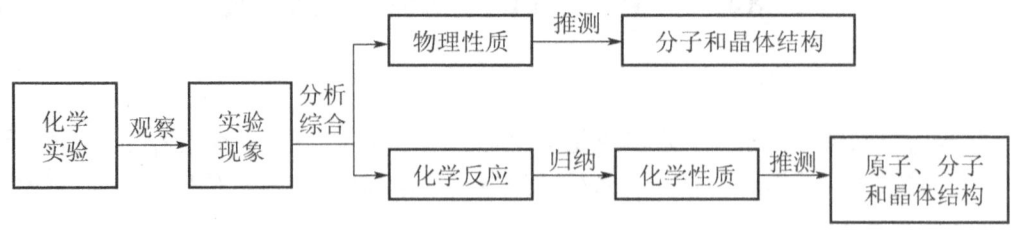

图1-1 单向认识化学物质的过程

但仅仅停留或满足于这样的单向认识化学物质的过程（图1-1）是不行的，因为到现在为止人们已经发现了几千万种化学物质，如果我们都按以上过程去认识每种物质，不要说用一生，就是三生也认识不完，效率低下；不要说我们在中学，就是在研究院，也不是所有实验都能做，那我们就不用认识相应的物质吗？高考等考试都没有机会做实验，我们也不要考试了吗？我们人类认识的能动性也没有用武之地了；就算要检验科学家研究的物质知识的正确性，也可以以物质结构为起点，通过推理，在有怀疑的地方，再通过做实验来验证，这样效率不是更高吗？而且随着科技的不断进步，首先确定新发现物质的结构，再推出其性质、反应，预测其实验现象，最后才做实验来验证、矫正，效率会更高。

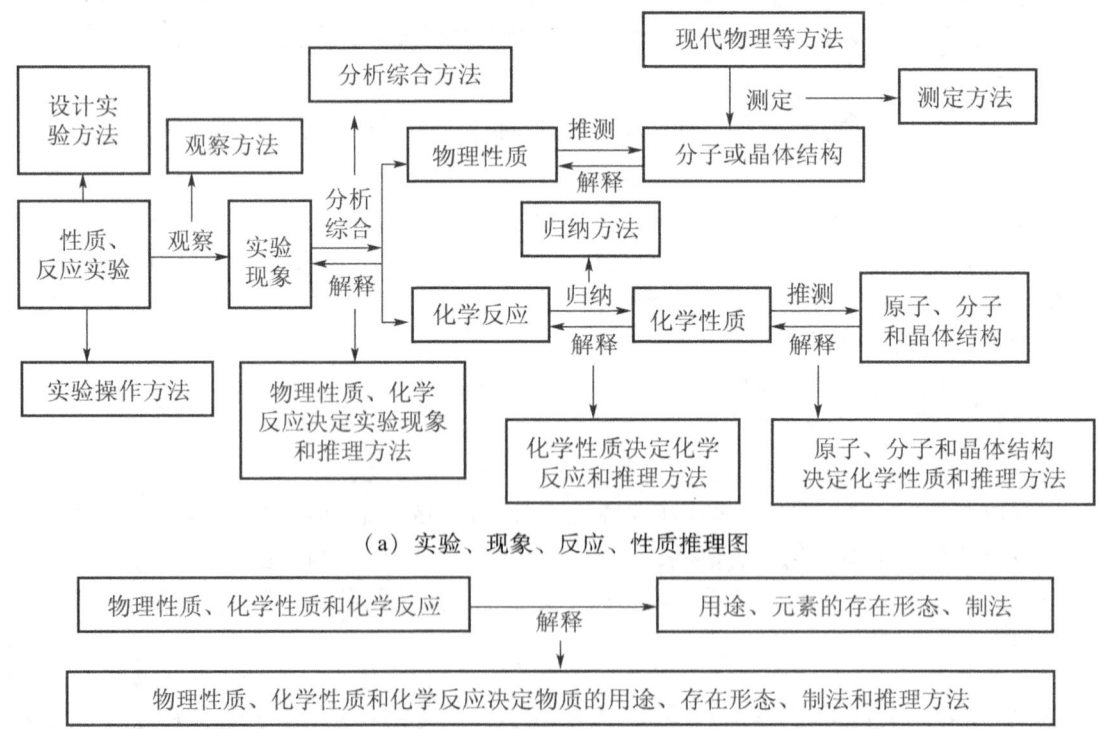

（a）实验、现象、反应、性质推理图

（b）物理性质、化学性质和化学反应与其用途、存在和制法关系图

图1-2 初学化学的思维方式

还有，如今，创造新材料的程序是：人们的一系列活动——生活、生命、科学技术研究、生产→发现需要材料的性能→根据物质组成或结构与其性能（性质）的关系→确定所需材料的组成、结构→根据化学反应与物质制备的关系和运用逆合成分析原理→设计制备步骤→实验研究→化工生产工程设计→组装→试生产→批量生产。所以，老师在指导学生认识化学物质的初期，要根据图1-2设计思维程序，即学生必须在有限时间里，经过学习一些有代表性的例子，不仅获得物质的知识，而且更重要的是获得化学的精髓关系和方法，为其构建高效的学习化学物质的基本思维方式和创造需要的物质奠定基础，为终生需要、终生学习服务。

第三节 化学树之叶枝——化学知识和化学方法

化学方法是在学习化学知识的过程中形成的。化学知识似化学树之叶，化学方法似其枝。

学科方法是在学科提出问题、解决问题的过程中所经历的、高度概括的步骤或程序、处理方式。

本节叙述的结构：分解图1-2（初学化学的思维方式）→在获得知识的同时，通过逆向提出问题，解决问题，生成化学方法→构建逆向的、学习效率更高的、有利于学生终生发展的思维方式——后学化学的思维方式，见图2-1、图2-2。下面以学习氯气的过程为例说明。

一、实验及其现象与形成的方法

从图1-2中抽取最前部分，得到图1-3。

根据图1-3，学习化学初期，通过按照课本中的物理性质的实验步骤或化学反应的实验步骤做实验，学会设计实验方法、实验操作方法；通过观察实验现象，学会观察实验现象的方法。

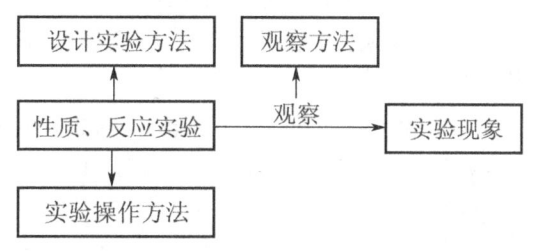

图1-3 实验及其现象与方法关系图

（一）物理性质实验及其现象与形成的方法

1. 按实验步骤，做氯气的物理性质实验，观察并记录其实验现象

【实验1-1】取一盛满氯气的集气瓶，观察其颜色、状态；稍打开玻璃片，用手轻轻地在瓶口扇动，使极少量的氯气飘进鼻孔，闻氯气的气味。

实验现象：看到氯气的颜色、状态是黄绿色气体；闻到其气味是有刺激性气味。

【实验1-2】室温23℃时，用一支100mL针筒抽取80mL氯气，然后抽取20mL水，振荡，观察现象。

实验现象：气体体积变为41mL，水从无色变为黄绿色。

2. 获得物质物理性质的一般实验方法

（1）观察物质的颜色、状态的实验步骤：取盛物质的瓶子或烧杯，观察该物质的颜色、状态。

（2）测定气体在水中溶解度的实验步骤：在室温下，用一支100mL针筒抽取一定体积的气体，然后抽取一定体积水，振荡，观察现象。

3. 获得实验操作方法

如闻气体的实验操作方法：稍打开集气瓶的玻璃片，用手轻轻地在瓶口扇动，使极少量的气体飘进鼻孔。

（二）化学反应实验及其现象与形成的方法

1. 按实验步骤，做氯气的化学反应实验并观察其实验现象

【实验1-3】将一小块金属钠放在玻璃燃烧匙上，微热熔融后，立即放入盛有氯气的集气瓶中，观察现象。

实验现象：激烈燃烧，银白色液体、黄绿色气体迅速转化为大量白烟，产生黄色火焰，温度升高。

【实验1-4】用坩埚钳夹住一束铁丝，灼热后立即伸入充满氯气的集气瓶中，观察现象。

实验现象：激烈燃烧，银白色固体和黄绿色气体快速变为棕色浓烟，温度升高。

【实验1-5】用坩埚钳夹住一束铜丝，灼热后立即放入盛有氯气的集气瓶中，观察现象。

实验现象：燃烧，红色固体和黄绿色气体变为棕黄色烟，温度升高。

【实验1-6】在空气中点燃氢气，然后把导管伸入盛满氯气的集气瓶中，观察现象。

实验现象：激烈燃烧，产生苍白色火焰，黄绿色气体消失，瓶口上方有白雾形成，温度升高。

【实验1-7】取四支试管，各加入相同大小的同种红纸，分别加入都是0.1mol/L的$NaClO$、$NaClO_2$、$NaClO_3$、$NaClO_4$溶液2mL，再各滴入2mol/L稀硫酸4滴，振荡，观察现象。

实验现象：只有加入$NaClO$溶液的试管中的红纸褪色。

【实验1-8】分别用玻璃棒蘸取新制氯水和稀盐酸，滴在放于点滴板上的两小片蓝色石蕊试纸上，观察并比较现象。

实验现象：开始时，试纸都变为红色；后来滴氯水的试纸褪色。

【实验1-9】在洁净的试管中加入2mL新制氯水，再向试管中加入几滴硝酸银溶液和几滴稀硝酸，观察现象。

实验现象：产生白色沉淀，静置，溶液变为无色。

【实验1-10】①按图1-4所示组装实验装置，检查装置的气密性。

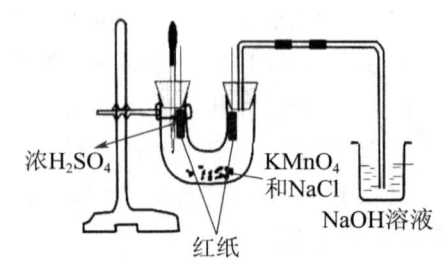

图1-4 实验1-10装置示意图

②在 U 形管中加入 $KMnO_4$ 粉末、NaCl 粉末，分别在 U 形管两端的胶塞下面插入分别挂着干燥的红纸和润湿的红纸的铁丝，用胶头滴管吸取浓 H_2SO_4 后插入胶塞。

③挤出浓 H_2SO_4，观察现象。

实验现象：激烈反应，产生气泡，U 形管中充满黄绿色气体，湿润的红纸褪色，而干燥的红纸颜色没有变化。

【实验 1-11】用一支 100mL 的针筒抽取 80mL 氯气，然后抽取 20mL 5％氢氧化钠溶液，振荡，观察现象。

实验现象：黄绿色气体消失。

2．获得物质化学反应的一般实验方法

（1）熔点低的固体或粉末在气体中燃烧的实验步骤：将固体或粉末放在不能跟所用气体反应的燃烧匙上，加热后立即放入盛有氯气的集气瓶中，观察现象。

（2）熔点高的固体跟气体在加热的条件下反应的实验步骤：用坩埚钳夹住一块固体或丝状固体，灼热后立即放入盛有气体的集气瓶中，观察现象。

（3）一种气体在另一种气体中燃烧的实验步骤：在空气中点燃可燃气体，然后把导管伸入盛满另一种气体的集气瓶中，观察现象。

（4）研究一个因素对事物影响的规律的实验步骤：在两个反应容器中，保持其他影响因素相同，只改变一个因素［如以上（实验 1-7 和实验 1-8）不同物质；（实验 1-10）干、湿红纸等］，其他实验步骤相同，观察现象。

（5）几种少量液体反应的实验步骤：向一支试管中加入一种少量液体，再加入第二种少量液体，振荡，或边加热边振荡，观察现象。

（6）气体跟液体反应的实验步骤：用一支一定规格的针筒抽取一定体积的气体，然后抽取一定体积一定浓度的某种溶液，振荡，观察现象。

3．实验操作方法

（1）固体在气体中燃烧实验操作方法：熔点高的固体，要用坩埚钳夹住；熔点低的固体或粉末置于燃烧匙中。

（2）用胶头滴管向试管中加入少量液体的实验操作方法：滴管口位于试管口上方垂直滴加。

（三）实验现象与观察实验现象的方法

1．实验现象

实验者通过感觉器官（眼、鼻、耳和手）感觉到的事物或变化。

2．观察实验现象的方法

（1）眼：看物质的颜色、状态、位置、数量及其变化、变化的快慢（速率）。如果是燃烧实验，就要看产生什么颜色的火焰或发出什么颜色的光或是否有火星。看是否产生烟或雾（烟是一片固体小颗粒，雾是一片液体小液滴）。如果有液体存在的环境，要看是否产生气泡或浑浊或沉淀或液体分层或液体上升或产生喷泉或液体下降。

（2）鼻：闻物质的气味或变化。

（3）耳：听发出的声音。如果在液体中生成气体，就会听到"嘶嘶"声；检验易燃气体的纯度时，会听到强烈的爆鸣声或轻微的爆鸣声"噗"；如果爆炸，就会听到爆炸声。

（4）手：感觉到或借助温度计测得温度的高低或变化。

二、实验现象、物理性质或化学反应与形成的方法

从图1-2中抽取中前部分，得到图1-5。

对于同一物质，图1-5中的实验现象与图1-3中的是相同的。

运用图1-5，根据实验现象，通过分析，综合得到物质的物理性质或化学反应方程式；通过逆向提出问题：为什么能观察到相应的实验现象？应用所得物质的物理性质或化学反应成功地解释其实验现象，

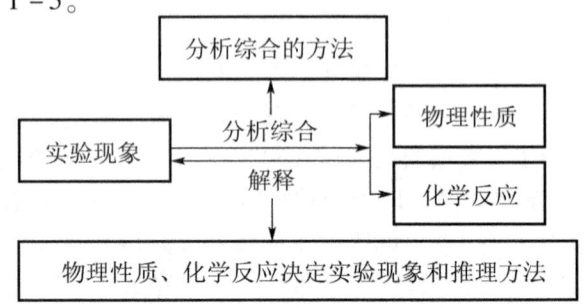

图1-5 实验现象、物理性质或化学反应与方法关系图

让我们认识物质的物理性质、化学反应与相关实验现象的关系，获得由物质的物理性质、化学反应，推出实验现象的方法。

（一）物质的物理性质实验的现象与分析、综合和其物理性质

（1）根据氯气的物理性质实验的现象，经过分析，综合得到氯气的物理性质。

从实验1-1看到氯气的颜色、状态是黄绿色气体；闻到其气味是有刺激性气味。物质的颜色、状态、气味都属于物质的物理性质，为此可得：氯气是黄绿色带有刺激性气味的气体。

实验1-2的实验现象：气体体积变为41mL，水从无色变为黄绿色。经过计算：23℃时，80mL氯气在20mL水中溶解达到饱和状态时，水与溶解氯气的体积比 = 20:（80 - 41）= 1:1.95。

得到氯气的溶解度和溶解性：23℃时，1体积水能溶解1.95体积氯气。

（2）查资料得到氯气的物理性质：氯气的熔点 -101℃，沸点 -34.6℃，有毒。

（3）计算氯气在标准状况下的密度：由氯气的熔沸点可知，在标准状况下，氯气呈气态，故其密度可根据 $\rho = \dfrac{M(\text{g/mol})}{22.4(\text{L/mol})}$ 计算 $\rho(\text{氯气}) = \dfrac{71(\text{g/mol})}{22.4(\text{L/mol})} \approx 3.17(\text{g/L})$，密度比空气的大。

综合得到氯气的物理性质：黄绿色带有刺激性气味的气体；可溶于水，23℃时，1体积水能溶解1.95体积氯气；熔沸点低，熔点 -101℃，沸点 -34.6℃；有毒；在标准状况下，密度约为3.17 g/L。

（二）物质化学反应实验的现象与分析、综合和其化学反应

1. 根据氯气化学反应实验的现象，经过分析，综合得到结论或氯气反应的方程式

实验1-3的实验现象：激烈燃烧，银白色液体、黄绿色气体迅速转化为大量白烟，

产生黄色火焰，温度升高。

分析：已知反应物是钠和氯气；由激烈燃烧，银白色液体、黄绿色气体迅速转化为大量白烟，可知氯气很容易跟钠反应；根据已有经验，由氯化钠是白色固体推测：白烟是氯化钠固体小颗粒（要真正确定，需要定性、定量分析）；产生黄色火焰，根据已学的钠的焰色反应，进一步说明该实验与钠及其化合物有关；温度升高，表明属于放热反应。

综合：氯气跟钠很容易反应，其化学方程式：$2Na + Cl_2 \xrightarrow{\text{点燃}} 2NaCl$，放热反应。

实验 1-4 的实验现象：激烈燃烧，银白色固体、黄绿色气体快速变为棕色浓烟，温度升高。

分析：已知反应物是铁和氯气；由激烈燃烧，银白色固体、黄绿色气体快速变为棕色浓烟，可知氯气容易跟铁反应；已知：氯化铁是棕色固体，由此推测：棕色烟是氯化铁固体小颗粒（要真正确定，需要定性、定量分析）；温度升高，表明属于放热反应。

综合：氯气跟铁容易反应，其化学方程式 $2Fe + 3Cl_2 \xrightarrow{\text{点燃}} 2FeCl_3$，放热反应。

实验 1-5 的实验现象：燃烧，红色固体和黄绿色气体变为棕黄色烟，温度升高。

分析：已知反应物是铜和氯气；由燃烧，红色固体和黄绿色气体变为棕黄色烟，可知氯气跟铜还是容易反应的；已知：氯化铜是棕黄色固体，由此推测：棕黄色烟是氯化铜固体小颗粒（要真正确定，需要定性、定量分析）；温度升高，表明属于放热反应。

综合：氯气跟铜还是容易反应的，其化学方程式 $Cu + Cl_2 \xrightarrow{\text{点燃}} CuCl_2$，放热反应。

实验 1-6 的实验现象：激烈燃烧，产生苍白色火焰，黄绿色气体消失，瓶口上方有白雾形成，温度升高。

分析：已知反应物是氢气和氯气；由激烈燃烧，可知氯气跟氢气容易反应；根据瓶口上方有白雾形成和经验：氯化氢在空气中形成白雾，由此推测：反应产物是 HCl（要真正确定，需要定性、定量分析）；温度升高，表明属于放热反应。

综合：氯气跟氢气容易反应，其化学方程式：$H_2 + Cl_2 \xrightarrow{\text{点燃}} 2HCl$，放热反应。

实验 1-7 的实验现象：只有盛 NaClO 溶液的试管中的红纸褪色。

分析：加入稀硫酸，溶液含有相应的酸；只有盛 NaClO 溶液的试管中的红纸褪色。

综合得结论 1：在 $HClO$、$HClO_2$、$HClO_3$、$HClO_4$ 中，只有 HClO 有漂白性。

实验 1-8 的实验现象：开始时，试纸都变为红色；后来滴氯水的试纸褪色。

分析：依经验，酸使蓝色石蕊试纸变红，由此推得：氯水呈酸性；只有滴氯水的试纸褪色，而水、HCl 都没有漂白性。

综合得结论 2：Cl_2 跟水反应生成有酸性和漂白性的物质。

实验 1-9 的实验现象：产生白色沉淀，静置，溶液变为无色。

分析：依经验，$Ag^+ + Cl^- =\!=\!= AgCl\downarrow$，由产生白色沉淀，推得：氯水中含有 Cl^-；由静置，溶液变为无色，推得：Cl_2 参与反应生成无色物质。

综合得结论 3：Cl_2 跟水反应生成 Cl^-。

实验 1-10 的实验现象：激烈反应，产生气泡，U 形管中充满黄绿色气体，湿润的红纸褪色，而干燥的红纸颜色没有变化。

分析：$2KMnO_4 + 10NaCl + 8H_2SO_4$（浓）$== K_2SO_4 + 2MnSO_4 + 5Na_2SO_4 + 5Cl_2\uparrow + 8H_2O$，由于浓硫酸的吸水性，逸出的 Cl_2（黄绿色）是干燥的。从干燥的红纸不褪色推得：Cl_2 没有漂白性；而从湿润的红纸褪色推得：必定是 $Cl_2 + H_2O$ 反应生成具有漂白性的物质。综合以上结论2、3，得：$Cl_2 + H_2O \longrightarrow H^+ + Cl^- +$ _____；运用氧化还原反应原理，氯元素化合价降低，必有元素化合价升高；而反应物中氢元素化合价已经最高，氧原子得到电子的能力比氯原子的强，氯原子不能夺取 H_2O 中 -2 价氧中的电子，即反应物中氧元素的化合价也不能升高，因此，只有另一氯原子偏离电子，导致氯元素化合价升高；如果氯元素的化合价升高1，变为 $+1$ 价氯的化合物，只能生成 $HClO$；如果氯元素的化合价升高3，变为 $+3$ 价氯的化合物，只能生成 $HClO_2$；如果氯元素的化合价升高5，变为 $+5$ 价氯的化合物，只能生成 $HClO_3$；如果氯元素的化合价升高7，变为 $+7$ 价氯的化合物，只能生成 $HClO_4$；结合以上结论1，推得：另一产物是 $HClO$；而在水过量的情况下，氯水还是黄绿色，即氯水中还含有 Cl_2，推得：$Cl_2 + H_2O$ 反应是有限度的，即为可逆反应。

综合：氯气跟水反应的化学方程式 $Cl_2 + H_2O \rightleftharpoons HCl + HClO$，离子方程式 $Cl_2 + H_2O \rightleftharpoons H^+ + Cl^- + HClO$。

实验1-11的实验现象：黄绿色气体消失。

分析：由黄绿色气体消失，假设：氯气能跟氢氧化钠溶液反应；由于 $Cl_2 + H_2O \rightleftharpoons HCl + HClO$，生成的两种酸都能跟 NaOH 反应：$HCl + NaOH == NaCl + H_2O$，$HClO + NaOH == NaClO + H_2O$。最终方程式为以上三条方程式相加。

综合：氯气跟氢氧化钠溶液反应的化学方程式为 $Cl_2 + 2NaOH == NaCl + NaClO + H_2O$，离子方程式：$Cl_2 + 2OH^- == Cl^- + ClO^- + H_2O$。

2. 分析法与综合法

（1）分析法：把事物的整体或过程分解为部分或阶段，分别研究并获得每部分事物的本质或每一阶段的特点的思维方法。如，将一个实验的全部现象分为各个部分现象，分别假设对应部分现象的原因，并能演绎解释其现象或通过定性、定量实验获得结果的方法。

（2）综合法：在分析的基础上（即根据获得的每部分事物的本质或每一阶段的特点），思考得到整体事物或全过程的普遍规律的思维方法。如在分析实验现象的基础上，得到物质的物理性质或化学反应的方程式。

（三）逆向提出问题及解决问题，获得化学的精髓关系一

1. 逆向提出问题及解决问题

（1）为什么做实验1-2时，观察到"气体体积变为41mL，水从无色变为黄绿色"现象？

因为23℃时，氯气的溶解度：1体积水能溶解1.95体积氯气，即23℃时，20mL 水最多溶解39mL氯气，故氯气变为41mL；氯气是黄绿色气体，$Cl_2 + H_2O \rightleftharpoons HCl + HClO$ 反应属于可逆反应，溶解在水中的氯气只有部分与水反应，水中 Cl_2 浓度较大，所以，水从无色变为黄绿色。

（2）为什么做实验1-3时，观察到的实验现象是：激烈燃烧，银白色液体、黄绿色

气体迅速转化为大量白烟,产生黄色火焰,温度升高?

因为氯气跟钠很容易反应,其化学方程式是:$2Na + Cl_2 \xrightarrow{\text{点燃}} 2NaCl$。金属钠是银白色固体、熔点低,氯气是黄绿色气体,氯化钠是白色固体,生成后凝聚成固体小颗粒;反应时单位时间放出大量热;金属钠及其化合物的焰色反应的颜色是黄色。所以,做实验1-3时,观察到的现象是:激烈燃烧,银白色液体、黄绿色气体迅速转化为大量白烟,产生黄色火焰,温度升高。

(3) 为什么做实验1-4时,观察到的实验现象是:激烈燃烧,银白色固体、黄绿色气体快速变为棕色浓烟,温度升高?

因为氯气跟铁容易反应,其化学方程式是:$2Fe + 3Cl_2 \xrightarrow{\text{点燃}} 2FeCl_3$。铁是银白色固体,氯气是黄绿色气体,氯化铁是棕色固体,生成后凝聚成固体小颗粒;反应时单位时间放出较多热。所以,做实验1-4时,观察到的现象是:激烈燃烧,银白色固体、黄绿色气体快速变为棕色浓烟,温度升高。

(4) 为什么做实验1-5时,观察到的实验现象是:燃烧,红色固体和黄绿色气体变为棕黄色烟,温度升高?

因为氯气跟铜还是容易反应的,其化学方程式是:$Cu + Cl_2 \xrightarrow{\text{点燃}} CuCl_2$。铜是红色固体,氯气是黄绿色气体,氯化铜是棕黄色固体,生成后集聚成固体小颗粒;反应时发生放热反应。所以,做实验1-5时,观察到的现象是:燃烧,红色固体和黄绿色气体变为棕黄色烟,温度升高。

(5) 为什么做实验1-6时,观察到的实验现象是:激烈燃烧,产生苍白色火焰,气体的黄绿色消失,瓶口上方有白雾形成,温度升高?

因为氯气跟氢气容易反应,其化学方程式是:$H_2 + Cl_2 \xrightarrow{\text{点燃}} 2HCl$。氢气是无色气体,氯气是黄绿色气体,氯化氢是无色气体,其在空气中形成盐酸小液滴;反应时单位时间放出大量热。所以,做实验1-6时,观察到的现象是:激烈燃烧,产生苍白色火焰,气体的黄绿色消失,瓶口上方有白雾形成,温度升高。

(6) 为什么做实验1-7时,观察到"只有盛NaClO溶液的试管中的红纸褪色"的现象?

因为在$HClO$、$HClO_2$、$HClO_3$、$HClO_4$中,只有$HClO$有漂白性,而发生$2NaClO + H_2SO_4$(稀)$=\!=\!= 2HClO + Na_2SO_4$反应生成$HClO$。所以,做实验1-7时,观察到的实验现象是:只有盛NaClO溶液的试管中的红纸褪色。

(7) 为什么做实验1-8时,观察到的实验现象是:开始时,试纸都变为红色;后来滴氯水的试纸褪色?

因为发生$Cl_2 + H_2O \rightleftharpoons HCl + HClO$反应,生成酸,氯水与盐酸都有酸性;生成的$HClO$具有漂白性,而盐酸中的水、$HCl$都没有漂白性。所以,做实验1-8时,观察到的实验现象是:开始时,试纸都变为红色;后来滴氯水的试纸褪色。

(8) 为什么做实验1-9时,观察到"产生白色沉淀,静置,溶液变为无色"的现象?

因为氯水中发生$Cl_2 + H_2O \rightleftharpoons H^+ + Cl^- + HClO$反应,加入几滴硝酸银溶液和几滴稀硝酸,发生$Ag^+ + Cl^- =\!=\!= AgCl\downarrow$反应,生成的AgCl是既难溶于水,又难溶于稀硝酸的

白色固体；原来氯水由于 Cl_2 的存在，因而呈黄绿色，而随着 Cl^- 与 Ag^+ 的反应，Cl_2 也逐渐反应，最后，溶液中 Cl_2 浓度很小，看不到黄绿色。所以，做实验 1-9 时，观察到的实验现象是：产生白色沉淀，静置，溶液变为无色。

（9）为什么做实验 1-10 时，观察到的实验现象是：激烈反应，产生气泡，U 形管中充满黄绿色气体，湿润的红纸褪色，而干燥的红纸颜色没有变化？

因为 $KMnO_4$、$NaCl$ 都是固体，加入 H_2SO_4（浓）后，发生激烈反应：$2KMnO_4 + 10NaCl + 8H_2SO_4$（浓）$== K_2SO_4 + 2MnSO_4 + 5Na_2SO_4 + 5Cl_2\uparrow + 8H_2O$，逸出的氯气是黄绿色，故 U 形管中充满黄绿色气体；由于浓硫酸的吸水性，逸出的 Cl_2 是干燥的。Cl_2 没有漂白性，故干燥的红纸不褪色；而在湿润的红纸上发生 $Cl_2 + H_2O \rightleftharpoons HCl + HClO$ 反应，生成的 $HClO$ 具有漂白性，故湿润的红纸褪色。所以做实验 1-10 时，观察到的实验现象是：激烈反应，产生气泡，U 形管中充满黄绿色气体，湿润的红纸褪色，而干燥的红纸颜色没有变化。

（10）为什么做实验 1-11 时，观察到的实验现象是：黄绿色气体消失？

因为氯气是黄绿色气体，与足量氢氧化钠发生反应：$Cl_2 + 2NaOH == NaCl + NaClO + H_2O$，$Cl_2$ 完全反应，$NaOH$、$NaCl$、$NaClO$ 的溶液都是无色的。所以，做实验 1-11 时，观察到的实验现象仅是：黄绿色气体消失。

2. 获得化学的精髓关系一

由以上逆向提出问题：为什么做这些实验时，能观察相应的实验现象？都是运用演绎推理的方法和所得到的结论，或物质的物理性质、反应方程式圆满地给予解释，从而获得化学的精髓关系一：物质的物理性质、化学反应决定反应实验的实验现象。

（四）由化学反应方程式推出化学反应实验的实验现象的方法

（1）根据化学反应方程式中反应物的活泼性推出反应的激烈程度：在相同条件下，反应物越活泼，该反应越激烈，反应速率越大。

（2）根据反应物与生成物的颜色不同推出什么颜色的物质变为什么颜色的物质。

（3）如果生成物在室温时是固体，在其生成的过程中是逐渐凝聚出来的，那么，就有固体小颗粒生成，就推出有烟生成；如果生成物在室温时是液体，在其生成的过程中是逐渐凝聚出来的，那么，就有小液滴生成，就推出有雾生成。

（4）如果反应物有液体，没有气体，生成物有气体，就推出产生气泡，逸出某种气体；如果反应物有气体，而生成物没有气体，就推出气体消失；如果反应物、生成物都有气体，就没有"产生气泡，逸出某种气体和气体消失"之说。

（5）由在溶液中生成难溶固体推出溶液浑浊或产生沉淀；由在一种液体中生成其他难相溶，且密度不同的液体推出液体分层。

（6）在燃烧或灼热下反应时，可根据焰色反应推出火焰的颜色或火星四射。

（7）对于一端连接液体密闭装置，如果容器中气体的量变化、温度变化或容积变化，都会导致装置气压的变化，据此可推出液体上升、产生喷泉或下降。

（8）由反应物与生成物气味的不同推出由什么气味变为什么气味。

（9）如果反应物没有气体，而生成物中的气体在液体中生成，就推出听到"嘶嘶"声；检验易燃气体的纯度时，如果气体的纯度小，就推出听到强烈爆鸣声；如果气体的纯度大，就推出听到轻微爆鸣声或者听到"噗"声；如果反应爆炸，就推出听到爆炸声。

（10）如果知道反应属于放热反应，就推出（感觉到）温度升高；由吸热反应推出温度下降。

三、化学反应与化学性质的关系及形成的方法

从图 1-2 中抽取中后部分，得到图 1-6。

根据图 1-6，由物质所发生的化学反应，通过归纳得到其化学性质；通过逆向提问：为什么物质能发生这些化学反应？应用所得物质的化学性质成功地解决该问题，让我们了解物质的化学性质与其发生化学反应的关系，获得由物质的化学性质推出化学反应的方法。

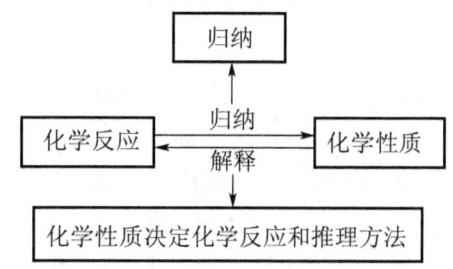

图 1-6 化学反应与化学性质及方法关系图

（一）由物质所发生的化学反应，通过归纳得到其化学性质

（1）由氯气发生的反应及其中氯气所显示的化学性质，归纳出氯气的化学性质，如图 1-7 所示。

（1）跟金属反应：Cl_2 + 金属 ⟶ 金属氯化物

$2Na + Cl_2 \xrightarrow{\text{点燃}} 2NaCl$：$\overset{0}{Cl} \longrightarrow \overset{-1}{Cl}$，化合价降低，$Cl_2$ 显氧化性。

$2Fe + 3Cl_2 \xrightarrow{\text{点燃}} 2FeCl_3$：$\overset{0}{Cl} \longrightarrow \overset{-1}{Cl}$，化合价降低，$Cl_2$ 显氧化性。

$Cu + Cl_2 \xrightarrow{\text{点燃}} CuCl_2$：$\overset{0}{Cl} \longrightarrow \overset{-1}{Cl}$，化合价降低，$Cl_2$ 显氧化性。

　　　　　　Cu 还原性弱，Cl_2 显强氧化性。

（2）跟非金属反应：Cl_2 + 非金属 ⟶ 非金属氯化物

$H_2 + Cl_2 \xrightarrow{\text{点燃}} 2HCl$：$\overset{0}{Cl} \longrightarrow \overset{-1}{Cl}$，化合价降低，$Cl_2$ 显氧化性。

$Si + 2Cl_2 \xrightarrow{\text{高温}} SiCl_4$：$\overset{0}{Cl} \longrightarrow \overset{-1}{Cl}$，化合价降低，$Cl_2$ 显氧化性。

　　　　　　Si 还原性弱，Cl_2 显强氧化性。

（3）跟水反应：

$Cl_2 + H_2O \rightleftharpoons HCl + HClO$：$\overset{0}{Cl} \longrightarrow \overset{-1}{HCl}$，化合价降低，$Cl_2$ 显强氧化性；

$Cl_2 + H_2O \rightleftharpoons H^+ + Cl^- + HClO$：$\overset{0}{Cl} \longrightarrow \overset{+1}{HClO}$，化合价升高，$Cl_2$ 显弱还原性。

（4）跟碱反应：

$Cl_2 + 2NaOH = NaCl + NaClO + H_2O$：$\overset{0}{Cl} \longrightarrow \overset{-1}{HCl}$，化合价降低，$Cl_2$ 显强氧化性；

$Cl_2 + 2OH^- = Cl^- + ClO^- + H_2O$：$\overset{0}{Cl} \longrightarrow \overset{+1}{HClO}$，化合价升高，$Cl_2$ 显弱还原性。

归纳 ⟶ 氯气的化学性质：很活泼；强氧化性；弱还原性。

图 1-7 由氯气发生的反应及其中氯气所显示的化学性质，归纳出氯气的化学性质

(2) 归纳推理法和演绎推理法。

①归纳推理法：是由特殊（或个别）的前提推出普遍性（一般性）结论的推理方法。

②演绎推理法：是由普遍性（一般性）前提推出特殊（或个别）的结论的推理方法。

（二）逆向提出问题及解决问题，获得化学的精髓关系二

1. 逆向提出问题及解决问题

（1）为什么氯气能跟大多数金属、某些非金属反应？

因为 Cl_2 很活泼，故容易跟其他物质反应；Cl_2 具有强氧化性，根据氧化还原反应原理可知，氯气能跟还原剂反应，还原剂常见就有金属、某些非金属和含化合价低的元素的化合物。所以，氯气能跟大多数金属、某些非金属反应。且反应规律是：Cl_2 + 金属（非金属）→金属（非金属）氯化物。

（2）为什么氯气能跟水反应生成 HCl 和 HClO？

因为氯气既具有强氧化性，又具有弱还原性，氧化性即氯原子得到电子，1 个氯原子只得到 1 个电子，氯元素化合价降低 1，氯元素从 0 价降到 -1 价；还原性即氯元素化合价也升高，对比实验 1-7 证明了 Cl_2 在水分子的作用下，有 HCl 和 HClO 生成。所以，氯气能跟水反应生成 HCl 和 HClO。

2. 获得化学的精髓关系二

由以上逆向提出问题：为什么物质能发生某反应？运用演绎推理的方法和物质的化学性质能圆满地给予解释，从而获得化学的精髓关系二：物质的化学性质决定其所能发生的化学反应。

（三）化学性质与由化学性质推出化学反应的方法

1. 化学性质

通过化学反应体现的性质即化学性质。包括：元素的化合价、活泼性、受热稳定性、酸性、碱性、氧化性、还原性（可燃性属于还原性）。

2. 由化学性质推出化学反应的方法

（1）根据化学反应方程式中反应物的活泼性推出反应的激烈程度：在相同条件下，反应物越活泼，该反应越激烈，反应速率越大。

（2）由反应物越稳定，推出反应速率就越小，要达到较大的反应速率，就需要越苛刻的条件。

（3）在相同条件下，反应物越活泼，能量越高，同时生成物越稳定，能量越低，焓变越负，和熵变越正，则 $\Delta G = \Delta H - T\Delta S$ 越小，该反应进行得越彻底，平衡常数越大。

（4）根据氧化还原反应规律完成其反应方程式的方法：

A. 物质具有氧化性 $\xrightarrow{\text{氧化还原反应原理}}$ 跟还原剂反应 $\begin{cases} \text{金属} \\ \text{某些非金属} \\ \text{含较低价元素的化合物} \end{cases}$

B. 物质具有还原性 $\xrightarrow{\text{氧化还原反应原理}}$ 跟氧化剂反应 $\begin{cases} \text{非金属} \\ \text{含较高价元素的化合物} \end{cases}$

C. 氧化性越强的物质跟还原性越强的物质越容易反应。

D. 推出氧化还原反应产物的方法：

a. 在反应物中作氧化剂，发生还原反应，还原产物中对应的元素的化合价降低，最低只能达到该元素的最低价。稀硝酸的还原产物一般是 NO；如果还原剂的还原性比较强，如 Mg、Zn，且是更稀的硝酸，其还原产物是 N_2 或 N_2O；如果是极稀硝酸，还原产物是 NH_4NO_3；浓硝酸的还原产物是 NO_2。浓硫酸的还原产物一般是 SO_2。$KMnO_4$ 在酸性溶液中的还原产物一般是 Mn^{2+}；$KMnO_4$ 在中性溶液中的还原产物一般是 MnO_2；$KMnO_4$ 在碱性溶液中的还原产物一般是 K_2MnO_4。

b. 在反应物中作还原剂，发生氧化反应，氧化产物中对应的元素的化合价升高，最高只能达到该元素的最高价。Fe 被比 Fe^{3+} 氧化性弱的氧化剂（H^+、S、I_2 等）氧化，只能生成 +2 价铁的化合物；Fe 被比 Fe^{3+} 氧化性强的氧化剂（Br_2、Cl_2、稀硝酸等）氧化，可生成 +3 价铁的化合物；铁在 O_2 中燃烧生成 Fe_3O_4（因为 Fe_3O_4 更稳定）；Fe 跟稀硝酸反应时，如果硝酸过量，Fe 的氧化产物是 Fe^{3+}；而 Fe 过量，只生成 Fe^{2+}（因为 Fe + $2Fe^{3+}$ == $3Fe^{2+}$）。NH_3 在氧气中燃烧，其氧化产物是 N_2；NH_3 催化氧化，其氧化产物是 NO。可燃物在氧气中完全燃烧时，各元素对应的氧化产物是：C→CO_2、H→H_2O、S→SO_2、X→HX、N→N_2、P→P_2O_5。

c. 含同种元素不同价态的物质之间发生氧化还原反应时，该元素价态的变化一定遵循："高价 + 低价→中间价"的规律。这里的中间价可以相同（谓之"靠拢归一"），也可以不同，但此时必是高价转变成较高中间价，低价转变成较低中间价（谓之"不相错"）。

E. 氧化还原反应式配平：反应物和生成物确定后，接下来就是配平氧化还原反应式。

原理：n(1mol 还原剂元素化合价升高) × n(还原剂) = n(1mol 氧化剂元素化合价降低) × n(氧化剂)

例如，SO_2 + $KMnO_4$ + H_2O —— K_2SO_4 + $MnSO_4$ + H_2SO_4

步骤一：标元素化合价：$\overset{+4}{S}O_2$ + $K\overset{+7}{Mn}O_4$ + H_2O —— $K_2\overset{+6}{S}O_4$ + $\overset{+2}{Mn}SO_4$ + H_2SO_4

步骤二：计算 1mol 还原剂、氧化剂元素化合价变化：升 2   降 5

步骤三：根据氧化还原反应配平原理，确定还原剂和氧化剂的物质的量（即系数）

根据：n(1mol 还原剂元素化合价升高) × n(还原剂) = n(1mol 氧化剂元素化合价降低) × n(氧化剂)

$$升 2 × 5 = 降 5 × 2$$

步骤四：根据质量守恒定律确定其他物质的系数

配平结果是：$5SO_2 + 2KMnO_4 + 2H_2O == K_2SO_4 + 2MnSO_4 + 2H_2SO_4$。

（5）根据各类物质的反应规律总结形成如下物质之间的相互转化图（图 1-8）。倒过来，根据该转化图可得到相关类型物质的反应规律；由转化图或所得的反应规律可以演绎出具体反应。该转化图或者就是制备物质的流程图，其中的反应方程式就是制备物质的原理。

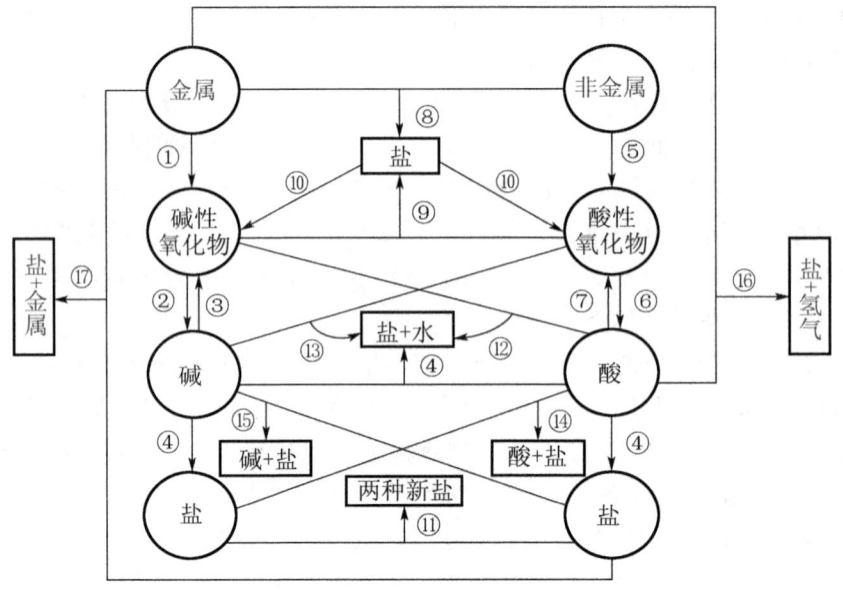

图 1-8 物质之间的相互转化图

（6）物质的受热稳定性：

①受热越稳定，越难发生分解反应；

②受热越不稳定，越容易发生分解反应。

如，HF（受热）很稳定，很难分解为 $H_2 + F_2$，而 HI（受热）稳定性比较差，比较容易分解为 $H_2 + I_2$：$2HI \xrightarrow{\triangle} H_2 + I_2$。

如下常见物质的分解反应：$2KMnO_4 \xrightarrow{\triangle} K_2MnO_4 + MnO_2 + O_2\uparrow$；$2KClO_3 \xrightarrow{\triangle} 2KCl + 3O_2\uparrow$；$2HClO \xrightarrow{光照} 2HCl + O_2\uparrow$；$2H_2O_2 \xrightarrow{催化剂} 2H_2O + O_2\uparrow$；$2HgO \xrightarrow{\triangle} 2Hg + O_2\uparrow$；$2Ag_2O \xrightarrow{\triangle} 4Ag + O_2\uparrow$；$2NaNO_3 \xrightarrow{\triangle} 2NaNO_2 + O_2\uparrow$；$2Cu(NO_3)_2 \xrightarrow{\triangle} 2CuO + 4NO_2\uparrow + O_2\uparrow$；$2AgNO_3 \xrightarrow{\triangle} 2Ag + 2NO_2\uparrow + O_2\uparrow$；$H_2CO_3 == CO_2\uparrow + H_2O$；$2NaHCO_3 \xrightarrow{\triangle} Na_2CO_3 + CO_2\uparrow + H_2O$；$CaCO_3 \xrightarrow{高温} CaO + CO_2\uparrow$；$H_2SO_3 == SO_2\uparrow + H_2O$；$2NaHSO_3 \xrightarrow{\triangle} Na_2SO_3 + SO_2\uparrow + H_2O$；$CaSO_3 \xrightarrow{高温} CaO + SO_2\uparrow$；$NH_4Cl \xrightarrow{\triangle} NH_3\uparrow + HCl\uparrow$ 等。

四、物理性质、化学性质与物质结构的关系及形成的方法

从图 1-2 中抽取最后部分，得到图 1-9。

根据图 1-9，由物质的物理性质或化学性质推测得到其结构；通过逆向提出问题：为什么物质具有这些性质？应用所得物质的结构成功地解决问题，让我们了解物质的结构与其性质的关系，获得由物质结构推出其性质的方法。

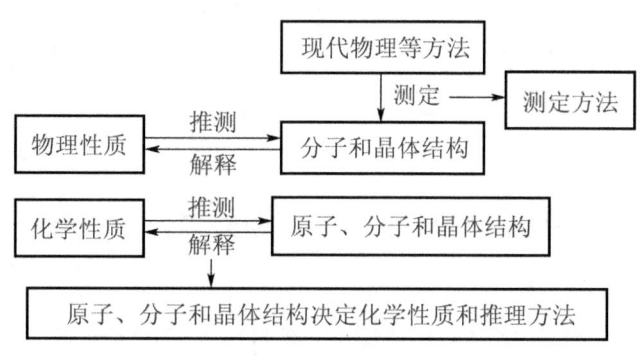

图 1-9 物质的性质与结构及方法关系图

（一）由物质的物理性质推测得到其结构

1. 根据物质的溶解性或溶解度推测分子的极性

如根据氯气的溶解度推测 Cl_2 的极性：相似相溶原理是指由极性分子组成的溶质易溶于由极性分子组成的溶剂，由非极性分子组成的溶质易溶于由非极性分子组成的溶剂。而 23℃时，氯气的溶解度：1 体积水能溶解 1.95 体积氯气，即氯气不易溶于水；又知道水分子的极性比较大。据此推测得到 Cl_2 极性不大，很可能属于非极性分子。可用图 1-10 简单表示。

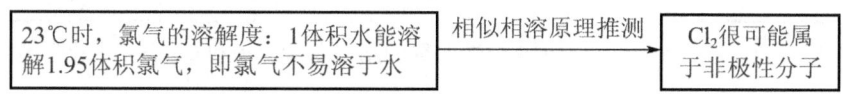

图 1-10 由氯气的水溶性推测 Cl_2 的极性图

2. 根据物质的熔沸点高低推测该物质晶体的类型

如根据氯气的熔沸点推测其晶体类型：相对分子质量不大时，分子晶体的熔沸点比较低。由氯气的熔沸点：熔点 -101℃，沸点 -34.6℃，推测得出 Cl_2 晶体属于分子晶体。可用图 1-11 简单表示。

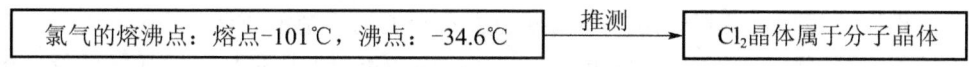

图 1-11 由氯气熔沸点推测 Cl_2 晶体类型图

（二）由物质的化学性质推测得到其结构

（1）由在化合物中元素的化合价推测该元素的原子结构。

如由 Cl 元素的化合价推测其原子结构：根据元素周期表和元素在化合物中的化合价、元素的单质及其化合物的稳定性等，规定氯原子的结构示意图为：(+18) 2 8 8；元素的最低负价 = 原子最外层电子 -8，元素的最高正价 = 原子最外层电子数。由氯原子的核电荷数为17,最低负价为-1,最高正价为+7,可推测Cl结构示意图为：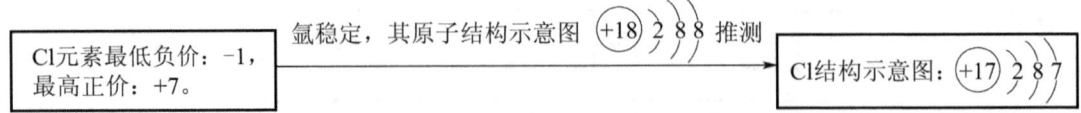。可用图1-12简单表示。

图1-12　Cl元素的化合价推测其原子结构示意图

（2）由物质的活泼性、单质的氧化性或还原性推测相应原子得失电子的难易和其中的化学键强弱。

如根据氯气的活泼性和强氧化性推测Cl得失电子的难易和Cl_2中的化学键的强弱：从物质结构的角度看，单质中的化学键越弱，其中原子越容易得失电子，该单质越活泼。由氯气很活泼，氧化性强推测得到Cl容易得到电子和Cl_2分子中化学键弱。从能量的角度看，物质的能量越高，其中的化学键就越弱，该物质就越容易参与反应，就越活泼。由氯气很活泼也推测得到Cl_2分子中化学键弱。可用图1-13简单表示如下。

图1-13　由氯气很活泼，氧化性强推测Cl容易得到电子和Cl_2分子中化学键弱

（三）测定分子、晶体结构的现代物理等方法

测定分子、晶体结构等现代物理方法：紫外光谱法、红外光谱法、X射线衍射法、核磁共振谱法、质谱法。它们具体的操作步骤，中学不要求掌握。

（四）推测法和假设法

（1）推测法：根据已经知道的事情来想象不知道的事情的方法。

（2）假设法：科学研究中根据事实和联想提出的可能原因假定，可用于演绎解释该事实的方法，或研究者根据经验事实和科学理论对所研究的问题的规律或原因作出的一种推测性论断和假定性解释的方法。

（五）逆向提出问题及解决问题，获得化学的精髓关系三

1. 逆向提出问题及解决问题

（1）为什么在常温、常压下，氯气在水中的溶解度不大？

因为Cl_2属于非极性分子，而水分子属于极性分子，根据相似相溶原理，它们不相似，所以在常温、常压下，氯气在水中的溶解度不大。

（2）为什么氯气的熔沸点低（熔点-101℃，沸点-34.6℃），且依F_2、Cl_2、Br_2、I_2顺序的熔沸点依次升高？

因为 F_2、Cl_2、Br_2、I_2 晶体都属于分子晶体，熔化沸腾都只破坏比较弱的分子间作用力，且组成、结构相似，分子间作用力随相对分子质量增大而增大，熔沸点也相应升高。F_2、Cl_2、Br_2、I_2 的组成、结构相似，依顺序，它们相对分子质量增大，所以，依 F_2、Cl_2、Br_2、I_2 顺序的熔沸点依次升高。Cl_2 的相对分子质量（71）介于 F_2 与 Br_2 之间，故 Cl_2 的熔沸点低。

（3）为什么 Cl 元素最低负价：-1，最高正价：+7；氯气很活泼，显强氧化性和弱还原性？

因为氯原子结构示意图为：(+17) 2 8 7，1 个 Cl 容易得到 1 个电子形成最外层 8 个电子的稳定结构，不容易失去电子，最多偏离 7 个电子，且 Cl—Cl 键比较弱，容易跟其他物质反应，所以，Cl 元素最低负价：-1，最高正价：+7；氯气很活泼，显强氧化性和弱还原性。

2. 获得化学的精髓关系三

逆向提出问题：为什么氯气有这些物理性质或化学性质？运用物质结构能圆满地给予解释，从而得到化学的精髓关系三：物质结构决定其性质（中学生就得学习物质结构理论、元素周期律、元素周期表）。

（六）由物质结构推出其物理性质的方法

1. 根据相似相溶原理，由分子的极性推出物质的溶解性

水分子是极性分子，非极性分子，如氢气、氮气、氧气、甲烷、四氯化碳等都难溶于水；氯气、溴单质、碘单质、二氧化碳等在水中溶解度不大。极性越接近水分子的极性的分子越易溶于水，如氨气、氟化氢（氨气、氟化氢分子与水分子之间还存在氢键）、氯化氢、溴化氢、碘化氢等。

总之，溶剂粒子与溶质粒子之间的作用力比溶质与溶质、溶剂与溶剂之间的作用力大越多，溶质就越易溶于溶剂中。

2. 根据每类晶体的共同物理性质，由所学物质的晶体结构推出该物质的水溶性和熔沸点、导电性、传热性、延展性、金属光泽、硬度

原子晶体的熔沸点高，硬而脆，难溶于水等一般溶剂。

离子晶体的熔沸点较高，硬而脆，多数能溶于水，水溶液和熔融状态能导电。

分子晶体的熔沸点低，多数硬度小且脆。

金属晶体熔沸点差异大，能导电、能传热、有延展性和金属光泽，除活泼金属跟水反应而溶于水外，其它金属难溶于水。

可由物质的熔沸点判断该物质在某温度和某压强下的状态。

3. 根据物质的结构比较物质的熔沸点、硬度和挥发性的方法

首先要认识，熔化沸腾时，离子晶体破坏的是离子键；金属晶体破坏的是金属键；原子晶体破坏的是共价键；分子晶体破坏的是分子间作用力。所要破坏的相互作用越强，晶体的熔沸点越高。

（1）根据不同类型典型晶体中相互作用的相对强弱比较不同晶体的熔沸点、硬度等。

原子晶体、离子晶体（或金属晶体）、分子晶体的熔沸点一般依次降低，硬度一般依次减小，挥发性一般依次增强。如典型的原子晶体金刚石、典型的离子晶体氯化钠、相对分子质量不是很大的分子晶体（二氧化碳晶体）等，它们的熔沸点依次降低，硬度依次减小，挥发性依次增强。但要注意，由于每类相互作用都受到许多因素影响，所以其相对强弱也相差甚远，因此以上规律并非绝对化，只对典型的晶体才适用。如，离子晶体 MgO 的熔沸点比原子晶体 SiO_2 的熔沸点高；金属晶体钠、钾、汞等的熔沸点比分子晶体硫的低。

（2）根据影响每类相互作用强弱的因素与规律比较同类晶体中不同物质的熔沸点、硬度和挥发性。

①离子晶体：阴阳离子带的电荷数越多，阴阳离子半径越小，离子键越强，一般，熔沸点越高，硬度越大。由此可推出都属离子晶体的氯化钠的熔点比氯化钾的高，硬度比氯化钾的大。

②金属晶体：金属原子的价电子数越多，金属阳离子半径越小，金属键越强，熔沸点越高，硬度越大，越难挥发。由此可推出都属金属晶体的锂、钠、钾、铷、铯的熔沸点依次降低，硬度依次减小，挥发性依次增强；钠、镁、铝或钾、钙、铁的熔沸点依次升高，硬度依次增大，挥发性依次减弱。

③原子晶体：共价键越短，共价键越强，熔沸点越高，硬度越大，越难挥发。由此可推出都属原子晶体的金刚石、碳化硅、硅晶体的熔沸点依次降低，硬度依次减小，挥发性依次增强。

④分子晶体：

A. 分子的组成：氮、氧、氟的氢化物在液态和固态时分子之间存在比较强的氢键，熔沸点比较高，液体比较难挥发。如，熔沸点：$NH_3 > PH_3$；$H_2O > H_2S$；$HF > HCl$。

B. 分子的极性：其他因素相同时，分子的极性越强，分子间作用力越大，熔沸点比较高，液体比较难挥发。如，熔沸点：$NH_3 > CH_4$；$CO > N_2$。

C. 分子的形状：其他因素相同时，分子的链越直，分子间的距离越小，分子间作用力越大，熔沸点比较高，液体比较难挥发。如，熔沸点：正丁烷 > 异丁烷。

D. 相对分子质量：其他因素相同时，相对分子质量越大，分子间作用力越大，熔沸点比较高，液体比较难挥发。如，熔沸点：硒化氢 > 硫化氢。

E. 熔点不但受熔化时破坏的相互作用的强弱影响，而且受结构单元的对称程度影响。其相互作用力相同时，结构单元的对称程度越高，晶体的熔点越高。如，熔点：新戊烷 > 正戊烷 > 异戊烷。

另外，金属晶体具有的共性是：能导电、传热、有延展性、有金属光泽。离子晶体在熔融时能导电、传热。

4. 运用周期表的规律、各类有机物物理性质的变化规律推出所学物质的物理性质的方法

（1）第2、3周期中，同一周期元素的单质的熔沸点从第ⅠA族到第ⅣA族依次升高，从第ⅣA族到0族依次降低，导电性从左到右减弱，从电的良导体（钠、镁、铝）变到

半导体硅。

（2）在第ⅠA、ⅡA族中，同主族金属单质的熔沸点从上到下依次降低。

（3）在第ⅢA、ⅣA族中，熔沸点：硼>铝；金刚石>硅晶体。

（4）在第ⅤA、ⅥA族中，同一主族从第2周期到第4周期元素的单质的熔沸点依次升高，常温常压下的状态从气态变到固态，颜色加深。

（5）第ⅦA族元素的单质的熔沸点从上到下依次升高，常温常压下的状态从气态变为液态，变为固态，颜色加深，从氟气的浅黄绿色变到氯气的黄绿色，变到液溴的红棕色，变到碘单质的紫黑色。

（6）第0族元素单质的熔沸点从上到下依次升高。

（7）烃的状态的变化规律：含1到4个碳原子的烃在常温常压下为气态，含5到16个碳原子的烃在常温常压下为液态，含17个碳原子以上的烃在常温常压下为固态。

（七）由物质结构推出其化学性质的方法

由物质结构等推出其化学性质的方法示意图（见图1-14）。

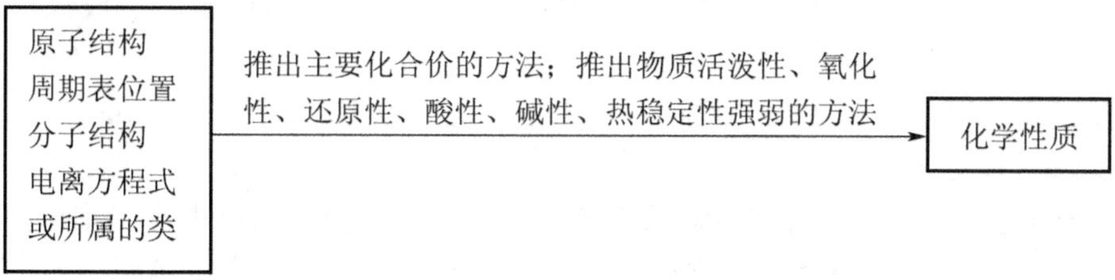

图1-14　由物质结构等推出其化学性质的方法示意图

1. 由原子结构推出对应物质的化学性质的方法

根据：除第1周期原子或离子最外层电子数达到2个为稳定结构外，其他周期主族原子或离子最外层电子数达到8个为稳定结构。

应用：原子或离子最外层电子数不达到稳定结构时，会通过失去电子或得到电子或形成共用电子对变为稳定的电子层结构。

（1）原子结构或元素在周期表中的位置推出元素化合价：主族元素的最高价=原子最外层电子数=主族序数；非金属的最低价=最高价-8。除第1周期的氢元素的最低负价=1-2=-1外。

（2）原子中最外电子层的电子数越少、电子层数越多，该元素越位于元素周期表的左下角，该原子越容易失去其最外层电子，该元素的金属性越强，（a）单质的还原性越强，也越活泼，金属单质只有还原性；（b）变成的阳离子就越难得到电子，该阳离子的氧化性就越弱；（c）该元素最高价氧化物对应的水化物的碱性越强。

（3）原子中最外电子层电子数越接近7、电子层数越少，越位于元素周期表的右上角（除0族外），该原子越容易得到电子：该元素的非金属性越强，（a）单质的氧化性越强，也越活泼，非金属性强的非金属单质主要呈氧化性，非金属性不强的非金属单质既显氧化性，又显还原性；（b）该元素变成的阴离子就越难失去电子，该阴离子的还原性就越弱；（c）该元素越高价的氧化物所对应的水化物的酸性越强（除氟元素没有最高价氧化物外）；（d）该元素最低负价的氢化物越稳定。

（4）阳离子、化合物中元素呈最高价时，该元素只具有氧化性。如 Na^+、Mg^{2+}、Al^{3+}、H^+ 离子和 HCl、HBr、HI、H_2O、H_2S、NH_3 等中的 +1 价氢只有氧化性。又如，浓硫酸中的 +6 价硫、硝酸中的 +5 价氮、高锰酸钾中的 +7 价锰都只有氧化性；Fe^{3+} 等较高价态的离子有氧化性。

（5）阴离子、物质中元素呈最低价时，该元素只具有还原性。Cl^-、Br^-、I^-、S^{2-} 离子和以上氢化物中的另一种元素只具有还原性。

（6）离子、物质中元素居于中间价态时，该元素既有氧化性又有还原性。如 Fe^{2+}、Cu^+、除氟和氧单质外的其他非金属单质、CO、SO_2、H_2O_2、含醛基的化合物等。

2. 由元素周期表、金属活动顺序等规律推出物质的化学性质的方法

推出或比较物质的化学性质时，根据元素周期表与原子结构是一致的。

根据：与物质化学性质有关的元素周期表的规律：同周期从左到右，元素的金属性减弱，非金属性增强；同主族从上到下，元素的金属性增强，非金属性减弱。由此还可扩充金属活动顺序。

（1）金属单质的活泼性、还原性：同周期从左到右，金属单质的活泼性、还原性减弱；同主族从上到下，增强。

综合起来，扩充金属活动顺序：Cs、Ba、Rb、Sr、K、Ca、Na、Mg、Al、Zn、Fe、Sn、Pb、Cu、Hg、Ag、Pt、Au。

金属原子越容易失去电子变为金属阳离子，该阳离子越难得到电子，则该阳离子的氧化性越弱。阳离子的氧化性从强到弱的顺序：Au^+、Pt^+、Fe^{3+}、Ag^+、Hg^{2+}、Cu^{2+}、H^+、Pb^{2+}、Sn^{2+}、Fe^{2+}、Zn^{2+}、Al^{3+}、Mg^{2+}、Na^+、Ca^{2+}、K^+、Sr^{2+}、Rb^+、Ba^{2+}、Cs^+。

（2）非金属单质的活泼性、氧化性：同周期从左到右，非金属单质的活泼性、氧化性增强；同主族从上到下，减弱。

综合起来，得到几种非金属活泼性、氧化性从强到弱的顺序：$F_2 > Cl_2 > Br_2 > I_2 > S$；$F_2 > O_2$；常温下，$Cl_2 > O_2$，高温下，$O_2 > Cl_2$；$N_2$ 很稳定（主要取决于分子结构：分子中的共价键很强）。

几种阴离子的还原性从强到弱的顺序：S^{2-}、I^-、Br^-、Cl^-、OH^-、含氧酸根离子、F^-。

（3）气态氢化物的稳定性：同周期从左到右，非金属气态氢化物的稳定性增强；同主族从上到下，减弱。罗列：HF > HCl > HBr > HI；$H_2O > H_2S > H_2Se$；$NH_3 > PH_3 > AsH_3$；$CH_4 > SiH_4$；$HF > H_2O > NH_3$；$HCl > H_2S > PH_3 > SiH_4$。

（4）最高价氧化物对应的水化物的碱性：同周期从左到右，最高价氧化物对应的水化物的碱性减弱；同主族从上到下，增强。罗列：CsOH > RbOH > KOH > NaOH > LiOH；$Ba(OH)_2 > Sr(OH)_2 > Ca(OH)_2 > Mg(OH)_2 > Be(OH)_2$；$NaOH > Mg(OH)_2 > Al(OH)_3$。

（5）最高价氧化物对应的水化物的酸性：同周期从左到右，最高价氧化物对应的水化物的酸性增强；同主族从上到下，减弱。罗列：$HClO_4 > HBrO_4 > HIO_4$；$HNO_3 > H_3PO_4 > H_2CO_3 > H_2SiO_3$；$HClO_4 > H_2SO_4 > H_3PO_4 > H_2CO_3 > H_2SiO_3$。

（6）含氧酸盐比对应的酸稳定。如，热稳定性：碳酸盐＞碳酸氢盐＞碳酸；亚硫酸盐＞亚硫酸氢盐＞亚硫酸；次氯酸钠＞次氯酸。此外，过氧化钠比过氧化氢稳定。

3. 由分子结构和晶体结构推出对应物质的化学性质的方法

物质的化学性质既取决于原子结构，又取决于分子结构或晶体结构。分子或晶体中化学键越强，该物质就越稳定。化学键的键能是对周期表知识的补充。因为同周期或同主族元素的同类化合物的稳定性有一定变化规律，但不同周期、不同主族元素的同类物质或不同类物质的稳定性如何比较？据此提出键能的概念，并进行测量和计算，也让人们理解了化学反应的能量变化。

（1）如果单质晶体或分子中化学键不强，单质的活泼性主要取决于原子结构。如第 IA 族、第 IIA 族或第 VIIA 族、第 VIA 族元素的单质。

（2）如果单质分子中化学键很强，单质的活泼性主要取决于分子结构。如氮单质等。

（3）碳、硅原子最外层电子数都是 4，既不容易失去电子，又不容易得到电子，它们单质的晶体（原子晶体）中化学键多，断键需要的能量多，所以，碳、硅单质都稳定。

（4）单质稳定的元素的化合物受热不稳定。如银、铂、金的化合物，硝酸和硝酸盐，氨水和铵盐，碳酸和碳酸氢盐，碳酸盐等受热不稳定。

4. 由电离方程式或所属的类推出物质的化学性质的方法

（1）步骤：

①写出所学化合物的电离方程式或判断属于什么类型物质。

②确定物质的化学性质。

（2）具体方法：

①电离出的阳离子全部是氢离子的化合物是酸，具有酸性。非金属性越强的元素的最高价氧化物的水化物的酸性越强。

强酸的电离方程式：$H_2SO_4 = 2H^+ + SO_4^{2-}$，$HNO_3 = H^+ + NO_3^-$，$HCl = H^+ + Cl^-$，$HBr = H^+ + Br^-$，$HI = H^+ + I^-$。

弱酸的电离方程式：$H_2SO_3 \rightleftharpoons H^+ + HSO_3^-$，$HSO_3^- \rightleftharpoons H^+ + SO_3^{2-}$，$H_2CO_3 \rightleftharpoons H^+ + HCO_3^-$，$HCO_3^- \rightleftharpoons H^+ + CO_3^{2-}$，$H_3PO_4 \rightleftharpoons H^+ + H_2PO_4^-$，$H_2PO_4^- \rightleftharpoons H^+ + HPO_4^{2-}$，$HPO_4^{2-} \rightleftharpoons H^+ + PO_4^{3-}$，$H_2S \rightleftharpoons H^+ + HS^-$，$HS^- \rightleftharpoons H^+ + S^{2-}$，$HF \rightleftharpoons H^+ + F^-$，$CH_3COOH \rightleftharpoons H^+ + CH_3COO^-$。

②电离出的阴离子全部是氢氧根离子的化合物是碱，具有碱性。金属性越强的元素的最高价氧化物的水化物的碱性越强。

强碱的电离方程式：$NaOH = Na^+ + OH^-$，$KOH = K^+ + OH^-$，$Ba(OH)_2 = Ba^{2+} + 2OH^-$。

弱碱的电离方程式：$NH_3 \cdot H_2O \rightleftharpoons NH_4^+ + OH^-$，$Cu(OH)_2 \rightleftharpoons Cu^{2+} + 2OH^-$，$Fe(OH)_2 \rightleftharpoons Fe^{2+} + 2OH^-$，$Fe(OH)_3 \rightleftharpoons Fe^{3+} + 3OH^-$。

氢氧化铝在水中既电离出氢离子，又电离出氢氧根离子，具有两性：

$H^+ + AlO_2^- + H_2O \rightleftharpoons Al(OH)_3 \rightleftharpoons Al^{3+} + 3OH^-$。

③其他类型物质：金属单质具有还原性。非金属单质主要具有氧化性，也有还原性

（除氟和氧单质外）。

氧化物和盐可用所发生的反应代替化学性质，因为不能进行更高度的概括。

（4）根据决定化合物在水中电离难易的因素和规律推出酸或碱的酸碱性强弱的方法：
①化合物中化学键的极性：其他因素相同时，M—N 中化学键的极性越强，在水中越容易电离出阴阳离子。
②化合物中化学键的强弱：其他因素相同时，M—N 中化学键越弱，在水中越容易电离出阴阳离子。

A. H—M 中极性越强、化学键越弱，越容易电离出氢离子，该氢化物的酸性越强。如酸性：$HCl > H_2S$。

B. M—O—H 中，M 吸引电子的能力越弱，M—OH 之间的离子键越明显，在水中越容易电离出 OH^-，MOH 的碱性越强；M 吸引电子的能力越强，MO—H 之间的极性越强，在水中越容易电离出 H^+，MOH 的酸性越强。如果 M 是同种元素，M 的化合价越高，M—O—H 的酸性越强，碱性越弱。

C. HCl、HBr、HI 的酸性主要取决于它们分子中共价键的键能：键能：H—I < H—Br < H—Cl，在水中电离：H—I > H—Br > H—Cl，所以，酸性：HI > HBr > HCl。

5. 根据弱电解质的电离平衡常数或电离度推出弱酸或弱碱的酸碱性强弱的方法

弱电解质的电离平衡常数或电离度也是对元素周期表知识的补充。因为同周期或同主族元素最高价氧化物的水化合物的酸碱性有一定变化规律，但不同周期、不同主族元素的最高价氧化物的水化合物的酸碱性如何比较？据此提出弱电解质的电离平衡常数或电离度的概念，并进行测量和计算。

（1）根据：相同温度下，K 值越大，表示弱电解质越容易电离，弱电解质越强。

温度和浓度相同时，α 越大，弱电解质越容易电离，弱电解质越强。

（2）方法：（a）搜集相同温度下，弱酸或弱碱的电离平衡常数或温度和浓度相同时的电离度；（b）判断弱酸或弱碱的相对强弱：根据以上（1），即可判断。

五、物质的性质、反应与物质用途、元素存在形态、制法的关系及形成的方法

从图 1-2 中抽取最下部分，得到图 1-15。

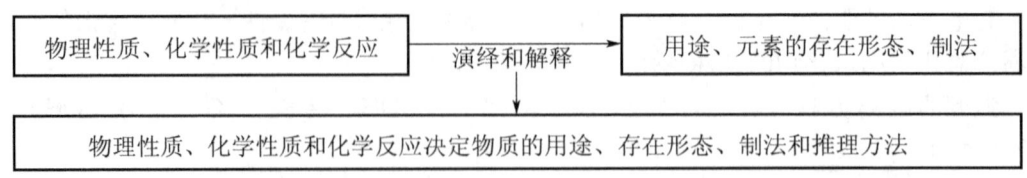

图 1-15　物质的性质、反应与物质用途、元素存在形态、制法及方法关系图

根据图 1-15，由物质的物理性质或化学性质或化学反应，运用演绎推理，得到物质的用途、元素的存在形态、制备方法；或通过逆向提出问题：为什么物质有这些用途？为什么元素在自然界中以这种形态存在？为什么可以这样制备物质？应用所得物质的物理性

质或化学性质或化学反应成功地解决这些问题，让我们了解物质的性质、反应与物质的用途、元素存在形态、物质的制法的关系，获得由物质的物理性质或化学性质或化学反应推出物质的用途、元素的存在形态、制备物质的方法。

（一）由物质的物理性质或化学性质或化学反应，运用演绎推理，得到物质的用途

如氯气的性质或反应与氯气的用途：

由 $2Fe + 3Cl_2 \xrightarrow{点燃} 2FeCl_3$ 反应推出氯气可用来制备氯化铁。

由 $Cu + Cl_2 \xrightarrow{点燃} CuCl_2$ 反应推出氯气可用来制备氯化铜。

由 $H_2 + Cl_2 \xrightarrow{点燃} 2HCl$ 反应推出氯气可用来制备氯化氢和盐酸。

由 $Si + 2Cl_2 \xrightarrow{高温} SiCl_4$ 反应推出氯气可用于提纯硅。

由 $Cl_2 + 2Br^- == 2Cl^- + Br_2$ 反应推出氯气可用于从海水中制备溴。

由 $Cl_2 + 2I^- == 2Cl^- + I_2$ 反应推出氯气可用于从海带或海藻中制备碘。

由 $Cl_2 + H_2O \rightleftharpoons HCl + HClO$ 反应推出氯气可给自来水杀菌消毒、漂白织物。

由 $Cl_2 + 2OH^- == Cl^- + ClO^- + H_2O$ 反应推出除去尾气中的氯气。

由 $2Cl_2 + 2Ca(OH)_2 == CaCl_2 + Ca(ClO)_2 + 2H_2O$ 反应推出氯气可用来制备漂白粉。

（二）由物质的化学性质或化学反应，运用演绎推理，得到元素在自然界的存在形态

如根据氯气很活泼，容易跟其他物质反应，推出氯元素在自然界中只以化合态存在。

（三）由物质的物理性质或化学性质或化学反应，运用演绎推理，得到物质的制备方法

（1）罗列产生氯气的反应方程式：

$MnO_2 + 4HCl（浓）\xrightarrow{\triangle} MnCl_2 + Cl_2\uparrow + 2H_2O$，$2KMnO_4 + 16HCl（浓）== 2KCl + 2MnCl_2 + 5Cl_2\uparrow + 8H_2O$，$4HCl + O_2 \xrightarrow[高温]{催化剂} 2H_2O + Cl_2$，$2HCl \xrightarrow{通电} H_2\uparrow + Cl_2\uparrow$，$CuCl_2 \xrightarrow{通电} Cu + Cl_2\uparrow$，$2NaCl + 2H_2O \xrightarrow{通电} 2NaOH + H_2\uparrow + Cl_2\uparrow$

（2）联系实际，确定其制备原理和根据制备原理确定生产设备或实验室里制备的装置。

如根据以上产生氯气的反应方程式，从原料来源看，NaCl、水最丰富，且运用电解食盐水法不但可以制氯气，而且能同时制备很重要的 NaOH 和 H_2，所以依据 $2NaCl + 2H_2O \xrightarrow{通电} 2NaOH + H_2\uparrow + Cl_2\uparrow$ 反应来制备氯气是最佳选择，特别是在工业上。其主要设备是电解槽。

在实验室里用电解法制备需要的少量的氯气，一般不使用电解法制备氯气。

而 $4HCl + O_2 \xrightarrow[高温]{催化剂} 2H_2O + Cl_2$，反应的条件比较苛刻，而且得到的氯气中混有氧

气，氧气很难除去。

2KMnO$_4$ + 16HCl（浓）══ 2KCl + 2MnCl$_2$ + 5Cl$_2$↑ + 8H$_2$O 反应太激烈，难以控制，且 KMnO$_4$ 比 MnO$_2$ 贵。所以在实验室里还是选择 MnO$_2$ + 4HCl（浓）$\xrightarrow{\triangle}$ MnCl$_2$ + Cl$_2$↑ + 2H$_2$O 反应产生氯气。一种反应物是液体，需要加热产生气体，所以选择的装置如图 1-16 所示。

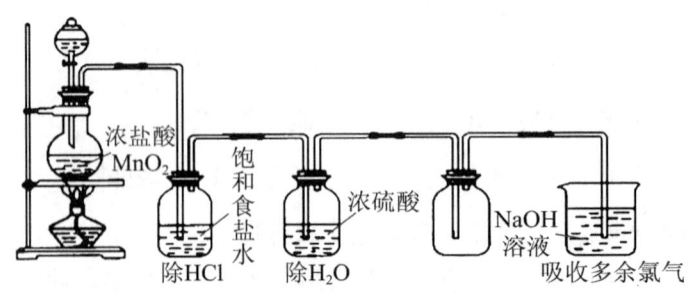

图 1-16　实验室制取氯气的装置示意图

（四）提出问题，解决问题，获得化学的精髓关系四

可见，学过氯气的性质或化学反应后，即可演绎推出氯气的用途或解释"为什么氯气有这些用途"等问题；可演绎推出或解释"为什么氯元素在自然界中只以化合态存在"问题；制取氯气也是氯气、反应物的物理性质和化学反应及其条件的应用，从而获得化学的精髓关系四：物质的性质、化学反应决定该物质的用途、元素存在形态和制法。

（五）由物质的物理性质、化学性质或化学反应推出物质的用途、元素在自然界中的存在形态和相关物质制备的方法

1. 根据物质的性质、化学反应推出该物质的用途的方法

(1) 由物质的物理性质推出其用途：如硅的导电性介于导体与半导体之间，用于制作晶体管等。

(2) 由物质的化学性质推出其用途：如稀有气体很稳定，用作保护气。

(3) 由化学反应推出其用途：如根据 2Cl$_2$ + 2Ca(OH)$_2$ ══ CaCl$_2$ + Ca(ClO)$_2$ + 2H$_2$O 反应，推出氯气或石灰乳用来制造漂白粉。

2. 根据物质的性质、化学反应推出元素在自然界中存在形态的方法

单质稳定的元素能以游离态存在于自然界中；单质活泼的元素一般以化合态存在于自然界。

3. 根据物质的性质、化学反应和实际推出制取物质的原理和设备或装置的方法

(1) 一般思维程序：产生物质的反应 $\xrightarrow{\text{联系实际}}$ 确定制取该物质的原理→设备或装置。

(2) 制备各类物质的一般方法。

A. 制备金属（表 1-1）：

表 1-1 金属的制备方法

冶炼金属的方法	适用范围	实例
电解法	铝和还原性比铝强的金属	$2NaCl \xrightarrow[\text{熔融}]{\text{通电}} 2Na + Cl_2\uparrow$ $MgCl_2 \xrightarrow[\text{熔融}]{\text{通电}} Mg + Cl_2\uparrow$ $2Al_2O_3 \xrightarrow[\text{冰晶石熔融}]{\text{通电}} 4Al + 3O_2\uparrow$
使用还原剂法	还原性从锌到铜的金属	$Fe_2O_3 + 2Al \xrightarrow{\text{高温}} 2Fe + Al_2O_3$ $Fe_2O_3 + 3CO \xrightarrow{\text{高温}} 2Fe + 3CO_2$ $2CuO + C \xrightarrow{\text{高温}} 2Cu + CO_2\uparrow$ $CuO + H_2 \xrightarrow{\Delta} Cu + H_2O$ $TiCl_4 + 4Na \xrightarrow{\text{高温}} Ti + 4NaCl$
加热法	汞和还原性比汞弱的金属	$2HgO \xrightarrow{\Delta} 2Hg + O_2\uparrow$ $2AgNO_3 \xrightarrow{\Delta} 2Ag + 2NO_2\uparrow + O_2\uparrow$

B. 制备非金属（表 1-2）：

表 1-2 非金属的制备方法

制 法	适用范围	实 例
电解法	活泼非金属：氟、氯气	$2NaCl + 2H_2O \xrightarrow{\text{通电}} 2NaOH + H_2\uparrow + Cl_2\uparrow$
使用还原剂法	正价化合物变为单质氢气、硅	$Zn + 2HCl == ZnCl_2 + H_2\uparrow$ $SiO_2 + 2C \xrightarrow{\text{高温}} Si + 2CO\uparrow$，$SiCl_4 + 2H_2 \xrightarrow{\text{高温}} Si + 4HCl$
使用氧化剂法	负价化合物变为单质溴、碘	$2Br^- + Cl_2 == Br_2 + 2Cl^-$ $2I^- + Cl_2 == I_2 + 2Cl^-$
物理法	在自然界中存在的单质	蒸馏法分离空气制氧化、氮气、稀有气体等

C. 制备金属氧化物（表 1-3）：

表 1-3 金属氧化物的制备方法

方 法	实 例
金属跟氧气反应	$4Na + O_2 == 2Na_2O$；$3Fe + 2O_2 \xrightarrow{\text{点燃}} Fe_3O_4$；$2Cu + O_2 \xrightarrow{\Delta} 2CuO$
金属跟氧化物反应	$Fe_2O_3 + 2Al \xrightarrow{\text{高温}} 2Fe + Al_2O_3$

续上表

方 法	实 例
碱受热分解	$Ca(OH)_2 \xrightarrow{\Delta} CaO + H_2O$；$2Fe(OH)_3 \xrightarrow{\Delta} Fe_2O_3 + 3H_2O$；$2Al(OH)_3 \xrightarrow{\Delta} Al_2O_3 + 3H_2O$
含氧酸盐受热分解	$CaCO_3 \xrightarrow{高温} CaO + CO_2\uparrow$；$4Al(NO_3)_3 \xrightarrow{\Delta} 2Al_2O_3 + 12NO_2\uparrow + 3O_2\uparrow$

D. 制备非金属氧化物（表1–4）：

表1–4 非金属氧化物的制备方法

方 法	实 例
非金属跟氧气反应	$C + O_2 \xrightarrow{点燃} CO_2\uparrow$；$2C + O_2(氧气不足) \xrightarrow{点燃} 2CO\uparrow$；$2H_2 + O_2 \xrightarrow{点燃} 2H_2O$；$S + O_2 \xrightarrow{点燃} SO_2\uparrow$；$N_2 + O_2 \xrightarrow{放电} 2NO\uparrow$
非金属跟氧化物反应	$2CuO + C \xrightarrow{\Delta} 2Cu + CO_2\uparrow$；$CuO + H_2 \xrightarrow{\Delta} Cu + H_2O$
含氧酸（受热）分解	$H_2CO_3 = H_2O + CO_2\uparrow$；$H_2SO_3 = H_2O + SO_2\uparrow$；$4HNO_3 \xrightarrow[或光照]{\Delta} 2H_2O + 4NO_2\uparrow + O_2\uparrow$
含氧酸盐受热分解	$CaCO_3 \xrightarrow{高温} CaO + CO_2\uparrow$；$2NaHCO_3 \xrightarrow{\Delta} Na_2CO_3 + CO_2\uparrow + H_2O$；$4Al(NO_3)_3 \xrightarrow{\Delta} 2Al_2O_3 + 12NO_2\uparrow + 3O_2\uparrow$
不稳定的含氧酸盐跟酸反应	$CaCO_3 + 2HCl = CaCl_2 + CO_2\uparrow + H_2O$
酸碱中和反应	$NaOH + HCl = NaCl + H_2O$
氧化物跟酸或碱反应	$CuO + 2HCl = CuCl_2 + H_2O$；$CO_2 + Ca(OH)_2 = CaCO_3\downarrow + H_2O$
金属跟强氧化性酸反应	$Cu + 4HNO_3(浓) = Cu(NO_3)_2 + 2NO_2\uparrow + 2H_2O$；$3Cu + 8HNO_3(稀) \xrightarrow{\Delta} 3Cu(NO_3)_2 + 2NO\uparrow + 4H_2O$；$Cu + 2H_2SO_4(浓) \xrightarrow{\Delta} CuSO_4 + SO_2\uparrow + 2H_2O$

E. 制备酸（表1–5）：

表 1-5 酸的制备方法

方法	实 例
酸性氧化物跟水反应	$SO_3 + H_2O = H_2SO_4$
较强酸跟盐反应	$Ca_3(PO_4)_2 + 3H_2SO_4(浓) \xrightarrow{高温} 3CaSO_4 + 2H_3PO_4$; $Na_2SiO_3 + H_2O + CO_2 = Na_2CO_3 + H_2SiO_3 \downarrow$

F. 制备碱（表 1-6）:

表 1-6 碱的制备方法

方法	实 例
碱性氧化物跟水反应	$CaO + H_2O = Ca(OH)_2$
较强碱跟盐反应	$NH_4Cl + NaOH = NH_3 \cdot H_2O + NaCl$; $AlCl_3 + 3NH_3 \cdot H_2O = Al(OH)_3 \downarrow + 3NH_4Cl$

（3）实验室制备气体的方法。

A. 制备常见气体的总程序（也是装置从左到右的连接顺序）：

气体的产生→气体的净化→气体的收集→尾气处理

B. 实验室里制备气体的一般实验步骤：

（a）连接好装置；（b）检查其气密性；（c）装药品；（d）满足实验条件；（e）收集气体；（f）无色气体验满；（g）拆装置并洗涤。

C. 气体的产生装置及其制备的气体、收集方法、反应原理、注意事项说明，见表 1-7。

表 1-7 实验室制备气体装置整合表

类型	发生装置	气体	收集方法	反应原理	说明
固+固 （加热）	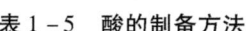	O_2	排水法	$2KClO_3 \xrightarrow{MnO_2}{\Delta} 2KCl + 3O_2 \uparrow$ $2KMnO_4 \xrightarrow{\Delta} K_2MnO_4 + MnO_2 + O_2 \uparrow$	加热 $KMnO_4$ 时，用一团棉花放在靠近试管口的地方，以防止固体粉末进入导管
		NH_3	向下排气法	$2NH_4Cl + Ca(OH)_2 \xrightarrow{\Delta} CaCl_2 + 2NH_3 \uparrow + 2H_2O$	棉花团放在收集 NH_3 的试管口，防止 NH_3 与空气对流
块状固体+液 （不加热）		H_2	排水法或向下排气法	$Zn + H_2SO_4(稀) = ZnSO_4 + H_2 \uparrow$	（1）反应物不能用硝酸 （2）反应液中加入 $CuSO_4$，可增加反应速率
		CO_2	向上排气法	$CaCO_3 + 2HCl = CaCl_2 + CO_2 \uparrow + H_2O$	反应物不能用硫酸

续上表

类型	发生装置	气体	收集方法	反应原理	说明
固+液（不加热）		NO_2 或 O_2	向上排气法	$Cu + 4HNO_3(浓) \xlongequal{\triangle} Cu(NO_3)_2 + 2NO_2\uparrow + 2H_2O$； $2H_2O_2 \xlongequal{MnO_2} 2H_2O + O_2\uparrow$	$3NO_2 + H_2O == 2HNO_3 + NO$，只能用向上排气法收集 NO_2
固（液）+液（加热）		Cl_2	向上排气或排饱和食盐水法	$MnO_2 + 4HCl(浓) \xlongequal{\triangle} MnCl_2 + Cl_2\uparrow + 2H_2O$	若用 $KMnO_4$ 代替 MnO_2，反应不需加热
		HCl	向上排气法	$NaCl(s) + H_2SO_4(浓) \xlongequal{微热} NaHSO_4 + HCl\uparrow$	可用浓硫酸滴入浓盐酸中制 HCl，反应不需要加热
		NO	排水法	$3Cu + 8HNO_3(稀) \xlongequal{\triangle} 3Cu(NO_3)_2 + 2NO\uparrow + 4H_2O$	$2NO + O_2 == 2NO_2$，只能用排水法收集 NO

D. 气体的净化（包括干燥）。

a. 气体的净化：易溶于水的气体杂质可用水来吸收；酸性杂质可用碱性物质吸收；碱性杂质可用酸性物质吸收；能与杂质反应生成沉淀（或可溶物）的物质也可作为吸收剂。常见除去气体中杂质的仪器或装置图：干燥管、洗气瓶、高温玻璃管、U形管，见图 1-17。

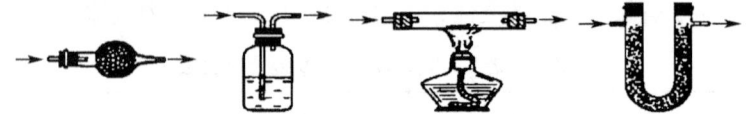

图 1-17 常见除去气体中杂质的仪器或装置图

b. 气体的干燥：可用干燥剂来吸收水分。常见干燥剂及其适用范围见表 1-8。

表 1-8 常见干燥剂

	液态干燥剂	固态干燥剂	
装置			
常见干燥剂	浓硫酸	无水氯化钙	碱石灰
可干燥的气体	H_2、O_2、Cl_2、SO_2、C_2H_2、C_2H_4、CO_2、CO、CH_4、N_2	H_2、O_2、Cl_2、SO_2、CO、CO_2、CH_4、HCl	H_2、O_2、N_2、CH_4、NH_3
不可干燥的气体	NH_3、H_2S、HBr、HI	NH_3	Cl_2、HCl、H_2S、SO_2、CO_2、NO_2

E. 尾气的处理,见表1-9。

表1-9 三种尾气处理举例

装　置	适用范围	举　例
	一般用于易燃性的尾气的处理	如CO气体可采取此法,使CO转化为无毒的CO_2气体
	一般用于溶解度不大的尾气的吸收	如CO_2、NO_2、Cl_2等用NaOH溶液吸收
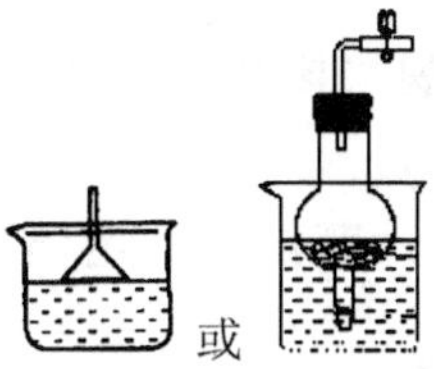	一般用于极易溶于水的尾气的处理	如HCl、NH_3等用水吸收

在此基础上,构建如第二章图2-1、图2-2的中、后期研学化学的思维程序。

第四节　初学化学思维方式运用个案

本节的6个案例是初学化学思维方式运用的个案,目的是通过此6个回合应用图1-2的思维方式,从而不但熟练掌握研究和学习化学的过程、方法、思想,而且为运用所获得的思想、方法构建如图2-1、图2-2所示的、学习效率更高的、有助于终生学习化学的思维方式服务。两种思维方式掌握后,便可根据需要灵活运用。本节所选的6种物质是初中到高一不同阶段的几类物质中的代表物质。现在的高考题很少直接考中学化学课本所编入的物质,主要考查通过学习化学物质等所形成的思想、思维和方法等。

一、氧气

因为氧气是在初中学了什么叫做化学、物理变化与化学反应、物理性质与化学性质后学习的第一种物质,所以,要在学习什么叫做化学(化学家研究化学过程的本质概括)的基础上,结合人的认识规律,构建如图1-2的学习过程,使学生在学习氧气知识的过程中初步认识化学反应与实验现象之间的关系;物质的化学性质与其化学反应之间的关系;物质的性质、反应与其用途之间的关系并生成观察实验现象的方法;相应实验设计的方法;相应实验操作方法;分析法、综合法、归纳法、演绎法等。

(一) 实验及其现象与形成的方法

学习化学初期,根据图1-3,按照课本中氧气物理性质的实验步骤或化学反应的实验步骤做实验，学会设计实验方法、实验操作方法；通过观察实验现象，学会观察实验现象的方法。

1. 氧气的物理性质实验及其现象与形成的方法

（1）按实验步骤，做氧气的物理性质实验与观察并记录其实验现象。

【实验1-12】取一盛满氧气的集气瓶，观察其颜色；稍打开玻璃片，用手轻轻地在瓶口扇动，使极少量的氧气飘进鼻孔，闻氧气的气味。

实验现象：氧气是无色无味的气体。

【实验1-13】室温23℃时，用一支100mL针筒抽取80mL氧气，然后抽取20mL水，振荡，观察现象。

实验现象：气体体积变为约79.4mL。

（2）获得设计物质的物理性质的一般实验方法。

①观察物质的颜色、状态的实验步骤：取盛物质的瓶子或烧杯，观察该物质的颜色、状态。

②测定气体在水中溶解度的实验步骤：在室温下，用一支100mL针筒抽取一定体积的气体，然后抽取一定体积的水，振荡，观察现象。

（3）获得实验操作方法。

闻气体的实验操作方法：稍打开集气瓶的玻璃片，用手轻轻地在瓶口扇动，使极少量的气体飘进鼻孔。

2. 化学反应实验及其现象与形成的方法

（1）按实验步骤，做氧气的化学反应实验与观察并记录其实验现象。

【实验1-14】把带有火星的木条伸到盛有氧气的集气瓶中，观察实验现象。木条充分燃烧后，抽出木条，盖好玻璃片，待温度下降到接近室温时，倒入足量的澄清石灰水，摇动集气瓶，观察现象。

实验现象：带火星的木条复燃，火焰长白亮，木条变短，产生白雾，瓶中温度明显升高。

温度下降后，出现无色液滴，石灰水变为白色浑浊。

【实验1-15】在燃烧匙里放一小块木炭，伸进充满氧气的集气瓶里，观察现象。再把木炭加热到发红，然后伸进充满氧气的集气瓶里，观察现象。木炭充分燃烧后，抽出燃烧匙，盖好玻璃片，待温度下降到接近室温时，倒入足量澄清石灰水，摇动集气瓶，观察现象。

实验现象：常温下，黑色固体与空气、氧气都没有明显变化。在空气里受热，黑色固体仅变红，而在氧气里剧烈燃烧，发出白光，黑色固体迅速减少，温度明显升高。石灰水变为白色浑浊。

【实验1-16】在燃烧匙里放少量硫，加热，直到燃烧，观察现象。然后把盛有燃着的硫的燃烧匙伸进充满氧气的集气瓶里，观察实验现象。硫充分燃烧后，抽出燃烧匙，盖好玻璃片，待温度下降到接近室温时，倒入足量澄清石灰水，摇动集气瓶，观察现象。

实验现象：淡黄色粉末在空气里燃烧发出微弱的淡蓝色火焰，慢慢减少，而在氧气里剧烈燃烧，发出蓝紫色火焰，迅速减少，都生成有刺激性气味的气体，温度都升高，后者升高更明显。石灰水变为白色浑浊，刺激性气味消失。

【**实验 1-17**】把两根光亮的细铁丝一端分别盘成螺旋状。取一根在酒精灯上烧至红热，观察现象。在另一根的下端系一根火柴，点燃火柴，待火柴快燃尽时，插入盛有氧气的集气瓶中（集气瓶底铺满细沙），产物冷却后，用磁石靠近产物，观察现象。

实验现象：在空气中加热铁丝，银白色只变红热。在氧气里点燃铁丝，剧烈燃烧，火星四射，银白色丝迅速减少，温度急剧升高，红热熔融物落于沙上得到黑色固体，与磁铁相吸。

（2）设计化学反应实验的方法。

固体跟气体在加热的条件下反应的实验步骤：用坩埚钳夹住一束固体丝或将粉末放于燃烧匙中，灼热后立即放入盛有气体的集气瓶中，观察实验现象。

（3）实验操作方法。

固体在气体中燃烧实验的操作方法：熔点高的固体，要用坩埚钳夹住，如果有高温熔落物，要预先在集气瓶底铺一层细沙或预留少量水；熔点低的固体或粉末置于燃烧匙中。

3. 实验现象与观察实验现象的方法

（1）实验现象：实验者通过感觉器官（眼、鼻、耳和手）感觉到的事物或变化。

（2）观察实验现象的方法：

①眼：看物质的颜色、状态、位置、数量及其变化、变化的快慢（速率）。如果是燃烧实验，就要看产生什么颜色的火焰或发出什么颜色的光或是否有火星。看是否产生烟或雾（烟是一片固体小颗粒，雾是一片液体小液滴）。如果有液体存在的环境，要看是否产生气泡、浑浊、沉淀、液体分层、液体上升、产生喷泉或液体下降。

②鼻：闻物质的气味或变化。

③耳：听发出的声音。如果在液体中生成气体，就会听到"嘶嘶"声；检验易燃气体的纯度时，会听到强烈的爆鸣声或轻微的爆鸣声"噗"；如果爆炸，就会听到爆炸声。

④手：感觉到或借助温度计测得温度的高低或变化。

（二）实验现象、物理性质或化学反应与形成的方法

如图 1-5 所示，根据氧气的以上实验现象，通过分析，综合得到氧气的物理性质或化学反应方程式；通过逆向提出问题：为什么能观察到相应的实验现象？应用所得氧气的物理性质或化学反应成功地解释其实验现象，让我们了解物质的物理性质、化学反应与相关实验现象的关系，获得由物质的物理性质、化学反应推出实验现象的方法。

1. 通过氧气的物理性质实验的现象与分析，综合出其物理性质

（1）根据氧气物理性质的实验现象，经过分析，综合得到氧气的物理性质。

实验 1-12 实验现象：氧气是无色无味的气体。

与物理性质的概念比较分析：物质的颜色、状态、气味都属于物质的物理性质。

得到氧气的颜色、状态、气味用一句话表述为：氧气是无色无气味的气体。

实验 1-13 的实验现象：气体体积变为约 79.4mL。

经过计算：23℃时，80mL 氧气在 20mL 水中溶解达到饱和时，水与溶解氧气的体积比 =20:(80-79.4) =1:0.03，即 1L 水中只能溶解约 30mL 氧气。

得到氧气的溶解度和溶解性：23℃时，1L 水溶解约 30mL 氧气，说明氧气微溶于水。

（2）查资料得到氧气的物理性质：沸点－183℃时变为淡蓝色液体，在熔点－218℃时变成淡蓝色雪花状固体。据此，工业、医疗上所用氧气一般加压贮存在蓝色的钢瓶里。密度为 1.429 g/L，比空气的密度大。据此，可用向上排空气法收集氧气。

综合得到氧气的物理性质：常温常压下，无色无气味的气体（联想空气，容易记忆），沸点－183℃，熔点－218℃；在标准状况下，密度为 1.429 g/L，比空气的密度（1.293g/L）大。微溶于水，在室温下，1L 水中只能溶解约 30mL 氧气。

2. 通过氧气化学反应的实验现象与分析，综合出其化学反应，抽象出概念及形成方法

（1）根据氧气的化学反应的实验现象，经过分析，综合得到结论或用文字表示的反应式。

实验 1－14 的实验现象：带火星木条复燃，火焰长白亮，产生白雾，木条变短，瓶中温度明显升高。温度下降后，出现无色液滴，石灰水变为白色浑浊。

分析：已知反应物是纤维素和氧气；已有经验：二氧化碳能使石灰水变浑浊；常温下，水是无色液体。由石灰水变为白色浑浊推测有二氧化碳生成；由出现无色液滴推测有水生成（要真正确定，需要定性、定量分析）；由温度升高推测反应放出热量。

综合：在点燃的条件下，氧气跟纤维素很容易反应，用文字表示的反应式：纤维素 + 氧气 $\xrightarrow{\text{点燃}}$ 二氧化碳 + 水，反应放出热量。

实验 1－15 的实验现象：常温下，黑色固体与空气、氧气都没有明显变化。在空气里受热，黑色固体仅变红，而在氧气里剧烈燃烧，发出白光，黑色固体迅速减少，温度明显升高。石灰水变为白色浑浊。

分析：已知反应物是碳和氧气；由石灰水变为白色浑浊推测有二氧化碳生成（要真正确定，需要定性、定量分析）；温度升高，表明反应放出热量。

综合：在点燃的条件下，氧气跟碳很容易反应，用文字表示的反应式：碳 + 氧气 $\xrightarrow{\text{点燃}}$ 二氧化碳，反应放出热量。

实验 1－16 的实验现象：淡黄色粉末在空气里燃烧发出微弱的淡蓝色火焰，慢慢减少，而在氧气里剧烈燃烧，发出蓝紫色火焰，迅速减少，都生成有刺激性气味的气体，温度都升高，后者升高更明显。石灰水变为白色浑浊，刺激性气味消失。

分析：已知反应物是硫和氧气；硫粉是淡黄色粉末，反应物减少；已知二氧化硫是无色有刺激性气味的气体，能使石灰水变浑浊。由有刺激性气味的无色气体生成，且使石灰水变浑浊推得反应生成二氧化硫（要真正确定，需要定性、定量分析）；温度升高，表明反应放出热量。

综合：在点燃的条件下，氧气跟碳很容易反应，用文字表示的反应式：硫 + 氧气 $\xrightarrow{\text{点燃}}$ 二氧化硫，反应放出热量。

实验 1－17 的实验现象：在空气中加热铁丝，银白色丝只变红热。在氧气里点燃铁丝，剧烈燃烧，火星四射，银白色丝迅速减少，温度急剧升高，红热流体熔落于水中得到黑色固体，可与磁铁相吸。

分析：已知反应物是铁和氧气；铁丝是银白色丝，剧烈燃烧使反应物银白色丝迅速减少；已知四氧化三铁是有磁性的黑色固体，由得到黑色固体，与磁铁相吸推测黑色固体是四氧化三铁（要真正确定，需要定性、定量分析）；温度升高，表明反应放出热量。

综合：在加热的条件下，氧气跟铁很容易反应，用文字表示的反应式：铁 + 氧气 $\xrightarrow{\text{点燃}}$ 四氧化三铁，反应放出热量。

（2）由下列文字表示的反应式，经过分析，综合得到化合反应及其定义。

碳 + 氧气 $\xrightarrow{\text{点燃}}$ 二氧化碳；硫 + 氧气 $\xrightarrow{\text{点燃}}$ 二氧化硫；铁 + 氧气 $\xrightarrow{\text{点燃}}$ 四氧化三铁

分析：上述 3 个化学反应前后物质的种数，都由多种物质生成另一种物质。

抽象综合：化合反应由两种或两种以上物质生成另一种物质的反应。

（3）分析法与综合法。

①分析法：把事物的整体或过程分解为部分或阶段，分别研究并获得每部分事物的本质或每一阶段的特点的思维方法。如将一个实验的全部现象分为各个部分现象，分别假设对应部分现象的原因，并能演绎解释其现象或通过定性、定量实验获得结果的方法。

②综合法：在分析的基础上（即根据获得的每部分事物的本质或每一阶段的特点），思考得到整体事物或全过程的普遍规律的思维方法。如在分析实验现象的基础上，得到物质的物理性质或化学反应式。

3. 逆向提出问题及解决问题，获得化学的精髓关系一

（1）逆向提出问题及解决问题。

①为什么做实验 1 - 13 时，观察到的实验现象是：气体体积变为 79.4mL？

因为 23℃时，氧气的溶解度：1L 水中只能溶解约 30mL 氧气。即 23℃时，20mL 水最多溶解 0.6mL 氧气，故氧气变为 79.4mL。

②为什么做实验 1 - 14 时，观察到的实验现象是：带火星木条复燃，火焰长白亮，产生白雾，木条变短，瓶中温度明显升高。温度下降后，出现无色液滴，石灰水变为白色浑浊？

因为木条在空气中、氧气里反应的文字表达式都是：纤维素 + 氧气 $\xrightarrow{\text{点燃}}$ 二氧化碳 + 水。而纯氧气中的氧气含量约是空气中氧气含量的 5 倍，木条在氧气中燃烧的速度约是在空气中的 5 倍，故把带有火星的木条伸到盛有氧气的集气瓶中，带火星的木条复燃，火焰长白亮；反应时，反应物减少的速度和生成物增加的速度都与反应速度（剧烈程度）成正比，故木条在纯氧气中燃烧时比较快变短；反应生成水，且是一个一个水分子地生成，当温度升高时，呈气态，水在常温下为液态，当温度下降为常温时，水蒸气就凝聚为小液滴，从而看到产生白雾，最后凝聚为无色液体；反应生成的二氧化碳能跟石灰水中的氢氧化钙反应生成碳酸钙，碳酸钙是难溶于水的白色固体，故向反应后的集气瓶中倒入足量澄清石灰水，溶液变为白色浑浊。又因为反应时单位时间放出大量热，故周围温度升高。

③为什么做实验 1 - 15 时，观察到的实验现象是：常温下，黑色固体与空气、氧气都没有明显变化。在空气里受热，黑色固体仅变红，而在氧气里剧烈燃烧，发出白光，黑色固体迅速减少，温度明显升高。石灰水变为白色浑浊？

因为木炭在空气中、氧气里反应的文字表达式都是：碳 + 氧气 $\xrightarrow{\text{点燃}}$ 二氧化碳。碳、

氧气在常温下稳定,故升高温度才增加反应速度,反应条件都是点燃,常温下,黑色固体与空气、氧气都没有明显变化;而纯氧气中的氧气含量约是空气中氧气含量的5倍,木炭在氧气中燃烧的速度约是在空气中的5倍,故木炭在空气里受热,黑色固体仅变红,而在氧气里剧烈燃烧,发出白光,黑色固体迅速减少;反应时,反应物减少的速度和生成物增加的速度都与反应速度(剧烈程度)成正比,故黑色固体迅速减少;反应生成的二氧化碳能跟石灰水中的氢氧化钙反应生成碳酸钙,碳酸钙是难溶于水的白色固体,故向反应后的集气瓶中倒入足量澄清石灰水,溶液变为白色浑浊。又因为反应时单位时间放出大量热,故周围温度升高。

④为什么做实验1-16时,观察到的实验现象是:淡黄色粉末在空气里燃烧发出微弱的淡蓝色火焰,慢慢减少,而在氧气里剧烈燃烧,发出蓝紫色火焰,迅速减少,都生成无色有刺激性气味的气体,温度都升高,后者升高更明显。石灰水变为白色浑浊,刺激性气味消失?

因为硫在空气中、氧气里反应的文字表达式都是:硫 + 氧气 $\xrightarrow{\text{点燃}}$ 二氧化硫。纯氧气中的氧气含量约是空气中氧气含量的5倍,硫在氧气中燃烧的速度约是在空气中的5倍,故淡黄色粉末在空气里燃烧发出微弱的淡蓝色火焰,慢慢减少,而在氧气里剧烈燃烧,发出蓝紫色火焰,迅速减少;反应生成的二氧化硫是无色有刺激性气味的气体,故都生成无色有刺激性气味的气体;二氧化硫能跟石灰水中的氢氧化钙反应生成亚硫酸钙,亚硫酸钙是难溶于水的白色固体,反应物二氧化硫完全反应,故向反应后的集气瓶中倒入足量澄清石灰水,溶液变为白色浑浊,刺激性气味消失。又因为反应时单位时间放出大量热,故周围温度升高。

⑤为什么做实验1-17时,观察到的实验现象是:在空气中加热铁丝,银白色只变红热。在氧气里点燃铁丝,剧烈燃烧,火星四射,银白色丝迅速减少,温度急剧升高,红热熔融物落于沙上得到黑色固体,与磁铁相吸?

因为铁在空气中、氧气里反应的文字表达式都是:铁 + 氧气 $\xrightarrow{\text{点燃}}$ 四氧化三铁。纯氧气中的氧气含量约是空气中的5倍,铁在氧气中燃烧的速度约是在空气中的5倍,故在空气中加热铁丝,银白色丝只变红热。在氧气里点燃铁丝,剧烈燃烧,火星四射,银白色丝迅速减少;反应生成的四氧化三铁是黑色固体,有磁性,故红热熔融物落于沙上得到黑色固体,与磁铁相吸。又因为反应时单位时间放出大量热,故周围温度升高。

(2)获得化学的精髓关系一。

由以上逆向提出问题:为什么做这些实验时,能观察这样的实验现象?都是运用演绎推理的方法和所得到的结论,或物质的物理性质、化学反应式圆满地给予解释,从而获得化学的精髓关系一:物质的物理性质、化学反应决定反应实验的实验现象。

4. 形成由文字表示的反应式运用演绎推理推出反应实验的实验现象的方法

(1)根据化学反应方程式中反应物的活泼性推出反应的激烈程度:在相同条件下,反应物越活泼,该反应越激烈,反应速率越大。根据反应条件推出反应的激烈程度:同一反应,其他条件相同,增加反应物的浓度或增加反应物之间的接触面积或升高温度,该反应更激烈,反应速率增大。

（2）根据反应物与生成物的颜色不同推出什么颜色的物质变为什么颜色的物质。

（3）如果生成物在室温时是固体，在其生成的过程中是逐渐凝聚出来的，那么，就有固体小颗粒生成，就推出有烟生成；如果生成物在室温时是液体，在其生成的过程中是逐渐凝聚出来的，那么，就有小液滴生成，就推出有雾生成。

（4）如果反应物有液体，没有气体，生成物有气体，就推出产生气泡，逸出某种气体；如果反应物有气体，而生成物没有气体，就推出气体消失；如果反应物、生成物都有气体，就没有"产生气泡，逸出某种气体和气体消失"之说。

（5）由在溶液中生成难溶固体推出溶液浑浊或产生沉淀；由在一种液体中生成其他难相溶，且密度不同的液体推出液体分层。

（6）在燃烧或灼热下反应时，可根据焰色反应推出火焰的颜色或火星四射。

（7）对于一端连接液体的密闭装置，如果容器中气体的量变化、温度变化或容积变化，都会导致装置气压的变化，据此可推出液体上升、产生喷泉或下降。

（8）由反应物与生成物气味的不同推出由什么气味变为什么气味。

（9）如果反应物没有气体，而生成物中的气体在液体中生成，就推出听到"嘶嘶"声；检验易燃气体的纯度时，如果气体的纯度小，就推出听到强烈爆鸣声；如果气体的纯度大，就推出听到轻微爆鸣声或听到"噗"声；如果反应爆炸，就推出听到爆炸声。

（10）如果知道反应属于放热反应，就推出（感觉到）温度升高；由吸热反应推出温度下降。

（三）化学反应与化学性质的关系及形成的方法

根据图1-6，由氧气所发生的化学反应，通过归纳得到其化学性质；通过逆向提出问题：为什么物质能发生这些化学反应？应用所得氧气的化学性质成功地解决该问题，让我们了解氧气的化学性质与其发生化学反应的关系，获得由物质的化学性质推出化学反应的方法。

1. 由氧气所发生的化学反应，通过归纳得到其化学性质

碳 + 氧气 $\xrightarrow{点燃}$ 二氧化碳；硫 + 氧气 $\xrightarrow{点燃}$ 二氧化硫；铁 + 氧气 $\xrightarrow{点燃}$ 四氧化三铁；

纤维素 + 氧气 $\xrightarrow{点燃}$ 二氧化碳 + 水；蜡烛 + 氧气 $\xrightarrow{点燃}$ 二氧化碳 + 水

分析：上述5个化学反应的反应物，综合得到共同特征：都是物质跟氧气反应。抽象出氧化反应：物质跟氧气发生的反应。即氧气把其他物质氧化；在加热或高温等条件下，氧气容易跟很多物质反应。

归纳出氧气的化学性质：在加热或高温等条件下，氧气很活泼；具有氧化性。

2. 归纳推理法

归纳推理法是由特殊（或个别）的前提推出普遍性（一般性）结论的推理方法。

3. 演绎推理法

演绎推理法是由普遍性（一般性）前提推出特殊（或个别）的结论的推理方法。

4. 逆向提出问题及解决问题，获得化学的精髓关系二

（1）逆向提出问题及解决问题。

逆向提出问题：为什么在加热或高温等条件下，氧气容易跟很多物质发生氧化反应？

因为氧气在加热或高温等条件下很活泼，具有氧化性，所以，氧气容易跟很多物质发生氧化反应。

（2）获得化学的精髓关系二。

由以上逆向提出问题：为什么物质能发生某反应？运用演绎推理的方法和物质的化学性质能圆满地给予解释，从而获得化学的精髓关系二：物质的化学性质决定其所能发生的化学反应。

5．由化学性质推出化学反应的方法

（1）在相同条件下，反应物越活泼→越容易跟其他物质反应，反应速率就越大。

（2）反应物越稳定→越难跟其他物质反应，反应速率就越小，要达到较大的反应速率，就需要越苛刻的条件。

（四）物质的性质、反应与物质用途、元素存在形态、制法的关系及形成的方法

根据图1-15，由氧气的物理性质或化学性质或化学反应，运用演绎推理，得到氧气的用途、氧元素的存在形态、氧气的制备方法；或通过提出问题：为什么物质有这些用途？为什么元素在自然界中以这种形态存在？为什么可以这样制备物质？应用所得物质的物理性质或化学性质或化学反应成功地解决这些问题，让我们了解物质的性质、反应与物质的用途、元素存在形态、物质制法的关系，获得由物质的物理性质或化学性质或化学反应推出物质的用途、元素的存在形态、制备物质的方法。

1．由氧气的物理性质或化学性质或化学反应，运用演绎推理，得到氧气的用途

（1）由氧气微溶于水，推出溶解在水中的氧气供给水生生物呼吸。

（2）根据白磷 + 氧气 $\xrightarrow{\text{点燃}}$ 五氧化二磷反应，推出研究空气中氧气的含量。

（3）由纯氧的含氧量是空气中的约5倍，在相同条件下，同一物质跟纯氧反应的速率是跟空气反应的约5倍，推出运用氧气于医疗急救上。

（4）由碳 + 氧气 $\xrightarrow{\text{高温}}$ 一氧化碳反应，推出为了提高钢的质量，用氧气来炼钢。

（5）由乙炔 + 氧气 $\xrightarrow{\text{点燃}}$ 二氧化碳 + 水，放出大量热，火焰温度可达3000多摄氏度，推出氧气用于气割或气焊。

（6）由煤油 + 氧气 $\xrightarrow{\text{点燃}}$ 二氧化碳 + 水，放出大量热和气体，推出氧气用于运载火箭上。

2．氧气的化学性质或反应与氧元素在自然界的存在形态

氧气在常温下还算稳定，不容易跟其他物质反应，且绿色植物光合作用不断产生氧气；氧气在加热或高温条件下或有催化剂存在下，很活泼，容易跟其他物质反应→氧元素在自然界中既以游离态存在，又以化合态存在。

3．由产生 O_2 的反应，并联系实际，推出制备氧气的方法

（1）工业法：先压缩冷却空气变为液态空气，再蒸馏。设备：压缩机、制冷机，蒸馏器。

（2）实验室法：

原理：①高锰酸钾 $\xrightarrow{\triangle}$ 锰酸钾 + 二氧化锰 + 氧气；②氯酸钾 $\xrightarrow[\triangle]{催化剂}$ 氯化钾 + 氧气；③过氧化氢 $\xrightarrow{MnO_2}$ 水 + 氧气。

装置：如图 1–18、图 1–19 所示。

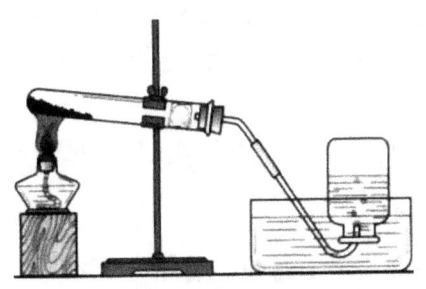

图 1–18　用高锰酸钾或氯酸钾制取氧气的装置示意图

图 1–19　用过氧化氢取氧气的装置示意图

4. 提出问题，解决问题，获得化学的精髓关系四

注意，精髓关系三（物质结构决定其性质）在初中少涉及。可见，学过氧气的性质或化学反应后，即可演绎推出氧气的用途或解释"为什么氧气有这些用途"问题；可演绎推出或解释"为什么氧元素在自然界中既以游离态存在，又以化合态存在"问题；制取氧气也是氧气等物质的性质和化学反应及其条件的应用，从而获得化学的精髓关系四：物质的性质、化学反应决定该物质的用途、元素存在形态和制法。

5. 根据物质的性质、化学反应推出该物质的用途的方法

（1）由物质的物理性质推出其用途：如根据氧气微溶于水，推出溶解在水中的氧气供给水生生物呼吸。

（2）由物质的化学性质推出其用途：如稀有气体很稳定，用作保护气。

（3）由化学反应推出其用途：如根据乙炔 + 氧气 $\xrightarrow{点燃}$ 二氧化碳 + 水，放出大量热，火焰温度可达 3000 多摄氏度，推出氧气用于气割或气焊。

6. 根据物质的性质、化学反应推出元素在自然界中存在形态的方法

单质稳定的元素能以游离态存在于自然界中；单质活泼的元素一般以化合态存在于自然界。

7. 根据物质的性质、化学反应和实际推出制取物质的原理和设备或装置的方法

产生物质的反应 $\xrightarrow{联系实际}$ 确定制取该物质的原理→设备或装置。

8. 制备非金属单质的一般方法

见表 1–2。

9. 实验室制备气体的一般方法

（1）制备常见气体的总程序（也是装置从左到右的连接顺序）：气体的产生→气体的净化→气体的收集→尾气处理。

（2）实验室里制备气体的一般实验步骤：①连接好装置；②检查其气密性；③装药品；④满足实验条件；⑤收集气体；⑥无色气体验满；⑦拆装置并洗涤仪器。

（3）气体的产生装置及其制备的气体、收集方法、反应原理、注意事项总结，见表1-7。

（4）气体的净化（包括干燥）。

①气体的净化：易溶于水的气体杂质可用水来吸收；酸性杂质可用碱性物质吸收；碱性杂质可用酸性物质吸收；能与杂质反应生成沉淀（或可溶物）的物质也可作为吸收剂。常见除去气体中杂质的仪器或装置图：干燥管、洗气瓶、高温玻璃管、U形管，见图1-17。

②气体的干燥：水分可用干燥剂来吸收。常见干燥剂及其适用范围，见表1-8。

（5）尾气的处理的方法，见表1-9。

（五）总结氧气的知识、从学习过程中获得的化学思想、思维、方法

1．氧气的知识

1）氧气的性质

（1）氧气的物理性质：常温常压下，无色无气味的气体（联想空气，容易记忆），沸点（-183℃）时变为淡蓝色液体，熔点（-218℃）时变成淡蓝色雪花状固体（这正是工业生产的氧气一般加压贮存在蓝色的钢瓶中的依据）。在标准状况下，密度是1.429g/L，比空气的密度（1.293g/L）略大。微溶于水，在室温下，1L水中只能溶解约30mL氧气。

（2）氧气的化学性质：在加热或高温等条件下，氧气很活泼；具有氧化性。

2）氧气发生的反应及其实验现象

（1）碳 + 氧气 $\xrightarrow{\text{点燃}}$ 二氧化碳；实验现象：剧烈燃烧，发出白光，黑色固体迅速减少，温度升高。

（2）纤维素 + 氧气 $\xrightarrow{\text{点燃}}$ 二氧化碳 + 水；实验现象：带火星木条复燃，火焰长白亮，产生白雾，木条变短，温度升高。

（3）硫 + 氧气 $\xrightarrow{\text{点燃}}$ 二氧化硫；实验现象：剧烈燃烧，发出蓝紫色火焰，淡黄色固体迅速减少，生成无色有刺激性气味的气体，温度升高。

（4）铁 + 氧气 $\xrightarrow{\text{点燃}}$ 四氧化三铁；实验现象：剧烈燃烧，火星四射，银白色丝迅速减少，温度急剧升高，红热流体熔落于水中得到黑色固体，可与磁石作用。

3）氧气的用途

（1）氧气微溶于水 $\longrightarrow$ 溶解在水中的氧气供给水生生物呼吸。

（2）白磷 + 氧气 $\xrightarrow{\text{点燃}}$ 五氧化二磷 $\longrightarrow$ 研究空气中氧气的含量。

（3）纯氧的含氧量是空气中的约5倍，在相同条件下，同一物质跟纯氧反应的速率是跟空气反应的约5倍 $\longrightarrow$ 医疗上，氧气用于急救。

（4）碳 + 氧气 $\xrightarrow{\text{点燃}}$ 一氧化碳 $\longrightarrow$ 为了提高钢的质量，用氧气来炼钢。

（5）乙炔 + 氧气 $\xrightarrow{\text{点燃}}$ 二氧化碳 + 水，放出大量热，火焰温度可达3000多摄氏度 $\longrightarrow$ 氧气用于气割或气焊。

（6）煤油 + 氧气 $\xrightarrow{\text{点燃}}$ 二氧化碳 + 水，放出大量热和气体——用于运载火箭上。

4）氧元素在自然界的存在形态

氧元素在自然界中既以游离态存在，又以化合态存在。

5）氧气的制法

（1）工业法：先压缩冷却空气变为液态空气，再蒸馏。设备：压缩机、制冷机，蒸馏器。

（2）实验室法：

原理：①高锰酸钾 $\xrightarrow{\triangle}$ 锰酸钾 + 二氧化锰 + 氧气；②氯酸钾 $\xrightarrow[\triangle]{\text{催化剂}}$ 氯化钾 + 氧气；③过氧化氢 $\xrightarrow{MnO_2}$ 水 + 氧气。

装置：见图 1-21 和图 1-22。

2．化学思想

化学思想包括如下 5 点：化学的定义；化学反应、反应物和生成物的性质决定实验现象；物质的化学性质决定其发生的化学反应；物质的性质、反应决定其用途、元素存在形态和制法。

3．初学化学的思维方式

见图 1-2。

4．化学方法

1）逻辑方法

（1）分析法：把事物的整体或过程分解为部分或阶段，分别研究并获得每部分事物的本质或每一阶段的特点的思维方法。如将一个实验的全部现象分为各个部分现象，分别假设对应部分现象的原因，并能演绎解释其现象或通过定性、定量实验获得结果的方法。

（2）综合法：在分析的基础上（即根据获得的每部分事物的本质或每一阶段的特点），思考得到整体事物或全过程的普遍规律的思维方法。如在分析实验现象的基础上，得到物质的物理性质或反应的方程式。

（3）归纳推理法：是由特殊（或个别）的前提推出普遍性（一般性）结论的推理方法。

（4）演绎推理法：是由普遍性（一般性）前提推出特殊（或个别）的结论的推理方法。

2）设计物理性质实验的方法

（1）观察物质颜色、状态的实验步骤：取盛放物质的瓶子或烧杯，观察该物质的颜色、状态。

（2）测定气体在水中溶解度的实验步骤：在室温（23℃）下，用一支 100mL 针筒抽取一定体积的气体，然后抽取一定体积水，振荡，观察实验现象。

3）设计化学反应实验的方法

固体跟气体在加热的条件下反应的实验步骤：用坩埚钳夹住一束固体丝或将固体放于燃烧匙中，灼热后立即放入盛有气体的集气瓶中，观察实验现象。

4) 实验操作方法

(1) 闻气体气味的实验操作方法：稍打开集气瓶的玻璃片，用手轻轻地在瓶口扇动，使极少量的气体飘进鼻孔。

(2) 固体在气体中燃烧实验操作方法：熔点高的固体，要用坩埚钳夹住，如果有高温熔落物，要预先在集气瓶底铺一层细沙或预留少量水；熔点低的固体或粉末置于燃烧匙中。

5) 观察实验现象的方法

(1) 眼：看物质的颜色、状态、位置、数量及其变化、变化的快慢（速率）。如果是燃烧实验，就要看产生什么颜色的火焰或发出什么颜色的光或是否有火星。看是否产生烟或雾（烟是一片固体小颗粒，雾是一片液体小液滴）。如果有液体存在的环境，要看是否产生气泡或浑浊或沉淀或液体分层或液体上升或产生喷泉或液体下降。

(2) 鼻：闻物质的气味或变化。

(3) 耳：听发出的声音。如果在液体中生成气体，就会听到"嘶嘶"声；检验易燃气体的纯度时，会听到强烈的爆鸣声或轻微的爆鸣声"噗"；如果爆炸，就会听到爆炸声。

(4) 手：感觉到或借助温度计测得温度的高低或变化。

6) 由文字表示的反应式推出化学反应实验的实验现象的方法

(1) 根据化学反应方程式中反应物的活泼性推出反应的激烈程度：在相同条件下，反应物越活泼，该反应越激烈，反应速率越大。

(2) 根据反应物与生成物颜色的不同推出什么颜色的物质变为什么颜色的物质。

(3) 如果生成物在室温时是固体，在其生成的过程中是逐渐凝聚出来的，那么，就有固体小颗粒生成，就推出有烟生成；如果生成物在室温时是液体，在其生成的过程中是逐渐凝聚出来的，那么，就有小液滴生成，就推出有雾生成。

(4) 如果反应物有液体，没有气体，生成物有气体，就推出产生气泡，逸出某种气体；如果反应物有气体，而生成物没有气体，就推出气体消失；如果反应物、生成物都有气体，就没有"产生气泡，逸出某种气体和气体消失"之说。

(5) 由在溶液中生成难溶固体推出溶液浑浊或产生沉淀；由在一种液体中生成其他难相溶，且密度不同的液体推出液体分层。

(6) 在燃烧或灼热下反应时，可根据焰色反应推出火焰的颜色或火星四射。

(7) 对于一端连接液体密闭装置，如果容器中气体的量变化、温度变化或容积变化，都会导致装置气压的变化。据此可推出液体上升或产生喷泉或下降。

(8) 由反应物与生成物气味的不同推出由什么气味变成什么气味。

(9) 如果反应物没有气体，而生成物中的气体在液体中生成，就推出听到"嘶嘶"声；检验易燃气体的纯度时，如果气体的纯度小，就推出听到强烈爆鸣声；如果气体的纯度大，就推出听到轻微爆鸣声或听到"噗"声；如果反应爆炸，就推出听到爆炸声。

(10) 如果知道反应属于放热反应，就推出（感觉到）温度升高；由吸热反应推出温度下降。

7) 由化学性质推出化学反应的方法

(1) 在相同条件下，反应物越活泼，就越容易跟其他物质反应，反应速率就越大。

(2) 在相同条件下，反应物越稳定，就越难跟其他物质反应，反应速率就越小。要达到较大的反应速率，就需要越苛刻的条件。

8) 根据物理性质、化学性质、化学反应推出该物质的用途的方法

物理性质→用途；化学性质→用途；化学反应→用途。

9) 根据物质的性质、化学反应推出元素在自然界中存在形态的方法

单质稳定的元素能以游离态存在于自然界中。单质活泼的元素一般以化合态存在于自然界。

10) 根据物质的性质、化学反应和实际推出制取物质的原理和设备或装置的方法

(1) 一般程序：产生物质的反应 $\xrightarrow{\text{联系实际}}$ 确定制取该物质的原理→设备或装置。

(2) 制备各类物质的一般方法：见表1-1至表1-6。

11) 实验室制备气体的一般方法

(1) 制备常见气体的总程序（也是装置从左到右的连接顺序）：气体的产生→气体的净化→气体的收集→尾气处理。

(2) 实验室里制备气体的一般实验步骤：

①连接好装置；②检查其气密性；③装药品；④满足实验条件；⑤收集气体；⑥无色气体验满；⑦拆装置并洗涤。

(3) 气体的产生装置及其制备的气体、收集方法、反应原理、注意事项说明，见表1-7。

(4) 气体的净化（包括干燥）：

①气体的净化：易溶于水的气体杂质可用水来吸收；酸性杂质可用碱性物质吸收；碱性杂质可用酸性物质吸收；能与杂质反应生成沉淀（或可溶物）的物质也可作为吸收剂。常见除去气体中杂质的仪器或装置图：干燥管、洗气瓶、高温玻璃管、U形管，见图1-17。

②气体的干燥：可用干燥剂来吸收水分。常见干燥剂及其适用范围见表1-8。

(5) 尾气的处理方法：见表1-9。

二、二氧化碳

二氧化碳是初中学过化学方程式书写后学习的第一种化合物，按照图1-2的思维方式学习，要注意好好运用学习氧气时所获得的方法。

（一）实验及其现象与形成的方法

学习化学初期根据图1-23，通过按照课本中二氧化碳的物理性质的实验步骤或化学反应的实验步骤做实验，学会设计实验方法、实验操作方法；通过观察实验现象，学会观察实验现象的方法。在学习氧气时已经形成了观察实验现象的方法，大家要注意运用，以期逐渐熟悉。

1. 二氧化碳的物理性质实验及其现象与形成的方法

（1）按实验步骤，做二氧化碳的物理性质实验与观察并记录其实验现象。

在此，可运用在学习氧气时获得的观察物质的颜色、状态的实验步骤和测定气体在水中溶解度的实验步骤及闻气体的实验操作方法。

【实验 1-18】 取一盛满二氧化碳的集气瓶，观察其颜色、状态；稍打开玻璃片，用手轻轻地在瓶口扇动，使极少量的二氧化碳飘进鼻孔，闻二氧化碳的气味。

实验现象：二氧化碳是无色无气味的气体。

【实验 1-19】 在室温（23℃）下，用一支 100mL 针筒抽取 80mL 二氧化碳气体，然后抽取 20mL 水，振荡，观察现象。用力将针筒活塞向里推进，一会后，将活塞拉回原来的位置，观察现象。

实验现象：气体体积变为约 60mL。活塞向里推进，气体体积减小，拉出活塞，水溶液产生气泡，气体逸出液面。

【实验 1-20】 在一根细木棍的两端各系上一个一次性纸杯，将一根细绳的一端系在木棍的中间，细绳的另一端固定在铁架台上，并使两端平衡。将集气瓶中的二氧化碳迅速倾倒入其中一个纸杯中，观察现象。

实验现象：倒入二氧化碳的纸杯一端向下倾斜。

（2）获得设计物质的物理性质的一般实验方法。

①观察物质的颜色、状态的实验步骤：取盛放物质的瓶子或烧杯，在瓶子或烧杯里观察该物质的颜色、状态。

②测定气体在水中溶解度的实验步骤：在室温下，用一支 100mL 针筒抽取一定体积的气体，然后抽取一定体积的水，振荡，观察现象。

③证明压强对气体溶解度影响的实验步骤：在室温下，用一支 100mL 针筒抽取 80mL 气体，然后抽取 20mL 水，振荡。活塞静止后，用力将针筒活塞向里推进，一会后，将活塞拉回原来的位置，观察现象。

④无毒无污染的、密度比空气的大得多的气体的密度与空气的密度比较的实验步骤：在一根细木棍的两端各系上一个一次性纸杯，将一根细绳的一端系在木棍的中间，细绳的另一端固定在铁架台上，并使两端平衡。将集气瓶中的气体迅速倾倒入其中一个纸杯中，观察现象。

（3）获得实验操作方法。

闻气体的实验操作方法：稍打开集气瓶的玻璃片，用手轻轻地在瓶口扇动，使极少量的气体飘进鼻孔。

2. 化学反应实验及其现象与形成的方法

（1）按实验步骤，做二氧化碳的化学反应实验与观察并记录其实验现象。

【实验 1-21】 把一根木条放在酒精灯上点燃，立即伸到盛有二氧化碳的集气瓶中，观察现象。

实验现象：燃烧的木条熄灭。

【实验 1-22】 取 4 朵用石蕊溶液染成紫色的干燥的纸花。第一朵纸花喷上稀醋酸，第二朵纸花喷上蒸馏水，第三朵纸花直接放入盛满干燥二氧化碳的集气瓶中，第四朵纸花喷上蒸馏水后，再放入盛满二氧化碳的集气瓶中，观察现象。然后将第四朵纸花取出，小心地用吹风机烘干，观察现象。

实验现象：只有第一、第四朵纸花变红。小心地用吹风机烘干第四朵纸花后，纸花恢复为紫色。

【**实验1-23**】将足量澄清石灰水倒入盛满二氧化碳的集气瓶中，摇动集气瓶，观察现象。

实验现象：石灰水变为白色浑浊。

（2）设计化学反应实验的方法。

①证明气体能否支持燃烧的实验步骤：把一根木条放在酒精灯上点燃，立即伸到盛有某种气体的集气瓶中，观察实验现象。

②通过对比实验说明物质是否具有酸性的实验步骤：将干燥的石蕊试纸放入盛有所研究的气体的集气瓶中；将该气体的水溶液滴在石蕊试纸上或将石蕊试纸用蒸馏水湿润后，放入盛有所研究的气体的集气瓶中，观察并比较实验现象。

③证明酸稳定性的实验步骤：将用石蕊溶液染成紫色的干燥的纸花放于某酸（如碳酸）溶液中，变红后，取出，小心地用吹风机烘干，观察实验现象。

④证明气体跟液体反应的实验步骤：将气体通入液体或将液体倒入盛满某气体的集气瓶中，观察实验现象。

（3）实验操作方法。

用试纸测定溶液酸碱性的操作方法：将一小片试纸放于干净、干燥的点滴板上，用干净、干燥的玻璃棒蘸取溶液按在试纸上。

3. 实验现象与观察实验现象的方法

注意：在学习氧气时，已经形成此部分。如果你已经熟练掌握，操作起来就比较轻松了。

（1）实验现象：实验者通过感觉器官（眼、鼻、耳和手）感觉到的事物或变化。

（2）观察实验现象的方法：

①眼：看物质的颜色、状态、位置、数量及其变化、变化的快慢（速率）。如果是燃烧实验，就要看产生什么颜色的火焰或发出什么颜色的光或是否有火星，看是否产生烟或雾（烟是一片固体小颗粒。雾是一片液体小液滴）。如果有液体存在的环境，要看是否产生气泡或浑浊或沉淀或液体分层或液体上升或产生喷泉或液体下降。

②鼻：闻物质的气味或变化。

③耳：听发出的声音。如果在液体中生成气体，就会听到"嘶嘶"声；检验易燃气体的纯度时，会听到强烈的爆鸣声或轻微的爆鸣声"噗"；如果爆炸，就会听到爆炸声。

④手：感觉到或借助温度计测得温度的高低或变化。

（二）实验现象、物理性质或化学反应与形成的方法

运用图1-5，根据以上二氧化碳的实验现象，通过分析，综合得到二氧化碳的物理性质或化学反应方程式；通过逆向提出问题：为什么能观察到相应的实验现象？应用所得二氧化碳的物理性质或化学反应成功地演绎解释其实验现象，让我们了解物质的物理性

质、化学反应与相关实验现象的关系，获得由物质的物理性质、化学反应推出实验现象的方法。

由于在学习氧气时已经形成实验现象分析法、综合法、化学的精髓关系一及由化学反应式推出实验现象的方法，所以，在学习二氧化碳时，大家要好好去运用，以期逐渐熟悉。

1. 二氧化碳的物理性质实验的现象与分析、综合和其物理性质

（1）根据二氧化碳的物理性质实验的现象，经过分析，综合得到二氧化碳的物理性质。

实验1-18的实验现象：二氧化碳是无色无气味的气体。

与物理性质的概念比较分析：物质的颜色、状态、气味都属于物质的物理性质。

得到二氧化碳的颜色、状态、气味用一句话表述为：二氧化碳是无色无气味的气体。

实验1-19的实验现象：气体体积变为约60mL。活塞向里推进，气体体积减小，拉出活塞，水溶液产生气泡，气体逸出液面。

经过计算：23℃时，80mL氧气在20mL水中溶解达到饱和时，水与溶解二氧化碳的体积比≈20:(80-60)=1:1，即1体积的水约能溶解1体积的二氧化碳，二氧化碳能溶于水。

分析：拉出活塞，即减小压强，由水溶液产生气泡，气体逸出液面推得CO_2的溶解度减小。

综合得到二氧化碳的溶解度和溶解性：23℃时，1体积的水约能溶解1体积的二氧化碳，二氧化碳能溶于水。温度相同时，CO_2的溶解度随压强增大而增大。

实验1-20的实验现象：倒入二氧化碳的纸杯一端向下倾斜。

分析：倒入二氧化碳的纸杯一端向下倾斜，即在相同体积容器中，二氧化碳的质量较大，根据物质的密度=质量/体积可知，二氧化碳的密度比空气的大。

综合：二氧化碳的密度比空气的大。

（2）查资料得到二氧化碳的物理性质：在101kPa下，-78.48℃时升华，在527kPa下，熔点-56.6℃。密度1.96 g/L，密度比空气的大。据此，可用向上排空气法收集二氧化碳。

综合得到二氧化碳的物理性质：常温下是一种无色无味气体；能溶于水（体积比为1:1）；在标准状况下的密度为1.96g/L，比空气的密度大；在101kPa下，-78.48℃时升华，在527kPa下，熔点-56.6℃。

2. 二氧化碳的化学反应实验的现象与分析、综合和其化学反应

（1）二氧化碳的化学反应实验的现象，经过分析，综合得到结论或反应方程式。

实验1-21的实验现象：燃烧的木条熄灭。

分析：已知木条在空气中燃烧是由于空气中的氧气支持木条中的纤维素发生剧烈、发热、发光的氧化反应。而由燃烧的木条在二氧化碳中熄灭推得二氧化碳不能支持木条燃烧。

综合：二氧化碳不能支持木条燃烧。

实验1-22的实验现象：只有第一、第四朵纸花变红。小心地用吹风机烘干第四朵纸

花后,纸花恢复为紫色。

分析:已知稀醋酸具有酸性,由第一朵纸花变红,说明酸能使石蕊变红色。由蒸馏水和干燥的二氧化碳都不能使干燥的石蕊试纸变红,而用水湿润的石蕊试纸接触到二氧化碳变红,说明必是水跟二氧化碳反应生成了酸。由小心地用吹风机烘干第四朵纸花后,纸花恢复为紫色推得所生成的酸不稳定,容易分解,如果将分解产生的无色无味的气体通入澄清石灰水,石灰水会变浑浊,由此推得该酸分解又生成二氧化碳。这种酸我们称为碳酸。

综合:二氧化碳能跟水发生化合反应,其反应的化学方程式为 $H_2O + CO_2 == H_2CO_3$;H_2CO_3 不稳定,发生分解反应为 $H_2CO_3 == H_2O + CO_2\uparrow$。

实验 1-23 的实验现象:石灰水变为白色浑浊。

分析:已知反应物是氢氧化钙($Ca(OH)_2$)和二氧化碳(CO_2);已知碳酸钙($CaCO_3$)是难溶于水的白色固体。由 CO_2 能使石灰水变白色浑浊,再结合质量守恒定律,可得到其反应的化学方程式。

综合:二氧化碳在澄清石灰水中反应的化学方程式为 $Ca(OH)_2 + CO_2 == CaCO_3\downarrow + H_2O$。

(2)分析法与综合法。

①分析法:把事物的整体或过程分解为部分或阶段,分别研究并获得每部分事物的本质或每一阶段的特点的思维方法。如,将一个实验的全部现象分为各个部分现象,分别假设对应部分现象的原因,并能演绎解释其现象或通过定性、定量实验获得结果的方法。

②综合法:在分析的基础上(即根据获得的每部分事物的本质或每一阶段的特点),思考得到整体事物或全过程的普遍规律的思维方法。如在分析实验现象的基础上,得到物质的物理性质或反应的方程式。

3. 逆向提出问题及解决问题,获得化学的精髓关系一

(1)逆向提出问题及解决问题。

①为什么做实验 1-19 时,观察到的实验现象是:气体体积变为约 60mL。活塞向里推进,气体体积减小,拉出活塞,水溶液产生气泡,气体逸出液面?

因为 23℃时,CO_2 的溶解度为 1 体积的水约能溶解 1 体积的 CO_2,即 23℃时,20mL 水最多溶解 20mL CO_2,故 CO_2 变为 60mL。因为温度相同时,CO_2 的溶解度随压强增大而增大,所以活塞向里推进,气体体积减小,拉出活塞,水溶液产生气泡,气体逸出液面。

②为什么做实验 1-20 时,观察到的实验现象是:倒入二氧化碳的纸杯一端向下倾斜?

因为原来两只相同体积的纸杯盛空气的质量相等,两端平衡,其中一只纸杯换为 CO_2 后,根据质量=密度×体积,二氧化碳的密度比空气的大,两只纸杯的体积相等,盛 CO_2 的质量比盛空气的大,所以,倒入二氧化碳的纸杯一端向下倾斜。

③为什么做实验 1-21 时,观察到的实验现象是:燃烧的木条熄灭?

因为二氧化碳不能支持木条燃烧。所以,把一根木条放在酒精灯上点燃,立即伸到盛有二氧化碳的集气瓶中,观察到的实验现象是:燃烧的木条熄灭。

④为什么做实验 1-22 时,观察到的实验现象是:只有第一、第四朵纸花变红;小心

地用吹风机烘干第四朵纸花后，纸花恢复为紫色？

因为稀醋酸具有酸性；水跟二氧化碳反应的化学方程式是：$H_2O + CO_2 =\!=\!= H_2CO_3$，$H_2CO_3$ 也有酸性，都能使石蕊变红，故只有第一、第四朵纸花变红；又因为 H_2CO_3 不稳定，发生分解反应：$H_2CO_3 =\!=\!= H_2O + CO_2\uparrow$，所以，小心地用吹风机烘干第四朵纸花后，红色纸花恢复为紫色。

⑤为什么做实验 1-23 时，观察到的实验现象是：石灰水变为白色浑浊？

因为 $Ca(OH)_2$ 和 CO_2 发生反应的化学方程式是：$Ca(OH)_2 + CO_2 =\!=\!= CaCO_3\downarrow + H_2O$，生成的 $CaCO_3$ 是难溶于水的白色固体，所以，将足量澄清石灰水倒入盛满二氧化碳的集气瓶中，摇动集气瓶，能观察到的实验现象是：石灰水变为白色浑浊。

（2）获得化学的精髓关系一。

由以上逆向提出问题：为什么做这些实验时，能观察这样的实验现象？都是运用演绎推理的方法和所得到的结论，或物质的物理性质、反应方程式圆满地给予解释，从而获得化学的精髓关系一：物质的物理性质、化学反应决定反应实验的实验现象。

4. 由反应方程式运用演绎推理推出反应实验的实验现象的方法

（1）根据化学反应方程式中反应物的活泼性推出反应的激烈程度：在相同条件下，反应物越活泼，该反应越激烈，反应速率越大。根据反应条件推出反应的激烈程度：同一反应，其他条件相同，增加反应物的浓度或增加反应物之间的接触面积或升高温度，该反应更激烈，反应速率增大。

（2）根据反应物与生成物颜色的不同推出什么颜色的物质变成什么颜色的物质。

（3）如果生成物在室温时是固体，在其生成的过程中是逐渐凝聚出来的，那么，就有固体小颗粒生成，就推出有烟生成；如果生成物在室温时是液体，在其生成的过程中是逐渐凝聚出来的，那么，就有小液滴生成，就推出有雾生成。

（4）如果反应物有液体，没有气体，生成物有气体，就推出产生气泡，逸出某种气体；如果反应物有气体，而生成物没有气体，就推出气体消失；如果反应物、生成物都有气体，就没有"产生气泡，逸出某种气体和气体消失"之说。

（5）由在溶液中生成难溶固体推出溶液浑浊或产生沉淀；由在一种液体中生成其他难相溶，且密度不同的液体推出液体分层。

（6）在燃烧或灼热下反应时，可根据焰色反应推出火焰的颜色或火星四射。

（7）对于一端连接液体密闭装置，如果容器中气体的量变化、温度变化或容积变化，都会导致装置气压的变化。据此可推出液体上升或产生喷泉或下降。

（8）由反应物与生成物气味的不同推出由什么气味变为什么气味。

（9）如果反应物没有气体，而生成物中的气体在液体中生成，就推出听到"嘶嘶"声；检验易燃气体的纯度时，如果气体的纯度小，就推出听到强烈爆鸣声；如果气体的纯度大，就推出听到轻微爆鸣声或听到"噗"声；如果反应爆炸，就推出听到爆炸声。

（10）如果知道反应属于放热反应，就推出（感觉到）温度升高；由吸热反应推出温度下降。

（三）化学反应与反应规律的关系及形成的方法

根据图 1-6，将化学性质改为反应规律，得到图 1-20。

根据图 1-20，由二氧化碳所发生的化学反应，抽象出酸性氧化物的概念并定义，通过归纳得到其反应规律；根据反应规律，运用演绎推理法，推出具体的化学反应。

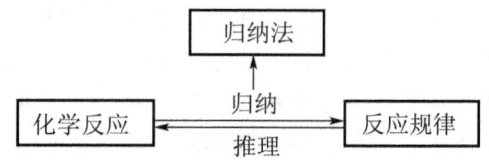

图 1-20 化学反应与反应规律及方法关系图

1. 由二氧化碳所发生的化学反应，抽象出酸性氧化物的概念并定义，综合得到二氧化碳的反应规律

CO_2 发生的反应：$H_2O + CO_2 == H_2CO_3$；$Ca(OH)_2 + CO_2 == CaCO_3\downarrow + H_2O$。

分析：$Ca(OH)_2 + CO_2 == CaCO_3\downarrow + H_2O$ 反应中的 $Ca(OH)_2$（常见的石灰水中含有）是属于叫作碱的一类物质；其中的 $CaCO_3$ 是叫作盐的一类物质。这样就能说明二氧化碳跟碱反应生成盐和水。因此我们就说二氧化碳属于酸性氧化物，其定义：跟碱反应生成盐和水的氧化物。这自然让我们想到：跟酸反应生成盐和水的氧化物就应该叫作碱性氧化物。再补充：我们知道，石灰石（主要成分是 $CaCO_3$）发生分解反应：$CaCO_3 \xrightarrow{\text{高温}} CaO + CO_2\uparrow$，则 $CaCO_3$ 是不容易分解为 CaO 和 CO_2 的。反过来，CaO 和 CO_2 在常温下容易发生化合反应：$CaO + CO_2 == CaCO_3$。该反应中的 CaO 就属于碱性氧化物。

综合二氧化碳的反应规律：二氧化碳 + 水→碳酸；二氧化碳 + 碱→碳酸盐 + 水；二氧化碳 + 碱性氧化物→含氧酸盐。

2. 归纳出酸性氧化物的反应规律

其他酸性氧化物相似，归纳出酸性氧化物的一般反应规律：

（1）酸性氧化物 + 水→含氧酸；

（2）酸性氧化物 + 碱→盐 + 水；

（3）酸性氧化物 + 碱性氧化物→含氧酸盐。

3. 根据反应规律，运用演绎推理，推出具体化学反应

（1）酸性氧化物 + 水→含氧酸：如，$H_2O + CO_2 == H_2CO_3$；$H_2O + SO_2 == H_2SO_3$（亚硫酸）；$H_2O + SO_3 == H_2SO_4$（硫酸）；$H_2O + N_2O_5 == 2HNO_3$（硝酸）等。

（2）酸性氧化物 + 碱→盐 + 水：如，$CO_2 + Ca(OH)_2 == CaCO_3\downarrow + H_2O$；$CO_2 + 2NaOH == Na_2CO_3 + H_2O$；$SO_2 + Ca(OH)_2 == CaSO_3\downarrow + H_2O$；$SO_2 + 2NaOH == Na_2SO_3 + H_2O$；$SO_3 + Ca(OH)_2 == CaSO_4 + H_2O$；$SO_3 + 2NaOH == Na_2SO_4 + H_2O$ 等。

（3）酸性氧化物 + 碱性氧化物 → 含氧酸盐：如，$CO_2 + CaO == CaCO_3$；$SO_2 + CaO == CaSO_3$；$SiO_2 + CaO == CaSiO_3$ 等。

4. 归纳推理法

归纳推理法是由特殊（或个别）的前提推出普遍性（一般性）结论的推理方法。

5. 演绎推理法

演绎推理法是由普遍性（一般性）前提推出特殊（或个别）的结论的推理方法。

（四）物质的性质、反应与物质用途、存在、制法的关系及形成的方法

根据图 1-15，由二氧化碳的物理性质或化学性质或化学反应，运用演绎推理法，得到二氧化碳的用途、存在、制备方法；或通过提出问题：为什么物质有这些用途？为什么物质主要存在在那里？为什么可以这样制备物质？应用所得物质的物理性质或化学性质或化学反应成功地解决这些问题，让我们了解物质的性质、反应与物质的用途、存在、物质制法的关系，获得由物质的物理性质或化学性质或化学反应推出物质的用途、存在、制备物质的方法。

注意：在学习氧气时，已经归纳了由物质的性质、反应推出物质的用途、元素存在形态、物质制备的方法，我们只有经常运用，才能逐渐熟练掌握这些方法，逐渐提高自学能力。

1. 由二氧化碳的物理性质、化学性质、化学反应，运用演绎推理，得到二氧化碳的用途

（1）由 CO_2 可溶于水，温度相同时，CO_2 的溶解度随压强增大而增大，应用二氧化碳来制备汽水等碳酸饮料。

（2）由 CO_2 在压强为 101kPa 下，-78.48℃ 时升华，吸热，推出二氧化碳制备干冰用于人工降雨。

（3）由 CO_2 不支持燃烧，密度比空气的大，推出二氧化碳用作灭火剂。

（4）运用 $CO_2 + Ca(OH)_2 \stackrel{}{=\!=\!=} CaCO_3\downarrow + H_2O$ 反应来检验 CO_2。

（5）绿色植物根据 $6CO_2 + 6H_2O \xrightarrow[\text{光}]{\text{叶绿素}} C_6H_{12}O_6(\text{葡萄糖}) + 6O_2$ 反应进行光合作用。

2. 由二氧化碳的下列化学反应和水溶性，运用演绎推理得到二氧化碳在自然界中的存在

由 $6CO_2 + 6H_2O \xrightarrow[\text{光}]{\text{叶绿素}} C_6H_{12}O_6(\text{葡萄糖}) + 6O_2$；$C_6H_{12}O_6(\text{葡萄糖}) + 6O_2 \xrightarrow{\text{催化剂}} 6CO_2 + 6H_2O$ 反应等，和二氧化碳不易溶于水，推出二氧化碳主要存在于大气中。

3. 由产生 CO_2 的反应，并联系实际，推出制备二氧化碳的方法

（1）工业法：尽可能回收、分离提纯工业上产生的 CO_2。

（2）实验室法：原理 $CaCO_3 + 2HCl \stackrel{}{=\!=\!=} CaCl_2 + H_2O + CO_2\uparrow$；装置如图 1-21 所示。

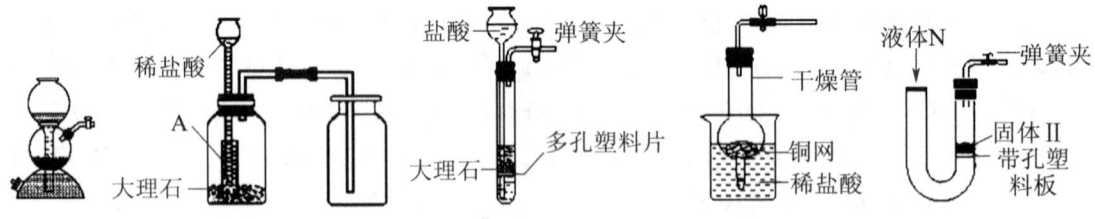

图 1-21 制取二氧化碳的装置示意图

4. 提出问题，解决问题，获得化学的精髓关系四

注意：精髓关系三（物质结构决定其性质）在初中少涉及。

可见，学过 CO_2 的性质和发生的化学反应后，即可演绎推出 CO_2 的用途或解释"为什么 CO_2 有这些用途？"问题；制取 CO_2 也是 CO_2 等物质的性质和化学反应及其条件的应用，从而获得化学的精髓关系四：物质的性质、化学反应决定该物质的用途、存在和制法。

5. 根据物质的性质、化学反应推出该物质的用途的方法

（1）由物质的物理性质推出其用途：如氧气微溶于水→溶解在水中的氧气供给水生生物呼吸。

（2）由物质的化学性质推出其用途：如稀有气体很稳定，用作保护气。

（3）由化学反应推出其用途：如根据乙炔 + 氧气 $\xrightarrow{点燃}$ 二氧化碳 + 水，放出大量热，火焰温度可达 3000 多摄氏度→氧气用于气割或气焊。

6. 根据物质的性质、化学反应推出物质在自然界中存在的方法

一般根据物质的状态、稳定性、水溶性、反应及其循环，推出该物质主要存在于哪里。如根据二氧化碳常温下是气体、水溶性不大、在自然界中的循环，推出二氧化碳主要存在于大气中。

7. 根据物质的性质、化学反应和实际推出制取物质的原理和设备或装置的方法

产生物质的反应 $\xrightarrow{联系实际}$ 确定制取该物质的原理→设备或装置。

8. 制备非金属氧化物的一般方法

见表 1-4。

9. 实验室制备气体的一般方法

（1）制备常见气体的总程序（也是装置从左到右的连接顺序）：气体的产生→气体的净化→气体的收集→尾气处理。

（2）实验室里制备气体的一般实验步骤：①连接好装置；②检查其气密性；③装药品；④满足实验条件；⑤收集气体；⑥无色气体验满；⑦拆装置并洗涤仪器。

（3）气体的产生装置及其制备的气体、收集方法、反应原理、注意事项说明，见表 1-7。

（4）气体的净化（包括干燥）。

①气体的净化：易溶于水的气体杂质可用水来吸收；酸性杂质可用碱性物质吸收；碱性杂质可用酸性物质吸收；能与杂质反应生成沉淀（或可溶物）的物质也可作为吸收剂。常见除去气体中杂质的仪器或装置图：干燥管、洗气瓶、高温玻璃管、U 形管，见图 1-17。

②气体的干燥：可用干燥剂来吸收水分。常见干燥剂及其适用范围见表 1-8。

（5）尾气的处理的方法：见表 1-9。

（五）总结二氧化碳的知识、从中获得的化学思想、思维、方法

1. 二氧化碳的知识

1）组成

CO_2。

2) 结构

原子结构：C 原子结构示意图：(+6) 2 4；O 原子结构示意图：(+8) 2 6。

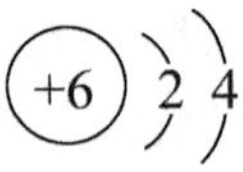

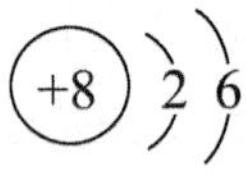

可见，CO_2 中的 +4 价碳已经是碳的最高价态，-2 价氧已经是氧的最低价态。

3) 物理性质

常温常压下，CO_2 是一种无色无味的气体，能溶于水（体积比 1∶1），在标准状况下的密度为 $1.96g/cm^3$，熔沸点低，在压强为 101kPa 下、-78.48℃时升华。

4) CO_2 发生反应的规律、反应方程式及其实验现象

(1) 酸性氧化物 + 水 ⟶ 含氧酸：$H_2O + CO_2 = H_2CO_3$，将 CO_2 通入紫色石蕊试液中，试液变红。

(2) 酸性氧化物 + 碱 ⟶ 盐 + 水：$CO_2 + Ca(OH)_2 = CaCO_3\downarrow + H_2O$，将 CO_2 通入澄清石灰水中，石灰水变为白色混浊。

(3) 酸性氧化物 + 碱性氧化物 ⟶ 含氧酸盐：如，$CO_2 + CaO = CaCO_3$。

5) CO_2 的用途

(1) CO_2 可溶于水，温度相同时，CO_2 的溶解度随压强增大而增大 ⟶ 用于制备汽水等碳酸饮料。

(2) CO_2 在压强为 101kPa 下、-78.48℃时升华，吸热 ⟶ 制备干冰用于人工降雨。

(3) CO_2 不支持燃烧，密度比空气的大 ⟶ 用作灭火剂。

(4) $CO_2 + Ca(OH)_2 = CaCO_3\downarrow + H_2O$ ⟶ 用于检验 CO_2。

(5) $6CO_2 + 6H_2O \xrightarrow[\text{光}]{\text{叶绿素}} C_6H_{12}O_6(\text{葡萄糖}) + 6O_2$ ⟶ 绿色植物光合作用。

6) 存在

CO_2 存在于大气中，占空气总体积的 0.03%，在自然界中参与碳循环：

$6CO_2 + 6H_2O \xrightarrow[\text{光}]{\text{叶绿素}} C_6H_{12}O_6(\text{葡萄糖}) + 6O_2$；$C_6H_{12}O_6(\text{葡萄糖}) + 6O_2 \xrightarrow{\text{催化剂}} 6CO_2 + 6H_2O$。

7) CO_2 的制法

(1) 工业法：尽可能回收、分离提纯工业上产生的 CO_2。

(2) 实验室法：原理为 $CaCO_3 + 2HCl = CaCl_2 + H_2O + CO_2\uparrow$；装置见图 1-28。

2. 化学思想

化学思想包括如下 5 点：化学的定义；化学反应、反应物和生成物的性质决定实验现象；物质的化学性质决定其发生的化学反应；物质的性质、反应决定其用途、元素存在形态和制法。

3. 初学化学的思维方式

见图 1-2。

4. 化学方法

1) 逻辑方法

(1) 分析法：把事物的整体或过程分解为部分或阶段，分别研究并获得每部分事物

的本质或每一阶段的特点的思维方法。如，将一个实验的全部现象分为各个部分现象，分别假设对应部分现象的原因，并能演绎解释其现象或通过定性、定量实验获得结果的方法。

（2）综合法：在分析的基础上（即根据获得的每部分事物的本质或每一阶段的特点），思考得到整体事物或全过程的普遍规律的思维方法。如在分析实验现象的基础上，得到物质的物理性质或反应的方程式。

（3）归纳推理法：是由特殊（或个别）的前提推出普遍性（一般性）结论的推理方法。

（4）演绎推理法：是由普遍性（一般性）前提推出特殊（或个别）的结论的推理方法。

2）设计物理性质实验的方法

（1）观察物质颜色、状态的实验步骤：取盛物质的瓶子或烧杯，观察该物质的颜色、状态。

（2）测定气体在水中溶解度的实验步骤：在室温（23℃）下，用一支100mL针筒抽取一定体积的气体，然后抽取一定体积的水，振荡，观察实验现象。

3）设计化学反应实验的方法

固体跟气体在加热的条件下反应的实验步骤：用坩埚钳夹住一束固体丝或将固体放于燃烧匙中，灼热后立即放入盛有气体的集气瓶中，观察实验现象。

4）实验操作方法

（1）闻气体气味的实验操作方法：稍打开集气瓶的玻璃片，用手轻轻地在瓶口扇动，使极少量的气体飘进鼻孔。

（2）固体在气体中燃烧的实验操作方法：熔点高的固体，要用坩埚钳夹住，如果有高温熔落物，要预先在集气瓶底铺一层细沙或预留少量水；熔点低的固体或粉末置于燃烧匙中。

5）观察实验现象的方法

（1）眼：看物质的颜色、状态、位置、数量及其变化、变化的快慢（速率）。如果是燃烧实验，就要看产生什么颜色的火焰或发出什么颜色的光或是否有火星。看是否产生烟或雾（烟是一片固体小颗粒，雾是一片液体小液滴）。如果有液体存在的环境，要看是否产生气泡或浑浊或沉淀或液体分层或液体上升或产生喷泉或液体下降。

（2）鼻：闻物质的气味或变化。

（3）耳：听发出的声音。如果在液体中生成气体，就会听到"嘶嘶"声；检验易燃气体的纯度时，会听到强烈的爆鸣声或轻微的爆鸣声"噗"；如果爆炸，就会听到爆炸声。

（4）手：感觉到或借助温度计测得温度的高低或变化。

6）由化学方程式推出化学反应实验的实验现象的方法

（1）根据化学反应方程式中反应物的活泼性推出反应的激烈程度：在相同条件下，反应物越活泼，该反应越激烈，反应速率越大。

（2）根据反应物与生成物颜色的不同推出什么颜色的物质变为什么颜色的物质。

（3）如果生成物在室温时是固体，在其生成的过程中是逐渐凝聚出来的，那么，就有固体小颗粒生成，就推出有烟生成；如果生成物在室温时是液体，在其生成的过程中是逐渐凝聚出来的，那么，就有小液滴生成，就推出有雾生成。

（4）如果反应物有液体，没有气体，生成物有气体，就推出产生气泡，逸出某种气体；如果反应物有气体，而生成物没有气体，就推出气体消失；如果反应物、生成物都有气体，就没有"产生气泡，逸出某种气体和气体消失"之说。

（5）由在溶液中生成难溶固体推出溶液浑浊或产生沉淀；由在一种液体中生成其他难相溶，且密度不同的液体推出液体分层。

（6）在燃烧或灼热下反应时，可根据焰色反应推出火焰的颜色或火星四射。

（7）对于一端连接液体密闭装置，如果容器中气体的量变化、温度变化或容积变化，都会导致装置气压的变化。据此可推出液体上升或产生喷泉或下降。

（8）由反应物与生成物气味的不同推出由什么气味变为什么气味。

（9）如果反应物没有气体，而生成物中的气体在液体中生成，就推出听到"嘶嘶"声；检验易燃气体的纯度时，如果气体的纯度小，就推出听到强烈爆鸣声；如果气体的纯度大，就推出听到轻微爆鸣声或听到"噗"声；如果反应爆炸，就推出听到爆炸声。

（10）如果知道反应属于放热反应，就推出（感觉到）温度升高；由吸热反应推出温度下降。

7）由酸性氧化物的一般反应规律，推出具体酸性氧化物的反应的方法

（1）酸性氧化物 + 水 → 含氧酸：如 $H_2O + CO_2 == H_2CO_3$；$H_2O + SO_2 == H_2SO_3$（亚硫酸）；$H_2O + SO_3 == H_2SO_4$（硫酸）；$H_2O + N_2O_5 == 2HNO_3$（硝酸）等。

（2）酸性氧化物 + 碱 → 盐 + 水：如 $CO_2 + Ca(OH)_2 == CaCO_3 \downarrow + H_2O$；$CO_2 + 2NaOH == Na_2CO_3 + H_2O$；$SO_2 + Ca(OH)_2 == CaSO_3 \downarrow + H_2O$；$SO_2 + 2NaOH == Na_2SO_3 + H_2O$；$SO_3 + Ca(OH)_2 == CaSO_4 + H_2O$；$SO_3 + 2NaOH == Na_2SO_4 + H_2O$ 等。

（3）酸性氧化物 + 碱性氧化物 → 含氧酸盐：如 $CO_2 + CaO == CaCO_3$；$SO_2 + CaO == CaSO_3$；$SiO_2 + CaO == CaSiO_3$ 等。

8）根据物质的性质、化学反应推出该物质的用途的方法

（1）由物质的物理性质推出其用途；

（2）由物质的化学性质，推出其用途；

（3）由物质发生的化学反应，推出其用途。

9）根据物质的性质、化学反应推出元素在自然界中存在形态的方法

单质稳定的元素能以游离态存在于自然界中，单质活泼的元素一般以化合态存在于自然界。

10）根据物质的性质、化学反应和实际推出制取物质的原理和设备或装置的方法

（1）一般程序：产生物质的反应 $\xrightarrow{联系实际}$ 确定制取该物质的原理→设备或装置。

（2）制备各类物质的一般方法（见表1-1～表1-6）。

11）实验室制备气体的一般方法

（1）制备常见气体的总程序（也是装置从左到右的连接顺序）：气体的产生→气体的净化→气体的收集→尾气处理。

（2）实验室里制备气体的一般实验步骤：①连接好装置；②检查其气密性；③装药品；④满足实验条件；⑤收集气体；⑥无色气体验满；⑦拆装置并洗涤。

（3）气体的产生装置及其制备的气体、收集方法、反应原理、注意事项说明，见表1-7。

（4）气体的净化（包括干燥）。

①气体的净化：易溶于水的气体杂质可用水来吸收；酸性杂质可用碱性物质吸收；碱性杂质可用酸性物质吸收；能与杂质反应生成沉淀（或可溶物）的物质也可作为吸收剂。常见除去气体中杂质的仪器或装置图：干燥管、洗气瓶、高温玻璃管、U形管，见图1-17。

②气体的干燥：可用干燥剂来吸收水分。常见干燥剂及其适用范围见表1-8。

（5）尾气的处理的方法（见表1-9）。

三、盐酸

在制取二氧化碳时，用过量盐酸（$CaCO_3 + 2HCl == CaCl_2 + H_2O + CO_2\uparrow$）。前面学习的物质在常温下都是气体，盐酸是氯化氢的水溶液，是液体，这是第一次学习酸。按照图1-2的思维方式学习。大家/同学们要注意好好运用学习氧气、二氧化碳时所获得的方法。

（一）实验及其现象与形成的方法

根据图1-3，学习化学初期，通过按照课本中盐酸的物理性质的实验步骤或化学反应的实验步骤做实验，学会设计实验方法、实验操作方法；通过观察实验现象，学会观察实验现象的方法。观察实验现象的方法在学习氧气时已经形成，在学习二氧化碳中既运用，又再现，肯定会更熟悉。

1. 盐酸的物理性质实验及其现象与形成的方法

（1）按实验步骤，做盐酸的物理性质实验与观察并记录其实验现象。

在此，可运用在学习氧气、二氧化碳时获得的观察物质的颜色、状态的实验步骤和闻气体气味的实验操作方法。闻能挥发出气体的物质的气味的操作方法与闻气体的气味的相近。

【实验1-24】观察浓盐酸的颜色、状态。打开瓶塞，观察现象，用手轻轻地在瓶口扇动，小心地闻盐酸的气味。

看到盐酸的颜色、状态是无色液体；打开瓶塞，在瓶口上方形成白雾；闻到刺激性气味。

【实验1-25】将一胶头滴管浓盐酸加入盛有一胶头滴管水的试管中，振荡，静置，观察现象。

实验现象：两种无色液体完全溶合为一层无色液体，试管外壁温度升高。

（2）设计物理性质实验的方法。

①获得能在空气中产生明显变化的液体的挥发性的实验步骤：打开盛有所研究液体的

细口瓶的瓶塞，观察现象。

②获得液体水溶性的实验步骤：将一胶头滴管液体加入盛有一胶头滴管水的试管中，振荡，静置，观察实验现象。

（3）实验操作方法。

①闻液体气味的实验操作方法：打开盛有所研究液体的细口瓶的瓶塞，用手轻轻地在瓶口扇动，使极少量的气体飘进鼻孔。

②用胶头滴管向试管中加入少量液体的操作方法：胶头滴管吸液操作方法为提胶头滴管，挤胶头，放原位，松手指。向试管中加液体的操作方法为两管垂直，胶头滴管下端置于试管口上方，挤压胶头滴加液体。

2. 化学反应实验及其现象与形成的方法

（1）按实验步骤，做盐酸的化学反应实验与观察其实验现象。

【实验1-26】把紫色石蕊试液和无色酚酞试液分别加入两支盛有稀盐酸的试管里，振荡，观察实验现象。

实验现象：紫色和无色溶液混合后，溶液变为红色；两种无色溶液混合后，没有明显变化。

【实验1-27】在试管中放入一根生锈的铁钉，然后注入5mL的稀盐酸，过一会儿取出，用水洗净，观察实验现象。

实验现象：铁钉表面的红棕色固体溶解，变为银白色固体，无色溶液变为黄色，试管外壁温度升高。

【实验1-28】在盛有少量氢氧化铜的试管里，加入适量的稀盐酸，振荡，观察实验现象。

实验现象：蓝色固体溶解，得到蓝色溶液，试管外壁温度升高。

（2）设计化学反应实验的方法。

①两种少量液体之间反应的实验步骤：用胶头滴管吸取少量液体先后加入试管里，振荡，观察实验现象。

②固体跟液体反应的实验步骤：在试管中放入少量小块状固体或粉末，然后注入一定体积的液体。或在装有液体的试管中，放入一根洁净的条状固体，观察实验现象。

（3）实验操作方法。

①粉末状固体加入试管中的实验操作方法：用药匙从广口瓶中取出，若药匙过大，伸不进试管，先将粉末放于纸槽中，试管横放，药匙或纸槽送入管底后，试管再竖起，抽出药匙或纸槽。

②块状固体放入玻璃容器中的实验操作方法：用镊子夹取块状固体，试管横放，送入试管口，再将试管慢慢竖起来，让块状固体沿着试管壁慢慢滑到试管底。

3. 实验现象与观察实验现象的方法

（1）实验现象：实验者通过感觉器官（眼、鼻、耳和手）感觉到的事物或变化。

（2）观察实验现象的方法：

①眼：看物质的颜色、状态、位置、数量及其变化、变化的快慢（速率）。如果是燃烧实验，就要看产生什么颜色的火焰或发出什么颜色的光或是否有火星。看是否产生烟或

雾（烟是一片固体小颗粒，雾是一片液体小液滴）。如果有液体存在的环境，要看是否产生气泡或浑浊或沉淀或液体分层或液体上升或产生喷泉或液体下降。

②鼻：闻物质的气味或变化。

③耳：听发出的声音。如果在液体中生成气体，就会听到"嘶嘶"声；检验易燃气体的纯度时，会听到强烈的爆鸣声或轻微的爆鸣声"噗"；如果爆炸，就会听到爆炸声。

④手：感觉到或借助温度计测得温度的高低或变化。

（二）实验现象、物理性质或化学反应与形成的方法

运用图1-5，根据盐酸的以上实验现象，通过分析，综合得到盐酸的物理性质或化学反应方程式；通过逆向提出问题：为什么能观察到相应的实验现象？应用所得盐酸的物理性质或化学反应成功地演绎解释其实验现象，让我们了解物质的物理性质、化学反应与相关实验现象的关系，获得由物质的物理性质、化学反应推出实验现象的方法。

由于在学习氧气、二氧化碳时已经形成实验现象分析法、综合法、化学的精髓关系一及由化学反应方程式推出实验现象的方法，所以，在学习盐酸时，大家要好好去运用，以期逐渐熟悉。

1. 根据盐酸的物理性质实验的现象，经过分析，结合资料，综合得到盐酸的物理性质

实验1-24 看到盐酸的颜色、状态是无色液体；打开瓶塞，在瓶口上方形成白雾；闻到刺激性气味。

与物理性质的概念比较分析：物质的颜色、状态、气味都属于物质的物理性质。对打开瓶塞，在瓶口上方形成白雾现象：根据经验，白雾是无色液体形成的小液滴；极易溶于水的气体跟空气里的水蒸气接触，形成该气体的溶液，以小液滴的形式出现。已知：HCl是刺激性气味的气体，极易溶于水。由瓶口上方的空气中产生白雾；闻到刺激性气味推得浓盐酸挥发出HCl气体。

得到盐酸的颜色、状态、气味、挥发性用一句话表述为：盐酸是无色、易挥发出刺激性气味气体的液体。

实验1-25的实验现象：两种无色液体完全溶合为一层无色液体，试管外壁温度升高。

分析：两种液体混合，振荡，静置，若分层，表明两种液体不相溶，否则相溶。由盐酸与水混合不分层推得盐酸溶于水。一个放热的过程，体系温度会升高。由盐酸溶于水时，试管外壁温度升高推得盐酸溶于水并放出热量。

综合：盐酸溶于水，且放出热量。

结合查阅资料，综合得到盐酸的物理性质：无色透明、易挥发液体，随浓度增大挥发性增强，能与水和乙醇任意混溶。

2. 物质的化学反应实验的现象与分析、综合

（1）根据盐酸的化学反应实验的现象，经过分析，综合得到结论或反应方程式。

实验1-26的实验现象：紫色和无色溶液混合后，溶液变为红色；两种无色溶液混合后，没有明显变化。

分析：由紫色和无色溶液混合后，溶液变为红色，推知盐酸能跟石蕊反应生成红色物质；由两种无色溶液混合后，没有明显变化，表明盐酸不跟酚酞反应，但产物的溶液是无色的。通过进一步实验证明，盐酸能跟酚酞反应，其产物的溶液是无色的。

综合：盐酸能跟石蕊反应生成红色物质，盐酸能跟酚酞反应，其产物的溶液是无色的。

实验 1-27 的实验现象：铁钉表面的红棕色固体溶解，变为银白色固体，无色溶液变为黄色，试管外壁温度升高。

分析：已知反应物是 Fe_2O_3 和 HCl；已知 Fe_2O_3 是红棕色固体，$FeCl_3$ 溶液是黄色液体。由铁钉表面的红棕色固体溶解，变为银白色固体，无色溶液变为黄色推得有 $FeCl_3$ 生成：$Fe_2O_3 + HCl \longrightarrow FeCl_3$；根据质量守恒定律，应有 H_2O 生成，从而得到化学方程式：$Fe_2O_3 + 6HCl == 2FeCl_3 + 3H_2O$；温度升高，表明反应放出热量。

综合：盐酸跟氧化铁发生复分解反应，其反应的化学方程式：$Fe_2O_3 + 6HCl == 2FeCl_3 + 3H_2O$，放出热量。

实验 1-28 的实验现象：蓝色固体溶解，得到蓝色溶液，试管外壁温度升高。

分析：已知反应物是 $Cu(OH)_2$ 和 HCl；稀 $CuCl_2$ 溶液呈蓝色。根据质量守恒定律，应有 H_2O 生成；温度升高，表明反应放出热量。

综合：盐酸跟氢氧化铜发生复分解反应，属于中和反应，其反应的化学方程式：$Cu(OH)_2 + 2HCl == CuCl_2 + 2H_2O$，放出热量。

（2）分析法与综合法。

①分析法：把事物的整体或过程分解为部分或阶段，分别研究并获得每部分事物的本质或每一阶段的特点的思维方法。如将一个实验的全部现象分为各个部分现象，分别假设对应部分现象的原因，并能演绎解释其现象或通过定性、定量实验获得结果的方法。

②综合法：在分析的基础上（即根据获得的每部分事物的本质或每一阶段的特点），思考得到整体事物或全过程的普遍规律的思维方法。如在分析实验现象的基础上，得到物质的物理性质或反应的方程式。

3. 逆向提出问题及解决问题，获得化学的精髓关系一

（1）逆向提出问题及解决问题。

①为什么做实验 1-24 时，观察到的实验现象是：无色液体；瓶口上方的空气中产生白雾；闻到刺激性气味？

因为盐酸是无色易挥发液体，挥发出来的是 HCl 气体，HCl 是具有刺激性气味的无色气体，极易溶于水，跟空气里的水蒸气接触，形成盐酸的小液滴，即白雾。故看到无色液体；瓶口上方的空气中产生白雾；闻到刺激性气味。

②为什么做实验 1-25 时，观察到的实验现象是：两种无色液体完全溶合为一层无色液体，试管外壁温度升高？

因为盐酸溶于水，且放出热量，所以，观察到的实验现象是：两种无色液体完全溶合为一层无色液体，试管外壁温度升高。

③为什么做实验 1-26 时，观察到的实验现象是：紫色和无色溶液混合后，溶液变为红色；两种无色溶液混合后，没有明显变化？

因为盐酸能跟石蕊反应生成红色物质，盐酸能跟酚酞反应，其产物的溶液是无色的。所以，观察到的实验现象是：紫色和无色溶液混合后，溶液变为红色；而盐酸与酚酞两种无色溶液混合后，没有明显变化。

④为什么做实验 1-27 时，观察到的实验现象是：铁钉表面的红棕色固体溶解，变为银白色固体，无色溶液变为黄色，试管外壁温度升高？

因为铁锈跟盐酸发生反应：$Fe_2O_3 + 6HCl = 2FeCl_3 + 3H_2O$，属于放热反应，铁钉表面的铁锈（主要成分 Fe_2O_3）是红棕色，铁钉是银白色，$FeCl_3$ 溶液是黄色，所以，观察到的现象是：铁钉表面的红棕色固体溶解，变为银白色固体，无色溶液变为黄色，试管外壁温度升高。

⑤为什么做实验 1-28 时，观察到的实验现象是：蓝色固体溶解，得到蓝色溶液，试管外壁温度升高？

因为氢氧化铜跟盐酸发生反应：$Cu(OH)_2 + 2HCl = CuCl_2 + 2H_2O$，属于放热反应，$Cu(OH)_2$ 是难溶于水的蓝色固体，$CuCl_2$ 易溶于水，稀 $CuCl_2$ 溶液呈蓝色，所以，观察到的实验现象是：蓝色固体溶解，得到蓝色溶液，试管外壁温度升高。

（2）获得化学的精髓关系一。

由以上逆向提出问题：为什么做这些实验时，能观察到这样的实验现象？都是运用演绎推理的方法和所得到的结论，或物质的物理性质、反应方程式圆满地给予解释，从而获得化学的精髓关系一：物质的物理性质、化学反应决定反应实验的实验现象。

4. 由反应方程式运用演绎推理推出反应实验的实验现象的方法

（1）根据化学反应方程式中反应物的活泼性推出反应的激烈程度：在相同条件下，反应物越活泼，该反应越激烈，反应速率越大。

（2）根据反应物与生成物颜色的不同推出什么颜色的物质变为什么颜色的物质。

（3）如果生成物在室温时是固体，在其生成的过程中是逐渐凝聚出来的，那么，就有固体小颗粒生成，就推出有烟生成；如果生成物在室温时是液体，在其生成的过程中是逐渐凝聚出来的，那么，就有小液滴生成，就推出有雾生成。

（4）如果反应物有液体，没有气体，生成物有气体，就推出产生气泡，逸出某种气体；如果反应物有气体，而生成物没有气体，就推出气体消失；如果反应物、生成物都有气体，就没有"产生气泡，逸出某种气体和气体消失"之说。

（5）由在溶液中生成难溶固体推出溶液浑浊或产生沉淀；由在一种液体中生成其他难相溶，且密度不同的液体推出液体分层。

（6）在燃烧或灼热下反应时，可根据焰色反应推出火焰的颜色或火星四射。

（7）对于一端连接液体密闭装置，如果容器中气体的量变化、温度变化或容积变化，都会导致装置气压的变化。据此可推出液体上升或产生喷泉或下降。

（8）由反应物与生成物气味的不同推出由什么气味变为什么气味。

（9）如果反应物没有气体，而生成物中的气体在液体中生成，就推出听到"嘶嘶"声；检验易燃气体的纯度时，如果气体的纯度小，就推出听到强烈爆鸣声；如果气体的纯度大，就推出听到轻微爆鸣声或听到"噗"声；如果反应爆炸，就推出听到爆炸声。

（10）如果知道反应属于放热反应，就推出（感觉到）温度升高；由吸热反应推出温度下降。

（三）化学反应与化学性质的关系及形成的方法

根据图1-6，由盐酸所发生的化学反应，通过归纳得到其化学性质；通过逆向提出问题：为什么物质能发生这些化学反应？应用所得盐酸的化学性质成功地解决该问题，让我们了解盐酸的化学性质与其发生化学反应的关系，获得由物质的化学性质推出化学反应的方法。

1. 由盐酸所发生的化学反应，通过归纳得到其化学性质

盐酸发生的反应：

(1) 使石蕊变为红色，显示盐酸具有酸性。

(2) 跟铁等金属反应：$Fe + 2HCl = FeCl_2 + H_2\uparrow$，显示盐酸具有酸性。

(3) 跟碱反应：$Cu(OH)_2 + 2HCl = CuCl_2 + 2H_2O$，显示盐酸具有酸性。

(4) 跟氧化铁等碱性氧化物反应：$Fe_2O_3 + 6HCl = 2FeCl_3 + 3H_2O$，显示盐酸具有酸性。

(5) 跟碳酸钙等不稳定性酸盐或弱酸盐反应：$CaCO_3 + 2HCl = CaCl_2 + H_2O + CO_2\uparrow$，显示盐酸具有酸性。

归纳：盐酸的化学性质为酸性。

2. 酸与酸性的定义

(1) 酸的定义：电离出的阳离子全部是氢离子的化合物。

(2) 酸性的定义：化合物电离出并在反应中提供氢离子的性质。

3. 归纳推理法

归纳推理法是由特殊（或个别）的前提推出普遍性（一般性）结论的推理方法。

4. 演绎推理法

演绎推理法是由普遍性（一般性）前提推出特殊（或个别）的结论的推理方法。

5. 逆向提出问题及解决问题，获得化学的精髓关系二

(1) 逆向提出问题及解决问题

逆向提出问题：为什么盐酸能发生以上5类反应？

因为盐酸有酸性，所以，盐酸能发生以上5类反应。

(2) 获得化学的精髓关系二

由以上逆向提出问题：为什么物质能发生某反应？运用演绎推理的方法和物质的化学性质能圆满地给予解释，从而获得化学的精髓关系二：物质的化学性质决定其所能发生的化学反应。

6. 由化学性质推出化学反应的方法

(1) 由物质有酸性，推出该物质能发生5类反应：

①使石蕊变为红色；

②跟金属活动顺序中氢前面的金属反应——→盐 + $H_2\uparrow$；

③跟碱反应——→盐 + H_2O；

④跟碱性氧化物反应——→盐 + H_2O；

⑤跟不稳定性酸盐或弱酸盐反应——→新盐＋新酸。

（2）酸的酸性越强，在条件相同时，5 类反应越容易，反应速率越大。

（四）物质的性质、反应与物质用途、存在情况、制法的关系及形成的方法

根据图 1－15，由盐酸的物理性质或化学性质或化学反应，运用演绎推理法，得到盐酸的用途、存在情况、制备方法；或通过提出问题：为什么盐酸有这些用途？为什么盐酸不能存在于自然界？为什么可以这样制备盐酸？应用盐酸的物理性质或化学性质或化学反应成功地解决这些问题，所学氧气、二氧化碳、盐酸皆如此，就可归纳出物质的性质、反应与物质的用途、存在情况、制法的关系，获得由物质的物理性质或化学性质或化学反应推出物质的用途、存在情况、制备的方法。

注意：在学习氧气、二氧化碳时，已经归纳了由物质的性质、反应推出物质的用途、元素存在形态、物质制法的方法，我们只有经常去运用，学习效率才能提高。

1. 由盐酸的物理性质或化学性质或化学反应，运用演绎推理法，得到盐酸的用途

（1）由 $Zn + 2HCl = ZnCl_2 + H_2\uparrow$ 反应推出在实验室里可用盐酸制备少量的氢气；

（2）由 $CaCO_3 + 2HCl = CaCl_2 + H_2O + CO_2\uparrow$ 反应推出在实验室里可用盐酸制备少量二氧化碳；

（3）由 $Fe_2O_3 + 6HCl = 2FeCl_3 + 3H_2O$ 反应推出可用盐酸除去铁锈。

2. 由盐酸的物理性质、化学性质和化学反应，运用演绎推理法，得到盐酸不能存在于自然界中

根据盐酸在自然界环境中呈液态，必接触地面；它是酸性物质，很容易跟碳酸盐等反应，从而推得盐酸不能存在于自然界中。

3. 盐酸的制法

工业制法（电解法）：原理为 $2NaCl + 2H_2O \xrightarrow{通电} 2NaOH + Cl_2\uparrow + H_2\uparrow$，$H_2 + Cl_2 \xrightarrow{点燃} 2HCl$。

设备：电解池，燃烧炉，吸收塔。

4. 提出问题，解决问题，获得化学的精髓关系四

注意：精髓关系三（物质结构决定其性质）在初中少涉及。

可见，学过盐酸的性质和发生的化学反应后，即可演绎推出盐酸的用途或解释"为什么盐酸有这些用途？"问题；制取盐酸也是 HCl 等物质的性质和化学反应及其条件的应用，从而获得化学的精髓关系四：物质的性质、化学反应决定该物质的用途、存在情况和制法。

5. 根据物质性质、化学性质、化学反应推出该物质用途的方法

（1）物理性质→用途；（2）化学性质→用途；（3）化学反应→用途。

6. 由所学化合物的物理性质、化学性质和化学反应，推出该化合物存在的情况的方法

如果所学化合物稳定，难跟其他物质反应，或在自然界中能循环生灭，且常温状态下是气体，该化合物主要存在于大气中；若为固体，且易溶于水，主要存在于海中，如氯化钠。

7. 根据物质的性质、化学反应和实际推出制取物质的原理和设备或装置的方法

（1）制备程序：产生物质的反应 $\xrightarrow{联系实际}$ 确定制取该物质的原理→设备或装置。

（2）制备酸的一般方法：见表1-5。

（五）总结盐酸的知识，从中获得的化学思想、思维、方法

1. 盐酸的知识

1）盐酸的组成

HCl 的水溶液。

2）原子结构

H 原子结构示意图：(+1) 1；Cl 原子结构示意图：(+17) 2 8 7。

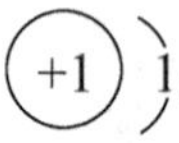

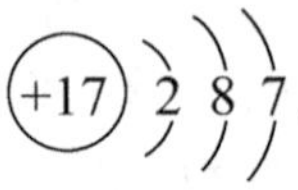

3）盐酸的性质

（1）盐酸的物理性质：无色透明、易挥发液体，随浓度增大挥发性增强，能与水和乙醇任意混溶。

（2）盐酸的化学性质：酸性。

4）盐酸发生的反应及其实验现象

（1）跟酸碱指示剂反应：使紫色石蕊试液或蓝色石蕊试纸变红色。

（2）跟碱发生中和反应 —→ 盐 + 水：$HCl + NaOH == NaCl + H_2O$，试管外壁温度升高。

$2HCl + Cu(OH)_2 == CuCl_2 + 2H_2O$，蓝色固体溶解，得到的稀溶液显蓝色，浓溶液显绿色，试管外壁温度升高。

（3）跟碱性氧化物反应 —→盐 + 水：$6HCl + Fe_2O_3 == 2FeCl_3 + 3H_2O$，红棕色固体溶解，得到黄色溶液，试管外壁温度升高。

$2HCl + MgO == MgCl_2 + H_2O$，白色固体迅速溶解，得到无色溶液，试管外壁温度升高。

$2HCl + CuO == CuCl_2 + H_2O$，黑色固体溶解，得到的稀溶液显蓝色，浓溶液显绿色，试管外壁温度升高。

（4）跟排在金属活动顺序中氢前面的金属反应—→ 盐 + $H_2\uparrow$：$Zn + 2HCl == ZnCl_2 + H_2\uparrow$，银白色固体逐渐溶解，产生气泡，逸出无色气体，听到"嘶嘶"声，试管外壁温度升高。

$Fe + 2HCl == FeCl_2 + H_2\uparrow$，银白色固体逐渐溶解，得到浅绿色溶液，产生气泡，逸出无色气体，听到"嘶嘶"声，试管外壁温度升高。

（5）跟不稳定性酸的盐或弱酸盐或生成不溶于酸的盐的强酸盐反应→新盐 + 新酸：

$CaCO_3 + 2HCl == CaCl_2 + H_2O + CO_2\uparrow$，白色固体逐渐溶解，产生气泡，逸出无色气体，听到"嘶嘶"声，试管外壁温度升高。

$NaHCO_3 + HCl == NaCl + CO_2\uparrow + H_2O$，产生气泡，逸出无色气体，听到"嘶嘶"声，试管外壁温度升高。

$FeS + 2HCl == H_2S\uparrow + FeCl_2$，黑色固体逐渐溶解，产生气泡，逸出腐蛋气味的无色气体，听到"嘶嘶"声，试管外壁温度升高。

$HCl + AgNO_3 == HNO_3 + AgCl\downarrow$，产生不溶于硝酸的白色沉淀。

5）盐酸的用途

（1）$Zn + 2HCl == ZnCl_2 + H_2\uparrow \to$①实验室制备少量的氢气；

（2）$CaCO_3 + 2HCl == CaCl_2 + H_2O + CO_2\uparrow \to$实验室制备少量的二氧化碳；

（3）$Fe_2O_3 + 6HCl == 2FeCl_3 + 3H_2O \to$除去铁锈。

6）盐酸的制法

工业制法（电解法）：原理为 $2NaCl + 2H_2O \xrightarrow{通电} 2NaOH + Cl_2\uparrow + H_2\uparrow$，$H_2 + Cl_2 \xrightarrow{点燃} 2HCl$。设备：电解池，燃烧炉，吸收塔。

2. 化学思想

化学思想包括如下 5 点：化学的定义；化学反应、反应物和生成物的性质决定实验现象；物质的化学性质决定其发生的化学反应；物质的性质、反应决定其用途、元素存在形态和制法。

3. 初学化学的思维方式

见图 1-2。

4. 化学方法

1）逻辑方法

（1）分析法：把事物的整体或过程分解为部分或阶段，分别研究并获得每部分事物的本质或每一阶段的特点的思维方法。如将一个实验的全部现象分为各个部分现象，分别假设对应部分现象的原因，并能演绎解释其现象或通过定性、定量实验获得结果的方法。

（2）综合法：在分析的基础上（即根据获得的每部分事物的本质或每一阶段的特点），思考得到整体事物或全过程的普遍规律的思维方法。如在分析实验现象的基础上，得到物质的物理性质或反应的方程式。

（3）归纳推理法：是由特殊（或个别）的前提推出普遍性（一般性）结论的推理方法。

（4）演绎推理法：是由普遍性（一般性）前提推出特殊（或个别）的结论的推理方法。

2）设计物理性质实验的方法

（1）获得能在空气中产生明显变化液体的挥发性的实验步骤：打开盛有所研究液体的细口瓶的瓶塞，观察现象。

（2）获得液体水溶性的实验步骤：将一胶头滴管液体加入盛有一胶头滴管水的试管中，振荡，静置，观察实验现象。

3）设计化学反应实验的方法

（1）两种少量液体之间反应的实验步骤：用胶头滴管吸取少量液体先后加入试管里，

---

① 这里箭头"→"代表推得，下同。

振荡，观察实验现象。

（2）固体跟液体反应的实验步骤：在试管中放入少量小块状固体或粉末，然后注入一定体积的液体。或在装有液体的试管中，放入一根洁净的条状固体，观察实验现象。

4）实验操作方法

（1）闻气体气味的实验操作方法：稍打开集气瓶的玻璃片，用手轻轻地在瓶口扇动，使极少量的气体飘进鼻孔。

（2）固体在气体中燃烧实验操作方法：熔点高的固体，要用坩埚钳夹住，如果有高温熔落物，要预先在集气瓶底铺一层细沙或预留少量水；熔点低的固体或粉末置于燃烧匙中。

5）观察实验现象的方法

（1）眼：看物质的颜色、状态、位置、数量及其变化、变化的快慢（速率）。如果是燃烧实验，就要看产生什么颜色的火焰或发出什么颜色的光或是否有火星。看是否产生烟或雾（烟是一片固体小颗粒，雾是一片液体小液滴）。如果有液体存在的环境，要看是否产生气泡或浑浊或沉淀或液体分层或液体上升或产生喷泉或液体下降。

（2）鼻：闻物质的气味或变化。

（3）耳：听发出的声音。如果在液体中生成气体，就会听到"嘶嘶"声；检验易燃气体的纯度时，会听到强烈的爆鸣声或轻微的爆鸣声"噗"；如果爆炸，就会听到爆炸声。

（4）手：感觉到或借助温度计测得温度的高低或变化。

6）由化学方程式推出化学反应实验的实验现象的方法

（1）根据化学反应方程式中反应物的活泼性推出反应的激烈程度：在相同条件下，反应物越活泼，该反应越激烈，反应速率越大。

（2）根据反应物与生成物颜色的不同推出什么颜色的物质变为什么颜色的物质。

（3）如果生成物在室温时是固体，在其生成的过程中是逐渐凝聚出来的，那么，就有固体小颗粒生成，就推出有烟生成；如果生成物在室温时是液体，在其生成的过程中是逐渐凝聚出来的，那么，就有小液滴生成，就推出有雾生成。

（4）如果反应物有液体，没有气体，生成物有气体，就推出产生气泡，逸出某种气体；如果反应物有气体，而生成物没有气体，就推出气体消失；如果反应物、生成物都有气体，就没有"产生气泡，逸出某种气体和气体消失"之说。

（5）由在溶液中生成难溶固体推出溶液浑浊或产生沉淀；由在一种液体中生成其他难相溶，且密度不同的液体推出液体分层。

（6）在燃烧或灼热下反应时，可根据焰色反应推出火焰的颜色或火星四射。

（7）对于一端连接液体密闭装置，如果容器中气体的量变化、温度变化或容积变化，都会导致装置气压的变化。据此可推出液体上升或产生喷泉或下降。

（8）由反应物与生成物气味的不同推出由什么气味变为什么气味。

（9）如果反应物没有气体，而生成物中的气体在液体中生成，就推出听到"嘶嘶"声；检验易燃气体的纯度时，如果气体的纯度小，就推出听到强烈爆鸣声；如果气体的纯度大，就推出听到轻微爆鸣声或听到"噗"声；如果反应爆炸，就推出听到爆炸声。

（10）如果知道反应属于放热反应，就推出（感觉到）温度升高；由吸热反应推出温度下降。

7）由化学性质推出化学反应的方法

（1）酸性发生5类反应：①使石蕊变为红色；②跟金属活动顺序中氢前面的金属反应→盐+H_2↑；③跟碱反应→盐+H_2O；④跟碱性氧化物反应→盐+H_2O；⑤跟不稳定性酸盐或弱酸盐反应→新盐+新酸。

（2）酸的酸性越强，在条件相同时，以上5类反应越容易，反应速率越大。

8）根据物质的性质、化学性质、化学反应推出该物质的用途的方法

物理性质→用途；化学性质→用途；化学反应→用途。

9）由所学化合物的物理性质、化学性质和化学反应，推出该化合物存在的情况的方法

如果所学化合物稳定，难跟其他物质反应，或在自然界中能循环生灭，且常温是气体，该化合物主要存在于大气中，若为固体，且易溶于水，主要存在于海中，如氯化钠。

10）根据物质的性质、化学反应和实际推出制取物质的原理和设备或装置的方法

（1）制备程序：产生物质的反应 $\xrightarrow{联系实际}$ 确定制取该物质的原理→设备或装置。

（2）酸的制备方法：①酸性氧化物跟水反应法：如，$SO_3+H_2O == H_2SO_4$。②较强酸制备较弱酸方法：如，$Ca_3(PO_4)_2+3H_2SO_4(浓) == 3CaSO_4+2H_3PO_4$。③难挥发性酸制备易挥发性酸：$NaCl+H_2SO_4(浓) == NaHSO_4+HCl$↑。

四、氢氧化钙

"粉身碎骨全不怕"是指由块状氧化钙遇水变为石灰乳之意：$CaO+H_2O == Ca(OH)_2$。在建筑工地上，人们常见此变化。澄清石灰水是氢氧化钙溶液，九年级《化学》第7页已经用于检验二氧化碳：$Ca(OH)_2+CO_2 == CaCO_3↓+H_2O$。按照图1-2的思维方式学习，要注意好好运用学习氧气、二氧化碳、盐酸时所获得的方法、思想，回归如图1-2的整体思维。想一想，构建运用所学方法进行推理的、能动性的思维程序。

（一）实验及其现象与形成的方法

根据图1-3，运用学习氧气、二氧化碳、盐酸时获得的设计实验方法、实验操作方法，设计并做研究氢氧化钙的物理性质实验或化学反应实验，进一步发展新的设计实验方法、新的实验操作方法；观察实验现象的方法在学习氧气时已经形成，在学习二氧化碳、盐酸中既运用，又再现。此次学习氢氧化钙时，还运用观察实验现象的方法，相信大家肯定会进一步熟悉此法。

1. 氢氧化钙的物理性质实验及其现象与形成的方法

（1）按实验步骤，做氢氧化钙的物理性质实验与观察并记录其实验现象：

在此，可运用在学习氧气、二氧化碳、盐酸时获得的观察物质的颜色、状态的实验步骤。

【实验1-29】观察氢氧化钙的颜色、状态。打开瓶塞，用手轻轻地在瓶口扇动，闻

氢氧化钙的气味。

实验现象：看到氢氧化钙的颜色、状态是白色粉末；闻不到气味。

【**实验1-30**】取一药匙氢氧化钙放入一小烧杯里，加水约30mL，用玻璃棒搅拌，使其充分溶解，静置，观察现象。

实验现象：没有明显变化。

（2）设计物理性质实验的方法

获得固体水溶性的实验步骤：取一药匙固体放入一小烧杯里，加一定体积的水，用玻璃棒搅拌，使其充分溶解，静置，观察实验现象。

（3）实验操作方法

①用玻璃棒搅拌的实验操作方法：搅拌时要沿一个方向，匀速，不要碰及容器内壁。

②用量筒量取一定体积的液体的操作方法：倒液接近刻度，改用胶头滴管加液至刻度线与液体弯曲面极点相切为止。

2. 化学反应实验及其现象与形成的方法

（1）按实验步骤，做氢氧化钙的化学反应实验与观察其实验现象

【**实验1-31**】把几滴紫色石蕊试液和无色酚酞试液分别滴入两支盛有石灰水的试管里，振荡，观察实验现象。

实验现象：紫色和无色溶液混合后，溶液变蓝；两种无色溶液混合后，溶液变红。

【**实验1-32**】在试管中放入少量氢氧化钙粉末，然后加入足量的稀盐酸，观察实验现象。

实验现象：白色粉末溶解，试管外壁温度升高。

【**实验1-33**】在盛有少量石灰水的试管里，加入浓碳酸钠溶液，振荡，观察实验现象。

实验现象：生成白色沉淀。

（2）设计化学反应实验的方法

①两种少量液体之间反应的实验步骤：用胶头滴管吸取少量液体先后加入试管里，振荡，观察实验现象。

②固体跟液体反应的实验步骤：在试管中放入少量小块状固体或粉末，然后注入一定体积的液体。或在装有液体的试管中，放入一根洁净的条状固体，观察实验现象。

（3）实验操作方法

①粉末状固体加入试管中的实验操作方法：用药匙从广口瓶中取出，若药匙过大，伸不进试管，先将粉末放于纸槽中，试管横放，药匙或纸槽送至管底后，试管再竖起，抽出药匙或纸槽。

②块状固体放入玻璃容器中的实验操作方法：用镊子夹取块状固体，试管横放，送入试管口，再将试管慢慢竖起来，让块状固体沿着试管壁慢慢滑到试管底。

③用胶头滴管向试管中加入少量液体的操作方法。胶头滴管吸液操作：提胶头滴管，挤胶头，放原位，松手指。向试管中加液体的操作：两管垂直，胶头滴管下端置于试管口上方，挤压胶头滴加液体。

3. 实验现象与观察实验现象的方法

因为这一点，在此之前已经重复了四次，相信大家已经熟练掌握，所以在此省略。如果要再看，请看第一章第三节一（三）。

（二）实验现象、物理性质或化学反应与形成的方法

运用图 1-5，根据以上氢氧化钙的实验现象，通过分析，综合得到氢氧化钙的物理性质或化学反应方程式；通过逆向提出问题：为什么能观察到相应的实验现象？应用所得氢氧化钙的物理性质或化学反应成功地演绎解释其实验现象，让我们了解物质的物理性质、化学反应与相关实验现象的关系，获得由物质的物理性质、化学反应推出实验现象的方法。

由于在学习氧气、二氧化碳、盐酸时已经形成实验现象分析法、综合法、化学的精髓关系一及由化学反应式推出实验现象的方法，所以，在学习氢氧化钙时，大家要好好去运用，以期逐渐熟练掌握。

1. 根据氢氧化钙的物理性质实验的现象，经过分析，结合资料，综合得到氢氧化钙的物理性质

实验 1-29 看到氢氧化钙的颜色、状态是白色粉末；闻不到气味。

与物理性质的概念比较分析：物质的颜色、状态、气味都属于物质的物理性质。

得到氢氧化钙的颜色、状态用一句话表述为：氢氧化钙是白色粉末。

实验 1-30 的实验现象：没有明显变化。

分析：由向粉末中加入足量的水，充分搅拌，粉末的量几乎不变推得氢氧化钙溶解度小。

综合：溶解度小。

结合查阅资料，综合得到氢氧化钙的物理性质：白色粉末，微溶于水。

2. 物质的化学反应实验的现象与分析、综合和其化学反应

（1）根据氢氧化钙的化学反应实验、现象，经过分析，综合得到结论或反应方程式

实验 1-31 的实验现象：紫色和无色溶液混合后，溶液变为蓝色；两种无色溶液混合后，溶液变为红色。

分析：已知反应物是石蕊与 $Ca(OH)_2$，石蕊试液是紫色的，石灰水是无色溶液，由紫色和无色溶液混合后，溶液变为蓝色，推知它们相互反应生成蓝色物质。以相似的操作，由两种无色溶液混合后，溶液变为红色可知，$Ca(OH)_2$ 与酚酞反应生成红色物质。

综合：$Ca(OH)_2$ 既与石蕊反应生成蓝色物质，又与酚酞反应生成红色物质。

实验 1-32 的实验现象：白色粉末溶解，试管外壁温度升高。

分析：已知反应物是 $Ca(OH)_2$ 和 HCl；已知 $Ca(OH)_2$ 是白色粉末。由白色粉末溶解推得 $Ca(OH)_2$ 和 HCl 反应生成溶于水的物质。由经验：$CaCO_3 + HCl \longrightarrow CaCl_2 + H_2O + CO_2$ 推测 $Ca(OH)_2 + HCl \longrightarrow CaCl_2 + H_2O$（要真正得到它们的组成，需要定性、定量分析）；温度升高，表明反应放出热量。

综合：氢氧化钙能跟盐酸反应，其反应方程式：$Ca(OH)_2 + 2HCl =\!\!=\!\!= CaCl_2 + 2H_2O$，放热反应。

实验 1-33 的实验现象：生成白色沉淀。

分析：已知反应物是 $Ca(OH)_2$ 和 Na_2CO_3；根据复分解反应的原理，两种化合物交换成分应该生成难溶于水的白色固体碳酸钙与氢氧化钠，与观察到的实验现象一致（要真正得到它们的组成，需要定性、定量分析）。

综合：氢氧化钙能跟 Na_2CO_3 反应，其反应方程式：$Ca(OH)_2 + Na_2CO_3 = CaCO_3\downarrow + 2NaOH$。

（2）分析法与综合法

①分析法：把事物的整体或过程分解为部分或阶段，分别研究并获得每部分事物的本质或每一阶段的特点的思维方法。如将一个实验的全部现象分为各个部分现象，分别假设对应部分现象的原因，并能演绎解释其现象或通过定性、定量实验获得结果的方法。

②综合法：在分析的基础上（即根据获得的每部分事物的本质或每一阶段的特点），思考得到整体事物或全过程的普遍规律的思维方法。如在分析实验现象的基础上，得到物质的物理性质或反应的方程式。

3. 逆向提出问题及解决问题，获得化学的精髓关系一

（1）逆向提出问题及解决问题

①为什么做实验 1-30 时，观察到的实验现象是：没有明显变化？

因为 $Ca(OH)_2$ 微溶于水，实验时，单靠眼睛，看不出固体的量变化，所以，观察到的实验现象是：没有明显变化。

②为什么做实验 1-31 时，观察到的实验现象是：紫色和无色溶液混合后，溶液变为蓝色；两种无色溶液混合后，溶液变为红色？

因为 $Ca(OH)_2$ 既与石蕊反应生成蓝色物质，又与酚酞反应生成红色物质。所以，观察到的实验现象是：紫色和无色溶液混合，溶液变为蓝色；两种无色溶液混合，溶液变为红色。

③为什么做实验 1-32 时，观察到的实验现象是：白色粉末溶解，试管外壁温度升高？

因为 $Ca(OH)_2$ 跟 HCl 发生反应：$Ca(OH)_2 + 2HCl = CaCl_2 + 2H_2O$ 属于放热反应。$Ca(OH)_2$ 是微溶于水的白色粉末，跟盐酸反应生成的 $CaCl_2$ 易溶于水，所以，观察到的实验现象是：白色粉末溶解，试管外壁温度升高。

④为什么做实验 1-33 时，观察到的实验现象是：生成白色沉淀？

因为氢氧化钙跟碳酸钠发生反应：$Ca(OH)_2 + Na_2CO_3 = CaCO_3\downarrow + 2NaOH$，$CaCO_3$ 是难溶于水的白色固体，所以，观察到的现象是：生成白色沉淀。

（2）获得化学的精髓关系一

由以上逆向提出问题：为什么做这些实验时，能观察到这样的实验现象？都是运用演绎推理的方法和所得到的结论，或物质的物理性质、反应方程式圆满地给予解释，从而获得化学的精髓关系一：物质的物理性质、化学反应决定反应实验的实验现象。

4. 由反应方程式，运用演绎推理推出反应实验的实验现象的方法

因为在此之前已经重复了四次，相信大家已经熟练掌握，所以在此省略。如果要再看，请看第一章第三节二（四）。

（三）化学反应与化学性质的关系及形成的方法

根据图 1-6，由氢氧化钙所发生的化学反应，通过归纳得到其化学性质；通过逆向提问：为什么物质能发生这些化学反应？应用所得盐酸的化学性质成功地解决该问题，从而确认盐酸的化学性质与其发生化学反应的关系，获得由物质的化学性质推出化学反应的方法。

1. 由氢氧化钙所发生的化学反应，通过归纳得到其化学性质

氢氧化钙发生的反应：

（1）$Ca(OH)_2$ 既与石蕊反应生成蓝色物质，又与酚酞反应生成红色物质；

（2）跟酸反应：$Ca(OH)_2 + 2HCl = CaCl_2 + 2H_2O$，$Ca(OH)_2$ 显碱性；

（3）跟酸性氧化物反应：$Ca(OH)_2 + CO_2 = CaCO_3\downarrow + H_2O$，$Ca(OH)_2$ 显碱性；

（4）跟能生成难溶盐的盐或弱碱的盐反应：$Ca(OH)_2 + Na_2CO_3 = CaCO_3\downarrow + 2NaOH$，$Ca(OH)_2$ 显碱性。

归纳：氢氧化钙的化学性质为碱性。

2. 碱与碱性的定义

（1）碱的定义：电离出的阴离子全部是氢氧根离子的化合物。

（2）碱性的定义：化合物电离出并在反应中提供氢氧根离子的性质。

3. 归纳推理法

归纳推理法是由特殊（或个别）的前提推出普遍性（一般性）结论的推理方法。

4. 演绎推理法

演绎推理法是由普遍性（一般性）前提推出特殊性（或个别性）结论的推理方法。

5. 逆向提出问题及解决问题，获得化学的精髓关系二

（1）逆向提出问题及解决问题

逆向提出问题：为什么氢氧化钙能发生以上四类反应？

因为氢氧化钙有碱性，所以，氢氧化钙能发生以上四类反应。

（2）获得化学的精髓关系二

由以上逆向提出问题：为什么物质能发生某反应？运用演绎推理的方法和物质的化学性质圆满地给予解释，从而获得化学的精髓关系二：物质的化学性质决定其所能发生的化学反应。

6. 由化学性质推出化学反应的方法

（1）由物质有碱性，推出该物质能发生四类反应：

①使石蕊变为蓝色，使酚酞变为红色；②跟酸反应→盐 + H_2O；

③跟酸性氧化物反应→盐 + H_2O；④跟能生成难溶盐或弱碱的盐反应→新盐 + 新碱。

（2）碱的碱性越强，在条件相同时，四类反应越容易，反应速率越大。

（四）物质性质、化学反应与物质用途、存在形态、制法的关系及形成的方法

根据图 1-15，由氢氧化钙的物理性质或化学性质或化学反应，运用演绎推理法，得到氢氧化钙的用途、存在形态、制备方法；或通过提出问题：为什么氢氧化钙有这些用

途？为什么氢氧化钙不能存在于自然界？为什么可以这样制备氢氧化钙？应用氢氧化钙的物理性质或化学性质或化学反应成功地解决这些问题，所学氧气、二氧化碳、盐酸皆如此，就可归纳出物质的性质、反应与物质的用途、存在形态、制法的关系，获得由物质的物理性质或化学性质或化学反应推出物质的用途、存在形态、制备的方法。

注意：在学习氧气、二氧化碳、盐酸时，已经归纳了由物质的性质、反应推出物质的用途、元素存在形态、物质制法的方法，我们只有经常去运用，学习效率才能大大提高。

1. 由氢氧化钙的物理性质或化学性质或化学反应，运用演绎推理，得到氢氧化钙的用途

（1）由 $Ca(OH)_2 + CO_2 = CaCO_3\downarrow + H_2O$ 反应推出 $Ca(OH)_2$ 用于鉴别二氧化碳气体。

（2）由氢氧化钙跟酸发生中和反应推出在农业上，$Ca(OH)_2$ 用于改良酸性土壤。

（3）由 $Ca(OH)_2 + Na_2CO_3 = CaCO_3\downarrow + 2NaOH$ 反应推出 $Ca(OH)_2$ 用于制备氢氧化钠。

（4）由 $Ca(OH)_2 + CuSO_4 = CaSO_4 + Cu(OH)_2$ 反应推出 $Ca(OH)_2$ 用于配制农药波尔多液。

2. 由氢氧化钙的物理性质、化学性质和化学反应，运用演绎推理，得到氢氧化钙不能存在于自然界

根据氢氧化钙具有碱性，容易跟酸性物质如 CO_2 等反应：$Ca(OH)_2 + CO_2 = CaCO_3\downarrow + H_2O$，$CO_2$ 等酸性物质在自然界中大量存在，从而推得氢氧化钙不能存在于自然界。

3. 氢氧化钙的制法

原理：$CaO + H_2O = Ca(OH)_2$。设备：耐热、耐碱池。

4. 提出问题，解决问题，获得化学的精髓关系四

注意：精髓关系三（物质结构决定其性质）在初中少涉及。

可见，学过氢氧化钙的性质和发生的化学反应后，即可演绎推出氢氧化钙的用途或解释"为什么氢氧化钙有这些用途？"问题；制取氢氧化钙也是氢氧化钙等物质的性质和化学反应及其条件的应用，从而获得化学的精髓关系四：物质的性质、化学反应决定该物质的用途、存在情况和制法。

5. 根据物质的性质、化学反应推出该物质的用途的方法

因为这一点，在此之前已经重复了四次，相信大家已经熟练掌握，所以在此省略。如果要再看，请看第一章第三节五（五）1。

6. 由所学化合物的物理性质、化学性质和化学反应，推出该化合物存在的情况的方法

如果所学化合物稳定，难跟其他物质反应，或在自然界中能循环生灭，且常温状态下是气体，该化合物主要存在于大气中，若为固体，且易溶于水，主要存在于海中，如氯化钠。

7. 根据物质的性质、化学反应和实际推出制取物质的原理和设备或装置的方法

（1）制备程序：产生物质的反应 $\xrightarrow{联系实际}$ 确定制取该物质的原理→设备或装置。

（2）制备碱的一般方法：见表1-6。

（五）总结氢氧化钙的知识、从中获得的化学思想、思维、方法

1. 氢氧化钙的知识

（1）氢氧化钙的组成：$Ca(OH)_2$。

(2) 原子结构：原子结构示意图为 H：(+1 1； O：(+8 2 6； Ca：(+20 2 8 8 2。

(3) 氢氧化钙的性质：

①氢氧化钙的物理性质：白色粉末，微溶于水。

②氢氧化钙的化学性质：碱性。

(4) 氢氧化钙发生的反应及其实验现象：

①跟酸碱指示剂反应：使紫色石蕊试液变蓝色，使酚酞试液变红色。

②跟酸发生中和反应——→盐 + H_2O：$2HCl + Ca(OH)_2 = CaCl_2 + 2H_2O$，白色粉末溶解，试管外壁温度升高。

③跟酸性氧化物反应——→盐 + H_2O：$Ca(OH)_2 + CO_2 = CaCO_3↓ + H_2O$，生成白色沉淀。

④跟能生成难溶盐的盐或弱碱的盐反应→新盐 + 新碱：$Ca(OH)_2 + Na_2CO_3 = CaCO_3↓ + 2NaOH$，生成白色沉淀。

(5) 氢氧化钙的用途：

①$Ca(OH)_2 + CO_2 = CaCO_3↓ + H_2O$→鉴别二氧化碳气体；

②氢氧化钙跟酸发生中和反应→在农业上，改良酸性土壤；

③$Ca(OH)_2 + Na_2CO_3 = CaCO_3↓ + 2NaOH$→制备氢氧化钠；

④$Ca(OH)_2 + CuSO_4 = CaSO_4 + Cu(OH)_2$→配制农药波尔多液。

(6) 氢氧化钙的制法。原理：$CaO + H_2O = Ca(OH)_2$，设备：耐热、耐碱池。

2. 化学思想

化学思想包括如下五点：化学的定义；化学反应、反应物和生成物的性质决定实验现象；物质的化学性质决定其发生的化学反应；物质的性质、反应决定其用途、元素存在形态和制法。

3. 初学化学的思维方式

见图 1 – 2。

4. 化学方法

(1) 逻辑方法：因为这一点，在此之前已经重复了四次，相信大家已经熟练掌握，所以在此省略。如果要再看，请看第一章第四节一（五）4.1）。

(2) 设计物理性质实验的方法：

获得固体水溶性的实验步骤：取一药匙固体放入一小烧杯里，加一定体积的水，用玻璃棒搅拌，使其充分溶解，静置，观察实验现象。

(3) 设计化学反应实验的方法：

①两种少量液体之间反应的实验步骤：用胶头滴管吸取少量液体先后加入试管里，振荡，观察实验现象。

②固体跟液体反应的实验步骤：在试管中放入少量小块状固体或粉末，然后注入一定体积的液体。或在装有液体的试管中，放入一根洁净的条状固体。观察实验现象。

(4) 实验操作方法：

①用玻璃棒搅拌的实验操作方法：搅拌时要沿一个方向，匀速，不要碰及容器内壁。

②用量筒量取一定体积的液体的操作方法：倒液接近刻度，改用胶头滴管加液至刻度线与液体弯曲面极点相切为止。

③粉末状固体加入试管中的实验操作方法：用药匙从广口瓶中取出，若药匙过大，伸不进试管，先将粉末放于纸槽中，试管横放，药匙或纸槽送管底，试管再竖起，抽出药匙或纸槽。

④块状固体放入玻璃容器中的实验操作方法：用镊子夹取块状固体，试管横放，送入试管口，再将试管慢慢竖起来，让块状固体沿着试管壁慢慢滑到试管底。

⑤用胶头滴管向试管中加入少量液体的操作方法。胶头滴管吸液操作：提胶头滴管，挤胶头，放原位，松手指。向试管中加液体的操作：两管垂直，胶头滴管下端置于试管口上方，挤压胶头滴加液体。

（5）观察实验现象的方法：因为这一点，在此之前已经重复了四次，相信大家已经熟练掌握，所以在此省略。如果要再看，请看第一章第三节一（三）。

（6）由化学方程式推出化学反应实验的实验现象的方法：因为这一点，在此之前已经重复了四次，相信已经熟练掌握，所以在此省略。如果要再看，请看第一章第三节二（四）。

（7）由化学性质推出化学反应的方法

①由物质具有碱性推出该物质发生四类反应：（a）跟酸碱指示剂反应；（b）跟酸发生中和反应——盐 + H_2O；（c）跟酸性氧化物反应——盐 + H_2O；（d）跟能生成难溶盐的盐或弱碱的盐反应——新盐 + 新碱。

②碱的碱性越强，在条件相同时，以上四类反应越容易，反应速率越大。

（8）根据物质的性质、化学反应推出该物质的用途的方法：因为这一点，在此之前已经重复了四次，相信大家已经熟练掌握，所以在此省略。如果要再看，请看第一章第三节五（五）1。

（9）由所学化合物的物理性质、化学性质和化学反应，推出该化合物存在的情况的方法。

如果所学化合物稳定，难跟其他物质反应，或在自然界中能循环生灭，且常温状态下是气体，该化合物主要存在于大气中，若为固体，且易溶于水，主要存在于海中，如氯化钠。

（10）根据物质的性质、化学反应和实际推出制取物质的原理和设备或装置的方法：

①制备程序：产生物质的反应 $\xrightarrow{\text{联系实际}}$ 确定制取该物质的原理→设备或装置。

②物质制备的一般方法：见表 1-1 至表 1-6 和如下盐的制备原理：

a. 金属与非金属反应：$2Na + Cl_2 =\!=\!= 2NaCl$；

b. 金属与酸反应：$Zn + H_2SO_4 =\!=\!= ZnSO_4 + H_2 \uparrow$；

c. 金属氧化物与酸反应：$FeO + 2HCl =\!=\!= FeCl_2 + H_2O$；

d. 酸与碱中和：$HNO_3 + KOH =\!=\!= KNO_3 + H_2O$；

e. 酸与盐反应：$2HCl + CaCO_3 =\!=\!= CaCl_2 + CO_2 \uparrow + H_2O$；

f. 酸性氧化物与碱性氧化物反应：$CO_2 + CaO =\!=\!= CaCO_3$；

g. 酸性氧化物与碱反应：$SO_2 + 2NaOH =\!=\!= Na_2SO_3 + H_2O$；

h. 盐与盐反应：$AgNO_3 + NaCl == AgCl\downarrow + NaNO_3$；
i. 氨与酸反应生成铵盐：$NH_3 + HCl == NH_4Cl$；
j. 不稳定的酸式盐加热分解生成正盐：$2NaHCO_3 \stackrel{\Delta}{=\!=\!=} Na_2CO_3 + H_2O + CO_2\uparrow$。

五、碳酸钠

碳酸钠是一种常用的盐之一，被广泛用于玻璃、造纸、纺织和洗涤剂的生产等。按照图1-2的思维方式学习。要注意好好运用学习氧气、二氧化碳、盐酸时所获得的方法、思想，想一想，构建运用所学方法进行推理的、能动性的思维程序。

（一）实验及其现象与形成的方法

根据图1-3，运用学习氧气、二氧化碳、盐酸时获得的设计实验方法、实验操作方法，设计并做研究碳酸钠的物理性质实验或化学反应实验，进一步发展新的设计实验方法、新的实验操作方法；观察实验现象的方法在学习氧气时已经形成，在学习二氧化碳、盐酸中既运用，又再现。此次学习碳酸钠时，还运用观察实验现象的方法，相信大家肯定会熟练掌握该法。

1. 碳酸钠的物理性质实验及其现象与形成的方法

（1）按实验步骤，做碳酸钠的物理性质实验与观察并记录其实验现象

【实验1-34】观察碳酸钠的颜色、状态。

看到碳酸钠的颜色、状态是白色粉末。

【实验1-35】室温时，取约4g碳酸钠粉末放入一小烧杯里，加水约20mL，用玻璃棒搅拌，静置，观察实验现象。

实验现象：白色粉末消失。

（2）设计物理性质实验的方法

获得固体水溶性的实验步骤：取一药匙固体放入一小烧杯里，加一定体积的水，用玻璃棒搅拌，使其充分溶解，静置，观察实验现象。

（3）实验操作方法

①用玻璃棒搅拌的实验操作方法：搅拌时要沿一个方向，匀速，不要碰及容器内壁。

②用量筒量取一定体积的液体的操作方法：倒液接近刻度，改用胶头滴管加液至刻度线与液体弯曲面极点相切为止。

2. 化学反应实验及其现象与形成的方法

（1）按实验步骤，做碳酸钠的化学反应实验与观察其实验现象

【实验1-36】向盛有0.5g碳酸钠的试管中加入2mL盐酸，迅速用带导管的橡胶塞塞紧试管口，并将导管的另一端插入盛有澄清石灰水的试管中，观察实验现象。

实验现象：白色粉末溶解，产生气泡，逸出无色无气味的气体；石灰水变为白色浑浊。

（2）设计化学反应实验的方法

固体跟液体反应的实验步骤：在试管中放入少量小块状固体或粉末，然后注入一定体

积的液体。或在装有液体的试管中，放入一根洁净的条状固体，观察实验现象。

（3）实验操作方法

①粉末状固体加入试管中的实验操作方法：用药匙从广口瓶中取出，若药匙过大，伸不进试管，先将粉末放于纸槽中，试管横放，药匙或纸槽送入管底后，试管再竖起，抽出药匙或纸槽。

②用量筒量取一定体积的液体的操作方法：倒液接近刻度，改用胶头滴管加液至刻度线与液体弯曲面极点相切为止。

③用胶头滴管向试管中加入少量液体的操作方法：胶头滴管吸液操作：提胶头滴管，挤胶头，放原位，松手指。向试管中加液体的操作：两管垂直，胶头滴管下端置于试管口上方，挤压胶头滴加液体。

3. 实验现象与观察实验现象的方法

因为这一点，在此之前已经重复了四次，相信大家已经熟练掌握，所以在此省略。如果要再看，请看第一章第三节一（三）。

（二）实验现象、物理性质或化学反应与形成的方法

运用图 1-5，根据以上碳酸钠的实验现象，通过分析，综合得到碳酸钠的物理性质或化学反应方程式；通过逆向提出问题：为什么能观察到相应的实验现象？应用所得碳酸钠的物理性质或化学反应成功地演绎解释其实验现象，让我们了解物质的物理性质、化学反应与相关实验现象的关系，获得由物质的物理性质、化学反应推出实验现象的方法。

由于在学习氧气、二氧化碳、盐酸时已经形成实验现象分析法、综合法、化学的精髓关系一及由化学反应式推出实验现象的方法，通过学习氢氧化钙时进一步运用，所以，在学习碳酸钠时，大家要好好去运用，以期逐渐熟练掌握该法。

1. 根据碳酸钠的物理性质实验的现象，经过分析，结合资料，综合得到碳酸钠的物理性质

从实验 1-34 看到碳酸钠的颜色、状态是白色粉末。

与物理性质的概念比较分析：物质的颜色、状态、气味都属于物质的物理性质。

得到碳酸钠的颜色、状态用一句话表述为：碳酸钠是白色粉末。

实验 1-35 的实验现象：白色粉末消失。

分析：白色粉末消失，即室温时，4g 碳酸钠粉末完全溶于 20mL 水，其溶解度至少 20g，属易溶于水。

综合：易溶于水。

结合查阅资料，综合得到碳酸钠的物理性质：白色粉末，易溶于水，熔点 851℃，沸点 1600℃。

2. 物质的化学反应实验的现象与分析、综合和其化学反应

（1）根据碳酸钠的化学反应实验的现象，经过分析，综合得到结论或反应方程式

【实验 1-36】白色粉末溶解，产生气泡，逸出无色无气味的气体；石灰水变为白色浑浊。

分析：已知反应物是 Na_2CO_3 和 HCl；已知 Na_2CO_3 是白色粉末，CO_2 是无色无气味的气体，无色无气味的 CO_2 气体能使石灰水变为白色混浊。由白色粉末溶解，产生气泡，

逸出无色无气味的气体；石灰水变为白色浑浊推得 Na_2CO_3 和 HCl 反应生成溶于水的物质和 CO_2。再联想：$CaCO_3 + HCl \longrightarrow CaCl_2 + H_2O + CO_2$ 推测 $Na_2CO_3 + HCl \longrightarrow NaCl + H_2O + CO_2$（要真正得到它们的组成，需要定性、定量分析）。

综合：碳酸钠容易跟盐酸反应，其反应方程式：$Na_2CO_3 + 2HCl == 2NaCl + H_2O + CO_2\uparrow$。

（2）分析法与综合法

①分析法：把事物的整体或过程分解为部分或阶段，分别研究并获得每部分事物的本质或每一阶段的特点的思维方法。如将一个实验的全部现象分为各个部分现象，分别假设对应部分现象的原因，并能演绎解释其现象或通过定性、定量实验获得结果的方法。

②综合法：在分析的基础上（即根据获得的每部分事物的本质或每一阶段的特点），思考得到整体事物或全过程的普遍规律的思维方法。如在分析实验现象的基础上，得到物质的物理性质或反应的方程式。

3. 逆向提出问题及解决问题，获得化学的精髓关系一

（1）逆向提出问题及解决问题

①为什么做实验 1-35 时，观察到的实验现象是：白色粉末消失？

因为 Na_2CO_3 易溶于水，室温下，溶解度约为 23g，所以，室温时，取约 4g 碳酸钠粉末放入一小烧杯里，加水约 20mL，用玻璃棒搅拌，静置。能观察到的实验现象是：白色粉末消失。

②为什么做实验 1-36 时，观察到的实验现象是：白色粉末溶解，产生气泡，逸出无色无气味的气体；石灰水变为白色浑浊？

因为 Na_2CO_3 跟 HCl 发生反应：$Na_2CO_3 + 2HCl == 2NaCl + H_2O + CO_2\uparrow$，$Na_2CO_3$ 及其跟盐酸反应生成的 NaCl 都易溶于水；生成的 CO_2 在水中溶解度不大，是无色无气味的气体，跟澄清石灰水反应：$Ca(OH)_2 + CO_2 == CaCO_3\downarrow + H_2O$，所以，观察到的实验现象是：白色粉末溶解，产生气泡，逸出无色无气味的气体；石灰水变为白色浑浊。

（2）获得化学的精髓关系一

由以上逆向提出问题：为什么做这些实验时，能观察到这样的实验现象？都是运用演绎推理的方法和所得到的结论，或物质的物理性质、反应方程式圆满地给予解释，从而获得化学的精髓关系一：物质的物理性质、化学反应决定反应实验的实验现象。

4. 由反应方程式，运用演绎推理推出反应实验的实验现象的方法

因为这一点，在此之前已经重复了四次，相信大家已经熟练掌握，所以在此省略。如果要再看，请看第一章第三节二（四）。

（三）化学反应与反应规律的关系及形成的方法

根据图 1-20，由碳酸钠所发生的化学反应，分析归纳得到碳酸钠的反应规律；进一步归纳出盐的反应规律；根据反应规律，运用演绎推理，推出具体化学反应的方法。

1. 由碳酸钠所发生的化学反应，分析归纳得到碳酸钠的反应规律

【碳酸钠发生的反应】

（1）跟酸反应：$Na_2CO_3 + 2HCl == 2NaCl + H_2O + CO_2\uparrow$；

（2）跟能生成难溶盐的碱反应：$Na_2CO_3 + Ca(OH)_2 == CaCO_3\downarrow + 2NaOH$；

（3）跟能生成难溶盐的盐反应：$Na_2CO_3 + CaCl_2 == CaCO_3\downarrow + 2NaCl$

分析：以上反应（1）中的 HCl 属于酸、NaCl 属于盐、H_2O 和 CO_2 是由生成的碳酸

（H_2CO_3）分解而成的；反应（2）中的 $Ca(OH)_2$ 和 NaOH 都属于碱、$CaCO_3$ 属于盐；反应（3）中的 $CaCl_2$、$CaCO_3$、NaCl 都属于盐。

【归纳】碳酸钠反应的规律：

（1）碳酸钠 + 酸——→盐 + H_2O + CO_2↑；

（2）碳酸钠 + 能生成难溶盐的碱——→新盐↓ + 新碱；

（3）碳酸钠 + 能生成难溶盐的盐——→两种新盐（至少其中一种盐难溶）。

原因：碳酸钠属于盐，其他盐有相似的反应。

【进一步归纳】盐的反应规律和实例：

（1）盐 + 酸→盐 + 新酸：$Na_2CO_3 + 2HCl == 2NaCl + H_2CO_3$ $\nearrow H_2O + CO_2\uparrow$；

（2）盐 + 碱→新盐 + 新碱：$CuSO_4 + 2NaOH == Cu(OH)_2\downarrow + Na_2SO_4$；

（3）盐 + 盐→两种新盐（至少其中一种盐难溶）：$CaCl_2 + Na_2CO_3 == CaCO_3\downarrow + 2NaCl$。

2. 归纳推理法

归纳推理法是由特殊（或个别）的前提推出普遍性（一般性）结论的推理方法。

3. 演绎推理法

演绎推理法是由普遍性（一般性）前提推出特殊（或个别）的结论的推理方法。

（四）物质的性质、反应与物质用途、存在情况、制法的关系及形成的方法

根据图 1-15，由碳酸钠的物理性质或化学性质或化学反应，运用演绎推理，得到碳酸钠的用途、存在情况、制备方法；或通过提出问题：为什么碳酸钠有这些用途？为什么碳酸钠不能存在于自然界？为什么可以这样制备碳酸钠？应用碳酸钠的物理性质或化学性质或化学反应能成功地解决这些问题，所学氧气、二氧化碳、盐酸皆如此，就可归纳出物质的性质、反应与物质用途、存在情况、制法的关系，获得由物质的物理性质或化学性质或化学反应推出物质的用途、存在情况、制备的方法。

注意：在学习氧气、二氧化碳、盐酸时，已经归纳了由物质的性质、反应推出物质的用途、元素存在形态或物质存在情况、制备的方法，我们只有经常去运用，学习效率才能大大提高。

1. 由碳酸钠的物理性质或化学性质或化学反应，运用演绎推理法，得到碳酸钠的用途

根据 $Ca(OH)_2 + Na_2CO_3 == CaCO_3\downarrow + 2NaOH$ 反应推出可用碳酸钠来制备氢氧化钠。

2. 由碳酸钠的物理性质、化学性质和化学反应，运用演绎推理法，得到碳酸钠能存在于自然界

在海水中，存在钠离子、氯离子、碳酸根等，由于碳酸钠溶解度随温度下降而大大降低，因此，碳酸根离子和钠离子结合成碳酸钠晶体沉淀析出，此时可以从湖底打捞得到碳酸钠晶体。

3. 碳酸钠的制法

【侯德榜法】原理：NaCl（饱和溶液）+ NH_3 + CO_2 + $H_2O == NaHCO_3\downarrow + NH_4Cl$；

$$2NaHCO_3 \xrightarrow{\triangle} Na_2CO_3 + H_2O + CO_2\uparrow。$$

设备：反应器、过滤器、加热炉。

4. 提出问题，解决问题，获得化学的精髓关系四

注意：精髓关系三（物质结构决定其性质）在初中少涉及。

可见，学过碳酸钠的性质和发生的化学反应后，即可演绎推出碳酸钠的用途或解释"为什么碳酸钠有这些用途？"问题；制取碳酸钠也是碳酸钠等物质的性质和化学反应及其条件的应用，从而获得化学的精髓关系四：物质的性质、化学反应决定该物质的用途、存在情况和制法。

5. 根据物质的性质、化学反应推出该物质的用途的方法

因为这一点，在此之前已经重复了四次，相信大家已经熟练掌握，所以在此省略。如果要再看，请看第一章第三节五（五）1。

6. 由所学化合物的物理性质、化学性质和化学反应，推出该化合物存在的情况的方法

如果所学化合物稳定，难跟其他物质反应，或在自然界中能循环生灭，且常温状态下是气体，该化合物主要存在于大气中，若为固体，且易溶于水，主要存在于海中，如氯化钠。

7. 根据物质的性质、化学反应和实际推出制取物质的原理和设备或装置的方法

（1）制备程序：产生物质的反应 $\xrightarrow{联系实际}$ 确定制取该物质的原理→设备或装置。

（2）制备盐的一般方法：

①金属与非金属反应：$2Na + Cl_2 == 2NaCl$；

②金属与酸反应：$Zn + H_2SO_4 == ZnSO_4 + H_2\uparrow$；

③金属氧化物与酸反应：$FeO + 2HCl == FeCl_2 + H_2O$；

④酸与碱中和：$HNO_3 + KOH == KNO_3 + H_2O$；

⑤酸与盐反应：$2HCl + CaCO_3 == CaCl_2 + CO_2\uparrow + H_2O$；

⑥酸性氧化物与碱性氧化物反应：$CO_2 + CaO == CaCO_3$；

⑦酸性氧化物与碱反应：$SO_2 + 2NaOH == Na_2SO_3 + H_2O$；

⑧盐与盐反应：$AgNO_3 + NaCl == AgCl\downarrow + NaNO_3$；

⑨氨与酸反应生成铵盐：$NH_3 + HCl == NH_4Cl$；

⑩不稳定的酸式盐加热分解生成正盐：$2NaHCO_3 \xrightarrow{\triangle} Na_2CO_3 + H_2O + CO_2\uparrow$。

（五）总结碳酸钠的知识

（1）碳酸钠的组成：Na_2CO_3。

（2）原子结构：原子结构示意图：C：(+6) 2 4；O：(+8) 2 6；Na：(+11) 2 8 1。

（3）碳酸钠的物理性质：白色粉末，易溶于水，熔点：851℃，沸点：1600℃。

（4）碳酸钠发生反应的规律，举例写出反应方程式及推出的实验现象：

①碳酸钠 + 酸→盐 + $H_2O + CO_2\uparrow$：$Na_2CO_3 + 2HCl == 2NaCl + H_2O + CO_2\uparrow$，产生

气泡，逸出无色无气味的气体。

②碳酸钠 + 能生成难溶盐的碱 → 新盐↓ + 新碱：$Na_2CO_3 + Ca(OH)_2 == CaCO_3↓ + 2NaOH$，产生白色沉淀。

③碳酸钠 + 能生成难溶盐的盐 → 两种新盐（至少其中一种盐难溶）：$Na_2CO_3 + CaCl_2 == CaCO_3↓ + 2NaCl$，产生白色沉淀。

（5）碳酸钠的用途：由 $Ca(OH)_2 + Na_2CO_3 == CaCO_3↓ + 2NaOH$ 反应，推出用碳酸钠制备氢氧化钠。

（6）碳酸钠的制法：

【侯德榜法】原理：$NaCl$（饱和溶液）$+ NH_3 + CO_2 + H_2O == NaHCO_3↓ + NH_4Cl$；

$2NaHCO_3 \xrightarrow{\Delta} Na_2CO_3 + H_2O + CO_2↑$。

设备：反应器、过滤器、加热炉。

六、钠

钠是人教版《化学1》学习了离子反应、氧化还原反应之后接触的第一种金属。学习前面五种代表物质时，我们根据图1-2分解为相互联系的各个小步。这对于在初中形成并熟练掌握化学方法、化学思想很有帮助。在此基础上，为了更好地让学生感受并构建更理性的、能充分调动人能动性地认识事物的、大大提高学习化学物质效率的思维方式，见图2-1或图2-2，将图1-2分为正向和逆向的两大部分指导学生学习钠。构建出图2-1和图2-2后学化学的思维方式后，接着根据图2-1或图2-2再回顾钠的知识，使学生从初学化学的思维方式（图1-2）顺利过渡到后学化学的思维方式（图2-1和图2-2），初步衔接初高中化学。在以后的化学物质的学习中，学生应灵活运用所学的两种基本思维方式。一旦运用自如，将受益无穷。

（一）由实验到物质结构的正向学习程序

以图1-2的正向程序（见图1-22）为指导学习物质。

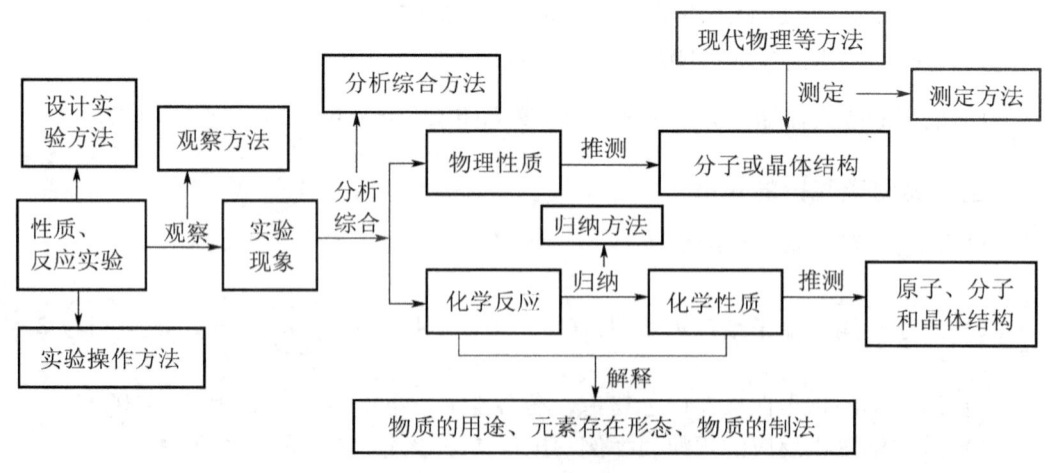

图1-22　学习物质正向的思维程序

(1) 做钠的物理性质实验，通过观察得到实验现象，经过分析、综合得到钠的物理性质，经过分析、推测得到钠的晶体结构。

【实验 1-37】 在盛煤油的培养皿里，用小刀切取钠块里层黄豆粒大小的钠，取出并立即放于两片玻璃片之间，挤压，观察现象。

实验现象：固体沉于煤油底部，用小刀容易切开固体，挤压两玻璃片，固体立即展开变薄，呈现银白色金属光泽。

分析：已知固体是钠。由固体沉于煤油底部推得钠的密度比煤油的大；由用小刀容易切开固体，挤压处于两玻璃片之间的固体，固体立即展开变薄推得钠质软、有延展性；由固体呈现银白色金属光泽直接得到钠在常温下的颜色、状态：钠是银白色有金属光泽的固体。

综合：钠的密度比煤油的大；常温下，钠是银白色有金属光泽的固体；钠质软，有延展性。

结合查阅资料，综合得到钠的物理性质与比较：常温下，钠是银白色有金属光泽的固体，是电和热的良导体，硬度小，硬度：Li > Na > K > Rb > Cs；Na < Mg < Al。延展性好，密度是 $0.97g/cm^3$，比水的密度小，比煤油密度大。熔沸点不高，熔点：97.8℃，比水的沸点低，沸点：882.9℃，熔沸点：Li > Na > K > Rb > Cs；Na < Mg < Al。

分析：金属导电、传热等是因为金属中有自由电子，钠能导电、传热等，由此推测得到钠晶体属于金属晶体；由钠的熔点不高：97.8℃，比锂、镁的熔点低，硬度小，而它们熔化、挤压变形或切割，都是破坏金属晶体中金属阳离子与自由电子之间的相互作用，推测得到钠晶体中金属阳离子与自由电子之间的相互作用比锂、镁中的弱。

推测钠的晶体结构：钠晶体属于金属晶体，且其中金属阳离子与自由电子之间的相互作用比锂、镁中的弱。

(2) 做钠的化学反应实验，通过观察得到实验现象；经过分析、综合得到钠的化学反应；经过归纳得到钠的化学性质；经过分析、推测得到钠的原子结构、晶体结构；运用演绎推理，得到钠的用途、元素存在形态、制备方法。

【实验 1-38】 拿开夹有钠的玻璃片，观察现象。

实验现象：光亮的表面很快变暗。

分析：已知反应物是 Na 和 O_2；已知：常温下，钠是银白色有金属光泽的固体。由光亮的表面很快变暗，结合经验：其他金属在空气中被氧化为金属氧化物推得钠表面生成没有光泽的白色固体氧化钠。

综合：在常温下，钠跟空气中的氧气容易反应，反应方程式：$4Na + O_2 == 2Na_2O$。

【实验 1-39】 迅速吸干煤油并用镊子将钠片放于白瓷碗片上，用酒精灯加热，开始燃烧后，移开酒精灯，观察现象。

实验现象：银白色有金属光泽的固体变为半球状液体，剧烈燃烧，发出黄色火焰，周围温度升高，有淡黄色固体生成。

分析：已知反应物是 Na 和 O_2；由银白色有金属光泽的固体变为半球状液体推得钠的熔点低；由剧烈燃烧推得钠在加热条件下容易跟空气中的氧气反应；由发出黄色火焰推得钠或其化合物在高温下会发出黄色的光；温度升高，表明反应放出热量；由有淡黄色固体生成推得生成过氧化钠（要确定，需要定性、定量分析）。

综合：钠在加热条件下很容易跟空气中的氧气反应，其反应方程式：$2Na + O_2 \xrightarrow{\text{点燃}} Na_2O_2$，放热反应。

用途：据此即可推出钠可用于制备 Na_2O_2。

【实验1-40】
①按图1-23组装实验装置。
②检查U形管右边带玻璃珠的橡胶管和橡胶塞是否漏气。
③使U形管盛满滴有酚酞的蒸馏水，将带漏斗的塞子塞入U形管的左边，将带有一小块钠（切取钠块中心的黄豆粒大小的钠）的大头针固定在上图右边的橡胶塞上并将其快速塞入U形管的右边。
④待钠反应完后，用手挤压右边橡胶管（内有一颗小玻璃珠，结构与碱式滴定管的滴管口构造相同）并在导管口点火，观察现象。

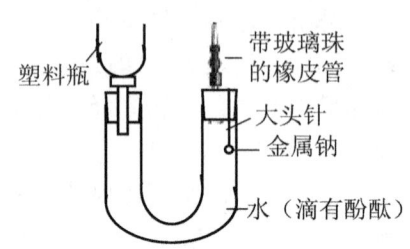

图1-23 一小块钠跟水反应的实验装置示意图

实验现象：①大头针上银白色有金属光泽的固体熔化变成银白色有金属光泽的液态小球浮在水面；②迅速产生大量的气泡，逸出无色气体，液体小球在水面不断游动，听到"嘶嘶"声，迅速变小；③U形管右边液面逐渐下降、漏斗中的液面逐渐上升，直到完全反应；④水层由无色变为红色；⑤气体安静地燃烧，并产生淡蓝色火焰。

分析：已知反应物是Na和H_2O；常温下，钠是银白色有金属光泽的固体。由银白色有金属光泽的固体脱离大头针变成银白色有金属光泽的液态小球浮在水面推得该反应为放热反应，钠的熔点比水的沸点低，密度比水的小；由迅速产生大量的气泡，逸出无色气体，并在水面不断游动，听到"嘶嘶"声，迅速变小和气体安静地燃烧，并产生淡蓝色火焰推得有氢气生成；经验：碱性溶液使酚酞试液变红色，由有酚酞的水溶液变红推得有氢氧化钠生成。

综合：在常温下，钠很容易跟水反应，其反应方程式：$2Na + 2H_2O == 2NaOH + H_2\uparrow$，放热反应。

分析：钠容易跟多种非金属及某些化合物反应，从金属活动顺序看，排位靠前；从氧化还原反应的角度看，钠元素化合价都升高，在形成的化合物中，钠元素都是+1价，可知，钠具有强还原性。

归纳钠的化学性质：很活泼，具有强的还原性，金属活动顺序为K、Ca、Na、Mg、Al、Zn、Fe、Sn、Pb、(H)、Cu、Hg、Ag、Pt、Au。

钠元素在自然界中存在的形态：化合态。根据：钠很活泼，很容易跟其他物质反应。

分析：由在形成的化合物中，钠元素都是+1价，钠很活泼，具有强还原性，说明在反应中，1个钠原子仅容易失去1个电子，形成稳定的电子层结构Na^+，如果规定稳定的氖原子结构示意图为：(+10)2 8，那么，推测钠原子最外层只有1个电子。

推测：钠原子结构示意图：(+11) 2 8 1，钠晶体属于金属晶体，其中微粒间相互作用力小。

钠的工业制法：①反应原理：$2NaCl \xrightarrow[熔融]{通电} 2Na + Cl_2\uparrow$；②主要设备：电解池。

3. 设计很活泼金属物理性质实验的方法

获取很活泼金属的颜色、状态、硬度、延展性的实验步骤：在盛煤油的培养皿里用小刀切取金属块里层黄豆粒大小的金属，取出并立即放于两片玻璃片之间，挤压，观察实验现象。

4. 设计物质化学反应实验的方法

（1）获得很活泼金属跟空气反应的实验步骤：切开固体外层，将其暴露在空气中，观察实验现象。

（2）在加热的条件下，固体跟空气反应，且会损坏仪器的实验步骤：将固体放于白瓷碗片上，加热，开始反应后，停止加热，观察实验现象。

（3）常温下，很活泼金属跟液体反应产生气体，并用点燃法检验所产生的气体的实验步骤：

①按如图 1-42 组装实验装置。

②检查 U 形管右边带玻璃珠的橡胶管和橡胶塞是否漏气。

③使 U 形管盛满液体，将带漏斗的塞子塞入 U 形管的左边，将带有一小块金属（切取金属块中心的黄豆粒大小的金属）的大头针固定在上图右边的橡胶塞上并将其快速塞入 U 形管的右边。

④待反应完后，用手挤压右边橡胶管（内有一颗小玻璃珠，结构与碱式滴定管的滴管口构造相同）并在导管口点火，观察实验现象。

5. 实验操作方法

（1）取出块状固体的实验操作方法：用镊子夹取块状固体。

（2）切割在空气中容易变质的块状固体的实验操作方法。活泼金属：放于煤油里切割；白磷：放于水里切割。

（3）给盛有固体的容器加热的实验操作方法（先预热，再固定加热）。加热试管中的固体时，试管口略向下倾斜。

（4）检查图 1-42 装置气密性的实验操作方法：加水至封住左端漏斗下端出气口后，再加水，水位不变化，说明该装置不漏气。

6. 实验现象与观察实验现象的方法

关于这一点，在此之前已经重复了五次，相信大家已经熟练掌握，所以在此省略。如果要再看，请看第一章第三节一（三）。

7. 逻辑方法

在此之前已经重复了四次，相信大家已经熟练掌握，所以在此省略。如果要再看，请看第一章第四节一（五）4.1）。

8. 由化学的精髓关系四

物质的性质、化学反应决定其用途、元素的存在形态和制备方法所得的推理方法：

（1）根据物质的性质、化学反应推出该物质的用途的方法：关于这一点，在此之前已经重复了四次，相信大家已经熟练掌握，所以在此省略。如果要再看，请看第一章第三节五（五）。

（2）由单质的化学性质和化学反应，推出该元素在自然界存在形态的方法：单质越活泼，越容易跟其他物质反应，该元素越容易以化合态存在于自然界；单质越稳定，越难跟其他物质反应，或不断循环生成该单质，对应元素必有游离态存在于自然界。

（3）根据物质的性质、化学反应和实际推出制取物质的原理和设备或装置的方法。

①制备程序：产生物质的反应 $\xrightarrow{联系实际}$ 确定制取该物质的原理→设备或装置。
②制备物质的一般方法：见表 1-1 至表 1-6。

（二）由物质结构到实验现象的逆向学习程序

以图 1-2 的逆向程序（见图 1-24）为指导形成化学中的四大精髓关系和推理方法。

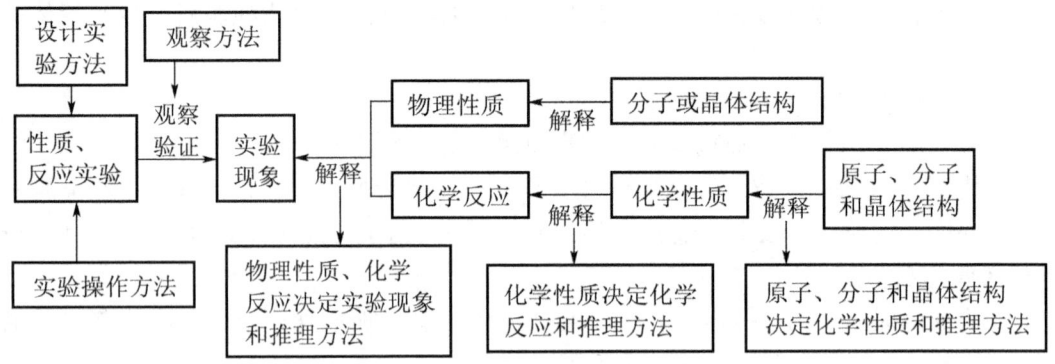

图 1-24　学习物质的逆向思维程序

1. 逆向提出问题和解决问题、化学的精髓关系三及推理方法

1）逆向提出物质的性质或晶体结构问题和解决问题

（1）为什么钠晶体中有自由电子？

因为钠原子结构示意图为：(+11) 2 8 1，钠原子最外层这 1 个电子受其原子核作用力小，在钠晶体中，容易离开而变为自由电子。所以，钠晶体中有自由电子。

（2）为什么钠与其他金属一样能导电、传热、具有延展性、有金属光泽？

因为钠晶体中有自由电子。在电压的作用下，自由电子做定向运动形成电流，即导电；金属温度比较高的部位，自由电子的能量比较高，它们携带比较多的能量撞击金属中温度比较低的金属原子或进入钠离子的 3s 轨道，使能量比较低的金属原子的能量升高，该部位的温度也随之升高，最终达到平衡状态，即导热；在相同温度下，钠晶体中的自由电子不会因金属变形而变化，其中的相互作用保持，即良好的延展性；金属晶体见光后，自由电子吸收光子的能量，跳跃到相应能量较高的、不稳定的能级，电子跳跃回原来的状态时，能量转变为光子释放出来，我们感觉像发自光源那样明亮，即有金属光泽。

（3）为什么如下金属的硬度、熔沸点变化的规律都是：Li＞Na＞K＞Rb＞Cs；Na＜Mg＜Al？

因为金属的硬度、熔沸点主要取决于金属晶体中自由电子与金属离子之间的相互作用的强弱。其强弱主要取决于金属原子中的价电子数和离子半径，金属原子中的价电子数越多和离子半径越小，金属中自由电子与金属离子之间的相互作用就越强，金属的硬度就越大，熔沸点就越高。Li、Na、K、Rb、Cs原子的价电子数相同，都为1，依其顺序离子半径增大（主要因为离子的电子层数增加），金属中自由电子与金属离子之间的相互作用减弱；依Na、Mg、Al的顺序，其价电子数增多，离子半径减小，导致Na、Mg、Al金属中自由电子与金属离子之间的相互作用依次增强。所以，如下金属的硬度、熔沸点变化的规律都是：Li＞Na＞K＞Rb＞Cs；Na＜Mg＜Al。

（4）为什么如下金属的活泼性、还原性变化的规律都是：Cs＞Rb＞K＞Na＞Li；Na＞Mg＞Al？

因为金属的活泼性、还原性主要取决于原子结构和晶体结构。原子的最外层电子数相同时，原子半径越大，原子越容易失去电子；原子的电子层数相同时，原子最外层电子数越少，原子越容易失去电子；金属晶体中自由电子与金属离子之间的相互作用越弱，越容易发生反应。Li、Na、K、Rb、Cs金属原子最外层电子数都是1，原子半径依次增大，原子失去电子的能力增强，金属晶体中自由电子与金属离子之间的相互作用越弱；Na、Mg、Al原子电子层数都为3，原子最外层电子数依次增加，原子半径依次减小，导致原子失去电子的能力减弱，金属晶体中自由电子与金属离子之间的相互作用增强。所以，如下金属的活泼性、还原性变化的规律都是：Cs＞Rb＞K＞Na＞Li；Na＞Mg＞Al。

2）化学的精髓关系三

由逆向提出问题：为什么钠有这些物理性质或化学性质？运用物质结构能圆满地给予解释，从而得到化学的精髓关系三：物质结构决定其性质（中学生就得学习物质结构理论、元素周期律、元素周期表）。

3）由物质结构推出物质的性质的方法

（1）由物质结构推出其物理性质的方法：

①根据金属晶体的共同物理性质，推出钠的物理共性。

金属晶体的共同物理性质有能导电、能传热、良好的延展性、有金属光泽，由此推出钠等金属具有能导电、能传热、好的延展性、有金属光泽。

②根据金属晶体结构比较金属的熔沸点、硬度的方法。

首先要认识，熔化沸腾时，金属晶体破坏的是金属晶体中自由电子与金属离子之间的相互作用（即金属键）。所要破坏的相互作用越强，晶体的熔沸点越高，硬度越大。

然后，根据影响金属键强弱的因素和规律，比较不同金属晶体中金属键的相对强弱，从而比较不同金属晶体的熔沸点、硬度。金属晶体中金属原子的价电子数越多，金属阳离子半径越小，金属晶体中自由电子与金属离子之间的相互作用越强，熔沸点越高，硬度越大。如，由此可推出都属金属晶体的Li、Na、K、Rb、Cs的熔沸点依次降低，硬度依次减小；钠、镁、铝或钾、钙、铁的熔沸点依次升高，硬度依次增大。

（2）由物质结构推出其化学性质的方法：

①由原子结构推出对应物质的化学性质的方法。

根据：除只有第一电子层原子或离子电子数达到 2 个为稳定结构外，其他原子或离子最外层电子数达到 8 个为稳定结构。

应用：原子或离子最外层电子数没有达到稳定结构时，会通过失去电子或得到电子或形成共用电子对变为稳定的电子层结构。

A. 由原子结构推出元素化合价：H、Li、Na、K、Rb、Cs、Be、Mg、Ca、Sr、Ba、Al 等元素的最高价 = 原子最外层电子数。

B. 原子中最外电子层的电子数越少、电子层数越多，该原子越容易失去其最外层电子；该元素的金属性越强，（a）单质的还原性越强，也越活泼，金属单质只有还原性；（b）变成的阳离子就越难得到电子，该阳离子的氧化性就越弱；（c）该元素最高价氧化物对应的水化物的碱性越强。

C. 化合物中元素呈最高价时，该元素只具有氧化性。如 Na^+、Mg^{2+}、Al^{3+}、H^+ 离子和 HCl、HBr、HI、H_2O、H_2S、NH_3 等中的 +1 价氢只有氧化性。又如，浓硫酸中的 +6 价硫、硝酸中的 +5 价氮、高锰酸钾中的 +7 价锰都只有氧化性；Fe^{3+} 等较高价态的离子有氧化性。

D. 物质中元素呈最低价时，该元素只具有还原性。Cl^-、Br^-、I^-、S^{2-} 离子和以上氢化物中的另一种元素只具有还原性。

E. 离子、物质中元素居于中间价态时，该元素既有氧化性又有还原性。如 Fe^{2+}，Cu^+，除氟、氧单质外的其他非金属单质，CO，SO_2，H_2O_2 等。

②由金属活动顺序等规律推出物质的化学性质的方法。

按 K、Ca、Na、Mg、Al、Zn、Fe、Sn、Pb、Cu、Hg、Ag、Pt、Au 顺序，还原性减弱。

金属原子越容易失去电子变为金属阳离子，该阳离子越难得到电子，则该阳离子的氧化性越弱。阳离子的氧化性从强到弱的顺序：Au^+、Pt^+、Fe^{3+}、Ag^+、Hg^{2+}、Cu^{2+}、H^+、Pb^{2+}、Sn^{2+}、Fe^{2+}、Zn^{2+}、Al^{3+}、Mg^{2+}、Na^+、Ca^{2+}、K^+。

2. 逆向提出问题和解决问题、化学的精髓关系二及推理方法

（1）逆向提出物质发生化学反应的问题和解决问题

逆向提出问题：为什么钠在一定条件下，容易跟多种非金属及某些化合物反应？

因为钠很活泼，有强还原性，所以钠容易跟多种具有氧化性的非金属及某些化合物反应。

（2）化学的精髓关系二

由以上逆向提出问题：为什么物质能发生某反应？运用演绎推理的方法和物质的化学性质圆满地给予解释，从而获得化学的精髓关系二：物质的化学性质决定其所能发生的化学反应。

（3）由化学性质推出化学反应的方法

①由物质越活泼，推出在相同条件下，该物质越容易跟其他物质反应，反应速率就越大。

②由物质越稳定，推出该物质越难跟其他物质反应，反应速率就越小，要达到较大的反应速率，就需要越苛刻的条件。

③物质具有还原性 $\xrightarrow{\text{氧化还原反应原理}}$ 跟氧化剂反应 $\begin{cases} \text{非金属} \\ \text{含较高价元素的化合物} \end{cases}$

④氧化性越强的物质跟还原性越强的物质越容易反应。

3. 逆向提出问题和解决问题、化学的精髓关系一及推理方法

（1）逆向提出实验现象的问题和解决问题

①为什么做实验 1－37 时，观察到的实验现象是：固体沉于煤油底部，用小刀容易切开固体，挤压两玻璃片，固体立即展开变薄，呈现银白色金属光泽？

因为钠的密度比煤油的大；钠是银白色有金属光泽的固体；很软，有良好的延展性，所以，固体沉于煤油底部；用小刀容易切开钠块，取出小钠块并放于两玻璃片之间，挤压，固体立即展开变薄，呈现银白色金属光泽。

②为什么做实验 1－38 时，观察到的实验现象是：光亮的表面很快变暗？

因为钠容易跟空气中的氧气反应：$4Na + O_2 = 2Na_2O$，钠有银白色金属光泽，而生成的 Na_2O 仅是白色固体，没有光泽，所以，能观察到的实验现象是：光亮的表面很快变暗。

③为什么做实验 1－39 时，观察到的实验现象是：银白色有金属光泽的固体变为半球状液体，剧烈燃烧，发出黄色火焰，周围温度升高，银白色液体消失，冷却后，看到淡黄色固体？

因为在点燃的条件下，钠很容易跟空气中的氧气反应：$2Na + O_2 \xrightarrow{\text{点燃}} Na_2O_2$，是放出大量热的反应，温度达到高温，钠及其化合物在高温时发出黄色的光，反应时，反应物转化为生成物，常温下，钠是有银白色金属光泽的固体，熔点低，受热熔化为有银白色金属光泽的液体，生成的 Na_2O_2 是淡黄色固体，所以，能观察到的实验现象是：银白色有金属光泽的固体变为半球状液体，剧烈燃烧，发出黄色火焰，周围温度升高，银白色液体消失，冷却后，看到淡黄色固体。

④为什么做实验 1－40 时，观察到的实验现象是：（a）银白色有金属光泽的固体脱离大头针变成液态银白色有金属光泽的小球浮在水面；（b）迅速产生大量的气泡，逸出无色气体，并在水面不断游动，听到"嘶嘶"声，迅速变小；（c）U 形管右边液面逐渐下降、漏斗中的液面逐渐上升，直到完全反应；（d）水层由无色变为红色。（e）气体安静地燃烧，并产生淡蓝色火焰？

因为钠容易跟水反应：$2Na + 2H_2O = 2NaOH + H_2\uparrow$，属于放热反应，钠的熔点比水的沸点低，密度比水的小；生成氢氧化钠并溶于水中，使溶液呈碱性；生成的氢气是无色无气味的难溶于水的气体，氢气在点火时容易在空气中燃烧，火焰是淡蓝色的，所以，能观察到的实验现象是：（a）银白色有金属光泽的固体脱离大头针变成液态银白色有金属光泽的小球浮在水面；（b）迅速产生大量的气泡，逸出无色气体，并在水面不断游动，听到"嘶嘶"声，迅速变小；（c）U 形管右边液面逐渐下降、漏斗中的液面逐渐上升，直到反应完全；（d）水层由无色变为红色。（e）气体安静地燃烧，并产生淡蓝色火焰。

（2）化学的精髓关系一

由以上逆向提出问题：为什么做这些实验时，能观察到这样的实验现象？都是运用演绎推理的方法和所得到的结论，或物质的物理性质、反应方程式能圆满地给予解释，从而获得化学的精髓关系一：物质的物理性质、化学反应决定反应实验的实验现象。

（3）由化学方程式推出化学反应实验的实验现象的方法

关系这一点，在此之前已经重复了四次，相信大家已经熟练掌握，所以在此省略。如果要再看，请看第一章第三节二（四）。

（三）总结钠的知识

（1）钠的组成：$_{11}$Na。

（2）Na的原子结构示意图：(+11) 2 8 1

（3）钠的性质：

①钠的物理性质：常温下，钠是有银白色金属光泽的固体，电和热的良导体，硬度小，硬度：Li > Na > K > Rb > Cs；Na < Mg < Al。延展性好，密度是0.97g/cm³，比水的密度小，比煤油密度大，密度：Cs > Rb > Na > K > Li；Na < Mg < Al。熔沸点不高，熔点：97.81℃，比水的沸点低，沸点：882.9℃，熔沸点：Li > Na > K > Rb > Cs；Na < Mg < Al。

②钠的化学性质：钠很活泼，具有强还原性，金属活动顺序：K、Ca、Na、Mg、Al、Zn、Fe、Sn、Pb、(H)、Cu、Hg、Ag、Pt、Au。

（4）钠发生的反应及其实验现象：

①跟非金属反应：

a. $4Na + O_2 == 2Na_2O$，在空气中，银白色固体的表面很快变暗。

b. $2Na + O_2 \xrightarrow{\text{点燃}} Na_2O_2$，加热，钠变为银白色液体，迅速变为浅黄色固体，周围温度迅速升高，发出黄色的火焰。

c. $2Na + Cl_2 \xrightarrow{\text{点燃}} 2NaCl$，银白色固体熔化并迅速减少，黄绿色气体迅速消失，产生白烟，周围温度升高，发出黄色的火焰。

d. $2Na + S \xrightarrow{\triangle} Na_2S$，银白色固体变为银白色液体，温度升高，浅黄色固体变为黄色液体，产生黄色蒸气，有白色固体生成。

②跟含较高价态元素的化合物反应：

a. $2Na + 2HCl == 2NaCl + H_2\uparrow$，$2Na + 2H^+ == 2Na^+ + H_2\uparrow$，银白色固体迅速变为液体小球并浮于液面，产生无色气体，不断游动，迅速变小并消失，听到"嘶嘶"声。

b. $2Na + 2H_2O == 2NaOH + H_2\uparrow$，$2Na + 2H_2O == 2Na^+ + 2OH^- + H_2\uparrow$，银白色固体迅速变为液体小球并浮于液面，产生无色气体，不断游动，迅速变小并消失，听到"嘶嘶"声，加入酚酞试液，溶液变为红色。

c. 将钠加入硫酸铜溶液中：$2Na + 2H_2O == 2NaOH + H_2\uparrow$，$CuSO_4 + 2NaOH == Cu(OH)_2\downarrow + Na_2SO_4$，$2Na + 2H_2O == 2Na^+ + 2OH^- + H_2\uparrow$，

$Cu^{2+} + 2OH^- =\!=\!= Cu(OH)_2\downarrow$,银白色固体迅速变为液体小球浮于液面,产生无色气体,听到"嘶嘶"声,游动,蓝色固体沉聚在小球表面,暂时停止游动,过了一会儿,小球爆裂,迅速变小并消失,产生蓝色沉淀。

d. 将钠加入氯化铵等铵盐溶液中,总反应:$2Na + 2NH_4Cl =\!=\!= 2NaCl + 2NH_3\uparrow + H_2\uparrow$,$2Na + 2NH_4^+ =\!=\!= 2Na^+ + 2NH_3\uparrow + H_2\uparrow$,银白色固体迅速变为液体小球浮于液面,产生无色有刺激性气味的气体,听到"嘶嘶"声,不断游动,迅速变小并消失。

e. $4Na + TiCl_4 \xrightarrow{熔融} 4NaCl + Ti$,银白色液体变为银白色固体沉淀。

f. $5Na + NbF_5 \xrightarrow{熔融} 5NaF + Nb$,银白色液体变为银白色固体沉淀。

g. $5Na + TaF_5 \xrightarrow{熔融} 5NaF + Ta$,银白色液体变为银白色固体沉淀。

(5)钠的用途:

①$2Na + O_2 \xrightarrow{点燃} Na_2O_2 \rightarrow$制备$Na_2O_2$;②$4Na + TiCl_4 \xrightarrow{熔融} 4NaCl + Ti \rightarrow$制备钛。

③$5Na + NbF_5 \xrightarrow{熔融} 5NaF + Nb \rightarrow$制备铌。④$5Na + TaF_5 \xrightarrow{熔融} 5NaF + Ta \rightarrow$制备钽。

(6)钠元素在自然界的存在形态:在自然界中只以化合态存在。

(7)钠的工业制法:①反应原理:$2NaCl \xrightarrow[熔融]{通电} 2Na + Cl_2\uparrow$;②主要设备:电解池。

第二章　化学树在回馈

像本书的起首篇"化学树在蒸腾与回馈"中的化学树的示意图，在第一章按照自下而上（像树在蒸腾）的思维方式（即图 1-2）学习代表性物质的知识过程中，获得并熟练掌握了化学方法、思维、思想后，自发形成逆向的、具有能动性的、能大幅提升学习效率的思维方式，即后学化学的思维方式，如图 2-1 所示。像树叶制造出新物质后，自发逆向地将其中一部分物质依次回馈树枝、树干、树根，形成良性循环，使树不断成长壮大那样。将图 2-1 中"推出"的依据，即理论与方法展现出来后，就得到图 2-2，后学化学精细的思维方式。

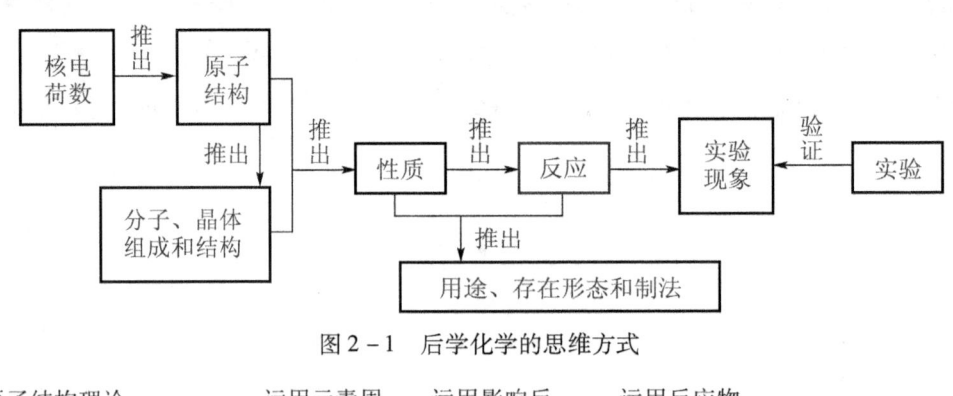

图 2-1　后学化学的思维方式

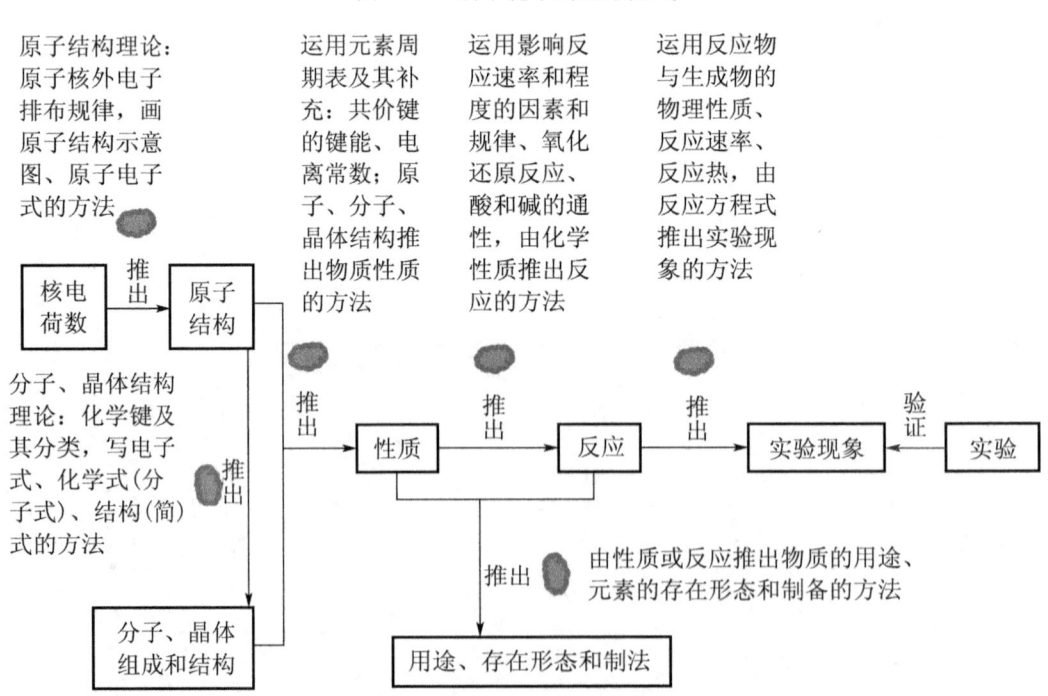

图 2-2　后学化学精细的思维方式

图 1-2、图 2-2 要协调使用。当仅用图 2-2 推不出结论时,就要借助图 1-2。通过运用图 2-2 进行学习,逐步熟练掌握。一旦学生推出的实验现象与做实验时观察到的实验现象完全吻合,学生的能力就达到自学或深造的水平,学生终身学习、终身发展也有了坚实的基础。

第一节 后学化学精细的思维方式的应用个案

本节通过三个案例——三种物质说明图 2-2 后学化学精细思维方式的应用。

一、钠

(一) 组成

$_{11}$Na。

(二) 结构

物质结构包括原子结构、分子结构、晶体结构。它们之间的关系如图 2-3 所示,也即从图 2-2 中抽取最前部分。该图显示,只要知道原子序数,根据原子结构理论及获得的画原子结构示意图的方法和画原子电子式的方法,就可得到原子结构示意图和原子的电子式。再根据分子结构理论、晶体结构理论及获得的用电子式表示化学键的形成的方法、由电子式写出化学式、结构(简)式的方法和判断晶体类型的方法,得到所学物质的分子结构或晶体结构。

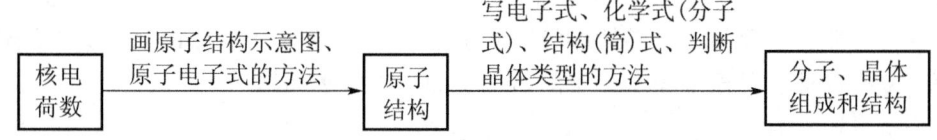

图 2-3 由原子序数推出原子、分子或晶体结构示意图

1. 钠的原子结构和钠元素在元素周期表中的位置

根据以下规律及所得方法推出钠的原子结构和钠元素在元素周期表中的位置:

(1) 原子核外电子排布的规律(必修)

①电子在原子核外排布时,总是尽量先排布在能量最低的电子层里,即最先排布在 K 层,当 K 层排满后,再排 L 层等;

②第 n 电子层最多容纳的电子数是 $2n^2$;

③原子的最外电子层不超过 8 个电子(第一电子层为最外层时不超过 2 个电子);

④原子的次外电子层不超过 18 个电子;

⑤原子的倒数第三电子层不超过 32 个电子。

(2) 画原子结构示意图的方法

①写质子数(=原子序数),前面加上正号,然后围绕这个正数画一个圆圈;

②根据原子核外电子排布的规律（必修），从内层到外层依次写出每一层的电子数，并在这些数字上画圆弧。

（3）根据原子结构示意图，写出原子的电子式的方法

①电子式：在元素符号周围用小黑点"·"或小叉"×"来表示元素原子最外层电子的式子。

②主族元素原子的电子式的写法：（a）写元素符号；（b）根据原子结构示意图，确定原子最外层电子数；（c）元素符号周围用1个小黑点"·"或1个小叉"×"表示元素原子的1个最外层电子，原子最外层电子数等于小黑点"·"数或小叉"×"数。

（4）原子结构与元素在周期表中位置的关系和据此确定主族元素在周期表中的位置

①原子的电子层数 = 周期序数；

②原子中最外层电子数 = 主族序数。

根据以上规律和方法，得到 $_{11}$Na 的原子结构示意图：(+11) 2 8 1，Na 的电子式：Na·和 Na 在周期表中的位置：第 3 周期 IA 族。

2. 钠的晶体结构及其中的相互作用与其他几种金属比较

根据以下规律和方法推出钠的晶体结构及其中的相互作用与其他几种金属比较。

（1）判断晶体类型的方法

①依据物质的类别判断。

金属单质的晶体都是金属晶体；活泼金属氧化物（如 K_2O、Na_2O 等）、活泼金属的过氧化物（如 Na_2O_2 等）、强碱（如 NaOH、KOH 等）和绝大多数的盐类都属于离子晶体；大多数非金属单质（除金刚石、石墨、晶体硅、晶体硼外）、气态氢化物、非金属氧化物（除 SiO_2 外）、酸、绝大多数有机物（除有机盐外）都属于分子晶体；常见的原子晶体单质有金刚石、晶体硅、晶体硼等；常见的原子晶体化合物有碳化硅、二氧化硅等。石墨属于复合晶体，其层内属于原子晶体，层间属于分子晶体。

②依据导电性判断。

离子晶体水溶液及熔化时能导电；原子晶体一般为非导体；分子晶体为非导体，而分子晶体中的电解质（主要是酸和非金属氢化物）溶于水，使分子内的化学键断裂形成自由移动的离子也能导电；金属晶体是良导体，其晶体熔化后也能导电。

（2）决定金属键强弱的因素和规律

①金属原子的价电子数：其他因素相同时，金属原子价电子数越多，金属键越强。

②金属离子半径：其他因素相同时，金属离子半径越小，金属键越强。

（3）金属键强弱的判断方法

①根据金属原子结构判断：金属原子中的价电子数越少，金属离子半径越大，金属晶体中金属键越弱。

②根据元素周期表判断：同主族，从上到下，金属晶体中的金属键减弱；同周期，从左到右，主族金属晶体中的金属键增强。

根据以上规律和方法，得到钠晶体属于金属晶体和钠晶体中的金属键弱，如下是金属

晶体中金属键强弱顺序：Li > Na > K > Rb > Cs；Na < Mg < Al。

（三）性质

从图 2-2 中抽取中前部分，得到由物质结构推出其性质示意图 2-4。

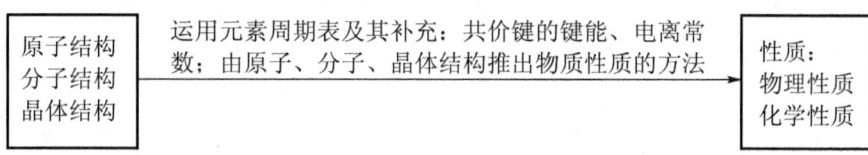

图 2-4　由物质结构推出其性质示意图

物质的性质包括物理性质和化学性质。根据元素周期律及其具体表现形式——元素周期表理论及其补充（即不能用周期表的变化规律推出物质的稳定性、酸碱性的相对强弱，需要如键能或电离常数去补救，才能推出结果）：共价键的键能、电离常数及获得的由物质结构推出其性质的方法，就可推出物质的物理性质、化学性质。

1. 钠的物理性质

根据以下规律和方法推出钠的物理性质：

（1）金属晶体的共同物理性质有能导电、能传热、良好的延展性、有金属光泽。

已知钠晶体属于金属晶体，据此推出钠具有能导电、能传热、良好的延展性、有金属光泽。

（2）根据钠等金属晶体的金属键的相对强弱，推出钠的熔沸点高低、硬度，并与几种金属的熔沸点、硬度比较。

根据金属键强弱顺序：Li > Na > K > Rb > Cs；Na < Mg < Al，推出以上金属熔沸点、硬度大小顺序是：Li > Na > K > Rb > Cs；Na < Mg < Al。

（3）运用周期表的规律推出钠的物理性质。

①第 2、3 周期中，同一周期元素的单质的熔沸点从第 IA 族到第 IVA 族依次升高，从第 IVA 族到 0 族依次降低。据此，推出第三周期的 Na、Mg、Al 的熔沸点从第 IA 族到第 IIIA 族依次升高。

②在第 IA、IIA 族中，同主族金属单质的熔沸点从上到下依次降低。据此，推出第 IA 族从上到下的金属为 Li、Na、K、Rb、Cs，熔沸点依次降低。

（4）通过实验与观察获得物质的物理性质：观察保存在煤油中的钠，得出钠的密度比煤油的大；观察切割钠的实验，看出钠是银白色有金属光泽、硬度小的固体。将一小块钠放于水中，首先看到钠浮于水面，说明钠的密度比水的小。

根据以上所述，综合推出钠的物理性质：易导电、易传热、有延展性、有金属光泽、硬度小、密度比水的小、比煤油的大；熔沸点不高：熔点 97.8℃，比水的沸点低，沸点 882.9℃；Li、Na、K、Rb、Cs 的熔沸点依次降低，硬度依次减小；Na、Mg、Al 的熔沸点依次升高，硬度依次增大。

2. 钠的化学性质

由原子结构或元素周期表及其补充：弱酸或弱碱的电离常数；由分子结构、晶体结构推出物质化学性质的方法推出物质的化学性质。

（1）推出元素主要化合价的方法：主族元素的最高价＝原子最外层电子数＝主族序数。

由此推得：钠的最高正价＝+1。

（2）推出物质活泼性的方法：原子结构或元素在周期表中的位置和分子、晶体结构共同决定该物质的活泼性。一种物质中原子越容易失去电子，且晶体或分子中的化学键越弱，该物质越活泼，否则越稳定。

①原子的电子层数相同，最外层电子数越少，即同周期，越靠左的元素原子，越容易失去其最外层电子，金属单质越活泼。

②原子的最外层电子数相同，电子层数越多，即同主族，越靠下的元素原子，越容易失去其最外层电子，金属单质越活泼。

③原子最外电子层的电子数越少、电子层数越多，该元素越位于元素周期表的左下角，该原子越容易失去其最外层电子，金属单质越活泼。

④常见金属活动顺序（活泼性减弱）：Cs、Ba、Rb、Sr、K、Ca、Na、Mg、Al、Zn、Fe、Sn、Pb、Cu、Hg、Ag、Pt、Au。

（3）推出物质还原性的方法：原子结构或元素在周期表中的位置和分子结构共同决定该物质的还原性。一种物质中原子越容易失去电子，且晶体或分子中的化学键越弱，该物质的还原性越强，否则越弱。

①原子的电子层数相同，最外层电子数越少，即同周期，越靠左的元素原子，越容易失去其最外层电子，金属单质还原性越强。

②原子的最外层电子数相同，电子层数越多，即同主族，越靠下的元素原子，越容易失去其最外层电子，金属单质还原性越强。

③原子最外电子层的电子数越少、电子层数越多，该元素越位于元素周期表的左下角，该原子越容易失去其最外层电子，金属单质还原性越强。

④常见金属活动顺序（还原性减弱）：Cs、Ba、Rb、Sr、K、Ca、Na、Mg、Al、Zn、Fe、Sn、Pb、Cu、Hg、Ag、Pt、Au。

综上推得钠的化学性质：可用图2-5简单表示为：

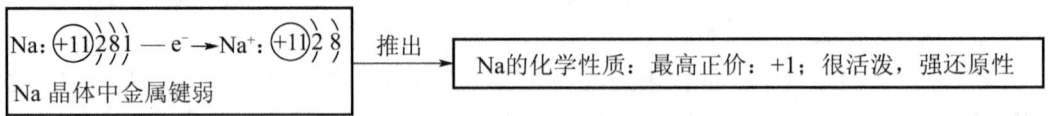

图2-5　由钠的结构或在周期表中的位置推出其化学性质示意图

（四）化学反应、实验现象、对应的用途

从图2-2中抽取中后部分，得到由物质的化学性质推出其发生的化学反应、由具体反应的化学方程式推出其实验现象和用途的示意图2-6。该图显示，根据化学反应速率理论、酸碱理论、氧化还原反应理论及获得的由物质的化学性质推出其化学反应的方法，推出物质的所能发生的化学反应和反应速率的大小；根据反应方程式中反应物、生成物物

理性质、反应速率、反应热,运用由反应方程式推出实验现象的方法,推出做该反应的实验时,观察到的实验现象;运用由性质或反应推出物质用途的方法,推出所学物质的用途。

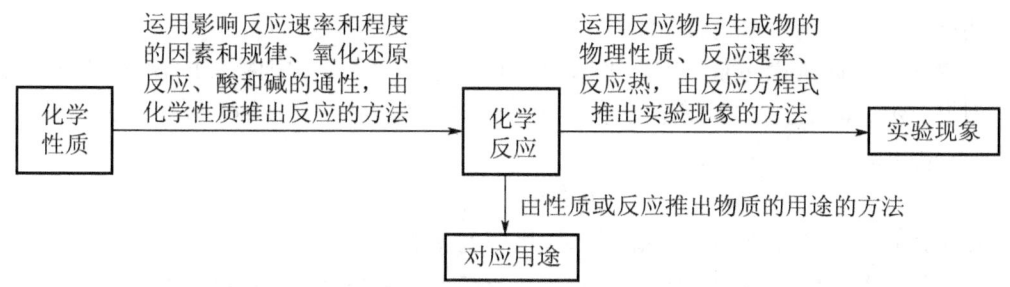

图2-6　由物质的化学性质推出其反应、由反应推出实验现象和用途示意图

1. 钠发生的化学反应

由物质的化学性质推出该物质发生化学反应的方法,推出钠发生的化学反应。

①在相同条件下,反应物越活泼,该反应越容易发生,反应的速率就越大。

②根据在一氧化还原反应中,有还原剂,必有氧化剂,由钠具有强还原性推出钠跟氧化剂反应,氧化剂包括非金属和含较高价元素的化合物。

由此,根据钠很活泼,具有强还原性的性质,推出:钠容易跟活泼非金属和含较高价元素的化合物反应。

还根据推测氧化还原反应产物的方法推出钠所发生反应的产物。

①根据还原剂对应的产物中元素的化合价比反应物中的高,推测氧化产物。

据此,推测钠所发生反应的氧化产物:钠发生的化学反应必属于氧化还原反应,且钠显还原性,作还原剂,钠单质中钠的化合价为0价,对应的产物中钠元素的化合价比原来高,而钠在化合物中只有+1价,从而推出钠的氧化产物必是+1价钠的化合物。

②根据氧化剂对应的产物中元素的化合价比反应物中的低,推测还原产物。

如氯气作氧化剂时,反应产物(还原产物)中氯元素必定是-1价(氯元素的最低价)。氧气作氧化剂时,一般氧元素在产物的化合物中显最低-2价;只有在点燃的条件下,钠跟氧气反应,氧元素才显-1价等。

由此推出,钠跟氯气反应必定生成NaCl;在常温下,钠跟氧气反应生成Na_2O;在点燃的条件下,钠跟氧气反应生成Na_2O_2。

再根据氧化还原反应中得失电子数的规律(遵守电荷守恒定律)掌握氧化还原反应配平法,配平所写的反应式。

原理:由在一氧化还原反应中,还原剂失去(偏离)电子总数=氧化剂得到(偏向)电子总数=转移电子总数=还原剂元素化合价升高总数=氧化剂元素化合价降低总数,推得:

n(1mol 还原剂元素化合价升高)$\times n$(还原剂)$= n$(1mol 氧化剂元素化合价降低)$\times n$(氧化剂)(式中 n 表示物质的量)

例如化学配平:$SO_2 + KMnO_4 + H_2O \longrightarrow K_2SO_4 + MnSO_4 + H_2SO_4$

步骤一：标元素化合价 $\overset{+4}{S}O_2 + K\overset{+7}{Mn}O_4 + H_2O \longrightarrow K_2\overset{+6}{S}O_4 + \overset{+2}{Mn}SO_4 + H_2SO_4$

步骤二：计算1mol还原剂、氧化剂元素化合价变化

$$SO_2 + KMnO_4 + H_2O \longrightarrow K_2SO_4 + MnSO_4 + H_2SO_4$$

还原剂、氧化剂元素化合价变化：升2　　降5

步骤三：根据氧化还原反应配平原理，确定还原剂和氧化剂物质的量（即系数）：

根据：n(1mol还原剂元素化合价升高)$\times n$(还原剂)$= n$(1mol氧化剂元素化合价降低)$\times n$(氧化剂)

$$升2\times 5 = 降5\times 2$$

步骤四：根据质量守恒定律确定其他物质的系数。

配平结果是：$5SO_2 + 2KMnO_4 + 2H_2O = K_2SO_4 + 2MnSO_4 + 2H_2SO_4$

综上得到：钠容易发生下列反应，并举例写出反应方程式，标出电子转移的方向和数目，指出反应物中的还原剂和氧化剂：

（1）钠跟非金属单质反应反应，如：

①钠跟氯气反应：$2Na+Cl_2 = 2NaCl$（失去$2\times e^-$，得到$2\times e^-$），反应物中的还原剂是Na；氧化剂是Cl_2。

②钠跟氧气在常温下反应：$4Na+O_2 = 2Na_2O$（失去$4\times e^-$，得到$2\times 2e^-$），反应物中的还原剂是Na；氧化剂是O_2。

③钠在空气中燃烧：$2Na+O_2 \xrightarrow{点燃} 2Na_2CO_2$（失去$2\times e^-$，得到$2\times e^-$），反应物中的还原剂是Na；氧化剂是$O_2$。

（2）钠跟含较高价元素的化合物反应：

①钠跟水反应：$2Na+2H_2O = 2NaOH_2+H_2\uparrow$（失去$2\times e^-$，得到$2\times 2e^-$），反应物中的还原剂是Na；氧化剂是$H_2O$。

应用，写出将钠放入硫酸铜溶液中反应的化学方程式：$2Na + 2H_2O = 2NaOH + H_2\uparrow$，$CuSO_4 + 2NaOH = Cu(OH)_2\downarrow + Na_2SO_4$，总反应：$2Na + 2H_2O + CuSO_4 = Cu(OH)_2\downarrow + Na_2SO_4 + H_2\uparrow$。

②钠跟某些盐反应：欲使金属钠置换出盐中的金属，必须在盐处于熔融状态下。如，$TiCl_4 + 4Na \xrightarrow{高温} Ti + 4NaCl$；$ZrCl_4 + Na \xrightarrow{高温} Zr + 4NaCl$；$NbCl_5 + 5Na \xrightarrow{高温} Nb + 5NaCl$；$TaCl_5 + 5Na \xrightarrow{高温} Ta + 5NaCl$。

2. 钠分别跟氯气、氧气、水等反应的实验现象

由化学反应方程式推出反应实验的实验现象的方法，推出钠分别跟氯气、氧气、水等

反应的实验现象。

（1）根据化学反应方程式中反应物的活泼性推出反应的激烈程度：在相同条件下，反应物越活泼，该反应越激烈，反应速率越大。

（2）根据反应物与生成物颜色的不同推出什么颜色的物质变为什么颜色的物质。

（3）如果生成物在室温时是固体，在其生成的过程中是逐渐凝聚出来的，那么就有固体小颗粒生成，就推出有烟生成；如果生成物在室温时是液体，在其生成的过程中是逐渐凝聚出来的，那么，就有小液滴生成，就推出有雾生成。

（4）如果反应物有液体，没有气体，生成物有气体，就推出产生气泡，逸出某种气体；如果反应物有气体，而生成物没有气体，就推出气体消失；如果反应物、生成物都有气体，就没有"产生气泡，逸出某种气体和气体消失"之说。

（5）由在溶液中生成难溶固体推出溶液浑浊或产生沉淀；由在一种液体中生成其他难相溶，且密度不同的液体推出液体分层。

（6）在燃烧或灼热下反应时，可根据焰色反应推出火焰的颜色或火星四射。

（7）对于一端连接液体密闭装置，当容器中气体的量变化、温度变化或容积变化，都会导致装置气压的变化，据此可推出液体上升或产生喷泉或下降。

（8）由反应物与生成物气味的不同推出由什么气味变为什么气味。

（9）如果反应物没有气体，而生成物中的气体在液体中生成，就推出听到"嘶嘶"声；检验易燃气体的纯度时，如果气体的纯度小，就推出听到强烈爆鸣声；如果气体的纯度大，就推出听到轻微爆鸣声或听到"噗"声；如果反应爆炸，就推出听到爆炸声。

（10）由反应属于放热反应，推出（感觉到）温度升高；由吸热反应推出温度下降。

由此，推出如下：

（1）钠在氯气中燃烧的实验现象：激烈燃烧，银白色固体变为液体与黄绿色气体并迅速转化为大量白烟，产生黄色火焰，温度升高。

（2）$4Na + O_2 =\!=\!= 2Na_2O$ 反应的实验现象：银白色固体表面很快失去光泽变暗。

（3）钠在空气中燃烧的实验现象：银白色固体变为颜色多变的液体，剧烈燃烧，产生黄色火焰，周围温度升高，液体迅速消失，有淡黄色固体生成。

学习过程中，如果推不出钠在空气中燃烧的实验现象和产物，就应该按照图1-2的思维方式，先做实验。实验步骤：用镊子将钠片放于白瓷碗片上，加热，燃烧后，停止加热。

（4）钠跟水的反应方程式，且按照图1-43做实验的实验现象：（a）银白色固体脱离大头针变成银白色液体小球浮在水面；（b）迅速产生大量的气泡，逸出无色气体，并在水面不断游动，迅速变小；（c）U形管右边液面不断下降、漏斗中的液面不断上升，直到反应完全；（d）水层由无色变为红色。（e）点燃气体，可观察到气体安静地燃烧，并产生淡蓝色的火焰。

（5）将一小块钠放于盛硫酸铜溶液的烧杯中的实验现象：银白色固体浮于蓝色溶液面上，立即熔为液体，变为小球，产生气泡，不断游动，发出"嘶嘶"声，并迅速变小，很快消失，生成蓝色沉淀，静置，溶液颜色变浅。

最好做实验验证和补充：还看到银白色小球变为蓝色小球，暂停游动，听到爆炸声。

3. 钠的用途

根据由物质的性质、反应推出物质用途的方法，推出钠的用途。

（1）由物质的物理性质推出其用途：如硅的导电性介于导体与半导体之间，用于制晶体管等。

（2）由物质的化学性质推出其用途：如稀有气体很稳定，用作保护气。

（3）由化学反应推出其用途：如根据 $2Cl_2 + 2Ca(OH)_2 = CaCl_2 + Ca(ClO)_2 + 2H_2O$ 反应，氯气或石灰乳用来制造漂白粉。

根据下列反应方程式：

$TiCl_4 + 4Na \xrightarrow{\text{高温}} Ti + 4NaCl$；$ZrCl_4 + Na \xrightarrow{\text{高温}} Zr + 4NaCl$；$NbCl_5 + 5Na \xrightarrow{\text{高温}} Nb + 5NaCl$；$TaCl_5 + 5Na \xrightarrow{\text{高温}} Ta + 5NaCl$；$2Na + O_2 \xrightarrow{\text{点燃}} Na_2O_2$。

推出钠的五个用途：用于制备钛、锆、铌、钽、过氧化钠。

根据钠、钾合金在常温下为液态，且热容量大，推出钠用于与钾形成合金作为核反应堆的热交换剂。

根据钠的焰色反应的颜色是黄色，黄色光具有较强的透雾能力，因此钠可用于制备高压钠灯。

（五）钠元素在自然界中存在的形态

根据图 2-7，运用由单质的化学性质、化学反应推出元素在自然界中存在的形态。

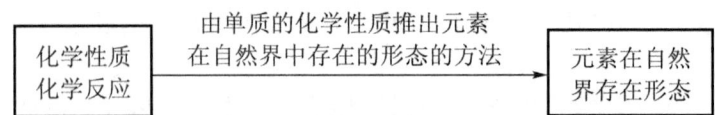

图 2-7 由单质的化学性质推出其元素存在形态示意图

根据单质的化学性质、化学反应推出元素在自然界中存在的形态的方法，推出钠元素在自然界中存在的形态。

（1）元素的单质越活泼（稳定），该元素越会以化合态（游离态）存在。

（2）由钠很活泼，很容易跟其他物质反应，推出钠元素在自然界中只以化合态存在。

（3）钠安全保存的方法，也是根据其化学性质和化学反应来选择：钠很活泼，在空气中容易发生氧化反应，放出大量热，从而引起火灾，所以要用特别的方法保存钠：保存少量金属钠的方法是放于煤油中密封；保存大量金属钠的方法是用石蜡将其密封于塑料桶中。

（六）钠的制法

根据表 1-1，推出钠的制法，根据制备的反应原理，包括反应条件推出其设备。

制备金属钠的反应原理：$2NaCl(熔融) \xrightarrow[\text{熔融}]{\text{通电}} 2Na + Cl_2 \uparrow$，原料：NaCl，设备是：电解池。

二、氧气

（一）组成

$_8O_2$

（二）结构

物质结构包括原子结构、分子结构、晶体结构。它们之间的关系如图2-3所示，也即从图2-2中抽取最前部分。该图显示，只要知道原子序数，根据原子结构理论及获得的画原子结构示意图的方法和画原子电子式的方法，就可得到原子结构示意图和原子的电子式。再根据分子结构理论、晶体结构理论及获得的用电子式表示化学键形成的方法、由电子式写出化学式、结构（简）式的方法和判断晶体类型的方法，得到所学物质的分子结构或晶体结构。

1. O的原子结构和氧元素在元素周期表中的位置

根据以下方法推出O的原子结构和氧元素在元素周期表中的位置。

（1）画原子结构示意图的方法：

①写质子数（=原子序数），前面加上正号，然后围绕这个正数画一个圆圈；

②根据原子核外电子排布的规律（必修），从内层到外层依次写出每一层的电子数，并在这些数字上画圆弧。

（2）根据主族元素原子结构示意图，写出原子的电子式的方法：

①写元素符号；

②根据原子结构示意图，确定原子最外层电子数；

③在元素符号周围用1个小黑点"·"或1个小叉"×"表示元素原子的1个最外层电子，原子最外层电子数等于小黑点"·"数或小叉"×"数。

（3）原子结构与元素在周期表中位置的关系和据此确定主族元素在周期表中的位置：

①原子的电子层数＝周期序数；

②原子中最外层电子数＝主族序数。

根据以上方法推出O的原子结构示意图：(+8) 2 6，原子的电子式：$\cdot \ddot{\underset{\cdot\cdot}{O}} \cdot$ 和氧元素在周期表中的位置：第2周期第ⅥA族。

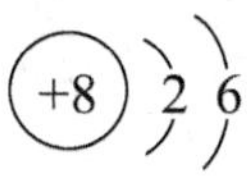

2. O_2的分子结构

根据以下规律和方法推出氧分子结构：

（1）写双原子单质分子电子式的方法：

①写出两个非金属原子的电子式，如N_2：$\cdot \dot{N} \quad \dot{N} \cdot$；

②确定两个原子之间的共用电子对数：根据达到稳定的电子层结构所需要的电子数＝每个原子提供来形成共用电子对的电子数＝两个原子之间的共用电子对数；如，氮原子达到最外层8个电子的稳定结构，需要的电子数＝3＝每个氮原子提供的电子数＝两个氮原

子之间的共用电子对数。

③写出分子的电子式：:N⋮⋮N:

（2）根据电子式写化学式（或分子式）的方法：

①数出同种元素的原子数：由所写物质的电子式，数出同种元素的原子数；

②写化学式（或分子式）：按正化合价写在左，负化合价写在右排列的原则，写出元素符号，在符号的右下角写上该元素原子的数目。如，根据以上氮分子的电子式得其分子式：N_2。

（3）根据电子式写结构式的方法：用一条短线表示电子式中的一对共用电子对，省略孤电子对即可。

（4）决定共价键强弱的因素和规律：

①键长：其他因素相同时，键长（两原子半径之和）越短，共价键越强，键能越大。

②共价键数：其他因素相同（如在相同原子之间）时，共价键数越多，共价键越强，键能越大。

③其他，如键角等（在此省略）。

查资料可得：O=O 键的键能为 498kJ/mol（Cl—Cl 的键能为 242.7kJ/mol，N≡N 键能为 941.69kJ/mol）；

（5）判断分子极性的方法：分子的极性由共价键的极性及分子的空间构型两方面共同决定。

以非极性键结合而成的同核双原子分子都是非极性分子，如 Cl_2。还有某些同核多原子分子也是非极性分子，如 P_4。

根据以上方法推出氧分子结构：氧分子的电子式为 :Ö::Ö:，结构式为 O=O，O=O 键的键能为 498kJ/mol（Cl—Cl 的键能为 242.7kJ/mol，N≡N 键能为 941.69kJ/mol）；O_2 属于非极性分子。

3. O_2 的晶体结构

根据以下规律和方法推出 O_2 的晶体结构。

（1）判断晶体类型的方法：

①依据物质的类别判断：大多数非金属单质（除金刚石、石墨、晶体硅、晶体硼外）、气态氢化物、非金属氧化物（除 SiO_2 外）、酸、绝大多数有机物（除有机盐外）是分子晶体。

②依据晶体的熔沸点、常温下的状态判断：晶体的熔沸点低、常温下是气态的晶体属于分子晶体。

（2）影响分子间作用力强弱的因素与规律：

①分子的组成：氮、氧、氟的氢化物在液态和固态时分子之间存在比较强的氢键，分子间作用力比较大。如，分子间作用力：$NH_3 > PH_3$；$H_2O > H_2S$；$HF > HCl$。

②分子的极性：其他因素相同时，分子的极性越强，分子间作用力越大。如，分子间作用力：$NH_3 > CH_4$；$CO > N_2$。

③分子的形状：其他因素相同时，分子的链越直，分子间的距离越小，分子间作用力

越大。如，分子间作用力：正丁烷＞异丁烷。

④相对分子质量：其他因素相同时，相对分子质量越大，分子间作用力越大。如，分子间作用力：硒化氢＞硫化氢；$F_2 < Cl_2 < Br_2 < I_2$；烷烃，$CH_4 < C_2H_6 < C_3H_8 < C_4H_{10}$；$CO_2 < CS_2$；$CF_4 < CCl_4 < CBr_4 < CI_4$。

根据以上规律和方法推出 O_2 的晶体结构：分子晶体，O_2 分子间作用力小，比 N_2 晶体中的大。

（三）性质

从图 2-2 中抽取中前部分，得到由物质结构推出其性质示意图 2-4。

物质的性质包括物理性质和化学性质。根据元素周期律及其具体表现形式——元素周期表理论及其补充（即不能用周期表的变化规律推出物质的稳定性、酸碱性的相对强弱，需要如键能或电离常数去补救，才能推出结果）；共价键的键能、电离常数及获得的由物质结构推出其性质的方法，就可得到物质的大部分物理性质、化学性质。

1. O_2 的物理性质

根据以下规律和方法推出 O_2 的物理性质：

（1）运用相似相溶原理，根据分子的极性，推出物质的溶解性

水分子是极性分子，非极性分子如氢气、氮气、氧气、甲烷、四氯化碳等都难溶于水；氯气、溴单质、碘单质、二氧化碳等在水中溶解度不大。极性越接近水分子的极性的分子越易溶于水，如氨气、氟化氢（氨气、氟化氢分子与水分子之间还存在氢键）、氯化氢、溴化氢、碘化氢等。

总之，溶剂粒子与溶质粒子之间的作用力比溶质与溶质、溶剂与溶剂之间的作用力大越多，溶质就越易溶于溶剂中。

（2）根据每类晶体的共同物理性质，由晶体结构的类型，推出物质的水溶性和熔沸点、导电性、传热性、延展性、金属光泽、硬度。

①原子晶体的熔沸点高，硬而脆，难溶于水等一般溶剂。

②离子晶体的熔沸点较高，硬而脆，多数能溶于水，水溶液和熔融状态能导电。

③分子晶体的熔沸点低，多数硬度小且脆。

④金属晶体熔沸点差异大，能导电、能传热、有延展性和金属光泽，除活泼金属跟水反应而溶于水外，其它金属难溶于水。

可由物质的熔沸点判断该物质在某温度和某压强下的状态。

（3）根据物质的结构比较物质的熔沸点、硬度和挥发性的方法：

首先要认识，熔化沸腾时，离子晶体破坏的是离子键；金属晶体破坏的是金属键；原子晶体破坏的是共价键；分子晶体破坏的是分子间作用力。所要破坏的相互作用越强，晶体的熔沸点越高。

①根据不同类型典型晶体中相互作用的相对强弱比较不同晶体的熔沸点、硬度等：原子晶体、离子晶体（或金属晶体）、分子晶体的熔沸点一般依次降低，硬度一般依次减小，挥发性一般依次增强。如典型的原子晶体金刚石、典型的离子晶体氯化钠、相对分子质量不是很大的分子晶体二氧化碳晶体等，它们的熔沸点依次降低，硬度依次减小，挥发

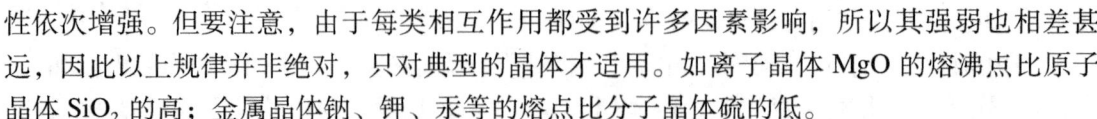

性依次增强。但要注意，由于每类相互作用都受到许多因素影响，所以其强弱也相差甚远，因此以上规律并非绝对，只对典型的晶体才适用。如离子晶体 MgO 的熔沸点比原子晶体 SiO_2 的高；金属晶体钠、钾、汞等的熔点比分子晶体硫的低。

②比较分子晶体中不同物质的熔沸点、硬度和挥发性的方法：

都属于分子晶体时，分子之间作用力越大，该晶体熔沸点越高，液体越难挥发。如熔沸点：$NH_3 > PH_3$；$H_2O > H_2S$；$HF > HCl$；$NH_3 > CH_4$；$CO > N_2$；正丁烷 > 异丁烷。$H_2Se > H_2S$。

③熔点不但受融化时破坏的相互作用的强弱影响，而且受结构单元的对程度影响。其相互作用力相同时，结构单元的对程度越高，晶体的熔点越高。如，熔点：新戊烷 > 正戊烷 > 异戊烷。

（4）运用周期表的规律推出或比较所学物质的物理性质的方法：

①第 2、3 周期中，同一周期元素的单质的熔沸点从第 IA 族到第 IVA 族依次升高，从第 IVA 族到 0 族依次降低。

②在第 VA、VIA 族中，同一主族从第 2 周期到第 4 周期元素的单质的熔沸点依次升高，常温常压下的状态从气态变到固态，颜色加深。

③第 VIIA 族元素的单质的熔沸点从上到下依次升高，常温常压下的状态从气态变为液态，再变为固态，颜色加深，从氟气的浅黄绿色变到氯气的黄绿色，再变到液溴的红棕色，最后变到碘单质的紫黑色。

④第 0 族元素单质的熔沸点从上到下依次升高。

（5）在标准状态下，所学物质是气态时，其密度计算的方法：

ρ（标准状态，气体）= M(g/mol)/22.4(L/mol)（学习气体摩尔体积时认识）

根据以上规律和方法推出或结合观察或查资料综合得氧气的物理性质：

常温下无色无味的气体；在标准状况下，密度 = 32/22.4 = 1.429（g/L），比空气的密度略大；微溶于水；熔沸点低，雪花状的淡蓝色固体熔点为 -218.4℃，淡蓝色液体沸点为 -183℃。

2. O_2 的化学性质

根据以下规律和方法推出 O_2 的化学性质：

（1）推出元素主要化合价的方法：非金属的最低负价 = 原子最外层电子数 -8。除第 1 周期的氢元素的最低负价 = 1 - 2 = -1 外。

（2）推出物质活泼性的方法：原子结构或元素在周期表中的位置和分子结构共同决定该物质的活泼性。一种物质中原子或离子越容易失去电子或越容易得到电子，且分子或晶体中的化学键越弱，该物质越活泼，否则越稳定。

①原子的电子层数相同，最外层电子数越多，即同周期，越靠右（除 0 族外）的元素原子，越容易得到电子，非金属单质越活泼。

②原子的最外层电子数相同，电子层数越少，即同主族，越靠上的元素原子，越容易得到电子，非金属单质越活泼。

③原子中最外电子层电子数越接近 7、电子层数越少，越位于元素周期表的右上角（除 0 族外），该原子越容易得到电子。

④常见非金属活动顺序（活泼性减弱）：$F_2 > Cl_2 > Br_2 > I_2 > S$；$F_2 > O_2$；常温下，$Cl_2 > O_2$，高温下，$O_2 > Cl_2$；$N_2$ 很稳定（主要决定于分子结构：分子中的共价键很强）。

（3）推出物质氧化性的方法：原子结构或元素在周期表中的位置和分子结构共同决定该物质的氧化性。一种物质中原子或离子越容易得到电子，且分子或晶体中的化学键越弱，该物质的氧化性越强，否则越弱。

①原子的电子层数相同，最外层电子数越多，即同周期，越靠右（除 0 族外）的元素原子，越容易得到电子，非金属单质中化学键强度相近时，其氧化性越强。

②原子的最外层电子数相同，电子层数越少，即同主族，越靠上的元素原子，越容易得到电子，非金属单质中化学键强度相近时，其氧化性越强。

③原子中最外电子层电子数越接近 7、电子层数越少，越位于元素周期表的右上角（除 0 族外），该原子越容易得到电子，非金属单质中化学键强度相近时，其氧化性越强。

④常见非金属活动顺序（氧化性减弱）：$F_2 > Cl_2 > Br_2 > I_2 > S$；$F_2 > O_2$；常温下，$Cl_2 > O_2$，高温下，$O_2 > Cl_2$；$N_2$ 氧化性弱（主要决定于分子结构：分子中的共价键很强）。

根据以上规律和方法推出 O_2 的化学性质：氧元素最低负价为 -2，常温下稳定，高温下活泼；强氧化性。

（四）化学反应与实验现象、用途

从图 2－2 中抽取中后部分，得到由物质的化学性质推出其发生的化学反应、由具体的化学反应方程式推出其实验现象和用途的示意图 2－6。该图显示，根据化学反应速率理论、酸碱理论、氧化还原反应理论及获得的由物质的化学性质推出其反应的方法，就可得到物质的所能发生的化学反应和反应速率的大小；根据反应方程式中反应物、生成物物理性质的不同、反应速率、反应热，运用由反应方程式推出实验现象的方法，推出做该反应的实验时，观察到的实验现象；运用由性质或反应推出物质的用途的方法，推出所学物质的用途。

根据以下规律和方法推出氧气发生的化学反应、实验现象和氧气的用途

（1）由物质的化学性质推出该物质发生化学反应的方法：

①由物质的化学性质（氧化性或还原性）推出该物质发生化学反应的方法：

（a）在相同条件下，反应物越活泼，推得：该反应的速率就越大。由常温下氧气稳定，高温下氧气很活泼，推得：氧气跟同一物质反应，随温度升高，反应速率增大。

（b）根据在一氧化还原反应中，有还原剂，必有氧化剂。由氧气具有强氧化性推出氧气跟还原剂反应，还原剂包括金属、某些非金属和含较低价元素的化合物，所以，氧气能跟金属、某些非金属和含较低价元素的化合物反应。

②推测氧化还原反应产物的方法：

（a）还原剂对应的产物中元素的化合价比原来高。如，钠作还原剂，钠单质中钠的化合价为 0 价，对应的产物中钠元素的化合价比原来高，而钠在化合物中只有 +1 价，所以，钠必定生成 +1 价钠的化合物。

（b）氧化剂对应的产物中元素的化合价比原来低。如，氯气作氧化剂时，反应产物

中氯元素必定是 -1 价（氯元素的最低价）。氧气作氧化剂时，一般氧元素在产物的化合物中显最低价 -2；只有活泼金属跟氧气反应，氧元素才显 -1 价等。

所以，氧气跟镁、铝、锌、铁、铜、银等金属，跟硫、磷、硅、碳、氢气等非金属，跟硫化氢、二氧化硫、可燃的有机物等含化合价低的元素的化合物反应，产物中的氧元素都显 -2 价；钠在氧气中燃烧才生成 Na_2O_2，其中氧元素为 -2 价；常温下，钠跟氧气反应生成 Na_2O，其中氧元素化合价还是 -2 价。

③根据氧化还原反应中得失电子数的规律（遵守电荷守恒定律）掌握氧化还原反应配平法。

（2）根据化学反应方程式推出反应实验的实验现象的方法：

①根据化学反应方程式中反应物的活泼性推出反应的激烈程度：在相同条件下，反应物越活泼，该反应越激烈，反应速率越大。

②根据反应物与生成物颜色的不同推出什么颜色的物质变为什么颜色的物质。

③如果生成物在室温时是固体，在其生成的过程中是逐渐凝聚出来的，那么，就有固体小颗粒生成，就推出有烟生成；如果生成物在室温时是液体，在其生成的过程中是逐渐凝聚出来的，那么，就有小液滴生成，就推出有雾生成。

④如果反应物有液体，没有气体，生成物有气体，就推出产生气泡，逸出某种气体；如果反应物有气体，而生成物没有气体，就推出气体消失；如果反应物、生成物都有气体，就没有"产生气泡，逸出某种气体和气体消失"之说。

⑤由在溶液中生成难溶固体推出溶液浑浊或产生沉淀；由在一种液体中生成其他难相溶，且密度不同的液体推出液体分层。

⑥在燃烧或灼热下反应时，可根据焰色反应推出火焰的颜色或火星四射。

⑦对于一端连接液体密闭装置，如果容器中气体的量变化、温度变化或容积变化，都会导致装置气压的变化。据此可推出液体上升或产生喷泉或下降。

⑧由反应物与生成物气味的不同推出由什么气味变为什么气味。

⑨如果反应物没有气体，而生成物中的气体在液体中生成，就推出听到"嘶嘶"声；检验易燃气体的纯度时，如果气体的纯度小，就推出听到强烈爆鸣声；如果气体的纯度大，就推出听到轻微爆鸣声或听到"噗"声；如果反应爆炸，就推出听到爆炸声。

⑩由反应属于放热反应，推出（感觉到）温度升高；由吸热反应推出温度下降。

（3）由物质的性质、反应推出物质的用途的方法：

①由物质的物理性质推出其用途：如硅的导电性介于导体与半导体之间，用于制晶体管等；

②由物质的化学性质推出其用途：如稀有气体很稳定，用作保护气；

③由化学反应推出其用途：如根据 $2Cl_2 + 2Ca(OH)_2 = CaCl_2 + Ca(ClO)_2 + 2H_2O$ 反应，氯气或石灰乳用来制造漂白粉。

根据以上规律和方法推出氧气发生的化学反应与实验现象、用途：

由常温下氧气稳定，高温下氧气很活泼，推出氧气跟同一物质反应，随温度升高，反应速率增大。

由氧气具有强氧化性，推出氧气能跟还原剂反应，包括：金属、某些非金属和含较低价元素的化合物。

1. 氧气跟金属反应

（1）$4Na + O_2 == 2Na_2O$，在空气中，银白色固体的表面很快变暗。

（2）$2Na + O_2 \xrightarrow{\text{点燃}} Na_2O_2$，加热，钠变为银白色液体，迅速变为浅黄色固体，周围温度迅速升高，发出黄色的光，由此推出氧气可用于制备 Na_2O_2。

（3）$4K + O_2 \xrightarrow{\text{点燃}} 2KO_2$，加热，钾变为银白色液体，迅速变为黄色固体，周围温度迅速升高，发出紫色的光。

（4）$2Mg + O_2 \xrightarrow{\text{点燃}} 2MgO$，银白色固体迅速变为白色固体，温度迅速升高，发出耀眼的白光，可用空气帮助造照明弹。

（5）$3Fe + 2O_2 \xrightarrow{\text{点燃}} Fe_3O_4$，银白色固体很快减少，火星四射，温度升高，有熔融物滴下，有黑色固体生成。

（6）$2Cu + O_2 \xrightarrow{\Delta} 2CuO$，红色固体变为黑色。

（7）$4Cu + O_2 \xrightarrow{1000℃} 2Cu_2O$。

（8）$2Cu + O_2 + CO_2 + H_2O \xrightarrow{\Delta} Cu_2(OH)_2CO_3$，红色固体的表面慢慢地覆盖一层绿色的固体。

（9）$2Cu + O_2 + 4H^+ \xrightarrow{\Delta} 2Cu^{2+} + H_2O$，红色粉末与热酸液混合加热，红色粉末逐渐溶解，溶液变为蓝色。

2. 钠跟某些非金属反应

（1）$2H_2 + O_2 \xrightarrow{\text{点燃}} 2H_2O$，火焰呈淡蓝色，周围温度升高。将一个小烧杯放在火焰的上方，有无色无气味的液滴形成。由此可知用空气帮助燃料反应，产生热能或电能。

（2）$C + O_2 \xrightarrow{\text{点燃}} CO_2\uparrow$，在空气中慢慢燃烧，产生淡蓝色火焰；在纯氧气中剧烈燃烧，发出白光，周围温度升高，生成使石灰水变浑浊的气体。由此可知用空气帮助燃料反应，产生热能。

当氧气不足时则产生一氧化碳：$2C + O_2 \xrightarrow{\text{点燃}} 2CO\uparrow$，空气用于炼铁；氧气用于炼钢。

（3）$S + O_2 \xrightarrow{\text{点燃}} SO_2$，在纯氧中为蓝紫色火焰，而在空气中为淡蓝色火焰，周围温度升高，生成有刺激性气味的气体（该气体也能使澄清石灰水变浑浊，且能使酸性高锰酸钾溶液或品红溶液褪色，加热褪色后的品红溶液，又恢复为红色）。本反应可用于制备二氧化硫。

（4）$4P + 5O_2 \xrightarrow{\text{点燃}} P_4O_{10}$，红色固体减少，火焰明亮，周围温度升高，生成大量白烟。

$P_4 + 5O_2 == P_4O_{10}$，白磷在空气中自燃，产生亮黄色火焰，周围温度升高，生成白烟。

（5）$N_2 + O_2 \xrightarrow{\text{高温或放电}} 2NO$，产生在空气中变为棕色有刺激性气味的气体。

3. 跟含较低价态元素的化合物反应

（1）$2SO_2 + O_2 \xrightleftharpoons[\text{高温}]{\text{催化剂}} 2SO_3$，周围温度升高，冷却至室温时有白雾产生，凝聚为无色液体。本反应可用于制备三氧化硫。

（2）$4FeS_2 + 11O_2 \xrightarrow{\text{点燃}} 2Fe_2O_3 + 8SO_2$，反应后黄色固体变为红色固体，产生无色有刺激性气味的气体，火焰明亮，周围温度升高。本反应可用于制备二氧化硫。

（3）$4Fe(OH)_2 + O_2 + 2H_2O == 4Fe(OH)_3$，反应后白色絮状固体迅速变为灰绿色，最后变为红褐色。

（4）$2H_2S + 3O_2\text{（过量）} \xrightarrow{\text{点燃}} 2H_2O + 2SO_2$，产生淡蓝色火焰，周围温度升高，臭蛋气味的气体变为刺激性气味的气体。

$2H_2S + O_2\text{（少量）} \xrightarrow{\text{点燃}} 2H_2O + 2S$，产生淡蓝色火焰，周围温度升高，臭蛋气味的气体消失，生成淡黄色固体。

（5）$4PH_3 + 8O_2\text{（纯）} \xrightarrow{\text{点燃}} P_4O_{10} + 6H_2O$，易燃，产生淡蓝色火焰和白烟，周围温度升高。

（6）$4NH_3 + 5O_2 \xrightleftharpoons[\text{点燃}]{\text{催化剂}} 4NO + 6H_2O$，反应后无色刺激性气体变为易在空气中生成棕色有刺激性气味的无色气体。本反应可用于制备一氧化氮。

（7）$2NO + O_2 == 2NO_2$，反应后无色气体变为棕色有刺激性气味的气体。本反应可用于制备二氧化氮。

（8）烃的燃烧通式：$4C_xH_y + (4x + y)O_2 \xrightarrow{\text{点燃}} 4xCO_2 + 2yH_2O$，乙烯在空气中燃烧火焰明亮，产生少量黑烟；乙炔和苯及其同系物在空气中燃烧，火焰明亮，产生大量黑烟；烃在空气中完全燃烧，火焰都是淡蓝色；周围温度都升高。本反应可帮助燃料反应，产生热能或电能。

（9）碳氢氧化合物与氧气发生燃烧的通式：

$4C_xH_yO_z + (4x + y - 2z)O_2 \xrightarrow{\text{点燃}} 4xCO_2 + 2yH_2O$，跟烃燃烧的现象相似，含碳量高的有机物在空气中不完全燃烧，火焰明亮，产生黑烟；氧气充足时完全燃烧，火焰都是淡蓝色。本反应可帮助燃料反应，产生热能或电能。

（10）乙醇被氧气氧化：$2CH_3CH_2OH + O_2 \xrightarrow[\triangle]{\text{铜或银}} 2CH_3CHO + 2H_2O$

此反应包含两个步骤：$2Cu + O_2 \xrightarrow{\triangle} 2CuO$，$CH_3CH_2OH + CuO \xrightarrow{\triangle} CH_3CHO$（乙醛）$+ Cu + H_2O$，红色固体变为黑色固体，趁热插入乙醇中，黑色固体变为红色固体，液体的醇香味变为有刺激性气味。本反应可用于制备乙醛。

（11）$2CH_3CHO + O_2 \xrightarrow{\text{催化剂}} 2CH_3COOH$，刺激性气味的液体变为强烈刺激性气味的液体。本反应可用于制备乙酸。

（12）$2CH_2=CH_2 + O_2 \xrightarrow[\triangle]{\text{催化剂}} 2CH_3CHO$，无色气体变为有刺激性气味的液体。本反

应可用于制备乙醛。

（五）氧元素存在形态

根据图 2-7，运用由单质的化学性质推出元素在自然界中存在的形态的方法，推出元素在自然界中的存在形态。

由单质的化学性质推出元素在自然界中存在的形态的方法：

元素的单质越活泼（稳定），该元素越会以化合态（游离态）存在。

由于氧气在常温下稳定，高温下活泼，且绿色植物进行光合作用不断补充氧气，所以，氧元素既有游离态又有化合态。

（六）氧气的制法

根据表 1-2（非金属单质的一般方法），推出氧气的工业制法，根据制备原理，包括反应条件推出其设备。

1. 工业制法

（1）先压缩冷却空气变为液态空气，再蒸馏。设备：压缩机、制冷机、蒸馏器。

（2）核潜艇中制备氧气的方法：$2Na_2O_2 + 2CO_2 =\!=\!= 2Na_2CO_3 + O_2\uparrow$

此方法的优点：（a）常温下进行；（b）使氧气和二氧化碳形成循环（人消耗氧气，呼出二氧化碳，而此反应消耗二氧化碳，生成氧气）。

（3）宇宙飞船中制备氧气的方法：利用宇航员呼出的二氧化碳气体与超氧化钾作用，产生氧气，供宇航员呼吸用：$4KO_2 + 2CO_2 =\!=\!= 2K_2CO_3 + 3O_2\uparrow$

（4）物理制氧：通过富氧膜制氧，震荡空气，根据氮气与氧气的活动速度不同，通过富氧膜提取足够浓度的氧气。（注：质量分数为 30% 的氧气含量是对身体最好的浓度，称为富氧状态。）

2. 实验室制法

实验室制备气体的方法：

（1）制备常见气体的总程序（也是装置从左到右的连接顺序）：

气体的产生→气体的净化→气体的收集→尾气处理

（2）实验室里制备气体的一般实验步骤：（a）连接好装置；（b）检查其气密性；（c）装药品；（d）满足实验条件；（e）收集气体；（f）无色气体验满；（g）拆装置并洗涤。

（3）气体的产生装置及其制备的气体、收集方法、反应原理、注意事项说明，见表 1-7。

（4）气体的净化（包括干燥）：

①气体的净化：易溶于水的气体杂质可用水来吸收；酸性杂质可用碱性物质吸收；碱性杂质可用酸性物质吸收；能与杂质反应生成沉淀（或可溶物）的物质也可作为吸收剂。常见除去气体中杂质的仪器或装置图：干燥管、洗气瓶、高温玻璃管、U 形管，见图 1-17。

②气体的干燥：可用干燥剂来吸收水分。常见干燥剂及其适用范围见表 1-8。

（5）尾气的处理，见表1-9。

据此，推得实验室制取少量氧气的方法：

原理	装置
$2KMnO_4 \xrightarrow{\Delta} K_2MnO_4 + MnO_2 + O_2\uparrow$ $2KClO_3 \xrightarrow[\Delta]{催化剂} 2KCl + 3O_2\uparrow$	
$2H_2O_2 \xrightarrow{MnO_2} 2H_2O + O_2\uparrow$	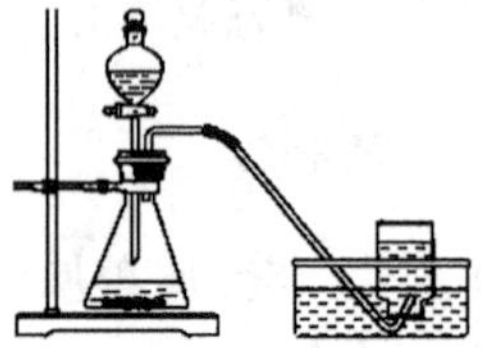

三、磷酸

（一）组成

H_3PO_4。

（二）结构

物质结构包括原子结构、分子结构、晶体结构。它们之间的关系如图2-3所示，也即从图2-2中抽取最前部分。该图显示，只要知道原子序数，根据原子结构理论及获得的画原子结构示意图的方法和画原子电子式的方法，就可得到原子结构示意图和原子的电子式。再根据分子结构理论、晶体结构理论及获得的用电子式表示化学键的形成的方法、由电子式写出化学式、结构（简）式的方法和判断晶体类型的方法，得到所学物质的分子结构或晶体结构。

1. 构成磷酸的磷、氢、氧原子结构和磷元素在元素周期表中的位置

根据以下规律和方法推出磷、氢、氧原子结构和磷元素在元素周期表中的位置：

（1）根据原子核外电子排布的规律（必修），画原子结构示意图的方法：

①写质子数（=原子序数），前面加上正号，然后围绕这个正数画一个圆圈；

②根据原子核外电子排布的规律（必修），从内层到外层依次写出每一层的电子数，并在这些数字上画圆弧。

（2）根据原子结构示意图，写出原子的电子式的方法：

主族元素原子的电子式的写法：（a）写元素符号；（b）根据原子结构示意图，确定原子最外层电子数；（c）元素符号周围用1个小黑点"·"或1个小叉"×"表示元素原子的1个最外层电子，原子最外层电子数等于小黑点"·"数或小叉"×"数。

（3）根据原子结构与元素在周期表中位置的关系，推出主族元素在周期表中的位置：

（a）原子的电子层数＝周期序数；（b）原子中最外层电子数＝主族序数。

根据以上规律和方法推出磷、氢、氧原子结构：

$_1H$：(+1) 1；$_{15}P$：(+15) 2 8 5；$_8O$：(+8) 2 6；它们的电子式依次是：H·；·P·；·Ö·。

磷元素在元素周期表中的位置：第3周期第VA族。

2. H_3PO_4 的分子结构

根据以下规律和方法推出 H_3PO_4 的分子结构：

（1）写共价化合物电子式的方法，以写氨分子电子式为例说明：

a. 写出该化合物中各元素原子的电子式；如构成氨分子的氢原子和氮原子的电子式：H·；·N·。

b. 确定各元素的原子数；根据所有原子达到稳定的电子层结构，确定1个氮原子需要结合氢原子的数目：因为1个氮原子最外电子层有5个电子，要达到最外电子层8个电子的稳定结构，1个氮原子需要3个电子，而1个氢原子只能提供1个电子，所以，1个氮原子要与3个氢原子结合。

c. 写出该化合物的电子式。如氨分子的电子式为：H:N:H / H。

（2）根据电子式写化学式（或分子式）的方法：

a. 确定同种元素的原子数；由所写物质的电子式，数出同种元素的原子数。

b. 写化学式（或分子式）。按正化合价写在左、负化合价在右排列的原则，写出元素符号，在符号的右下角写上该元素原子的数目。但当正价元素的原子数:负价元素的原子数≥3:1时，正、负价元素符号位置调换。如，根据氨分子的电子式得其分子式：NH_3。

（3）根据电子式写结构式的方法：用一条短线表示电子式中的一对共用电子对，省略孤电子对即可。如根据氨分子的电子式，得到氨分子的结构式为：H—N(—H)—H。

（4）制作分子的球棍模型的方法：

根据分子的结构式、键长、键角、原子半径的相对大小，制作分子的球棍模型。如氨分子的球棍模型为：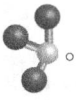。

（5）判断分子极性的方法

①根据极性分子与非极性分子的定义判断分子极性的方法：分子的极性由共价键的极性及分子的空间构型两方面共同决定。

（a）写出分子的电子式；如水分子：H:Ö:H。（b）确定分子中每一共价键的极性；如水分子中两个共价键都属于极性键；如果分子都由非极性键构成，就可确定该分子属于非极性分子，如单质分子 H_2、N_2、O_2、X_2、P_4 等。（c）标注每个极性键两端带的正负电性；如果是极性键，将"⊕"符号标注在偏离共用电子对的元素符号旁边，将"⊖"符号标注在偏向共用电子对的元素符号旁边；如水分子 H⊕⊖Ö⊖H 。(d) 根据分子构型，确定所有正电荷的重心和所有负电荷的重心，如果分子中正负电荷重心重合，该分子则为非极性分子，否则属于极性分子。如果由极性键构成的分子高度对称，分子中的正负电荷重心会重合，分子属于非极性分子，如 CO_2、CH_4 等，否则属于极性分子。如水分子两正电荷重心与两负电荷重心不重合，水分子属于极性分子。

②根据以下规律判断分子极性的方法：

（a）以非极性键结合而成的同核双原子分子都是非极性分子，如 Cl_2。还有某些同核多原子分子也是非极性分子，如 P_4。

（b）以极性键结合而成的异核双原子分子都是极性分子，如 HCl。

（c）以极性键结合而成的多原子分子，既可能是极性分子，又可能是非极性分子。

a. 分子的空间构型均匀对称的是非极性分子，如：AB_2 型的直线型分子 CO_2；AB_3 型的平面正三角形分子 BF_3；AB_4 型的正四面体结构分子 CH_4 等。

b. 分子的空间构型不对称或中心原子具有孤对电子或配位原子不完全相同的多原子分子为极性分子，如 V 型的 H_2O；三角锥型的 NH_3；非正四面体的 $CHCl_3$、CH_2Cl_2、CH_3Cl 等。

根据以上规律和方法推出 H_3PO_4 的分子结构：磷酸分子的电子式 H×Ö×P×Ö×H （上 :Ö:，下 H×Ö×），结构式 HO—P(=O)—OH（下 OH）；H_3PO_4 分子的球棍模型示意图 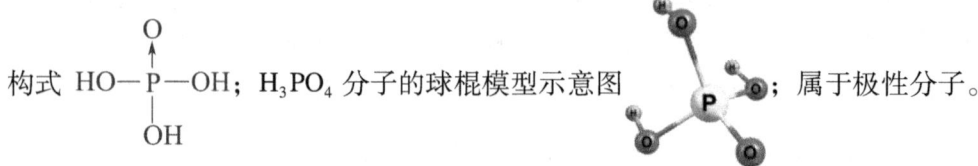 ；属于极性分子。

3. 磷酸的晶体结构及其分子间作用力

根据以下规律和方法推出 H_3PO_4 的晶体结构及其分子间作用力：

（1）判断晶体类型的方法：

①依据物质的类别判断：大多数非金属单质（除金刚石、石墨、晶体硅、晶体硼外）、气态氢化物、非金属氧化物（除 SiO_2 外）、酸、绝大多数有机物（除有机盐外）都属于分子晶体。

②依据晶体的熔沸点、常温下的状态判断：熔沸点低、常温下是气态或液态的晶体一般属于分子晶体。

（2）运用影响分子间作用力强弱的因素与规律，比较分子间作用力大小的方法：

①分子的组成：氮、氧、氟的氢化物在液态和固态时分子之间存在比较强的氢键，分子间作用力比较大。如，含氧酸在固态、液态时，存在氢键。分子间作用力：$NH_3 > PH_3$；$H_2O > H_2S$；$HF > HCl$。

②分子的极性：其他因素相同时，分子的极性越强，分子间作用力越大。如，分子间

作用力：$NH_3 > CH_4$；$CO > N_2$。

③分子的形状：其他因素相同时，分子的链越直，分子间的距离越小，分子间作用力越大。如，分子间作用力：正丁烷 > 异丁烷。

④相对分子质量：其他因素相同时，相对分子质量越大，分子间作用力越大。如分子间作用力：硒化氢 > 硫化氢；$F_2 < Cl_2 < Br_2 < I_2$；烷烃，$CH_4 < C_2H_6 < C_3H_8 < C_4H_{10}$；$CO_2 < CS_2$；$CF_4 < CCl_4 < CBr_4 < CI_4$。

根据以上规律和方法推出 H_3PO_4 的晶体结构：H_3PO_4 的晶体属于分子晶体；晶体或液体中分子间作用力既存在范德华力，又存在氢键。

（三）性质

从图 2-2 中抽取中前部分，得到由物质结构推出其性质示意图 2-4。

物质的性质包括物理性质和化学性质。根据元素周期律及其具体表现形式——元素周期表理论及其补充（即不能用周期表的变化规律推出物质的稳定性、酸碱性的相对强弱，需要如键能或电离常数去补救，才能推出结果）：共价键的键能、电离常数及获得的由物质结构推出其性质的方法，就可得到物质的大部分物理性质、化学性质。

1. 磷酸的物理性质

1）运用分子、晶体结构推出或比较所学物质的物理性质的方法：

（1）运用相似相溶原理，根据分子的极性，推出物质的溶解性。

①相似相溶原理：极性相似的两者互溶度大。

②运用相似相溶原理，推出物质溶解性的方法：极性分子组成的溶质易溶于由极性分子组成的溶剂；非极性分子组成的溶质易溶于由非极性分子组成的溶剂。如物质的水溶性：水分子是极性分子，非极性分子如氢气、氮气、甲烷、四氯化碳等都难溶于水；氧气微溶于水；氯气、溴单质、碘单质、二氧化碳等在水中溶解度不大。极性越接近水分子的极性的分子越易溶于水，如氨气、氟化氢、含氧酸（氨气、氟化氢、含氧酸如磷酸分子与水分子之间还存在氢键）、氯化氢、溴化氢、碘化氢等。

总之，溶剂粒子与溶质粒子之间的作用力比溶质与溶质、溶剂与溶剂之间的作用力大越多，溶质就越易溶于溶剂中。

（2）根据每类晶体的共同物理性质，由晶体结构的类型，推出物质的水溶性和熔沸点、导电性、传热性、延展性、金属光泽、硬度。

①原子晶体的熔沸点高，硬而脆，难溶于水等一般溶剂。

②离子晶体的熔沸点较高，硬而脆，多数能溶于水，水溶液和熔融状态能导电。

③分子晶体的熔沸点低，多数硬度小且脆。

④金属晶体熔沸点差异大，能导电、能传热、有延展性和金属光泽，除活泼金属跟水反应而溶于水外，其它金属难溶于水。

可由物质的熔沸点判断该物质在某温度和某压强下的状态。

（3）根据物质的结构比较物质的熔沸点、硬度和挥发性的方法：

首先要认识，熔化沸腾时，离子晶体破坏的是离子键，金属晶体破坏的是金属键，原子晶体破坏的是共价键，分子晶体破坏的是分子间作用力。所要破坏的相互作用越强，晶体的熔沸点越高。

①根据不同类型典型晶体中相互作用的相对强弱比较不同晶体的熔沸点、硬度等：原子晶体、离子晶体（或金属晶体）、分子晶体的熔沸点一般依次降低，硬度一般依次减小，挥发性一般依次增强。如典型的原子晶体金刚石、典型的离子晶体氯化钠、相对分子质量不是很大的分子晶体（二氧化碳晶体）等，它们的熔沸点依次降低，硬度依次减小，挥发性依次增强。但要注意，由于每类相互作用都受到许多因素影响，所以其强弱也相差甚远，因此以上规律并非绝对，只对典型的晶体才适用。如，离子晶体 MgO 的熔沸点比原子晶体 SiO_2 的高；金属晶体钠、钾、汞等的熔点比分子晶体硫的低。

②比较分子晶体中不同物质的熔沸点、硬度和挥发性的方法：

都属于分子晶体时，分子之间作用力越大，该晶体熔沸点越高，液体越难挥发。如熔沸点：$NH_3 > PH_3$；$H_2O > H_2S$；$HF > HCl$；$NH_3 > CH_4$；$CO > N_2$；正丁烷 > 异丁烷；硒化氢 > 硫化氢。

③熔点不但受融化时破坏的相互作用的强弱影响，而且受结构单元的对称度影响。其相互作用力相同时，结构单元的对称度越高，晶体的熔点越高。如熔点：新戊烷 > 正戊烷 > 异戊烷，三者中，新戊烷对称度最高。

2）运用周期表的规律推出或比较所学物质的物理性质的方法：

（1）第 2、3 周期中，同一周期元素的单质的熔沸点从第 IA 族到第 IVA 族依次升高。

（2）在第 VA、VIA 族中，同一主族从第 2 周期到第 4 周期元素的单质的熔沸点依次升高，常温常压下的状态从气态变到固态，颜色加深。

（3）第 VIIA 族元素的单质的熔沸点从上到下依次升高，常温常压下的状态从气态变为液态，再变为固态，颜色加深，从氟气的浅黄绿色变到氯气的黄绿色，再变到液溴的红棕色，最后变到碘单质的紫黑色。

（4）第 0 族元素单质的熔沸点从上到下依次升高。

3）在标准状况下，气体密度的计算方法或在同温同压下，比较气体密度的方法：

根据气体的密度 = 气体的摩尔质量/气体摩尔体积，当在标准状况时，气体摩尔体积 = 22.4L/mol，计算在标准状况下气体的密度；在同温同压下，气体摩尔体积相同，只要知道气体的相对分子质量（其中空气的平均相对分子质量约等于 29），即可比较气体的密度。

根据以上规律、方法和磷酸分子、晶体结构，结合观察或查资料综合得出磷酸的物理性质：纯净的磷酸是无色晶体；与水以任意比互溶，熔点 42.3℃，沸点 261℃，高沸点、难挥发酸；市售磷酸是含 85% H_3PO_4 的黏稠状浓溶液。

2. 磷酸的化学性质

根据以下规律和方法推出磷酸的化学性质：

由原子结构或元素周期表及其补充：弱酸或弱碱的电离常数、分子结构、晶体结构推出物质的化学性质的方法：

（1）推出元素主要化合价的方法：①主族元素的最高价 = 原子最外层电子数 = 主族序数；②除第 1 周期氢元素的最低负价 = 1 - 2 = -1 外，其他非金属的最低负价 = 原子最外层电子数 -8。

（2）推出物质氧化性的方法：原子结构或元素在周期表中的位置和分子结构共同决定该物质的氧化性。一种物质中原子或离子越容易得到电子，且分子或晶体中的化学键越弱，该物质的氧化性越强，否则越弱。

元素化合价没达到最低价态，都应有氧化性，只是强弱不同而已。物质中元素呈最高价时，该元素只具有氧化性。H_3PO_4 中的氢 +1 价和磷 +5 价，都是对应元素的最高价态。+5 价磷，氧化性弱；+1 价氢或磷酸溶液中的 H^+ 的氧化性居于如下位置：$H^+ > Pb^{2+} > Sn^{2+} > Fe^{2+} > Zn^{2+} > Al^{3+} > Mg^{2+} > Na^+ > Ca^{2+} > K^+$。

（3）推出物质酸性的方法：

①电离出的阳离子全部是氢离子的化合物是酸，具有酸性。

②最高价氧化物对应的水化物的酸性：同周期从左到右，最高价氧化物对应的水化物的酸性增强；同主族从上到下，减弱。罗列：$HClO_4 > HBrO_4 > HIO_4$；$HNO_3 > H_3PO_4 > H_2CO_3 > H_2SiO_3$；$HClO_4 > H_2SO_4 > H_3PO_4 > H_2CO_3 > H_2SiO_3$。

③H—M 中极性越强、化学键越弱，越容易电离出氢离子，该氢化物的酸性越强。

如酸性：$HCl > H_2S$，以键的极性为主；酸性：$HI > HBr > HCl$，以键的强弱为主。

④M—O—H 中，M 吸引电子的能力越强，MO—H 之间的极性越强，在水中越容易电离出 H^+，MOH 的酸性越强。如 $HClO_4 > HBrO_4 > HIO_4$；$HNO_3 > H_3PO_4 > H_2CO_3 > H_2SiO_3$；$HClO_4 > H_2SO_4 > H_3PO_4 > H_2CO_3 > H_2SiO_3$。

⑤如果 M 是同种元素，M 的化合价越高，M—O—H 的酸性越强。如酸性：硫酸 > 亚硫酸。

⑥几种弱酸，相同温度下，K 值越大，或温度和浓度相同时，α 越大，该弱酸酸性越强。这是对元素周期表知识的补充。

（4）推出物质碱性的方法：

①电离出的阴离子全部是氢氧根离子的化合物是碱，具有碱性。

②氢氧化铝在水中既电离出氢离子，又电离出氢氧根离子，具有两性，或从元素周期表看，从 $Mg(OH)_2$ 只有碱性，经过 $Al(OH)_3$，到硅酸只有酸性，居于过渡位置的 $Al(OH)_3$ 事实上具有两性，其电离方程式：$H^+ + AlO_2^- + H_2O \rightleftharpoons Al(OH)_3 \rightleftharpoons Al^{3+} + 3OH^-$

③最高价氧化物对应的水化物的碱性：同周期从左到右，最高价氧化物对应的水化物的碱性减弱；同主族从上到下，增强。罗列：$CsOH > RbOH > KOH > NaOH > LiOH$；$Ba(OH)_2 > Sr(OH)_2 > Ca(OH)_2 > Mg(OH)_2 > Be(OH)_2$；$NaOH > Mg(OH)_2 > Al(OH)_3$。

④M—O—H 中，M 吸引电子的能力越弱，M—OH 之间的离子键越明显，在水中越容易电离出 OH^-，MOH 的碱性越强。如，$CsOH > RbOH > KOH > NaOH > LiOH$；$Ba(OH)_2 > Sr(OH)_2 > Ca(OH)_2 > Mg(OH)_2 > Be(OH)_2$；$NaOH > Mg(OH)_2 > Al(OH)_3$。

⑤如果 M 是同种元素，M 的化合价越低，M—O—H 的碱性越强。如，碱性：$Fe(OH)_2 > Fe(OH)_3$。

⑥几种弱碱，相同温度下，K 值越大，或温度和浓度相同时，α 越大，该弱碱碱性越强。这是对元素周期表知识的补充。

（5）推出物质热稳定性强弱的方法：物质的化学性质既决定于原子结构，又决定于分子结构或晶体结构。分子或晶体中化学键越强，该物质热稳定性越强。这是对元素周期表知识的补充。

①气态氢化物的稳定性：同周期从左到右，非金属气态氢化物的稳定性增强；同主族从上到下，减弱。罗列：HF > HCl > HBr > HI；H_2O > H_2S > H_2Se；NH_3 > PH_3 > AsH_3；CH_4 > SiH_4；HF > H_2O > NH_3；HCl > H_2S > PH_3 > SiH_4。

②含氧酸盐比对应的酸稳定。如热稳定性：碳酸盐 > 碳酸氢盐 > 碳酸；亚硫酸盐 > 亚硫酸氢盐 > 亚硫酸；次氯酸钠 > 次氯酸，还有过氧化钠比过氧化氢稳定。

③单质稳定的元素的化合物受热不稳定。如含汞、银、铂、金的化合物：HgO、$AgNO_3$、Ag_2O 等；含氮的化合物：硝酸和硝酸盐、氨水和铵盐；含碳的化合物：碳酸和碳酸氢盐、碳酸盐等。

④常见几种或几类受热不稳定的物质：高锰酸、高锰酸盐；氯酸、氯酸盐；次氯酸、次氯酸盐；过氧化氢；HgO、Ag_2O；碳酸、碳酸氢盐、碳酸盐；亚硫酸、亚硫酸氢盐、亚硫酸盐；铵盐等。

根据以上规律和方法，结合电离常数等推出磷酸的化学性质。

（1）弱酸性：电离方程式和电离平衡常数：$H_3PO_4 \rightleftharpoons H^+ + H_2PO_4^-$，$K_{a1} = 7.1 \times 10^{-3}$；$H_2PO_4^- \rightleftharpoons H^+ + HPO_4^{2-}$，$K_{a2} = 6.3 \times 10^{-8}$；$HPO_4^{2-} \rightleftharpoons H^+ + PO_4^{3-}$，$K_{a3} = 4.2 \times 10^{-13}$；并比较常见酸的酸性相对强弱：$H_2SO_4$ > H_3PO_4 > CH_3COOH > H_2CO_3 > $H_2PO_4^-$ > C_6H_5OH > HCO_3^- > HPO_4^{2-}。

（2）稳定：常见的含氧酸的稳定性：H_2SO_4 > H_3PO_4 > CH_3COOH > HNO_3 > H_2CO_3。

（3）磷酸的氧化性，常见的是它电离出来的 H^+ 显示的弱氧化性；磷酸中 +5 价磷有弱氧化性，中学少接触。

（四）化学反应与实验现象、用途

从图 2-2 中抽取中后部分，得到由物质的化学性质推出其发生的化学反应、由具体反应的化学方程式推出其实验现象和用途的示意图 2-6。该图显示，根据化学反应速率理论、酸碱理论、氧化还原反应理论及获得的由物质的化学性质推出其反应的方法，就可得到物质的所能发生的化学反应和反应速率的大小；根据反应方程式中反应物、生成物物理性质的不同、反应速率、反应热，运用由反应方程式推出实验现象的方法，推出做该反应的实验时，观察到的实验现象；运用由性质或反应推出物质的用途的方法，推出所学物质的用途。

根据以下规律和方法推出磷酸发生的化学反应、实验现象和用途。

A. 由物质的化学性质推出该物质发生化学反应的方法：

a. 在相同条件下，反应物越活泼，推得：该反应的速率就越大。同一反应，其他条件相同，随温度升高或反应物浓度增大或反应物之间的接触面积增大等，反应速率增大。

b. 根据酸具有酸性，推出该酸反应的规律：

(i) 酸跟酸碱指示剂作用：使石蕊变红，不使酚酞变色；

(ii) 酸 + 位于金属活动顺序中氢之前的金属→盐 + $H_2\uparrow$，属于置换反应；

(iii) 酸 + 碱→盐 + H_2O，中和反应属于复分解反应；

（ⅳ）酸 + 碱性氧化物→盐 + H_2O，复分解反应；
（ⅴ）酸 + 较弱酸的盐→新盐 + 新酸，复分解反应。
c. 根据含氧酸受热不稳定性或其分解规律：含氧酸→水和偏酸或酸酐或氧化物或聚酸，推出所学含氧酸发生的分解反应。

B. 根据酯化反应的定义，推出含氧酸跟醇羟基发生酯化反应。酯化反应是酸（含氧酸）与醇生成酯和水的反应。磷酸属于含氧酸，也能跟含醇羟基的物质发生酯化反应。

C. 根据各类物质相互转化图，推出每类化学物质所能发生的化学反应，见图 1-8。

D. 根据化学反应方程式推出反应实验实验现象的方法：

a. 根据化学反应方程式中反应物的活泼性推出反应的激烈程度：在相同条件下，反应物越活泼，该反应越激烈，反应速率越大。

b. 根据反应物与生成物颜色的不同推出什么颜色的物质变为什么颜色的物质。

c. 如果生成物在室温时是固体，在其生成的过程中是逐渐凝聚出来的，那么，就有固体小颗粒生成，就推出有烟生成；如果生成物在室温时是液体，在其生成的过程中是逐渐凝聚出来的，那么，就有小液滴生成，就推出有雾生成。

d. 如果反应物有液体，没有气体，生成物有气体，就推出产生气泡，逸出某种气体；如果反应物有气体，而生成物没有气体，就推出气体消失；如果反应物、生成物都有气体，就没有"产生气泡，逸出某种气体和气体消失"之说。

e. 由在溶液中生成难溶固体推出溶液浑浊或产生沉淀；由在一种液体中生成其他难相溶，且密度不同的液体推出液体分层。

f. 在燃烧或灼热下反应时，可根据焰色反应推出火焰的颜色或火星四射。

g. 对于一端连接液体密闭装置，如果容器中气体的量变化、温度变化或容积变化，都会导致装置气压的变化。据此可推出液体上升或产生喷泉或下降。

h. 由反应物与生成物气味的不同推出由什么气味变为什么气味。

i. 如果反应物没有气体，而生成物中的气体在液体中生成，就推出听到"嘶嘶"声；检验易燃气体的纯度时，如果气体的纯度小，就推出听到强烈爆鸣声；如果气体的纯度大，就推出听到轻微爆鸣声或者"噗"声；如果反应爆炸，就推出听到爆炸声。

j. 由反应属于放热反应，推出（感觉到）温度升高；由吸热反应推出温度下降。

E. 由物质的性质、反应推出物质的用途的方法：

a. 由物质的物理性质推出其用途：如硅的导电性介于导体与半导体之间，用于制晶体管等；

b. 由物质的化学性质推出其用途：如稀有气体很稳定，用作保护气；

c. 由化学反应推出其用途：如根据 $2Cl_2 + 2Ca(OH)_2 =\!\!=\!\!= CaCl_2 + Ca(ClO)_2 + 2H_2O$ 反应，氯气或石灰乳用来制造漂白粉。

根据以上规律和方法推出磷酸发生的化学反应与实验现象、用途：

1. 根据酸具有酸的通性，可知磷酸能跟如下五类物质反应

（1）跟酸碱指示剂反应：使紫色石蕊试液或蓝色石蕊试纸变红色。

（2）跟碱发生中和反应→盐 + H_2O，且磷酸与碱的比例不同，生成的盐不同：如跟 NaOH 反应：$n(H_3PO_4):n(NaOH) = 1:1$ 时，$H_3PO_4 + NaOH =\!\!=\!\!= NaH_2PO_4 + H_2O$，$H_3PO_4$

$+ OH^- == H_2PO_4^- + H_2O$；$n(H_3PO_4):n(NaOH) = 2$ 时，$H_3PO_4 + 2NaOH == Na_2HPO_4 + 2H_2O$，$H_3PO_4 + 2OH^- == HPO_4^{2-} + 2H_2O$；$n(H_3PO_4):n(NaOH) = 1:3$ 时，$H_3PO_4 + 3NaOH == Na_3PO_4 + 3H_2O$，$H_3PO_4 + 3OH^- == PO_4^{3-} + 3H_2O$；如果是两种溶液在试管中混合，实验现象则是试管外壁温度升高。

（3）跟碱性氧化物反应→盐 + H_2O，且磷酸与碱性氧化物的比例不同，生成的盐不同：如跟 Na_2O 反应：$n(H_3PO_4):n(Na_2O) = 2:1$时，$2H_3PO_4 + Na_2O == 2NaH_2PO_4 + H_2O$，$2H_3PO_4 + Na_2O == 2Na^+ + 2H_2PO_4^- + H_2O$；$n(H_3PO_4):n(Na_2O) = 1:1$时，$H_3PO_4 + Na_2O == Na_2HPO_4 + H_2O$，$H_3PO_4 + Na_2O == 2Na^+ + HPO_4^{2-} + H_2O$；$n(H_3PO_4):n(Na_2O) = 2:3$ 时，$2H_3PO_4 + 3Na_2O == 2Na_3PO_4 + 3H_2O$，$2H_3PO_4 + 3Na_2O == 3Na^+ + PO_4^{3-} + 3H_2O$；如果是将磷酸溶液加入盛有 Na_2O 的试管中，实验现象则是白色固体溶解，试管外壁温度升高。

（4）跟排在金属活动顺序中氢前面的金属反应→盐 + $H_2\uparrow$，且磷酸与金属的比例不同，生成的盐不同：如跟 Fe 反应：$n(H_3PO_4):n(Fe) = 2:1$时，$2H_3PO_4(稀) + Fe(粉) == Fe(H_2PO_4)_2 + H_2\uparrow$，$2H_3PO_4(稀) + Fe(粉) == Fe^{2+} + 2H_2PO_4^- + H_2\uparrow$，实验现象：灰色粉末逐渐溶解，产生气泡，逸出无色无气味的气体。

$n(H_3PO_4):n(Fe) = 1:1$时，$Fe + H_3PO_4(稀) == FeHPO_4 + H_2\uparrow$，实验现象：产生气泡，逸出无色无气味的气体。

（5）跟弱酸盐或易挥发性酸的盐反应→盐 + 弱酸或易挥发性酸：

$4H_3PO_4 + Ca_3(PO_4)_2 \xrightarrow{\triangle} 3Ca(H_2PO_4)_2$（重钙），实验现象：如果磷酸是溶液，就可看到白色固体溶解。离子方程式：

$4H_3PO_4 + Ca_3(PO_4)_2 \xrightarrow{\triangle} 3Ca^{2+} + 6H_2PO_4^-$，可用于制备重钙。

$2H_3PO_4 + FeS == Fe(H_2PO_4)_2 + H_2S\uparrow$，$2H_3PO_4(浓) + FeS == Fe^{2+} + 2H_2PO_4^- + H_2S\uparrow$，实验现象：黑色固体逐渐溶解，产生气泡，逸出无色腐蛋气味的气体，可用于在实验室制备 H_2S。

$H_3PO_4 + 2Na_2CO_3 == Na_2HPO_4 + 2NaHCO_3$，$H_3PO_4(浓) + 2CO_3^{2-} == HPO_4^{2-} + 2HCO_3^-$，没有明显变化。

$2H_3PO_4 + Na_2CO_3 == 2NaH_2PO_4 + CO_2\uparrow + H_2O$，$2H_3PO_4(浓) + CO_3^{2-} == 2H_2PO_4^- + CO_2\uparrow + H_2O$，实验现象：产生气泡，逸出无色无气味的气体。

$H_3PO_4(浓) + NaBr(s) \xrightarrow{\triangle} NaH_2PO_4 + HBr\uparrow$（难挥发性酸制取易挥发性酸，磷酸是非氧化性酸），实验现象：产生气泡，逸出无色有刺激性气味的气体，可用于实验室制备 HBr。

$H_3PO_4(浓) + NaI(s) \xrightarrow{\triangle} NaH_2PO_4 + HI\uparrow$，实验现象：产生气泡，逸出无色有刺激性气味的气体。用于实验室制备 HI。

2. 磷酸的分解反应

磷酸比碳酸、亚硫酸等稳定，需要比较高的温度才能发生分子间的脱水反应或分解反应。

$2H_3PO_4 \xrightleftharpoons{210℃} H_4P_2O_7 + H_2O$, $3H_3PO_4 \xrightleftharpoons{300℃} H_5P_3O_{10} + 2H_2O$, $2H_3PO_4 \xrightleftharpoons{480℃} P_2O_5 +$ $3H_2O$,实验现象：有无色气体逸出，在空气中形成白雾，最后凝聚为无色液体。

3. 发生酯化反应

（1）$3C_4H_9OH(丁醇) + H_3PO_4 \xrightarrow{一定条件} (C_4H_9O)_3PO(磷酸三丁醇酯) + 3H_2O$，因为常温下，磷酸三丁醇酯是无色有刺激性气味的液体，难溶于水，密度比水的小，故推出的实验现象是：有无色有刺激性气味的液体生成，随着丁醇的减少，液体分为两层。用于制备磷酸三丁醇酯。

（2）ATP 的产生：ATP 可通过多种细胞途径产生，最典型的如在线粒体中通过氧化磷酸化由 ATP 合成酶合成，或者在植物的叶绿体中通过光合作用合成。ATP 合成的主要能源为葡萄糖通过氧化分解释放的能量。每分子葡萄糖先在细胞质基质中产生 2 分子丙酮酸，最终在线粒体内膜中通过三羧酸循环产生最多 36mol ATP。磷酸用于植物合成 ATP。

人体中 ATP 的总量大约只有 0.1mol。人体细胞每天的能量需要水解 200~300mol 的 ATP，这意味着每个 ATP 分子每天要被重复利用 2000~3000 次。ATP 不能被储存，因为 ATP 合成后必须在短时间内被消耗→磷酸用于人体合成 ATP。

（五）磷酸的存在

根据磷酸具有酸性，容易跟碳酸盐等弱酸盐等反应，推知磷酸不存在于自然界中。故工业上，要用下列方法制备。

（六）磷酸的制法

根据以下方法推出磷酸的制法：

根据表 1-5（酸的一般方法），推出磷酸的工业制法，根据制备原理，包括反应条件推出其设备。

（1）原理：$3H_2SO_4(浓) + Ca_3(PO_4)_2 \xrightleftharpoons{\triangle} 2H_3PO_4 + 3CaSO_4$。

（2）设备：反应槽、过滤机等。

上法由于加工工艺粗放，矿石中的大部分有害杂质进入磷酸中。特别是氟元素，一旦进入液相，很难再分离出来。更严重的是，产生大量的磷石膏废料，造成严重的污染和浪费。因此，陈学玺等通过研究，对现行的工艺过程进行了改进，分两步进行反应。

第一步：采用磷酸浸取磷矿石，从控制化学反应的条件出发，减少化学反应本身对目标产物的污染。磷酸与磷矿的主要反应方程式如下：

$Ca_5F(PO_4)_3 + 7H_3PO_4 + 5H_2O \longrightarrow 5Ca(H_2PO_4)_2 \cdot H_2O + HF\uparrow$

第二步：提供适宜的结晶条件，使副产磷石膏中的杂质含量，尤其是磷含量显著降低，提高磷回收率，使磷石膏满足建筑材料生产的要求，从源头上解决磷石膏污染的难题。硫酸的离子化反应可瞬时完成：

$Ca(H_2PO_4)_2 \cdot H_2O + H_2SO_4 + (n-1)H_2O \longrightarrow CaSO_4 \cdot nH_2O\downarrow + 2H_3PO_4$

第二节 后学化学精细的思维方式推理的依据
——物质结构理论和方法

本节系统说明图 2-2 中推理的依据：化学理论与方法中的物质结构理论和方法。

从图 2-2 中抽取最前部分，得到由原子序数推出原子、分子或晶体结构示意图 2-3。该图显示，根据原子结构理论及获得的画原子结构示意图的方法和画原子电子式的方法，由原子序数推出原子结构；根据分子结构理论、晶体结构理论及获得的用电子式表示化学键的形成的方法、由电子式写出化学式及结构（简）式的方法和判断晶体类型的方法，由原子结构推出所学物质的分子结构或晶体结构。

一、原子结构理论

（1）原子结构模型：原子是由居于中心的原子核和绕原子核作高速运动的电子构成。

（2）原子的表示：$^A_Z X \begin{cases} \text{原子核} \begin{cases} \text{质子} \quad Z \text{ 个} \\ \text{中子} \quad A-Z \text{ 个} \end{cases} \\ \text{核外电子} \quad Z \text{ 个} \end{cases}$

（3）相对质量：相对原子质量 = $\dfrac{\text{一个原子的质量}}{^{12}C \text{ 质量} \times 1/12}$

相对质子质量 = $\dfrac{\text{一个原子的质量}}{^{12}C \text{ 质量} \times 1/12}$

相对中子质量 = $\dfrac{\text{一个中子的质量}}{^{12}C \text{ 质量} \times 1/12}$

相对电子质量 = $\dfrac{\text{一个中子的质量}}{^{12}C \text{ 质量} \times 1/12}$

（4）质子、中子和电子的性质如表 2-1 所示。

表 2-1 质子、中子和电子的性质比较表

	质量/kg	相对质量	电量/C	单位电荷
质子	1.673×10^{-27}	1.007	1.602×10^{-19}	一个单位正电荷
中子	1.675×10^{-27}	1.008	0	0
电子	9.109×10^{-31}	1/1836	1.602×10^{-19}	一个单位负电荷

（5）同一原子中微粒数目之间的关系：

原子序数 = 该原子的核电荷数 = 该原子的质子数 = 该原子的核外电子数

质量数 = 该原子核中的质子数 + 其中的中子数（$A = Z + N$）

（6）应用一：

①为什么原子的质量主要集中在原子核上？

因为原子是由居于中心的原子核和绕原子核作高速运动的电子构成。原子核是由质子和中子构成（除 H 外）。同一原子中，原子核中的质子数等于核外电子数。1 个电子的质量约是 1 个质子或 1 个中子质量的 1/1836。所以，原子的质量主要集中在原子核上。

②为什么原子的相对原子质量 ≈ 该原子的质量数（A）？

因为　　　　　　　　相对原子质量 = $\dfrac{一个原子的质量}{^{12}C 质量 \times 1/12}$　　　　　　　（2-1）

一个原子的质量 = 1 个质子的质量×质子数 + 1 个中子的质量×中子数 + 1 个电子的质量×电子数。1 个电子的质量约是 1 个质子或 1 个中子质量的 1/1836。

故一个原子的质量 ≈ 1 个质子的质量×质子数 + 1 个中子质量×中子数　（2-2）

相对质子质量 = $\dfrac{一个质子的质量}{^{12}C 质量 \times 1/12}$ ≈ 1.007　　　　（2-3）

相对中子质量 = $\dfrac{一个中子的质量}{^{12}C 质量 \times 1/12}$ ≈ 1.008　　　　（2-4）

将式（2-2）、式（2-3）、式（2-4）分别代入式（2-1），质子数、中子数、质量数分别用 Z、N、A 表示，得：相对原子质量 ≈ $\dfrac{1 \text{个质子的质量} \times \text{质子数} + 1 \text{个中子的质量} \times \text{中子数}}{^{12}C 质量 \times 1/12}$ ≈ $1.007Z + 1.008N \approx Z + N = A$

所以，原子的相对原子质量 ≈ 该原子的质量数（A）。

③为什么原子的相对原子质量 ≈ 其离子的相对质量，如，^{23}Na 的相对原子质量是 23，^{23}Na$^+$ 的相对原子质量也是 23？

因为原子的质量主要集中在原子核上。某元素的离子只不过是其原子失去或得到 1 个或几个核外电子形成，故有：原子的质量 ≈ 其离子的质量，两边除以 ^{12}C 质量 × 1/12，即得：原子的相对原子质量 ≈ 其离子的相对质量。

④为什么原子对外显电中性？

因为原子是由居于中心的原子核和绕原子核作高速运动的电子构成。原子核是由质子和中子构成（除 H 外）。中子不带电，1 个质子带 1 个单位正电荷，1 个电子带 1 个单位负电荷，原子的质子数等于该原子的核外电子数，这样，原子核中质子带的总正电荷量等于原子核外电子带的总负电荷量，在原子内部电量相等，相反电荷相互抵消，所以，原子对外显电中性。

⑤为什么 $_Z$X^{m+} 中的电子数 = $Z - m$？

因为 $_Z$X 中电子数 = Z。1 个电子带 1 个单位负电荷，原子失去电子数等于变成的阳离子带的正电荷数，即 $_Z$X^{m+} 是 $_Z$X $- me$ 生成的。所以，$_Z$X^{m+} 中的电子数 = $Z - m$。

⑥为什么 $_Z$X^{n-} 中的电子数 = $Z + n$？

原因与上面问题⑤相似。

（7）元素、核素、同位素、同系物、同素异形体、同分异构体比较（见表 2-2）：

表 2-2　元素、核素、同位素、同系物、同素异形体、同分异构体比较表

	定义	相同（或相似）	不同	实例
元素	含有相同质子数的同类原子	质子数、同种原子	不同种原子	^{1}H、^{2}H、^{3}H 都属氢元素
核素	含有相同质子数和中子数的同种原子	质子数、中子数、同种原子	不同个体原子	^{1}H 是一种核素，^{2}H 也是一种核素，等
同位素	具有相同质子数，不同中子数的几种原子互称为同位素	质子数，同元素（表中位置相同）	中子数	^{1}H、^{2}H、^{3}H 互称

续上表

	定义	相同（或相似）	不同	实例
同系物	结构相似、组成相差一个或若干个 CH_2 原子团的化合物	同类有机化合物	组成	甲烷与丙烷；甲苯与邻二甲苯
同素异形体	由同种元素组成，但性质（结构）不同的几种单质	元素	结构、性质、单质	石墨与金刚石；O_2 与 O_3，红磷与白磷
同分异构体	分子式相同、结构不同的化合物	分子式	结构、化合物	正丁烷与异丁烷；1－丙醇与2－丙醇

（8）原子核外电子排布的规律（必修）：

①电子在原子核外排布时，总是尽量先排布在能量最低的电子层里，即最先排布在 K 层，当 K 层排满后，再排 L 层等；

②第 n 电子层最多容纳的电子数是 $2n^2$；

③原子的最外电子层不超过 8 个电子；

④原子的次外电子层不超过 18 个电子；

⑤原子的倒数第三电子层不超过 32 个电子。

（9）根据原子核外电子排布的规律（必修），画原子结构示意图的方法：

①写质子数（＝原子序数），前面加上正号，然后围绕这个正数画一个圆圈；

②根据原子核外电子排布的规律（必修），从内层到外层依次写出每一层的电子数，并在这些数字上画圆弧。

（10）应用二：画出 1～18 号元素原子结构示意图（见表 2－3）。

表 2－3　1～18 号元素原子结构示意图表

第一周期	1 H (+1) 1							2 He (+2) 2
第二周期	3 Li (+3) 2 1	4 Be (+4) 2 2	5 B (+5) 2 3	6 C (+6) 2 4	7 N (+7) 2 5	8 O (+8) 2 6	9 F (+9) 2 7	10 Ne (+10) 2 8
第三周期	11 Na (+11) 2 8 1	12 Mg (+12) 2 8 2	13 Al (+13) 2 8 3	14 Si (+14) 2 8 4	15 P (+15) 2 8 5	16 S (+16) 2 8 6	17 Cl (+17) 2 8 7	18 Ar (+18) 2 8 8

（11）想画出 19～36 号元素原子结构示意图，补充下法（选修）：

①写出原子核外电子排布式：

a. 记住能量从低到高的亚层：1s2s2p3s3p4s3d4p5s4d5p6s4f5d6p7s5f6d7p（spdf 前面数字表示电子层数）；

b. 写出原子核外电子排布式：按每亚层最多容纳的电子数：s^2；p^6；d^{10}；f^{14}，将原子的核外电子数按①中亚层的顺序，在 s、p、d、f 的右上角写上该亚层电子数，直至将该原子的所有电子填完。

举例：$_{26}$Fe 的电子排布式：$1s^22s^22p^63s^23p^64s^23d^6$。

$_{80}$Hg 的电子排布式：$1s^22s^22p^63s^23p^64s^23d^{10}4p^65s^24d^{10}5p^66s^24f^{14}5d^{10}$。

②写质子数（=原子序数），前面加上正号，然后围绕这个正数画一个圆圈；

举例：$_{26}$Fe：(+26)；$_{80}$Hg：(+80)。

③在圆圈的一侧画表示一层电子层的中间留空的两条圆弧，原子电子层总数等于 spdf 前面的最大数字；举例：$_{26}$Fe：(+26)))))；$_{80}$Hg：(+80))))))。

④根据电子排布式，计算每一电子层的电子数，填入原子结构示意图相应电子层中。

举例：$_{26}$Fe：(+26) 2 8 14 2；$_{80}$Hg：(+80) 2 8 18 32 18 2。

（12）应用三：写出 19～36 号元素原子的电子排布式，画出 19～36 号元素原子结构示意图：

$_{19}$K：$1s^22s^22p^63s^23p^64s^1$，(+19) 2 8 8 1；$_{20}$Ca：$1s^22s^22p^63s^23p^64s^2$，(+20) 2 8 8 2；

$_{21}$Sc：$1s^22s^22p^63s^23p^64s^23d^1$，(+21) 2 8 9 2；$_{22}$Ti：$1s^22s^22p^63s^23p^64s^23d^2$，(+22) 2 8 10 2；

$_{23}$V：$1s^22s^22p^63s^23p^64s^23d^3$，(+23) 2 8 11 2；

$_{24}$Cr：$1s^22s^22p^63s^23p^64s^13d^5$，因为 $3d^5$，半充满，比 $3d^4$ 稳定，(+24) 2 8 13 1；

$_{25}$Mn：$1s^22s^22p^63s^23p^64s^23d^5$，(+25) 2 8 13 2；$_{26}$Fe：$1s^22s^22p^63s^23p^64s^23d^6$，(+26) 2 8 14 2；

$_{27}$Co：$1s^22s^22p^63s^23p^64s^23d^7$，(+27) 2 8 15 2；$_{28}$Ni：$1s^22s^22p^63s^23p^64s^23d^8$，(+28) 2 8 16 2；

$_{29}$Cu：$1s^22s^22p^63s^23p^64s^13d^{10}$，因为 $3d^{10}$，全充满，比 $3d^9$ 稳定，(+29) 2 8 18 1；

$_{30}$Zn：$1s^22s^22p^63s^23p^64s^23d^{10}$，(+30) 2 8 18 2；$_{31}$Ga：$1s^22s^22p^63s^23p^64s^23d^{10}4p^1$，(+31) 2 8 18 3；

$_{32}$Ge：$1s^22s^22p^63s^23p^64s^23d^{10}4p^2$，(+32) 2 8 18 4；$_{33}$As：$1s^22s^22p^63s^23p^64s^23d^{10}4p^3$，

(+33) 2 8 18 5；

$_{34}$Se：$1s^22s^22p^63s^23p^64s^23d^{10}4p^4$，(+34) 2 8 18 6；$_{35}$Br：$1s^22s^22p^63s^23p^64s^23d^{10}4p^5$，

(+35) 2 8 18 7；

$_{36}$Kr：$1s^22s^22p^63s^23p^64s^23d^{10}4p^6$，(+36) 2 8 18 8。

（13）根据原子结构示意图，写出原子的电子式的方法：
①电子式：在元素符号周围用小黑点"·"或小叉"×"表示其原子最外层电子的式子。
②主族元素原子的电子式的写法：①写元素符号；②根据原子结构示意图，确定原子最外层电子数；③元素符号周围用1个小黑点"·"或1个小叉"×"表示元素原子的1个最外层电子，原子最外层电子数，等于小黑点"·"数或小叉"×"数。

（14）简单阳阴离子的电子式的写法：由原子的电子式，经过失得电子衍化而得。
①简单阳离子电子式的写法：写出简单阳离子的离子符号。如，Na$^+$（Na − e$^-$ ⟶ Na$^+$）、Mg^{2+}（Mg − 2e$^-$ ⟶ Mg^{2+}）、Al^{3+}（Al − 3e$^-$ ⟶ Al^{3+}）等。
②简单阴离子电子式的写法：（a）写出非金属元素原子的电子式，如，硫原子的电子式：$:\!\dot{\underset{.}{S}}:$；（b）加上8 − 原子最外层电子数个小黑点"·"或小叉"×"，如，硫原子，加上8 − 6 = 2个小黑点"·"，变为：$:\!\ddot{\underset{..}{S}}:$；（c）在表示电子的小黑点"·"或小叉"×"外围加上中括号"[ ]"，并在中括号的右上角写"电子数 −"，如硫离子：$[:\!\ddot{\underset{..}{S}}:]^{2-}$。

（15）原子结构与元素在周期表中位置的关系：
①原子的电子层数 = 周期序数；
②原子中最外层电子数 = 主族序数。

二、分子结构理论

（一）中学化学键理论

1. 微粒间相互作用体系

微粒间相互作用体系见图2−8（树状分类图）。

微粒间相互作用是存在于微粒之间电性的相互作用力（既有异性电荷之间的吸引力，又有同性电荷之间的排斥力，处于平衡状态）。

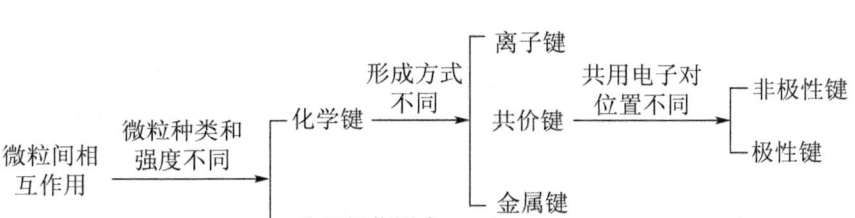

图 2-8 微粒间相互作用体系树状分类图

化学键：直接相邻的原子或离子之间强烈的相互作用。

2. 离子键、共价键和金属键的比较（见表 2-4）

表 2-4 离子键、共价键和金属键的比较表

	离子键	共价键	金属键
定义	阴、阳离子通过静电作用形成的化学键	通过共用电子对形成的化学键	自由电子与金属离子通过静电作用形成的化学键
形成过程典例	NaCl 形成： Na· + ·Cl̈: → Na⁺[:Cl̈:]⁻	N_2、HCl 形成： ·N̈: + ·N̈: ⟶ :N⋮⋮N: H· + ·Cl̈: ⟶ H:Cl̈:	金属钠中： Na^x ⇌ Na$^+$ + e$^-$
形成条件	活泼金属（IA、IIA）与活泼非金属（VIA、VIIA）相遇时，金属原子失去电子变为阳离子，非金属原子得到电子变为阴离子	不活泼金属与不活泼非金属或非金属与非金属相遇时，原子双方提供电子，形成共用电子对	金属单质或合金
微粒	阴、阳离子	原子	自由电子、金属离子
决定强弱的因素和规律	（1）离子电荷：其他因素相同时，离子带的电荷数越多，离子键越强。 （2）离子半径：其他因素相同时，离子半径越小，离子键越强	（1）键长：其他因素相同时，键长（两原子半径之和）越短，共价键越强。 （2）共价键数：其他因素相同（如在相同原子之间）时，共价键数越多，共价键越强，键能越大。 （3）其他，如键角等（在此略）	（1）金属原子的价电子数：其他因素相同时，金属原子价电子数越多，金属键越强。 （2）金属离子半径：其他因素相同时，金属离子半径越小，金属键越强
衡量强弱的物理量		键能：拆开 1mol 气态物质中某种共价键需要吸收的能量。（单位为 kJ/mol）。键能越大，化学键越牢固，含有该键的分子越稳定	

续上表

	离子键	共价键	金属键
实例	大多数盐：NaCl、MgF₂、KNO₃等；强碱：NaOH、KOH、Ba(OH)₂等；低价金属氧化物：Na₂O、MgO、BaO等	气态单质：H_2、N_2、Cl_2等；气态氢化物：H_2S、HF、HBr、NH_3等；非金属氧化物：CO_2、N_2O_5、SO_2、SO_3等；酸：H_2SO_4、H_3PO_4、HNO_3等；多数有机物；少数盐：$AlCl_3$等	金属晶体或合金

3. 非极性键、极性键比较（见表2-5）。

表2-5 非极性键、极性键比较表

	非极性键	极性键
定义	共用电子对居于两个成键原子中间的共价键	共用电子对偏向吸引电子能力强的成键原子的共价键
实例	单质分子：H—H、Cl—Cl、O=O、N≡N等	化合物分子：H—F、H—Cl、H—Br、H—I；C—O、C—H、C—N、O—H等

（二）分子间作用力

（1）定义：分子之间微弱的相互作用。

（2）范德华力与氢键比较（见表2-6）。

表2-6 范德华力与氢键比较表

	范德华力	氢键
定义	在物质的聚集态中，分子间存在着一种较弱的作用力（作用能的大小一般只有每摩尔几千焦至几十千焦，比化学键的键能小1～2个数量级）	X—H（X为N、O、F）中的氢原子与Y—H（Y为N、O、F）中的Y之间形成的作用力（作用能一般每摩尔几十千焦至一百多千焦，比化学键弱得多）
存在条件	由分子组成的物质在液态或固态时存在（气态时，很小）	通常N、O、F三种元素的含氢化合物，在液态或固态时存在
表示式		X—H……Y

续上表

	范德华力	氢键
影响其强弱的因素和规律	（1）组成：氮、氧、氟的氢化物在液态或固态时分子之间存在比较强的氢键。 （2）结构：①极性：其他因素相同时，分子的极性越强，分子间作用力越大； ②形状：其他因素相同时，分子的链越直，分子间的距离越小，分子间的作用力越大。 ③相对分子质量：其他因素相同时，相对分子质量越大，分子间的作用力越大。 （3）状态：由分子组成的同种物质，范德华力大小顺序：固体＞液体＞气体	在其他因素相同时，F—H…F—H＞F—H…—O—H＞—O—H…—O—H＞—O—H…=N—H＞=N—H…=N—H。 （氢键的本质：强极性键（A—H）上的氢核 与电负性很大的含孤电子对并带有部分负电荷的原子 B 之间的静电作用力。）
实例	（1）熔沸点：H_2O＞Cl_2O（沸点为 2℃）；（2）熔沸点：HF＞HCl；H_2O＞H_2S；NH_3＞PH_3；CO＞N_2；（3）熔沸点：正丁烷＞异丁烷；（4）熔沸点：I_2＞Br_2＞Cl_2＞F_2；CI_4＞CBr_4＞CCl_4＞CF_4；烃同系物的沸点随其中碳原子数的增加而升高	熔沸点：HF＞HCl；H_2O＞H_2S；NH_3＞PH_3

（三）写电子式的方法

1. 写双原子单质分子电子式的方法

（1）写出两个非金属原子的电子式：如 N_2：·N̈· ·N̈·。

（2）确定两个原子之间的共用电子对数：根据达到稳定的电子层结构所需要的电子数＝每个原子提供来形成共用电子对的电子数＝两个原子之间的共用电子对数；如，氮原子达到最外层 8 个电子的稳定结构，需要的电子数＝3＝每个氮原子提供的电子数＝两个氮原子之间的共用电子对数。

（3）写出分子的电子式：·N̈⋮⋮N̈·。

2. 写离子化合物电子式的方法

（1）写出活泼金属原子和活泼非金属原子的电子式：如 $MgCl_2$：·Mg· :C̈l·；

（2）确定 1 个活泼金属原子失去电子数和 1 个活泼非金属原子得到电子数：1 个 Mg 失去 2 个电子；1 个 Cl 原子得到 1 个电子。

（3）确定组成离子化合物时，活泼金属原子数和活泼非金属原子数之比：根据失去电子总数＝得到电子总数，推得：1 个活泼金属原子失去电子数×其原子数＝1 个活泼非金属原子得到电子数×其原子数，加以确定：2×Mg 原子数＝1×Cl 原子数，所以，Mg 原子数：Cl 原子数＝1：2。

（4）写出该离子化合物的电子式：写出金属离子的电子式（金属离子符号）并在金

属离子符号的周围写上阴离子的电子式：[:Ċl:]⁻ Mg²⁺ [:Ċl:]⁻。

3. 写共价化合物电子式的方法

(1) 写出该化合物中各元素原子的电子式，如氨分子中的氢原子和氮原子：H·；·N̈·。

(2) 确定各元素的原子数，根据所有原子达到稳定的电子层结构；1个氮原子需要3个电子，而1个氢原子只能提供1个电子，所以，1个氮原子要与3个氢原子结合。

(3) 写出该化合物的电子式：H:N̈:H / H。

（四）写物质化学式（或分子式）（物质的组成）的方法

1. 根据相对分子质量，写单质的分子式

(1) 求组成单质分子中的原子数：设其分子式为 X_n，列方程式：$nAr(X) = M$，解得 n。

(2) 写出其分子式：在元素符号右下角写上所求的 n。

2. 根据元素的化合价（与原子结构有联系），写出化合物的化学式（分子式）

(1) 写出组成化合物的两种元素符号。正价的写在左边，负价的写在右边。如，已知磷为 +5 价，氧为 -2 价，写出它们形成的化合物的化学式：PO。

(2) 求两种元素化合价数的最小公倍数。如，P、O 化合价数的最小公倍数 = 5 × 2 = 10。

(3) 求各元素的原子数。根据原子数 = 最小公倍数/正价数或负价数，求各元素的原子数。如，P 原子数 = 10/5 = 2；O 原子数 = 10/2 = 5。

(4) 写出化学式。把原子数写在元素符号的右下角：P_2O_5。

(5) 检查。当正价总数与负价总数的代数和等于 0 时，化学式才算是正确的。

3. 根据电子式写化学式（或分子式）

(1) 数出同种元素的原子数：由所写物质的电子式，数出同种元素的原子数。

(2) 写化学式（或分子式）：按正化合价写在左、负化合价写在右排列的原则，写出元素符号，在符号的右下角写上该元素原子的数目。

4. 知道化合物中各元素的质量含量和其相对分子质量，求写分子式：

(1) 求 1mol 物质中每种元素原子的物质的量；

(2) 写出分子式。

（五）画分子结构（简）式的方法

1. 画分子结构式的方法

(1) 根据电子式写结构式：用一条短线表示一对共用电子对，省略孤电子对即可。

(2) 根据名称写结构式：用短线表示共价键，先写主链的结构式，接着给主链编号，然后在对应位置写上官能团和支链的结构式，最后根据碳原子的成键特点补充氢原子。

2. 画分子结构简式的方法

将结构式中的单键省略，与同一碳原子结合的相同元素的原子或基团合并，醛基可进一步简写为—CHO 或 OHC—，羧基简写为—COOH 或 HOOC—。

（六）中学常见分子的构型和分子极性

（1）分子分为极性分子和非极性分子的树状分类图（图 2-17），从图中就可读出它们的定义：

$$分子 \xrightarrow{电荷分布是否均匀} \begin{cases} 极性分子 \\ 非极性分子 \end{cases}$$

图 2-17　分子分为极性分子和非极性分子

（2）中学常见分子的电子式、构型和分子极性总结表（见表 2-7）。

表 2-7　中学常见分子的电子式、构型和分子极性

	常见分子	电子式	构型	分子的极性
双原子分子（A_2 或 AB）	H_2、N_2、O_2、F_2、Cl_2、Br_2、I_2；HF、HCl、HBr、HI	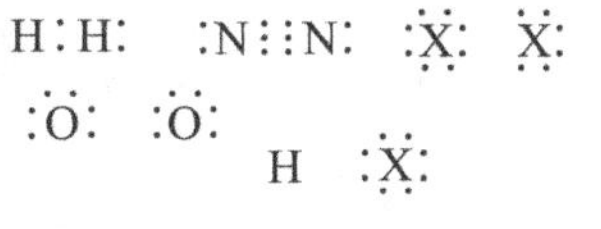 H:H　:N::N:　:X::X: :O::O:　H:X:	直线	A_2 非极性分子 AB 极性分子
三原子分子	AB_2：中心 A 原子最外层电子全部成键，AB_2 高度对称，如 $BeCl_2$、CO_2	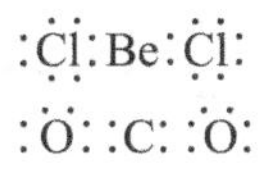 :Cl:Be:Cl: :O::C::O:	直线	非极性分子
	AB_2：中心 A 原子最外层电子不全部成键，如 H_2O、H_2S；SO_2、NO_2、ClO_2、N_2O	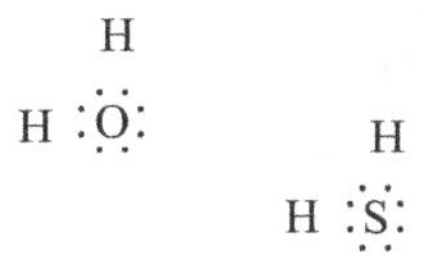 H:Ö:H　H:S̈:H	"V"形	极性分子
四原子分子	AB_3：中心 A 原子最外层电子全部成键，AB_3 高度对称，如 BF_3、SO_3	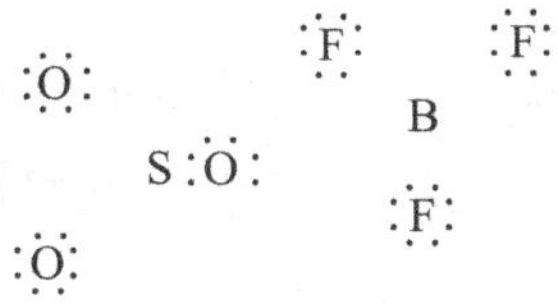 :Ö:S:Ö:　:F:B:F: 　:Ö:　　:F:	平面正三角形	非极性分子
	B_2AZ：中心 A 原子最外层电子全部成键，如 H_2CO（甲醛）	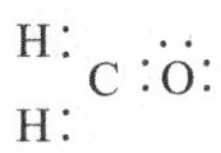 H:C:Ö: H	平面三角形	极性分子
	AB_3：中心 A 原子最外层电子不全部成键，如 NH_3、PH_3、NCl_3、PCl_3	 H:N̈:H　:Cl:N̈:Cl: 　H　　　:Cl:	三角锥体	极性分子

续上表

	常见分子	电子式	构型	分子的极性
五原子分子	AB_4：中心A原子最外层电子全部成键，AB_4高度对称。如CH_4、CF_4、CCl_4、CBr_4、CI_4、SiF_4、$SiCl_4$。	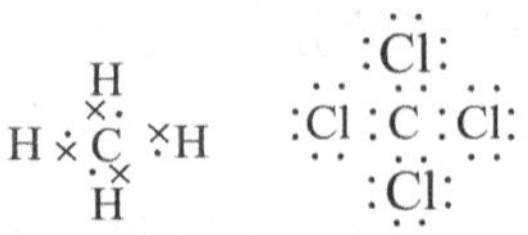 (H₄C电子式) (CCl₄电子式)	正四面体	非极性分子
	BAZ_3：$HCCl_3$、$ClCH_3$、HCF_3、FCH_3、$ClCF_3$、$FCCl_3$；B_2AZ_2：H_2CCl_2、H_2CF_2、Cl_2CF_2；中心A原子最外层电子全部成键	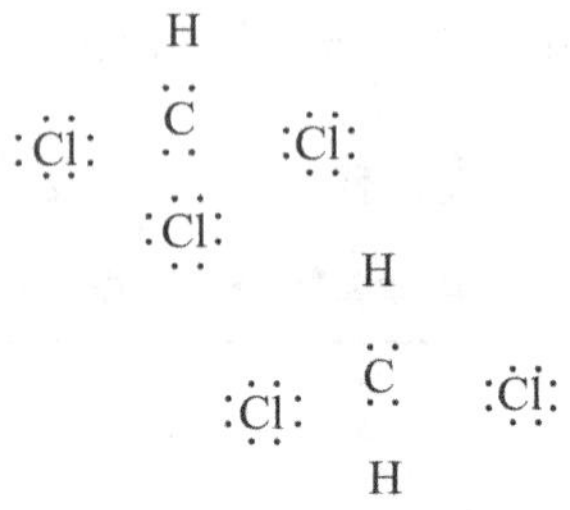 (CHCl₃电子式) (CH₂Cl₂电子式)	四面体	极性分子
	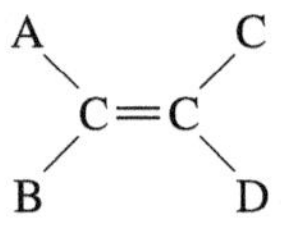 (乙烯结构式 A,B,C,D 取代)		六个原子共面	乙烯属于非极性分子
	A—C≡C—B		四个原子共线	乙炔属于非极性分子
	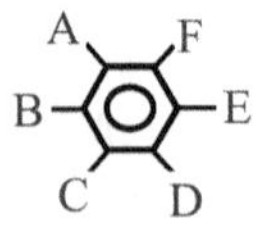 (苯环 A,B,C,D,E,F 取代)		十二个原子共面	苯属于非极性分子

(3) 判断分子极性的方法。

① 根据极性分子与非极性分子的定义判断的方法。

分子的极性由共价键的极性及分子的空间构型两方面共同决定。

（a）写出分子的电子式，如水分子：$H:\overset{H}{\underset{..}{O}}:$；（b）确定分子中每一共价键的极性，如水分子中两个共价键都属于极性键；如果分子都由非极性键构成，就可确定该分子属于非极性分子，如单质分子 H_2、N_2、O_2、X_2、P_4 等；（c）标注每个极性键两端带的正负电性：如果是极性键，将"⊕"符号标注在偏离共用电子对的元素符号旁边，将"⊖"符号标注在偏向共用电子对的元素符号旁边，如水分子：(图示)；（d）根据分子构型，确定所有正电荷的重心和所有负电荷的重心，如果分子中正负电荷重心重合，该分子则为非极性分子，否则属于极性分子。如果由极性键构成的分子高度对称，分子中的正负电荷重心会重合，分子属于非极性分子，如 CO_2、CH_4 等；否则属于极性分子，如水分子两正电荷重心与两负电荷重心不重合，水分子属于极性分子。

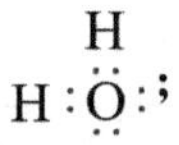

② 根据以下规律判断分子极性的方法。

A. 以非极性键结合而成的同核双原子分子都是非极性分子，如 Cl_2。还有某些同核多原子分子也是非极性分子，如 P_4。

B. 以极性键结合而成的异核双原子分子都是极性分子，如 HCl。

C. 以极性键结合而成的多原子分子，既有极性分子，又有非极性分子。

a. 分子的空间构型均匀对称的是非极性分子，如：AB_2 型的直线型分子 CO_2；AB_3 型的平面正三角形分子 BF_3；AB_4 型的正四面体结构分子 CH_4 等。

b. 分子的空间构型不对称或中心原子具有孤对电子或配位原子不完全相同的多原子分子为极性分子，如 V 型的 H_2O；三角锥型的 NH_3；非正四面体的 $CHCl_3$、CH_2Cl_2、CH_3Cl 等。

三、中学的晶体结构理论

（1）晶体体系：晶体体系的树状分类见图 2-9。

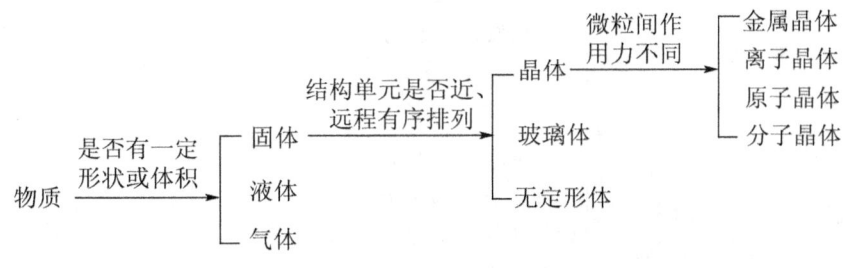

图 2-9　晶体体系树状分类图

物质是客观存在的。化学物质：是指具有一定组成、结构的物质。

固体：有一定形状和体积的物质。

液体：没有一定形状，但有一定体积的物质。

气体：既没有一定形状，又没有一定体积的物质。

晶体：结构单元近、远程都有序排列的固体。

玻璃体：结构单元仅近程有序排列，而远程没有有序排列的固体。

无定形体：结构单元近、远程都没有序排列的固体。

（2）金属晶体、离子晶体、原子晶体、分子晶体比较（见表 2-8）。

表 2-8　金属晶体、离子晶体、原子晶体、分子晶体比较表

	金属晶体	离子晶体	原子晶体	分子晶体
定义	通过金属键形成的晶体	通过离子键形成的晶体	通过共价键形成空间网状结构的晶体	通过分子间作用力形成的晶体
晶体的结构单元	金属离子	阴阳离子	原子	分子

续上表

	金属晶体	离子晶体	原子晶体	分子晶体
构造晶体的作用力	金属键	离子键	共价键	分子间作用力
相对强弱	强度差距大	强	典型：最强	弱
同类晶体的共性	易导电、易传热、能延展、不透明、有金属光泽；硬度差距大；大多数金属难溶于水等溶剂；只有还原性	熔沸点高；大多数溶于水；熔融和水溶液能导电（实际是电解）；硬而脆	典型原子晶体熔沸点最高，硬度最大，难溶于一般溶剂	熔沸点低，硬度小，固体、液体都不导电
同类晶体变化规律	熔沸点差距大：熔点最高是钨，最低是汞；碱金属和钙、锶、钡由于跟水反应而溶解；密度：同周期从左到右金属密度增大；同主族从上到下金属密度总体增大；还原性：同周期从左到右减弱，同主族从上到下增强；依金属活动顺序，减弱	压强相同时，熔沸点随离子键增强而升高；硬度随离子键增强而增大；水溶性：强碱（KOH、NaOH、Ba(OH)$_2$溶，Ca(OH)$_2$微溶，其他常见金属氢氧化物难溶；大多数盐溶	压强相同时，熔沸点随共价键增强而升高；硬度随共价键增强而增大	压强相同时，熔沸点随分子间作用力增强而升高；硬度随分子间作用力增强而增大；溶解性依据"相似相溶"原理推测
不同类型典型晶体性质比较		熔沸点高，硬度大	熔沸点最高，硬度最大，最难溶	熔沸点最低，硬度最小
实例	钠、镁、铝；碱金属	KOH、NaOH、Ba(OH)$_2$；氟化钠、氯化钠、氯化钾；氯化钠与氧化镁	金刚石、硅晶体；水晶、碳化硅	H_2、N_2、O_2、O_3、F_2、Cl_2、P_4等；HX、H_2O、NH_3等；CO、CO_2、SO_2、SO_3等

(3) 判断晶体类型的方法

①依据各类晶体的定义或组成晶体的晶格质点和质点间的作用判断。离子晶体的晶格质点是阴、阳离子，质点间的作用是离子键；原子晶体的晶格质点是原子，质点间的作用是共价键；分子晶体的晶格质点是分子，质点间的作用是分子间作用力；金属晶体的晶格质点是金属阳离子和自由电子，质点间的作用是金属键。

②依据物质的类别判断。金属单质的晶体都是金属晶体；金属氧化物（如 K_2O、Na_2O_2 等），强碱（如 NaOH、KOH 等）和绝大多数的盐类是离子晶体；大多数非金属单质（除金刚石、石墨、晶体硅、晶体硼外）、气态氢化物、非金属氧化物（除 SiO_2 外）、

酸、绝大多数有机物（除有机盐外）是分子晶体；常见的原子晶体单质有金刚石、晶体硅、晶体硼等；常见的原子晶体化合物有碳化硅、二氧化硅等。石墨属于复合晶体，其层内属于原子晶体，层间属于分子晶体。

③依据晶体的熔沸点、状态判断。离子晶体的熔点较高，常在数百至一千余摄氏度；原子晶体熔点高，常在一千度至几千摄氏度；分子晶体熔点低，常在数百摄氏度以下至很低温度，常温常压下，呈气态的晶体属于分子晶体；金属晶体多数熔点高，但也有相当低的。

②依据导电性判断。离子晶体水溶液及熔化时能导电；原子晶体一般为非导体，但石墨等导电；分子晶体为非导体，而分子晶体中的电解质（主要是酸和非金属氢化物）溶于水，使分子内的化学键断裂形成自由移动的离子也能导电；金属晶体是良导体，其晶体熔化后也能导电。

第三节　后学化学精细的思维方式推理的依据
——元素周期律、电离理论与方法

本节系统说明图2-2中推理的依据：化学理论与方法中的元素周期律、元素周期表和电离理论与方法。

从图2-2中抽取中前部分，得到由物质结构推出其性质示意图2-4。

物质的性质包括物理性质和化学性质。根据元素周期律及其具体表现形式——元素周期表理论及其补充（即不能用周期表的变化规律推出物质的稳定性、酸碱性的相对强弱，需要如键能或电离常数去补救，才能推出结果）：共价键的键能、电离常数及获得的由元素周期表、物质结构推出其性质的方法，就可推出物质的大部分物理性质、化学性质。

一、元素周期律与元素周期表（体现着量变与质变规律）

（一）元素周期律

（1）元素周期律的本质：随着原子序数的递增，元素原子核外电子排布呈周期性变化。

（2）元素周期律：随着原子序数的递增，元素的性质呈周期性变化的规律。

（二）元素周期表（律 $\xrightleftharpoons[\text{体现}]{\text{具体表现形式}}$ 表）

（1）定义：将原子电子层数相同的元素，按原子序数递增的顺序排列的一个横行；将原子最外层电子数相同的元素按电子层数递增的顺序由上而下排成的纵行所得到的表。

（2）元素周期表的结构与原子结构和元素性质的关系（见图2-10）。

```
          ┌ 短周期（第1、2、3周期）
          │ 长周期（第4、5、6、7周期）
          │ 周期序数 = 元素的原子核外电子层数
          │ 同周期。相同点：元素原子电子层数相同。
       周期│ 变化规律（左→右）：①原子最外层电子数增多；②原子半径减小；
          │ ③原子核与核外电子之间的作用力增强；④原子失去电子的能力减弱；
          │ ⑤原子得到电子的能力增强（除0族外）；⑥元素金属性减弱；
          │ ⑦元素非金属性增强；⑧铝、硅既有金属性，又有非金属性；⑨晶体：（第2、3周期）
          └ 金属晶体→原子晶体→分子晶体；⑩单质的熔沸点：低→高→低。
元素
周期      ┌ 主族（IA—VIIA 共7个）；主族序数 = 元素的原子最外层电子数
表         │ 0族（稀有气体）
          │ 副族（IB—VIIB 共7个）
          │ VIII族（8、9、10纵行）
          │ 同主族。相同点：①元素原子最外层电子数相同；②元素的最高正价 =
       族 │ 原子最外层电子数；③元素的最低负价 = 原子最外层电子数 - 8；
          │ 变化规律（上→下）：①原子的电子层数增加；②原子半径减小；
          │ ③原子核与核外电子之间的作用力减弱；④原子失去电子的能力增强；
          │ ⑤原子得到电子的能力减弱；⑥元素金属性增强；⑦元素非金属性减弱；
          │ ⑧IA、IIA金属单质熔沸点降低、硬度减小、密度增大；
          │ ⑨碱金属氟化物的熔沸点降低；⑩VIIA、N→P、O→S 单质熔沸点升高；
          └ ⑪钠的卤化物的熔沸点降低。
```

图 2-10 元素周期表的结构与原子结构和元素性质的关系图

（三）元素的金属性与非金属性强弱判断的方法

（1）元素的金属性强弱推断的方法如下表。

元素的金属性	其单质从水或酸中置换出氢	其最高价氧化物的水化物的碱性
强 ⇔	容易	强

（2）元素的非金属性强弱推断的方法如下表。

元素的非金属性	其单质与氢气反应形成气态氢化物	气态氢化物的稳定性	其最高价氧化物的水化物的酸性
强 ⇔	容易	稳定	强

（3）金属性、非金属性不列入物质的化学性质或物理性质的原因：从以上元素的金属性、非金属性强弱推断的方法可知，元素的金属性、非金属性已经超脱具体物质的化学性质或物理性质。具体物质的化学性质是通过该物质发生化学反应体现的性质，物理性质是不需要通过化学反应体现的性质，包括具体物质本身固有的性质，如颜色、气味、某条件下的状态、密度，和通过物理变化体现的性质，如溶解性、熔沸点、硬度、导电性、传

热性、延展性、金属光泽。而元素的金属性不但通过金属单质从水或酸中置换出氢的反应去推断，而且通过元素的化合物——最高价氧化物的水化物的碱性去推断，即通过化学性质去体现；元素的非金属性不但通过非金属单质与氢气形成气态氢化物的反应去推断，而且通过元素的化合物——气态氢化物的稳定性和最高价氧化物的水化物的酸性去推断，稳定性、酸性、碱性都属于化学性质。也就是说，元素的金属性、非金属性既通过化学反应体现，又通过化学性质体现。不仅如此，元素的金属性还通过单质的物理性质体现。如判断硅元素具有金属性，就是根据硅单质具有弱导电性。

（4）金属性的定义及其强弱判断的方法。

①金属性的定义：金属元素的性质，包括金属单质的物理共性（能导电、能传热、能延展、有金属光泽）和化学共性（还原性）、金属离子的氧化性、化合物中金属元素的化合价、最高价氧化物的水化物的碱性。

因为《辞海》中定义金属性为"元素的原子失去电子的能力"，而这是还原性的定义，两个不同概念的定义不能相同。这样会导致金属性与还原性两个概念的混淆。金属元素本就包括金属单质及其化合物。所以，如上定义金属性。

②元素金属性强弱判断方法：

a. 由元素周期表或原子结构进行判断，同周期从左到右金属性逐渐减弱，同主族从上到下金属性逐渐增强。或原子的电子层数相同时，原子最外层电子数增加，元素的金属性减弱；原子最外层电子数相同时，原子的电子层数增加，元素的金属性增强。

b. 用元素的电负性、最高价氧化物的水化物的电离常数判断，特别适用于判断不同周期、不同主族元素的金属性强弱，元素的电负性越小或温度相同时，最高价氧化物的水化物的电离常数越大，元素的金属性越强。

c. 由二元化合物的化合价判断，两种元素组成的化合物，呈正价元素的金属性较强（呈负价元素的非金属性较强）。

d. 由单质与同一氧化剂反应的难易程度判断，反应越容易，元素的金属性越强。此已经包含由单质与水（或酸）反应转换出氢的难易程度判断，单质与水（或酸）置换出氢越容易，元素的金属性越强。

e. 由最高价氧化物的水化物——氢氧化物的碱性强弱来判断，最高价氢氧化物碱性越强，元素的金属性越强。

f. 由金属活动性顺序表进行判断，按金属活动性顺序，金属元素的金属性依次减弱。

g. 由单质的还原性判断，单质的还原性越强，则对应元素的金属性越强。

h. 由单质与化合物之间的置换反应判断，遵循强制弱的规律。

i. 由金属阳离子的氧化性强弱判断，一般情况下，金属阳离子的氧化性越弱，对应元素的金属性越强。特例：三价铁的氧化性强于二价铜，但铁的金属性强于铜。

j. 由原电池的正负极判断，一般情况下，活泼性强的金属电极做负极。

（5）非金属性的定义及其强弱判断的方法。

①非金属性的定义：非金属元素的性质，包括非金属单质的物理共性（不能导电、不能传热、不能延展、没有金属光泽）和化学共性（主要是氧化性）、化合物中非金属元素的化合价、最低价氢化物的稳定性、最高价氧化物的水化物的酸性。其道理与金属性定

义相似。

②元素非金属性强弱判断方法：

a. 由元素周期表或原子结构进行判断，同周期从左到右非金属性逐渐增强，同主族从上到下非金属性逐渐减弱。或原子的电子层数相同时，原子最外层电子数增加，元素的非金属性增强；原子最外层电子数相同时，原子的电子层数增加，元素的非金属性减弱。

b. 用元素的电负性、最高价氧化物的水化物的电离常数判断，特别适用于判断不同周期、不同主族元素的非金属性强弱，元素的电负性越大或温度相同时，最高价氧化物的水化物的电离常数越大，元素的非金属性越强。

c. 由二元化合物的化合价判断，两种元素组成的化合物，呈负价元素的非金属性较强（呈正价元素的金属性较强）。

d. 由单质与同一还原剂反应的难易程度判断，反应越容易，元素的非金属性越强。此已经包含由单质与氢气化合生成气态氢化物的难易程度判断，单质与氢气化合生成气态氢化物越容易，元素的非金属性越强。

e. 由气态氢化物稳定性判断，气态氢化物越稳定，元素的非金属性越强。

f. 由最高价氧化物的水化物——酸的酸性强弱来判断，元素最高价酸的酸性越强，元素的非金属性越强。

g. 由单质的氧化性判断，或单质的氧化性越强，则对应元素的非金属性越强。

h. 由单质与化合物之间的置换反应判断，遵循强制弱的规律。注意：此处非金属单质作氧化剂。

i. 由非金属阴离子的还原性强弱判断，一般情况下，非金属阴离子的还原性越弱，对应元素的非金属性越强。

（6）元素周期表、金属性和非金属性的应用

非金属性都是属于元素的性质，不属于具体物质的性质。它们都具有高度概括性的概念。在学习了代表元素钠、氯的单质及其化合物的知识后，就可运用元素周期表中元素的金属性和非金属性及其变化规律，采用演绎推理的方法，高度概括其他物质的知识。如学了钠和氯气，就推出第ⅠA、ⅦA族和第3周期元素单质共同的性质、反应及其变化规律；学了HCl，就推出第ⅦA族和第3周期元素气态氢化物共同的性质、反应及其变化规律；学了氢氧化钠，就推出第ⅠA、ⅦA族和第3周期元素最高价氧化的水化物共同的性质、反应及其变化规律。总结如表2-9、表2-10、表2-11所示。

表2-9 以钠、氯元素为基础，总结第3周期元素性质、反应的共同点和变化规律

原子序数	11	12	13	14	15	16	17
元素名称、符号	钠、Na	镁、Mg	铝、Al	硅、Si	磷、P	硫、S	氯、Cl
原子最外层电子数	1	2	3	4	5	6	7
元素的最高正价	+1	+2	+3	+4	+5	+6	+7

续上表

原子序数	11	12	13	14	15	16	17
最高价氧化物化学式	Na₂O	MgO	Al₂O₃	SiO₂	P₂O₅	SO₃	Cl₂O₇
最高价氧化物的水化物的化学式和酸碱性	NaOH 强碱	Mg(OH)₂ 中强碱	Al(OH)₃ 弱碱（两性）	H₂SiO₃	H₃PO₄	H₂SO₄	HClO₄
最高价氧化物的水化物水溶性	易溶	难溶	难溶	难溶	与水互溶		
元素的最低负价				−4	−3	−2	−1
气态氢化物的化学式				SiH₄	PH₃	H₂S	HCl
原子半径的变化	从左到右，变小						
原子失去电子能力	从左到右，减弱						
元素金属性的变化	从左到右，减弱						
元素非金属性变化	从左到右，增强						
单质还原性、活泼性	从左到右，减弱						
单质置换出水或酸中的氢的难易程度	从左到右，变难						
单质置换出水中氢的具体情况	常温剧烈	热水少量气泡	90℃水无气泡				
单质的晶体结构	金属晶体 从左到右，金属键增强			原子晶体	分子晶体 从左到右，分子间力减弱		
单质颜色、气味、常温下状态、金属硬度	银白色有金属光泽的固体；金属硬度变大			灰色固体	白或红色固体	浅黄色固体	黄绿色刺激气味气体
单质熔点、沸点（℃）	97.7 883	650 1170	660 2327	1414 2900	白磷44.1 280.5	112 444.6	−101 −34
最高价氧化物的水化物的碱性变化规律	从左到右，减弱						
原子得到电子能力	从左到右，增强						
单质的氧化性、活泼性	从左到右，增强						
单质与氢气反应难易程度	从左到右，变易						
单质与氢气反应条件				高温	磷蒸气	加热	光照或点燃
气态氢化物的稳定性				从左到右，增强			
最高价氧化物的水化物的酸性的变化规律	从左到右，增强						

表 2-10　以钠元素为基础，总结第 IA 族金属元素性质、反应的共同点和变化规律

原子序数	3	11	19	37	55
元素名称、符号	锂、Li	钠、Na	钾、K	铷、Rb	铯、Cs
原子电子层数	2	3	4	5	6
元素的最高正价	+1					
最高价氧化物的化学式	M_2O				
最高价氧化物的水化物的化学式	MOH				
最高价氧化物的水化物的水溶性	可溶	易溶			
原子半径的变化	从左到右，变大				
原子失去电子能力	从左到右，增强				
元素金属性的变化	从左到右，增强				
单质的晶体结构	都属于金属晶体，金属键：从左到右，减弱				
25℃单质颜色、状态、硬度	银白色固体，软	略带金色光泽的固体			
单质熔沸点	从左到右，降低				
单质的还原性、活泼性	从左到右，增强				
置换出水或酸中的氢的难易程度	从左到右，变易				
最高价氧化物的水化物的碱性	从左到右，增强				

表 2-11　以氯元素为基础，总结第 VIIA 族非金属元素性质、反应的共同点和变化规律

原子序数	9	17	35	53
元素名称、符号	氟、F	氯、Cl	溴、Br	碘、I
原子电子层数	2	3	4	5
元素最低负价	-1			
气态氢化物分子式	HX			
元素的最高正价	无正价	+7		
最高价氧化物的化学式	X_2O_7			
最高价氧化物的水化物的化学式	HXO_4			
最高价氧化物的水化物的水溶性	易溶			
原子半径的变化	从左到右，变大			
原子得到电子能力	从左到右，减弱			
元素非金属性变化	从左到右，减弱			
单质的晶体结构	都属于分子晶体，分子间力：从左到右，增强			

续上表

原子序数	9	17	35	53
25℃单质颜色、状态、气味、毒性	淡黄绿色有特殊难闻臭味剧毒的气体	黄绿色有强烈刺激性气味有毒的气体	深红棕色易挥发的液体，臭气味有毒	紫黑色固体，易升华为紫红色蒸气
单质熔沸点	从左到右，升高			
单质水溶性	$2F_2 + 2H_2O == 4HF + O_2\uparrow$ 反应剧烈	可溶	微溶	微溶
单质的氧化性、活泼性	从左到右，增强			
单质跟氢气反应方程式	$F_2 + H_2 \xrightarrow{黑暗爆炸} 2HF$	$Cl_2 + H_2 \xrightarrow{光照或点燃} 2HCl$	$Br_2 + H_2 \xrightarrow{\triangle} 2HBr$	$I_2 + H_2 \xrightleftharpoons{\triangle} 2HI$
气态氢化物稳定性	从左到右，减弱			
最高价氧化物的水化物酸性变化规律	都有酸性，从左到右，减弱			

二、弱电解质的电离理论

我们可以利用元素周期表或原子结构、分子结构、晶体结构知识比较同周期、同主族或同一元素不同价态对应的酸或碱的酸性或碱性的相对强弱。如氢氧化钠、氢氧化镁、铝酸（偏铝酸）、硅酸、磷酸、硫酸、高氯酸；硅酸、碳酸与硝酸；磷酸与硝酸；高氯酸、高溴酸、高碘酸；氢氧化锂、氢氧化钠、氢氧化钾、氢氧化铷、氢氧化铯；氢氧化铍、氢氧化镁、氢氧化钙、氢氧化锶、氢氧化钡；氢氧化钾与氢氧化镁；硫酸与亚硫酸；高氯酸、氯酸、亚氯酸、次氯酸；水与硫化氢等。

而如果不属于以上情况的元素对应的酸或碱又怎样比较？如 HF 与磷酸的酸性；$NH_3 \cdot H_2O$ 与氢氧化钙的碱性等。

所以，得提出电离理论，用电离平衡常数定量比较：不属于以上情况的元素对应的酸或碱的酸、碱性的相对强弱，以此弥补元素周期表知识在此方面的缺陷。

（一）强电解质与弱电解质

（1）物质的树状分类图如图 2 – 11 所示。

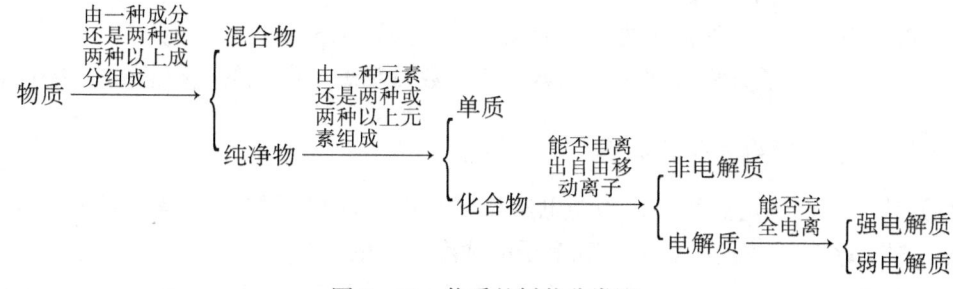

图 2 – 11 物质的树状分类图

（2）强弱电解质比较见表 2-12。

表 2-12 强弱电介质比较表

		强电解质	弱电解质
定义		在水溶液中能完全电离的电解质	在水溶液中只能部分电离的电解质
电离的程度		大	小
电解质在溶液中存在的形式		阴、阳离子	阴、阳离子和分子
AB 型电解质浓度相同	自由移动离子浓度	大	小
	溶液的导电能力	强	弱
自由离子浓度相同	AB 型电解质浓度	小	大
	溶液的导电能力	相同	
电离方程式的不同		══	⇌，多元弱电解质分步写电离方程式
化学键的类型		离子键或强极性共价键	弱极性键
实例		强碱：NaOH、KOH 等 强酸：硫酸、硝酸、高氯酸、HCl、HBr、HI 大多数盐：NaCl、$BaSO_4$	弱碱：$NH_3 \cdot H_2O$、氢氧化铁、氢氧化亚铁、氢氧化铜等 弱酸：碳酸、亚硫酸、磷酸、次氯酸、H_2S、HF 少数盐：$Fe(SCN)_3$ 等

（二）离子反应和离子方程式

（1）离子反应的定义：有离子参加的化学反应。

（2）离子方程式。

①定义：用实际参加反应的离子符号来表示离子反应的式子。

②写法：

a. 写：写出反应的化学方程式；

b. 代（或拆）：把溶于水且完全电离的物质代入电离方程式，难溶于水或溶于水但难电离的物质仍用化学式表示；

c. 删：删去化学方程式两边不参加反应（相同）的离子；

d. 查：检查离子方程式两边各元素的原子数目和离子所带的电荷总数是否相等。

（三）弱电解质电离平衡状态

（1）定义：在一定温度下，当弱电解质分子电离成离子的速率等于离子结合成弱电解质分子的速率时，溶液中各分子和离子的浓度恒定的状态。

（2）特征：①逆：弱电解质电离的过程是可逆的过程；②等：v(电离) = v(结合)；

③动：v(电离) = v(结合) ≠ 0，则动态平衡；④定：溶液中各分子和离子的浓度保持恒定；⑤变：改变破坏弱电解质电离平衡的条件，电离平衡发生移动，重新建立新的电离平衡。

（四）衡量弱电解质电离的限度

电离平衡常数和电离度。对 $AB \rightleftharpoons A^+ + B^-$（见表 2-13）：

表 2-13 弱电解质电离平衡常数和电离度比较表

	电离平衡常数	电离度
数学表达式	$K = \dfrac{c(A^+) \cdot c(B^-)}{c(AB)}$	$\alpha = \dfrac{c(\text{已电离的弱电解质})}{c(\text{弱电解质起始})} \times 100\%$ $= \dfrac{c(\text{弱电解质起始}) - c(\text{弱电解质平衡})}{c(\text{弱电解质起始})} \times 100\%$
定义	在一定条件下，弱电解质达到电离平衡时，溶液中弱电解质电离出的各种离子浓度的乘积，跟溶液中未电离的分子浓度的比是一个常数	在一定条件下，弱电解质达到电离平衡时，弱电解质已电离的浓度占其起始浓度的百分率
符号	弱酸的电离常数用 K_a 表示，弱碱的电离常数用 K_b 表示	α
意义	表示弱电解质的相对强弱。一定温度下，K 值越大，表示弱电解质越容易电离，弱电解质越强	表示弱电解质的相对强弱。温度和浓度相同时，α 越大，弱电解质越容易电离，弱电解质越强，即弱酸酸性越强，弱碱碱性越强
影响因素和规律	内因：电解质中的化学键：温度相同时，电解质中化学键的极性越强，越容易电离，电离常数越大。条件：温度——同一弱电解质电离，升高温度，电离常数增大。但温度变化不大时，K 变化不明显，不指明温度时，通常指常温	内因：电解质中的化学键——温度和浓度相同时，电解质中化学键的极性越强，越容易电离，电离度越大。温度：同一弱电解质电离，浓度相同时，升高温度，电离度增大。但温度变化不大时，电离度增大不明显，不指明温度时，通常指常温。浓度：同一弱电解质电离，温度相同时，浓度增大，电离度减小
注意	使用电离平衡常数时要注明温度	使用电离度时要注明温度和浓度

（五）条件对弱电解质电离平衡影响的规律

勒夏特列原理：改变影响化学平衡的一个因素，平衡将向能够减弱这种改变的方向移动。

运用演绎推理得到影响弱电解质电离平衡的规律：

（1）浓度：某弱电解质电离达到平衡时，其他条件相同，增加电解质的浓度或减小离子的浓度，平衡向电离方向移动。

稀释：某弱电解质电离达到平衡时，其他条件相同，加水稀释（相当有气体参加和生成的可逆反应在密闭容器中反应达到平衡时，增大容器的体积，减小压强），电离平衡向电离方向移动（可逆反应的平衡向气体分子数增加的方向移动）。

（2）温度：某弱电解质电离达到平衡时，其他条件相同，适当升高温度，电离平衡向电离方向移动（弱电解质电离方向是吸热方向）。

三、推出物质性质的方法

（一）由物质结构、元素周期表推出物质的物理性质的方法

物理性质：不需要通过化学变化体现的性质。包括：物质本身固有的性质：某条件下，物质的颜色、光泽、状态、气味（生物作用）、密度；通过物理变化体现的性质：溶解性或溶解度、熔点、沸点、挥发性、硬度、导电性、传热性、延展性。

1. 由物质结构推出其物理性质的方法

1）运用相似相溶原理，根据分子的极性推出物质的溶解性的方法：

水分子是极性分子，由非极性分子组成的物质难溶于水，如氢气、氮气、氧气、甲烷、四氯化碳等；氯气、溴单质、碘单质、二氧化碳等在水中溶解度不大。极性越接近水分子极性的分子越易溶于水，如氨气、氟化氢（氨气、氟化氢分子与水分子之间还存在氢键）、氯化氢、溴化氢、碘化氢等。

有机溶剂的分子或极性较小，如乙醇、氯仿即三氯甲烷等，或属于非极性分子，如苯、四氯化碳等，由非极性分子组成的物质易溶于有机溶剂，如氢气、氮气、氧气、甲烷、四氯化碳、氯气、溴单质、碘单质、二氧化碳等。由极性越强的分子组成的物质越难溶于有机溶剂，如氨气、氟化氢（氨气、氟化氢分子与水分子之间还存在氢键）、氯化氢、溴化氢、碘化氢等。

总之，溶剂粒子与溶质粒子之间的作用力比溶质与溶质、溶剂与溶剂之间的作用力大越多，溶质就越易溶于溶剂中。

2）运用每类晶体的共同物理性质、晶体结构物质的水溶性和熔沸点、导电性、传热性、延展性、金属光泽、硬度的方法：

①原子晶体的熔沸点高，硬而脆，难溶于水等一般溶剂。

②离子晶体的熔沸点较高，硬而脆，多数能溶于水，其水溶液和熔融状态能导电。

③分子晶体的熔沸点低，多数硬度小且脆。

④金属晶体熔沸点差异大，能导电、能传热、有延展性和金属光泽，除活泼金属跟水反应而溶于水外，其它金属难溶于水。

可由物质的熔沸点判断该物质在某温度和某压强下的状态。

3）根据物质的结构比较物质的熔沸点、硬度和挥发性的方法：

首先要认识，熔化沸腾时，离子晶体破坏的是离子键；金属晶体破坏的是金属键；原子晶体破坏的是共价键；分子晶体破坏的是分子间作用力；所要破坏的相互作用越强，晶体的熔沸点越高。

(1) 根据不同类型典型晶体中相互作用的相对强弱比较不同晶体的熔沸点、硬度等：

原子晶体、离子晶体（或金属晶体）、分子晶体的熔沸点一般依次降低，硬度一般依次减小，挥发性一般依次增强。如典型的原子晶体金刚石、典型的离子晶体氯化钠、相对分子质量不是很大的分子晶体二氧化碳晶体等，它们的熔沸点依次降低，硬度依次减小，挥发性依次增强。但要注意，由于每类相互作用都受到许多因素影响，所以其强弱也相差甚远，因此以上规律并非绝对，只对典型的晶体才适用。如，离子晶体 MgO 的熔沸点比原子晶体 SiO_2 的高；金属晶体钠、钾、汞等的熔点比分子晶体硫的低。

(2) 根据影响每类相互作用强弱的因素与规律比较同类晶体中不同物质的熔沸点、硬度和挥发性：

①离子晶体：阴阳离子带的电荷数越多，阴阳离子半径越小，离子键越强，一般熔沸点越高，硬度越大。由此可推出都属离子晶体的氯化钠的熔点比氯化钾的高，硬度比氯化钾的大。

②金属晶体：金属原子的价电子数越多，金属阳离子半径越小，金属键越强，熔沸点越高，硬度越大，越难挥发。由此可推出都属金属晶体的锂、钠、钾、铷、铯的熔沸点依次降低，硬度依次减小，挥发性依次增强；钠、镁、铝或钾、钙、铁的熔沸点依次升高，硬度依次增大，挥发性依次减弱。

③原子晶体：共价键越短，共价键越强，熔沸点越高，硬度越大，越难挥发。由此可推出都属原子晶体的金刚石、碳化硅、硅晶体的熔沸点依次降低，硬度依次减小，挥发性依次增强。

④分子晶体：

a. 分子的组成：氮、氧、氟的氢化物在液态和固态时分子之间存在比较强的氢键，熔沸点比较高，液体比较难挥发。如，熔沸点：$NH_3 > PH_3$；$H_2O > H_2S$；$HF > HCl$。

b. 分子的极性：其他因素相同时，分子的极性越强，分子间作用力越大，熔沸点比较高，液体比较难挥发。如，熔沸点：$NH_3 > CH_4$；$CO > N_2$。

c. 分子的形状：其他因素相同时，分子的链越直，分子间的距离越小，分子间作用力越大，熔沸点比较高，液体比较难挥发。如，熔沸点：正丁烷 > 异丁烷。

d. 相对分子质量：其他因素相同时，相对分子质量越大，分子间作用力越大，熔沸点比较高，液体比较难挥发。如，熔沸点：硒化氢 > 硫化氢；一般同系物熔沸点随着碳原子数增加而升高。

e. 熔点不但受融化时破坏的相互作用的强弱影响，而且受结构单元的对称度影响。其相互作用力相同时，结构单元的对称度越高，晶体的熔点越高。如，熔点：新戊烷 > 正戊烷 > 异戊烷；甲烷 > 乙烷 > 丙烷等。

另外，金属晶体具有的共性是：能导电、传热、有延展性、有金属光泽。离子晶体在熔融时能导电、传热。

2. 运用元素周期表的规律、各类有机物物理性质的变化规律推出所学物质的物理性质的方法

(1) 第2、3周期中，同一周期元素的单质的熔沸点从第 IA 族到第 IVA 族依次升高，从第 IVA 族到 0 族依次降低。

（2）在第 IA、IIA 族中，同主族金属单质的熔沸点从上到下依次降低。

（3）在第 IIIA、IVA 族中，熔沸点：硼 > 铝；金刚石 > 硅晶体。

（4）在第 VA、VIA 族中，同一主族从第 2 周期到第 4 周期元素的单质的熔沸点依次升高，常温常压下的状态从气态变到固态，颜色加深。

（5）第 VIIA 族元素的单质的熔沸点从上到下依次升高，常温常压下的状态从气态变为液态，再变为固态；颜色加深，从氟气的浅黄绿色变到氯气的黄绿色，再变到液溴的红棕色，最后变到碘单质的紫黑色。

（6）第 0 族元素单质的熔沸点从上到下依次升高。

（7）烃的状态的变化规律：含 1 到 4 个碳原子的烃在常温常压下为气态，含 5 到 16 个碳原子的烃在常温常压下为液态，含 17 个碳原子以上的烃在常温常压下为固态。

（二）由原子结构或元素周期表及其补充：弱酸或弱碱的电离常数、分子结构、晶体结构推出物质的化学性质的方法

化学性质：通过化学反应体现的性质，包括活泼性、还原性、氧化性、酸性、碱性、受热稳定性。其中还原性包括可燃性。

1. 推出元素主要化合价的方法

（1）主族元素的最高正价 = 原子最外层电子数 = 主族序数；

（2）非金属的最低负价 = 原子最外层电子数 - 8，除氢元素的最低负价 = 1 - 2 = -1 外。

2. 推出物质活泼性的方法

原子结构或元素在周期表中的位置和分子结构共同决定该物质的活泼性。一种物质中原子或离子越容易失去电子或越容易得到电子，且分子或晶体中的化学键越弱，该物质越活泼，否则越稳定。

（1）原子的电子层数相同，最外层电子数越少，即同周期，越靠左的元素原子，越容易失去其最外层电子，金属单质越活泼。

（2）原子的最外层电子数相同，电子层数越多，即同主族，越靠下的元素原子，越容易失去其最外层电子，金属单质越活泼。

（3）原子的电子层数相同，最外层电子数越多，即同周期，越靠右（除 0 族外）的元素原子，越容易得到电子，非金属单质越活泼。

（4）原子的最外层电子数相同，电子层数越少，即同主族，越靠上的元素原子，越容易得到电子，非金属单质越活泼。

（5）原子最外电子层的电子数越少、电子层数越多，该元素越位于元素周期表的左下角，该原子越容易失去其最外层电子，金属单质越活泼。

（6）原子中最外电子层电子数越接近 7、电子层数越少，越位于元素周期表的右上角（除 0 族外），该原子越容易得到电子，非金属单质越活泼。

（7）常见金属活动顺序（活泼性减弱）：Cs、Ba、Rb、Sr、K、Ca、Na、Mg、Al、Zn、Fe、Sn、Pb、Cu、Hg、Ag、Pt、Au。

（8）相同浓度时，阳离子得到电子能力从难到易（跟同种还原剂或电解时在阴极上，

活泼性增强）的顺序是：K^+、Ca^{2+}、Na^+、Mg^{2+}、Al^{3+}、Zn^{2+}、Fe^{2+}、Sn^{2+}、Pb^{2+}、H^+、Cu^{2+}、Hg^{2+}、Ag^+、Pt^+、Au^+。

（9）常见非金属活动顺序（活泼性减弱）：$F_2 > Cl_2 > Br_2 > I_2 > S$；$F_2 > O_2$；常温下，$Cl_2 > O_2$，高温下，$O_2 > Cl_2$；$N_2$ 很稳定（主要决定于分子结构：分子中的共价键很强）。

（10）相同浓度时，阴离子失去电子能力从易到难（跟同种氧化剂或电解时在阳极上，活泼性减弱）的顺序是：$S^{2-} > I^- > Br^- > Cl^- > OH^- >$ 元素最高价含氧酸根离子 $> F^-$。

3. 推出物质还原性的方法

原子结构或元素在周期表中的位置和分子结构共同决定该物质的还原性。一种物质中原子或离子越容易失去电子，且分子或晶体中的化学键越弱，该物质的还原性越强，否则越弱。

（1）原子的电子层数相同，最外层电子数越少，即同周期，越靠左的元素原子，越容易失去其最外层电子，金属单质还原性越强。

（2）原子的最外层电子数相同，电子层数越多，即同主族，越靠下的元素原子，越容易失去其最外层电子，金属单质还原性越强。

（3）原子最外电子层的电子数越少、电子层数越多，该元素越位于元素周期表的左下角，该原子越容易失去其最外层电子，金属单质还原性越强。

（4）常见金属活动顺序（还原性减弱）：Cs、Ba、Rb、Sr、K、Ca、Na、Mg、Al、Zn、Fe、Sn、Pb、Cu、Hg、Ag、Pt、Au。

（5）相同浓度时，阴离子还原性从强到弱的顺序是：$S^{2-} > I^- > Br^- > Cl^- > OH^- >$ 元素最高价含氧酸根离子 $> F^-$。

（6）元素化合价没达到最高价态，都应有还原性，只是强弱不同而已。物质中元素呈最低价态时，该元素只具有还原性。

4. 推出物质氧化性的方法

原子结构或元素在周期表中的位置和分子结构共同决定该物质的氧化性。一种物质中原子或离子越容易得到电子，且分子或晶体中的化学键越弱，该物质的氧化性越强，否则越弱。

（1）原子的电子层数相同，最外层电子数越多，即同周期，越靠右（除0族外）的元素原子，越容易得到电子，非金属单质中化学键强度相近时，其氧化性越强。

（2）原子的最外层电子数相同，电子层数越少，即同主族，越靠上的元素原子，越容易得到电子，非金属单质中化学键强度相近时，其氧化性越强。

（3）原子中最外电子层电子数越接近7、电子层数越少，越位于元素周期表的右上角（除0族外），该原子越容易得到电子，非金属单质中化学键强度相近时，其氧化性越强。

（4）常见非金属活动顺序（氧化性减弱）：$F_2 > Cl_2 > Br_2 > I_2 > S$；$F_2 > O_2$；常温下，$Cl_2 > O_2$，高温下，$O_2 > Cl_2$；$N_2$ 氧化性弱（主要决定于分子结构：分子中的共价键很强）。

（5）相同浓度时，阳离子氧化性从弱到强的顺序是：K^+、Ca^{2+}、Na^+、Mg^{2+}、Al^{3+}、Zn^{2+}、Fe^{2+}、Sn^{2+}、Pb^{2+}、H^+、Cu^{2+}、Hg^{2+}、Ag^+、Pt^+、Au^+。

（6）元素化合价没达到最低价，都应有氧化性，只是强弱不同而已。物质中元素呈最高价时，该元素只具有氧化性。

5. 推出物质酸性的方法

（1）电离出的阳离子全部是氢离子的化合物是酸，具有酸性。

（2）最高价氧化物对应的水化物的酸性：同周期从左到右，最高价氧化物对应的水化物的酸性增强；同主族从上到下，减弱。例如：$HClO_4 > HBrO_4 > HIO_4$；$HNO_3 > H_3PO_4 > H_2CO_3 > H_2SiO_3$；$HClO_4 > H_2SO_4 > H_3PO_4 > H_2CO_3 > H_2SiO_3$。

（3）H—M 中极性越强、化学键越弱，越容易电离出氢离子，该氢化物的酸性越强。如酸性：$HCl > H_2S$，以键的极性为主；酸性：$HI > HBr > HCl$，以键的强弱为主。

（4）M—O—H 中，M 吸引电子的能力越强，MO—H 之间的极性越强，在水中越容易电离出 H^+，MOH 的酸性越强。如，$HClO_4 > HBrO_4 > HIO_4$；$HNO_3 > H_3PO_4 > H_2CO_3 > H_2SiO_3$；$HClO_4 > H_2SO_4 > H_3PO_4 > H_2CO_3 > H_2SiO_3$。

（5）如果 M 是同种元素，M 的化合价越高，M—O—H 的酸性越强。如，酸性：硫酸 > 亚硫酸。

（6）几种弱酸，相同温度下，K 值越大，或温度和浓度相同时，α 越大，该弱酸酸性越强。这是对周期表知识的补充。

6. 推出物质碱性的方法

（1）电离出的阴离子全部是氢氧根离子的化合物是碱，具有碱性。

（2）氢氧化铝在水中既电离出氢离子，又电离出氢氧根离子，具有两性：
$H^+ + AlO_2^- + H_2O \rightleftharpoons Al(OH)_3 \rightleftharpoons Al^{3+} + 3OH^-$。

（3）最高价氧化物对应的水化物的碱性：同周期从左到右，最高价氧化物对应的水化物的碱性减弱；同主族从上到下，增强。如：$CsOH > RbOH > KOH > NaOH > LiOH$；$Ba(OH)_2 > Sr(OH)_2 > Ca(OH)_2 > Mg(OH)_2 > Be(OH)_2$；$NaOH > Mg(OH)_2 > Al(OH)_3$。

（4）M—O—H 中，M 吸引电子的能力越弱，M—OH 之间的离子键越明显，在水中越容易电离出 OH^-，MOH 的碱性越强。如，$CsOH > RbOH > KOH > NaOH > LiOH$；$Ba(OH)_2 > Sr(OH)_2 > Ca(OH)_2 > Mg(OH)_2 > Be(OH)_2$；$NaOH > Mg(OH)_2 > Al(OH)_3$。

（5）如果 M 是同种元素，M 的化合价越低，M—O—H 的碱性越强。如，碱性：$Fe(OH)_2 > Fe(OH)_3$。

（6）几种弱碱，相同温度下，K 值越大，或温度和浓度相同时，α 越大，该弱碱碱性越强。这是对周期表知识的补充。

7. 推出物质热稳定性强弱的方法

物质的化学性质既决定于原子结构，又决定于分子结构或晶体结构。分子或晶体中化学键越强，该物质热稳定性越强。这是对周期表知识的补充。

（1）气态氢化物的稳定性：同周期从左到右，非金属气态氢化物的稳定性增强；同主族从上到下，减弱。罗列：$HF > HCl > HBr > HI$；$H_2O > H_2S > H_2Se$；$NH_3 > PH_3 > AsH_3$；$CH_4 > SiH_4$；$HF > H_2O > NH_3$；$HCl > H_2S > PH_3 > SiH_4$。

（2）含氧酸盐比对应的酸稳定。如，热稳定性：碳酸盐 > 碳酸氢盐 > 碳酸；亚硫酸盐 > 亚硫酸氢盐 > 亚硫酸；次氯酸钠 > 次氯酸；还有过氧化钠比过氧化氢稳定。

（3）单质稳定的元素的化合物受热不稳定。含汞、银、铂、金的化合物：如 HgO、$AgNO_3$、Ag_2O 等；含氮的化合物：如，硝酸和硝酸盐、氨水和铵盐；含碳的化合物：如，碳酸和碳酸氢盐、碳酸盐等。

（4）常见几种或几类受热不稳定的物质：高锰酸、高锰酸盐；氯酸、氯酸盐；次氯酸、次氯酸盐；过氧化氢；HgO、Ag_2O；碳酸、碳酸氢盐、碳酸盐；亚硫酸、亚硫酸氢盐、亚硫酸盐；铵盐等。

第四节　后学化学精细的思维方式推理的依据
——化学反应速率理论、氧化还原反应理论和方法

从图 2-2 中抽取中后部分，得到由物质的化学性质推出其发生的化学反应、由具体反应的化学方程式推出其实验现象的示意图 2-6。该图显示，根据化学反应速率理论、酸碱理论、氧化还原反应理论及获得的由物质的化学性质推出其反应的方法，就可推出物质所能发生的化学反应和反应速率的大小；根据反应方程式中反应物、生成物物理性质的不同、反应速率、反应热，运用由反应方程式推出实验现象的方法，推出做该反应的实验时，观察到的实验现象。

一、化学反应速率理论

（一）平均化学反应速率

（1）平均化学反应速率的数学表达式：$v = \Delta c/\Delta t$

（2）平均化学反应速率的定义：单位时间内反应物浓度的减少或生成物浓度的增加。

（3）规律：同一化学反应中，用不同物质表示的平均速率之比等于其化学计量数之比：如 $aA(g) = bB(g)$ 反应：$v(A):v(B) = a:b$

（二）化学反应的碰撞理论和过渡态理论

1. 碰撞理论

（1）概念：有效碰撞——发生反应的碰撞。

活化分子：在化学反应中，能量较高，有可能发生有效碰撞的分子。

活化分子百分数 =（活化分子的浓度/反应物的总浓度）×100%。

（2）规律：活化分子的浓度越大，单位时间有效碰撞的次数越多，化学反应速率越大。

2. 过渡态理论

（1）概念：活化能：活化分子的平均能量与所有分子的平均能量之差。

（2）规律：化学反应的活化能越小，化学反应速率越大。

（三）影响化学反应速率的因素和规律

1. 内因

反应物的活泼性：条件相同时，反应物越活泼，速率越大。

碰撞理论解释：因为条件相同时，反应物越活泼，反应物的能量越高，活化分子百分数越大，活化分子的浓度越大，单位时间有效碰撞的次数越多，化学反应速率就越大。

过渡态理论解释：因为条件相同时，反应物越活泼，反应物的能量越高，活化分子的平均能量与所有分子的平均能量之差越小，即化学反应的活化能越小，化学反应速率就越大。

2. 条件

（1）浓度：同一反应，其他条件相同时，增加反应物浓度，速率增大。

碰撞理论解释：因为同一反应，其他条件相同时，增加反应物浓度，即活化分子百分数不变，活化分子的浓度增大，单位时间有效碰撞的次数增多，化学反应速率就增大。

（2）压强：同一有气体参加的反应，其他条件相同时，增大压强，气体的体积减小，速率增大。

碰撞理论解释：因为同一有气体参加的反应，其他条件相同时，增大压强，气体的体积减小，气体反应物的浓度就增大，即活化分子百分数不变，活化分子的浓度增大，单位时间有效碰撞的次数增多，化学反应速率就增大。

（3）温度：同一反应，其他条件相同时，升高温度，速率增大。

碰撞理论解释：因为同一反应，其他条件相同时，升高温度，一些非活化分子吸收能量，会转变为活化分子，使活化分子百分数增加，活化分子的浓度增大，单位时间有效碰撞的次数增多，化学反应速率就增大。

（4）催化剂：同一反应，其他条件相同时，加入适当的催化剂，速率增大。

过渡态理论解释：因为同一反应，其他条件相同时，使用适当的催化剂，会使化学反应的活化能减小，从而使化学反应速率增大。

（5）反应物接触面积：同一反应，其他条件相同时，增加反应物的接触面积，速率增大。

碰撞理论解释：因为同一反应，其他条件相同时，增加反应物的接触面积，单位时间，活化分子碰撞次数增多，有效碰撞的次数增多，化学反应速率就增大。

（四）类推

应将化学反应速率的相关内容类推到电离速率、阴阳离子结合速率、溶解速率、析出速率。

二、平衡理论

在化学中包括化学平衡、电离平衡和溶解平衡。

（1）任何可逆过程在一定条件下，都必定建立平衡。如可逆反应的化学平衡，弱电解质电离的电离平衡，有溶解限度的物质溶解的溶解平衡等。

(2) 平衡状态：

①定义：一定条件下，当正向速率等于逆向速率时，各组分浓度不变的状态。

②特征：(a) 逆：指可逆过程；(b) 等：$v(正) = v(逆)$；(c) 动：$v(正) = v(逆) \neq 0$，则动态平衡；(d) 定：组成成分的浓度保持恒定；(e) 变：改变破坏平衡的条件，平衡发生移动，重新建立新的电离平衡。

(3) 衡量可逆过程限度的物理量：

①平衡常数：$aA(g) \rightleftharpoons bB(g)$，$K = c^b(B)/c^a(A)$

②转化率或电离度 =（已反应或电离的物质的浓度/其起始浓度）×100%

(4) 确定平衡移动方向的规律。

勒夏特列原理（平衡移动原理）：改变影响平衡的一个因素，平衡向减弱这种改变的方向移动，直至建立新的平衡。

运用演绎推理，推出各条件对平衡影响的规律：

①浓度：同一可逆过程达到平衡时，增加左边物质的浓度或减小右边物质的浓度，平衡向右移动。

②压强：同一可逆过程达到平衡时，减小压强，增大溶液的体积，平衡向气体或溶解的物质计量系数之和增大的方向移动。相当于在水等液态溶剂的溶液中稀释。

③温度：同一可逆过程达到平衡时，升高温度，平衡向吸热方向移动。

三、氧化还原反应理论

（一）氧化还原反应概念

见表2-14。

表2-14 氧化还原反应概念表

概念 \ 阶段		得氧（失氢）或失氧（得氢）	元素化合价升降	电子转移
氧化反应	被氧化	物质跟氧的反应	价升高的反应	失去（偏离）电子的反应
还原剂	作还原剂	跟氧反应的物质	价升高的物质	失去（偏离）电子的物质
还原性	显还原性	物质跟氧反应的性质	价升高的性质	失去（偏离）电子的性质
氧化产物		发生氧化反应生成的物质		
还原反应	被还原	物质跟氢的反应	价降低的反应	得到（偏向）电子的反应
氧化剂	作氧化剂	跟氢反应的物质	价降低的物质	得到（偏向）电子的物质
氧化性	显氧化性	物质跟氢反应的性质	价降低的性质	得到（偏向）电子的性质
还原产物		发生还原反应生成的物质		
氧化还原反应		得氧（失氢）和失氧（得氢）的反应	元素化合价变化的反应	有电子转移的反应

七字口诀记概念：升失氧化还原剂（降得还原氧化剂）。

（二）氧化还原反应规律

1. 氧化还原反应形式的规律

较强氧化剂 + 较强还原剂──→较弱氧化剂（或氧化产物）+ 较弱还原剂（或还原产物）

（1）应用一：比较氧化剂的氧化性、还原剂的还原性强弱的方法。

氧化性：反应物中的氧化剂（左→右，价降）＞生成物中的氧化剂（右→左，价降）；

还原性：反应物中的还原剂（左→右，价升）＞生成物中的还原剂（右→左，价升）。

【例1】根据反应式：（1）$2Fe^{3+} + 2I^- == I_2 + 2Fe^{2+}$；（2）$Br_2 + 2Fe^{2+} == 2Fe^{3+} + 2Br^-$，可判断离子的还原性从强到弱的顺序是（　　）。

A. Br^-、Fe^{2+}、I^-　　　　　　B. I^-、Fe^{2+}、Br^-

C. Br^-、I^-、Fe^{2+}　　　　　　D. Fe^{2+}、I^-、Br^-

解析：较强氧化剂 + 较强还原剂──→较弱氧化剂（或氧化产物）+ 较弱还原剂（或还原产物）

对应：①$2Fe^{3+} + 2I^- == I_2 + 2Fe^{2+}$

②$Br_2 + 2Fe^{2+} == 2Fe^{3+} + 2Br^-$

可见，还原性：①中 $I^- > Fe^{2+}$；②中 $Fe^{2+} > Br^-$。故选 B。

（2）应用二：得到元素化合价与性质（氧化性、还原性）关系。

联系氧化性、还原性的概念，就可看出：A. 一般处于最低价态时只有还原性；如，金属单质；H_2O 中的 −2 价氧；HCl 等中的 −1 价氯；

B. 处于最高价态时只有氧化性；如，H_2SO_4 中的 +6 价硫、HNO_3 中的 +5 价氮、$KMnO_4$ 中的 +7 价锰、H_2O、HCl 等中的 +1 氢；

C. 处于中间价态时既有氧化性又有还原性。如，H_2O_2 中的 −1 价 O；Fe^{2+}、SO_2 中的 +4 价 S。

【例2】在下列物质中，既有氧化性又有还原性的是（　　）。

A. 铁　　　　B. 硫　　　　C. 铁和硫　　　　D. 氧和铁

答案：B。

（3）应用三：由化学性质（氧化性或还原性）推出跟什么物质反应的方法。

①在一氧化还原反应中，有还原剂，必有氧化剂。

A. 氧化剂包括：a. 非金属：如 O_2、Cl_2；b. 含化合价高的元素的化合物：$\overset{+6}{W}O_3$、$HCl(H^+)$、浓 $\overset{+6}{H_2S}O_4$、$\overset{+5}{H}NO_3$、$CuSO_4(Cu^{2+})$、$\overset{+5}{K}ClO_3$、$\overset{+7}{K}MnO_4$（MnO_4^-）、$FeCl_3(Fe^{3+})$）。

B. 还原剂包括：a. 金属：K、Ca、Na、Mg、Al、Zn、Fe、Sn、Pb、Cu、Hg、Ag；

b. 某些非金属：C、H_2、S、P；

c. 含化合价低的元素的化合物：$H\overset{-1}{C}l(Cl^-)$、$\overset{+2}{C}O$、$K\overset{-2}{C}lO_3$、$\overset{-2}{H}gO$、$FeCl_2(\overset{+2}{F}e^{2+})$）。

②由原子结构，推出物质的化学性质；由物质的化学性质，推出该物质能发生的化学反应。

【例3】由氯的原子结构，推出氯气的化学性质；由氯气的化学性质，推出氯气能发生的化学反应：

由氯的原子结构示意图是：(+17) 2 8 7，可知1个氯原子很容易得到1个电子，形成最外层为8个电子的稳定结构，得到电子的性质叫做氧化性，容易得到电子的性质叫做强氧化性；氯元素在化合物中不但有 -1 价，而且还有正价，最高价可达 $+7$ 价，即氯气在反应中也可偏离电子，氯元素化合价升高，所显示的性质叫做弱还原性。

综合得到氯气的化学性质：在化合物中，氯元素最低负价为 -1；很活泼，具有强氧化性，弱还原性。

根据在一氧化还原反应中，有氧化剂，必有还原剂，推出氯气的反应：既能跟强还原剂反应，又能跟弱还原剂反应。还原剂包括金属单质、某些非金属、由化合价低的元素组成的化合物；氯气自身的氧化还原反应，如氯气跟水、碱溶液反应。

（4）应用四：推测氧化还原反应产物的方法。

①氧化剂对应的产物中元素的化合价比原来低。如，氯气作氧化剂时，反应产物中氯元素必定是 -1 价（氯元素的最低价）；Ag^+ 作氧化剂时，反应产物必是0价的银单质。

②还原剂对应的产物中元素的化合价比原来高。如，含 $+4$ 价硫的 SO_2 作还原剂时，反应产物中硫元素必定是 $+6$ 价（是硫的最高价），在水溶液中，SO_2 的氧化产物是 SO_4^{2-}；银单质作还原剂时，反应产物必是 Ag^+。

如 SO_2 与 Br_2 反应的产物推测：$SO_2 + Br_2 + H_2O \longrightarrow H_2SO_4 + HBr$

③含同种元素不同价态的物质之间发生氧化还原反应时，该元素价态的变化一定遵循："高价 + 低价 → 中间价"的规律。这里的中间价可以相同（谓之"靠拢归一"），也可以不同，但此时必是高价转变成较高中间价，低价转变成较低中间价（谓之"不相错"）。

【例4】完成下列氧化还原反应方程式：①$H_2S + SO_2$ ——_____；
②$H_2S + H_2SO_4$（浓）——_____。
解析：硫元素的价态从低到高是：-2、0、$+4$、$+6$。①中 H_2S 和 SO_2 里硫的价态分别是 -2、$+4$，只能靠拢为0价，在此即为归一，故，$2H_2S + SO_2 == 3S\downarrow + 2H_2O$；②中 H_2S 和 H_2SO_4（浓）里硫的价态分别是 -2、$+6$，低价转变成较低中间价，即硫元素是 -2 价的 H_2S 被氧化为0价硫；高价转变成较高中间价，即硫元素是 $+6$ 价 H_2SO_4（浓）被还原为 $+4$ 价硫的 SO_2。②$H_2S + H_2SO_4$（浓）$== S\downarrow + SO_2 + 2H_2O$。

（5）应用五：推测反应先后。

在浓度相差不大的溶液中，同时含有几种还原剂时，若加入氧化剂，则它首先与混合液中还原性最强的还原剂反应；同理，同时含有几种氧化剂时，若加入还原剂，则它首先与混合液中氧化性最强的氧化剂反应。

【例5】$NaBr$、H_2SO_4（浓）、MnO_2 混合，加热。写出其主要反应的化学方程式。

解析：浓硫酸可氧化 Br^-，在酸性条件下 MnO_2 也可氧化 Br^-，即同时含有两种氧化剂浓硫酸和 MnO_2，加入还原剂 NaBr，则它首先与混合液中氧化性最强的氧化剂反应。H_2SO_4（浓）与 MnO_2 氧化性哪种更强？我们熟知，浓硫酸不能氧化 Cl^-，而在酸性条件下 MnO_2 可氧化 Cl^-，说明 MnO_2 氧化性比 H_2SO_4（浓）的强。故主要反应方程式是：

$$2NaBr + 3H_2SO_4(浓) + MnO_2 \xrightarrow{\Delta} 2NaHSO_4 + MnSO_4 + 2H_2O + Br_2\uparrow,$$

而非 $2NaBr + 3H_2SO_4(浓) \xrightarrow{\Delta} 2NaHSO_4 + SO_2\uparrow + 2H_2O + Br_2\uparrow$。

2. 得失电子数的规律：遵守电荷守恒定律

在一氧化还原反应中，还原剂失去（偏离）电子总数 = 氧化剂得到（偏向）电子总数 = 转移电子总数 = 还原剂元素化合价升高总数 = 氧化剂元素化合价降低总数，推得：

$n(1mol$ 还原剂元素化合价升高$) \times n($还原剂$) = n(1mol$ 氧化剂元素化合价降低$) \times n($氧化剂$)$

（1）应用一：直接计算。

【例6】硫酸铵在强热下分解生成氨、二氧化硫、氮气和水。反应中生成的氧化产物和还原产物的物质的量之比是（　　）。

A. 1:3　　　　B. 2:3　　　　C. 1:1　　　　D. 4:3

解析：生成 1mol 氧化产物 N_2 时化合价升高的物质的量为 $6 \times n(N_2)$ = 生成 1mol 还原产物 SO_2 时，化合价降低的物质的量为 $2 \times n(SO_2)$，解得：$n(N_2):n(SO_2) = 1:3$。

（2）应用二：氧化还原反应式配平。

【例7】配平：$SO_2 + KMnO_4 + H_2O \longrightarrow K_2SO_4 + MnSO_4 + H_2SO_4$

步骤：①标元素化合价：$SO_2 + KMnO_4 + H_2O \longrightarrow K_2SO_4 + MnSO_4 + H_2SO_4$

②计算 1mol 还原剂、氧化剂元素化合价变化

$$SO_2 + KMnO_4 + H_2O \longrightarrow K_2SO_4 + MnSO_4 + H_2SO_4$$

还原剂、氧化剂元素化合价变化：升2　降5

③根据氧化还原反应配平原理，确定还原剂和氧化剂的物质的量（即系数）：

根据：$n(1mol$ 还原剂元素化合价升高$) \times n($还原剂$) = n(1mol$ 氧化剂元素化合价降低$) \times n($氧化剂$)$

$$升2 \times 5 = 降5 \times 2$$

④根据质量守恒定律确定其他物质的系数：

配平结果是：$5SO_2 + 2KMnO_4 + 2H_2O = K_2SO_4 + 2MnSO_4 + 2H_2SO_4$

（三）电化学

1. 化学能与电能相互转化体系（原电池与电解池的关系）

$$化学能 \xrightleftharpoons[电解池]{原电池} 电能$$

2. 原电池

（1）定义：将化学能转变为电能的装置（能自发进行氧化还原反应）。

（2）组成：

①电极：活泼程度不同的两种金属（或其中一种是能导电的非金属）（或可失去电子的物质和另一种物质是能导电的、接触到能得到电子的物质）；

②用导线连接起来或接触；

③插入电解质溶液中（如果电极直接跟所接触的电解质溶液反应，损耗电极，降低电池的利用率，应将正负极分别放于不能直接反应的电解质溶液中，必然分装于不同容器，那么，应用盐桥将两溶液连通；或用离子膜隔开电解质溶液）。

（3）一般工作原理：

负极：还原性比较强（即比较容易失去电子）的物质作负极，在电解质溶液中失去电子，$M - ne^- = M^{n+}$，发生氧化反应（发生氧化反应的电极叫阳极），M^{n+}进入溶液，电子从负极经过外电路流向正极，电解质溶液（或盐桥）中的阴离子向负极移动。

金属失去电子从易到难的顺序（金属活动顺序）：K、Ca、Na、Mg、Al、Zn、Fe、Sn、Pb、(H)、Cu、Hg、Ag、Pt、Au 或扩充金属活动顺序：Cs、Ba、Rb、Sr、K、Ca、Na、Mg、Al、Zn、Fe、Sn、Pb、Cu、Hg、Ag、Pt、Au。燃料（H_2、有机燃料等）失去电子，在负极发生反应。

正极：比较不容易失去电子、但能导电或氧化性比较强（即比较容易得到电子）的物质作正极，电子流入正极后，正极带负电，电解质溶液（或盐桥）中的阳离子向正极移动，最容易得到电子的物质首先得到电子，$N^{m+} + me^- = N$ 或 $N + me^- = N^{m-}$，发生还原反应（发生还原反应的电极叫做阴极）。

常见金属离子的浓度相同时，得到电子从难到易、氧化性从弱到强的顺序：

K^+、Ca^{2+}、Na^+、Mg^{2+}、Al^{3+}、Zn^{2+}、Fe^{2+}、Sn^{2+}、Pb^{2+}、H^+、Cu^{2+}、Hg^{2+}、Ag^+、Pt^+、Au^+。

除了阳离子外，分子或含化合价高的元素的化合物也可作氧化剂，在正极反应。如O_2等活泼非金属、高价化合物PbO_2等得到电子。

（4）写原电池电极反应式和总反应方程式的方法：

①找出电解质溶液中所有阴阳离子：通过写溶液中所有能电离物质的电离方程式找出来；

②判断原电池的正负极：根据原电池的一般工作原理进行判断。负极：还原性比较强（即比较容易失去电子）的物质；失去电子，电子流出或电流流入；发生氧化反应。正极：比较不容易失去电子、但能导电或氧化性比较强（即比较容易得到电子）的物质；得到电子，电子流入或电流流出；发生还原反应。

③写电极反应式：仍然根据原电池的一般工作原理进行：负极：$M - ne^- = M^{n+}$；正极：$N^{m+} + me^- = N$ 或 $N + me^- = N^{m-}$。

④总方程式：使正负极反应式得失电子总数相等，然后相加。

（5）原电池工作原理的应用：

①制备化学电源；

②不纯金属或合金的电化学腐蚀；

③牺牲阳极的阴极保护法。

3. 电解池

(1) 定义：将电能转变为化学能的装置。

(2) 组成：用导线将电源（一般用直流电源）与电极连接起来，插入电解质溶液中。

(3) 一般工作原理：

阴极：与外电源负极相接，电解质溶液中的阳离子向它移动，最容易得到电子的阳离子首先得到电子：$M^{n+} + ne^- == M$，发生还原反应。

相同物质的量浓度的常见阳离子得到电子从易到难的顺序是：

$$Ag^+ > Fe^{3+} > Cu^{2+} > H^+ > Fe^{2+} > Zn^{2+} > Al^{3+} > Mg^{2+} > Na^+$$

阳极：与外电源的正极相接，电子从阳极流入正极，阴离子向它移动。最易失去电子的金属（除铂、金等外）或阴离子首先失去电子：$M - ne^- == M^{n+}$ 或 $N^{n-} - ne^- == N$，发生氧化反应。

常见金属和相同物质的量浓度的常见阴离子失去电子从易到难的顺序是：

$$Mg > Al > Zn > Fe > Sn > Pb > Cu > Hg > Ag > S^{2-} > I^- > Br^- > Cl^- > OH^- > 元素最高价含氧酸根离子 > F^-$$

总方程式：使阴阳极反应式得失电子总数相等，然后相加，如果 H^+ 或 OH^- 来自水，要换为 H_2O，并根据水的电方程式进行相应的变化。如用惰性电极电解硫酸铜溶液：

阴极：$Cu^{2+} + 2e^- == Cu$，

阳极：$2H_2O - 4e^- == 4H^+ + O_2\uparrow$（实际是 $4OH^- - 4e^- == 2H_2O + O_2\uparrow$ 与 $4H_2O \rightleftharpoons 4H^+ + 4OH^-$ 综合的结果）。

总方程式：使阴阳极反应式得失电子总数相等，然后相加，得：

$$2Cu^{2+} + 2H_2O \xrightarrow{通电} 2Cu + 4H^+ + O_2\uparrow。$$

(4) 电解：在直流电的作用下，在阴、阳极分别发生还原反应、氧化反应的过程。

(5) 写电解池电极反应式和总方程式的方法：

①找出电解质溶液中所有阴阳离子，通过写溶液中所有能电离物质的电离方程式找出来。

②判断电解池的阴阳极的方法。

根据电解池的一般工作原理判断：

阴极：与外电源负极相接；电解质溶液中的阳离子向阴极移动；电子流入或电流流出；发生还原反应。

阳极：与外电源正极相接；电解质溶液中的阴离子向阳极移动；电子流出或电流流入；发生氧化反应。

③写电极反应式的方法，仍然根据电解池的一般工作原理书写。

阴极：$M^{n+} + ne^- == M$；

阳极：$M - ne^- == M^{n+}$ 或 $N^{n-} - ne^- == N$。

④写电解总方程式的方法：使阴阳极反应式得失电子总数相等，然后相加，如果 H^+ 或 OH^- 来自水，要换为 H_2O，并根据水的电方程式进行相应的变化，注明反应条件：通电。如，用惰性电极电解饱和氯化钠溶液：

阴极：$2H_2O + 2e^- == 2OH^- + H_2\uparrow$（实际是 $2H^+ + 2e^- == H_2\uparrow$ 与 $2H_2O \rightleftharpoons 2H^+ + 2OH^-$ 综合的结果）；

阳极：$2Cl^- - 2e^- == Cl_2\uparrow$。

总方程式：使阴阳极反应式得失电子总数相等，然后相加，得：

$2Cl^- + 2H_2O \xrightarrow{通电} 2OH^- + H_2\uparrow + Cl_2\uparrow$。

（6）电解池工作原理的应用：
①冶炼活泼金属；
②电解精炼金属；
③电镀；
④氯碱工业；
⑤外加电流阴极保护法。

四、化学反应能量变化理论

（一）化学能与热能相互转化体系（放热反应与吸热反应的关系）

$$化学能 \xrightleftharpoons[吸热反应]{放热反应} 热能$$

（二）概念

1. 焓变（ΔH）

生成物与反应物的焓值差。在恒温、恒压的条件下，焓变等于化学反应的热效应即反应热（吸收或释放的热量）。

2. 放热反应与吸热反应比较

见表 2-15。

表 2-15 放热反应与吸热反应比较表

分类依据		概念	定义	ΔH
化学反应	放出还是吸收热量	放热反应	放出热量的反应	<0
		吸热反应	吸收热量的反应	>0

3. 热化学方程式

（1）定义：表示参加反应物质的量和焓变（反应热）的关系的化学方程式。

（2）写法：

①写化学方程式（配平，写所给的条件，如果给的条件是 25℃、101kPa 或不注明反应条件，则不写条件）；

②标明每种物质的状态：固态—s，液态—l，气态—g；

③写 ΔH 的格式：放热反应写 $\Delta H = -$ ____ kJ/mol；吸热反应写 $\Delta H = +$ ____ kJ/mol；

④计算并在空白处填上与化学计量数相对应的焓变数值。

(3) 与化学方程式、离子方程式比较（表2-16）。

表2-16 热化学方程式与化学方程式、离子方程式比较表

	化学方程式	离子方程式	热化学方程式
定义	用分子式表示化学反应的式子	用实际参加反应的离子符号表示离子反应的式子	表示参加反应物质的量和焓变的关系的化学方程式
是否表示具体物质的变化	√	√	√
是否表示同一类物质的变化	×	√	×
是否表示物质的质量比	√	√	√
是否表示能量变化	×	×	√
计量系数是否表示简单的微粒数	√	√	×
计量系数是否表示物质的量	√	√	√

4. 键能

拆开1mol气态物质中某种共价键需要吸收的能量，单位为kJ/mol。

（三）焓变的计算方法

根据能量守恒定律：能量既不会凭空产生，也不会凭空消失，它只能从一种形式转化为另一种形式，或者从一个物体转移到别的物体；在转化和转移过程中其总量不变。

1. 根据测量的数据计算

如盐酸跟氢氧化钠溶液反应中和热（酸碱稀溶液反应生成1mol水的焓变）的测定：

(1) 反应原理：$HCl(aq) + NaOH(aq) == NaCl(aq) + H_2O(l)$ $\Delta H = -Q$ kJ/mol

(2) 计算原理：$HCl(aq) + NaOH(aq) == NaCl(aq) + H_2O(l)$ $\Delta H = -Q$ kJ/mol

     1mol   1mol   1mol Q

    $c(HCl)V(HCl)$ $c(NaOH)V(NaOH)$ $n(H_2O)$ q

根据热平衡方程，得 $Q = q$ kJ $\times 1$mol$/n(H_2O)$ mol。而 $q = cm\Delta t = [c(玻璃) \times m(玻璃) + c(溶液) \times m(溶液)]\Delta t$。

当忽略玻璃仪器吸收的热量、溶液的比热容近似等于水的比热容 $= 4.18 \times 10^{-3}$ kJ/(g·℃)、反应后溶液的体积 $= V(盐酸) + V(NaOH溶液)$、溶液的密度近似等于水的密度 $=1$g/mL, $m(溶液) = [V(盐酸) + V(NaOH溶液)] \times 1$g/mL 时,得：

$q \approx 4.18 \times 10^{-3}$ kJ/(g·℃) $\times [V(盐酸) + V(NaOH溶液)] \times 1$g/mL $\times \Delta t$

所以，计算式是：$\Delta H = -Q$ kJ/mol $= -4.18 \times 10^{-3}$ kJ/(g·℃) $\times [V(盐酸) + V(NaOH溶液)] \times 1$g/mL $\times \Delta t / n(H_2O)$ mol。

需测量的物理量：$V(盐酸)$、$V(NaOH溶液)$、反应前溶液的温度、反应体系的最高温度。

(3) 主要用品。仪器：简易量热计（双层隔热杯、盖、环形搅拌器、温度计）、

50mL 量筒 2 个；药品：0.50mol/L 盐酸、0.50mol/L NaOH 溶液。

(4) 实验步骤和注意事项：

利用如图 2-12 装置测定中和热的实验步骤如下：

①用量筒量取 50mL 0.25mol/L 硫酸倒入小烧杯中，测出硫酸温度。

②用另一量筒量取 50mL 0.55mol/L NaOH 溶液，并用另一温度计测出其温度。

③将 NaOH 溶液倒入小烧杯中，设法使之混合均匀，测出混合液最高温度。

注意事项：溶液混合操作要快；立即盖上盖板；用环形玻璃搅拌棒不断搅拌；准确读出温度，特别是反应体系的最高温度。

图 2-12

(5) 计算中和热化学方程式：$HCl(aq) + NaOH(aq) = NaCl(aq) + H_2O(l)$ $\Delta H = -Q$ kJ/mol

(6) 误差分析：理论热化学方程式：

$HCl(aq) + NaOH(aq) = NaCl(aq) + H_2O(l)$，$\Delta H = -57.3$ kJ/mol

提示考虑如下几个方面：①省略了玻璃仪器所吸收的热量；②忽略了混合前后溶液体积变化；③将溶液的比热容近似为水的比热容；④将溶液的密度近似为水的密度；⑤简易量热计绝热效果不好，有热量损失；⑥温度计读数不准确，最高温度把握不准；⑦操作不够快。

2. 用键能估算化学反应的焓变及焓变与反应物、生成物总能量之间的关系

根据化学反应进程图（图 2-13）：

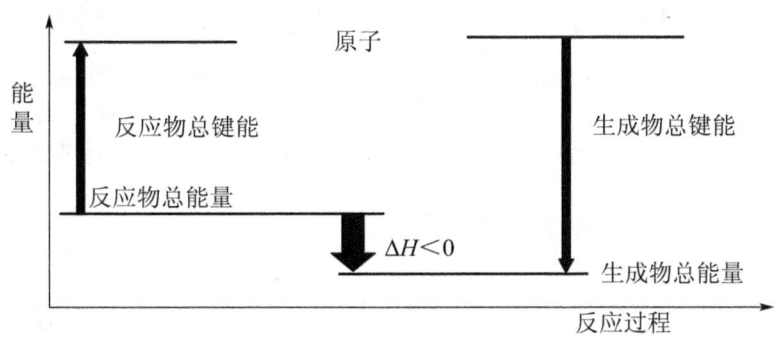

图 2-13 化学反应进程图

得到焓变的计算公式及讨论：

(1) ΔH = 反应物的总键能 - 生成物的总键能 = 生成物的总能量 - 反应物的总能量
　　负值（放热）　　　　小　　≤　　大　　　　　　低　　≤　　高

(2) ΔH = 反应物的总键能 - 生成物的总键能 = 生成物的总能量 - 反应物的总能量
　　正值（吸热）　　　　大　　>　　小　　　　　　高　　>　　低

(3) 用于解释化学反应总是伴随能量变化。

3. 运用盖斯定律计算

(1) 盖斯定律：一个化学反应，不论是一步完成，还是分几步完成，其总热效应是

完全相同的。

（2）方法。数学法：若一个目标反应的化学方程式可由另外几个反应的化学方程式相加减而得到，则该反应的焓变也可以由这几个反应的焓变相加减而得到。

（3）规则。同一边相加，不同边相减，计量系数处理相同。

（4）步骤。

①写目标反应方程式（配平、标状态）；

②针对以上目标方程式，根据规则：同一边相加，不同边相减，计量系数处理相同。如何加减得到方程式，焓变也一样如何加减得到。

五、化学反应与由物质的化学性质推出该物质发生化学反应的方法

（一）化学反应与分类

1. 化学反应

有新物质生成的反应。

2. 化学反应的树状分类图

（1）化学反应分为化合反应、分解反应、置换反应、复分解反应（图2-14）：

化学反应 —反应的形式不同→
- 化合反应：A + B + ⋯ ⟶ C
- 分解反应：C ⟶ A + B + ⋯
- 置换反应：AB + C ⟶ CB + A（或 AC + B）
- 复分解反应：AB + CD ⟶ AD + CB

图2-14 化学反应根据反应形式不同的分类

（2）化学反应根据是否有电子转移或是失去电子还是得到电子的分类（图2-15）：

氧化反应 / 还原反应 —是失去还是得到电子→ 化学反应 —是否有电子转移→ 氧化还原反应 / 非氧化还原反应

图2-15 化学反应根据是否有电子转移或是失去电子还是得到电子的分类

（3）有机化学反应的树状分类图（图2-16）：

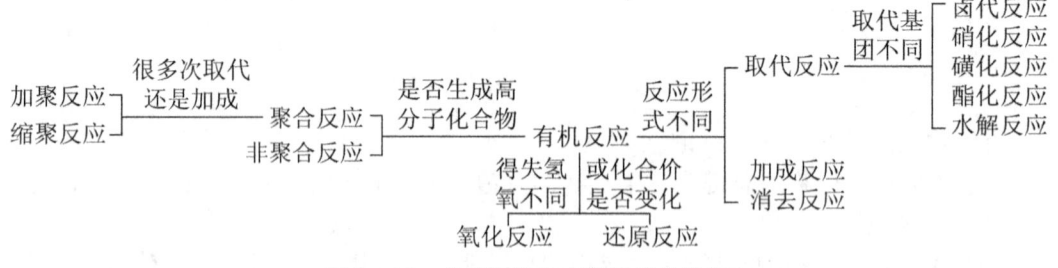

图2-16 有机化学反应的树状分类图

（4）方程式分为化学方程式、离子方程式、热反应方程式和电离方程式（图2-17）：

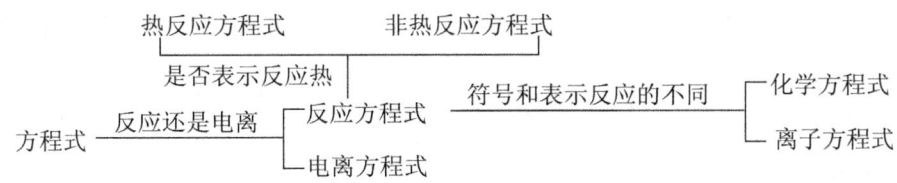

图 2-17　方程式分为化学方程式、离子方程式、热化学方程式和电离方程式图

（二）由物质的化学性质推出该物质发生化学反应的方法

（1）根据化学反应方程式中反应物的活泼性，推出反应的激烈程度：在相同条件下，反应物越活泼，该反应越激烈，反应速率越大。

（2）由反应物越稳定，推出反应速率就越小，要达到较大的反应速率，就需要越苛刻的条件。

（3）在相同条件下，反应物越活泼，能量越高，同时生成物越稳定，能量越低，焓变越负，和熵变越正，则 $\Delta G = \Delta H - T\Delta S$ 越小，该反应进行得越彻底，平衡常数越大。

（4）根据氧化还原反应规律完成其反应方程式的方法：

①物质具有氧化性 $\xrightarrow{\text{氧化还原反应原理}}$ 跟还原剂反应 $\begin{cases} \text{金属} \\ \text{某些非金属} \\ \text{含较低价态元素的化合物} \end{cases}$

②物质具有还原性 $\xrightarrow{\text{氧化还原反应原理}}$ 跟氧化剂反应 $\begin{cases} \text{非金属} \\ \text{含较高价态元素的化合物} \end{cases}$

③氧化性越强的物质跟还原性越强的物质越容易反应。

④推测氧化还原反应产物的方法：

a. 在反应物中作氧化剂，发生还原反应，还原产物中对应的元素的化合价降低，最低只能达到该元素的最低价。稀硝酸的还原产物一般是 NO；如果还原剂的还原性比较强，如，Mg、Zn，且是更稀的硝酸，其还原产物是 N_2 或 N_2O；是极稀硝酸，还原产物是 NH_4NO_3；浓硝酸的还原产物是 NO_2。浓硫酸的还原产物一般是 SO_2。$KMnO_4$ 在酸性溶液中的还原产物一般是 Mn^{2+}；$KMnO_4$ 在中性溶液中的还原产物一般是 MnO_2；$KMnO_4$ 在碱性溶液中的还原产物一般是 K_2MnO_4。

b. 在反应物中作还原剂，发生氧化反应，氧化产物中对应的元素的化合价升高，最高只能达到该元素的最高价。Fe 被比 Fe^{3+} 氧化性弱的氧化剂（H^+、S、I_2 等）氧化，只能生成 +2 价铁的化合物；Fe 被比 Fe^{3+} 氧化性强的氧化剂（Br_2、Cl_2、稀硝酸等）氧化，可生成 +3 价铁的化合物；Fe 在 O_2 中燃烧生成 Fe_3O_4（因为 Fe_3O_4 更稳定）；Fe 跟稀硝酸反应时，如果硝酸过量，Fe 的氧化产物是 Fe^{3+}；而 Fe 过量，只生成 Fe^{2+}（因为 $Fe + 2Fe^{3+} = 3Fe^{2+}$）。NH_3 在氧气中燃烧，其氧化产物是 N_2；NH_3 催化氧化，其氧化产物是 NO。可燃物在氧气中完全燃烧时，各元素对应的氧化产物是：$C \rightarrow CO_2$、$H \rightarrow H_2O$、$S \rightarrow SO_2$、$X \rightarrow HX$、$N \rightarrow N_2$、$P \rightarrow P_2O_5$。

c. 含同种元素不同价态的物质之间发生氧化还原反应时，该元素价态的变化一定遵循："高价 + 低价 → 中间价"的规律。这里的中间价可以相同（谓之"靠拢归一"），也可以不同，但此时必是高价转变成较高中间价，低价转变成较低中间价（谓之"不相错"）。

（5）氧化还原反应式配平：氧化还原反应的反应物和生成物确定后，接下来就是配平。

原理：$n(1\text{mol}$ 还原剂元素化合价升高$) \times n($还原剂$) = n(1\text{mol}$ 氧化剂元素化合价降低$) \times n($氧化剂$)$

步骤：例如配平 $SO_2 + KMnO_4 + H_2O \longrightarrow K_2SO_4 + MnSO_4 + H_2SO_4$

步骤一：标元素化合价 $\overset{+4}{S}O_2 + K\overset{+7}{Mn}O_4 + H_2O \longrightarrow K_2\overset{+6}{S}O_4 + \overset{+2}{Mn}SO_4 + H_2SO_4$

步骤二：计算1mol还原剂、氧化剂元素化合价变化

$$SO_2 + KMnO_4 + H_2O \longrightarrow K_2SO_4 + MnSO_4 + H_2SO_4$$

还原剂、氧化剂元素化合价变化：升2　　降5

步骤三：根据氧化还原反应配平原理，确定还原剂和氧化剂的物质的量（即系数）：

根据：$n(1\text{mol}$ 还原剂元素化合价升高$) \times n($还原剂$) = n(1\text{mol}$ 氧化剂元素化合价降低$) \times n($氧化剂$)$

$$升 2 \times 5 = 降 5 \times 2$$

步骤四：根据质量守恒定律确定其他物质的系数。

配平结果是：$5SO_2 + 2KMnO_4 + 2H_2O =\!=\!= K_2SO_4 + 2MnSO_4 + 2H_2SO_4$

5. 根据酸具有酸性推出该酸反应的规律

（1）跟酸碱指示剂作用：使石蕊变红，不使酚酞变色。

（2）酸 + 位于金属活动顺序中氢之前的金属 $\longrightarrow$ 盐 + $H_2\uparrow$，属于置换反应。

（3）酸 + 碱 $\longrightarrow$ 盐 + H_2O，中和反应属于复分解反应。

（4）酸 + 碱性氧化物 $\longrightarrow$ 盐 + H_2O，复分解反应。

（5）酸 + 较弱酸的盐 $\longrightarrow$ 新盐 + 新酸，复分解反应。

6. 根据碱具有碱性推出该碱反应的规律

（1）跟酸碱指示剂作用：使石蕊变蓝，使酚酞变红；

（2）碱 + 酸 $\longrightarrow$ 盐 + H_2O，中和反应属于复分解反应；

（3）碱 + 酸性氧化物 $\longrightarrow$ 盐 + H_2O，复合反应；

（4）碱 + 弱碱的盐 $\longrightarrow$ 新盐 + 新碱，复分解反应。

7. 由转化图1-8还能推出如下反应规律

（1）碱性氧化物所发生反应的规律

①碱性氧化物 + 水 $\longrightarrow$ 碱，化合反应；

②碱性氧化物 + 酸 $\longrightarrow$ 盐 + H_2O，复分解反应；

③碱性氧化物 + 酸性氧化物 $\longrightarrow$ 含氧酸盐，化合反应。

（2）酸性氧化物所发生反应的规律

①酸性氧化物 + 水 $\longrightarrow$ 酸，化合反应；

②酸性氧化物 + 碱 $\longrightarrow$ 盐 + H_2O，化合反应与复分解反应的复合反应；

③碱性氧化物 + 酸性氧化物 $\longrightarrow$ 含氧酸盐，化合反应。

（3）两性氧化物所发生反应的规律

①两性氧化物 + 水：所学氧化铝几乎不跟水反应，不要求；

②两性氧化物 + 酸 —→ 盐 + H_2O，复分解反应；

③两性氧化物 + 碱 —→ 盐 + H_2O，化合反应与复分解反应的复合反应；

④两性氧化物 + 酸性氧化物 —→ 含氧酸盐，化合反应；

⑤两性氧化物 + 碱性氧化物 —→ 含氧酸盐，化合反应。

（4）盐所发生反应的规律

①盐 + 在金属活动顺序中较前的金属 —→ 新盐 + 新金属，置换反应；

②盐 + 氧化性较强的非金属 —→ 新盐 + 新非金属，置换反应；

③盐 + 较强的酸 —→ 新盐 + 新酸，复分解反应；

④盐 + 较强的碱 —→ 新盐 + 新碱，复分解反应；

⑤盐 + 另一种盐 —→ 两种新盐，复分解反应（注意复分解或离子反应的条件）；

⑥盐 + 水 —→ 酸 + 碱（酸或碱属于弱电解质），盐类水解与中和反应是互为逆反应，也属于复分解反应。越弱的酸与越弱的碱形成的盐，越容易水解，水解反应也越完全。

在溶解性表中标注"溶"的盐、可水解的、由弱酸或弱碱生成的盐，水解程度较小，书写其水解方程式时，写可逆号；如，$AlCl_3 + 3H_2O \rightleftharpoons Al(OH)_3 + 3HCl$。标注"（不存在）"的盐完全水解，书写其方程式时，写等号；如，$Al_2(CO_3)_3 + 3H_2O = 2Al(OH)_3 + 3CO_2\uparrow$。

⑦有些盐受热发生分解反应，一般生成氧化物 + 酸，不稳定的进一步分解；铵盐分解一般生成氨气 + 酸；$KMnO_4 \longrightarrow K_2MnO_4 + MnO_2 + O_2$；$2KClO_3 \longrightarrow 2KCl + 3O_2$。

8. 物质的受热稳定性

（1）受热越稳定，越难发生分解反应；

（2）受热越不稳定，越容易发生分解反应。

如 HF（受热）很稳定，很难分解为 $H_2 + F_2$，而 HI（受热）稳定性比较差，比较容易分解为 $H_2 + I_2$：$2HI \xrightarrow{\triangle} H_2 + I_2$。

如下常见物质的分解反应：$2KMnO_4 \xrightarrow{\triangle} K_2MnO_4 + MnO_2 + O_2\uparrow$；$2KClO_3 \xrightarrow{\triangle} 2KCl + 3O_2\uparrow$；$2HClO \xrightarrow{光照} 2HCl + O_2\uparrow$；$2H_2O_2 \xrightarrow{催化剂} 2H_2O + O_2\uparrow$；$2HgO \xrightarrow{\triangle} 2Hg + O_2\uparrow$；$2Ag_2O \xrightarrow{\triangle} 4Ag + O_2\uparrow$；$2NaNO_3 \xrightarrow{\triangle} 2NaNO_2 + O_2\uparrow$；$2Cu(NO_3)_2 \xrightarrow{\triangle} 2CuO + 4NO_2\uparrow + O_2\uparrow$；$2AgNO_3 \xrightarrow{\triangle} 2Ag + 2NO_2\uparrow + O_2\uparrow$；$H_2CO_3 = CO_2\uparrow + H_2O$；$2NaHCO_3 \xrightarrow{\triangle} Na_2CO_3 + CO_2\uparrow + H_2O$；$CaCO_3 \xrightarrow{高温} CaO + CO_2\uparrow$；$H_2SO_3 = SO_2\uparrow + H_2O$；$2NaHSO_3 \xrightarrow{\triangle} Na_2SO_3 + SO_2\uparrow + H_2O$；$NH_4Cl \xrightarrow{\triangle} NH_3\uparrow + HCl\uparrow$ 等。

六、根据化学反应方程式推出反应实验的实验现象的方法

（1）根据化学反应方程式中反应物的活泼性推出反应的激烈程度：在相同条件下，反应物越活泼，该反应越激烈，反应速率越大。

(2) 根据反应物与生成物颜色的不同推出什么颜色的物质变为什么颜色的物质。

(3) 如果生成物在室温时是固体，在其生成的过程中是逐渐凝聚出来的，那么，就有固体小颗粒生成，就推出有烟生成；如果生成物在室温时是液体，在其生成的过程中是逐渐凝聚出来的，那么，就有小液滴生成，就推出有雾生成。

(4) 如果反应物有液体，没有气体，生成物有气体，就推出产生气泡，逸出某种气体；如果反应物有气体，而生成物没有气体，就推出气体消失；如果反应物、生成物都有气体，就没有"产生气泡，逸出某种气体和气体消失"之说。

(5) 由在溶液中生成难溶固体推出溶液浑浊或产生沉淀；由在一种液体中生成其他难相溶，且密度不同的液体推出液体分层。

(6) 在燃烧或灼热下反应时，可根据焰色反应推出火焰的颜色或火星四射。

(7) 对于一端连接液体密闭装置，如果容器中气体的量变化、温度变化或容积变化，都会导致装置气压的变化，据此可推出液体上升或产生喷泉或下降。

(8) 由反应物与生成物气味的不同推出由什么气味变为什么气味。

(9) 如果反应物没有气体，而生成物中的气体在液体中生成，就推出听到"嘶嘶"声；检验易燃气体的纯度时，如果气体的纯度小，就推出听到强烈爆鸣声；如果气体的纯度大，就推出听到轻微爆鸣声或听到"噗"声；如果反应爆炸，就推出听到爆炸声。

(10) 由反应属于放热反应，推出（感觉到）温度升高；由吸热反应推出温度下降。

第五节 后学化学精细的思维方式推理的依据
——设计实验的方法和观察实验现象的方法

从图 2-2 中抽取最后部分，得到由性质、反应实验验证所推出的实验现象的示意图 2-18。这么一来，就要掌握设计实验的方法和观察实验现象的方法。

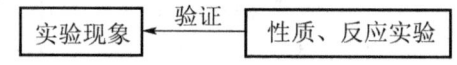

图 2-18 由性质、反应实验验证实验现象的示意图

一、设计物质的物理性质实验的方法

(1) 获得物质的颜色和状态的实验步骤：观察所在条件下物质的颜色和状态。
附：常见物质的颜色：
有色气体：Cl_2（黄绿色），NO_2（红棕色）。
有色固体：Cu、Cu_2O、Fe_2O_3（红色）；$Fe(OH)_3$（红褐色）；
$Cu(OH)_2$（蓝色）；CuO、FeO、FeS、CuS、Ag_2S、PbS（黑色）；
AgI、Ag_3PO_4（黄色）；S 或 Na_2O_2 或 $AgBr$（浅黄色固体）；
$Fe(OH)_2$、$CaCO_3$、$BaSO_4$、$AgCl$、$BaSO_3$、$CuSO_4$（白色）。
有色溶液：Fe^{2+}（浅绿色），Fe^{3+}（黄色），Cu^{2+}（蓝色），MnO_4^-（紫色）。

(2) 获得物质的气味的实验步骤：打开盛有气体的容器的瓶盖，用手在瓶口轻轻地扇动，使少量气体飘入鼻孔，如图 2-19 所示。

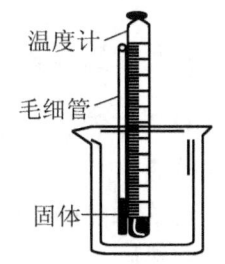

图 2-19　闻气体气味操作示意图　　图 2-20　测定物质熔点装置图

（3）测定物质熔点的实验步骤：按照图 2-20 测定物质的熔点。根据熔点的高低，选择水浴或油浴等加热，固体刚好完全熔化时的温度即为该纯净固体（应为晶体）的熔点。

（4）测定物质沸点的实验步骤：将少许纯液体加入蒸馏装置中，再加入几粒洗净并干燥的碎玻璃。加热，锥形瓶中收集到该液体后，温度计显示的温度即为该液体的沸点。

（5）测定物质的溶解度的实验步骤：

①测定晶体在某温度时的溶解度实验：按照图 2-21 测定晶体的溶解度。试管中溶剂和晶体的质量都知道，改变温度，记录晶体开始析出时的温度，即可计算在该温度时，该晶体的溶解度。

②确定液体的溶解性实验：将两种液体混合，分层，即两种液体不相溶。

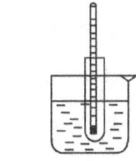

图 2-21　测定物质溶解度装置图

③确定气体的溶解性实验：用 100mL 的针筒收集 80mL 气体，再吸入一定量的液体，活塞停止时，记录气体减少的体积和温度，可算出在该温度时该气体的溶解度。

（6）测定物质密度的实验步骤：

①测定某温度下固体或液体的密度：称其质量，测量其体积，即可计算出在该温度时该固体或液体的密度。

②测定常温常压下气体的密度：根据同温同压下，相同气体体积所含气体的物质的量相等，得到 $M_1/M_2 = m_1/m_2$，求出该气体的摩尔质量，代入密度 $= PM/RT$，可算出该气体在该温度和压强下该气体的密度。

（7）确定固体的软硬程度的实验步骤：或用小刀切割或用小锤敲打，越容易切开或变形或碎裂，说明该固体越软。

（8）确定固体具有延展性实验步骤：夹在两片玻璃片中挤压或用小锤敲打，展开得越薄，该固体的延展性越好。

如，确定钠的硬度、延展性和金属光泽实验：从煤油中取出一小块钠，放于两片玻璃片之间，挤压。容易压扁并展得很薄，看到银白色光泽，从而确定钠的硬度小、有良好的延展性和呈银白色金属光泽。

（9）确定物质具有导电性的实验步骤：通过导电性实验，其他条件相同时，灯泡越明亮或电流强度越大，该物质导电能力越强。

（10）确定物质具有传热性的实验步骤：在该物质的一端加热，用温度计测量另一端的温度。另一端的温度升高得越快，说明该物质的传热性能越好。

二、设计化学反应实验的方法

（1）固体跟气体在不需加热的条件下反应的实验步骤：在集气瓶中放置一团玻璃棉，将两小块固体放在玻璃棉上，立即向集气瓶中通入气体，观察实验现象。

（2）固体跟气体在加热的条件下反应的实验步骤：用坩埚钳夹住一束固体丝或将固体放于燃烧匙中，灼热后立即放入盛有气体的集气瓶中，观察实验现象。

（3）一种气体在另一气体中燃烧的实验步骤：在空气中点燃可燃气体，然后把导管伸入盛满另一气体的集气瓶中，观察实验现象。

（4）研究一个因素对事物影响的规律的实验步骤：在两个反应容器中，保持其他影响因素相同，只改变一个因素（如，不同物质或干、湿红纸或某种反应物或生成物浓度不同或气体反应容器的压强不同或对液体溶剂的溶液稀释或温度高低不同或是否使用催化剂或反应物之间的接触面积不同或是否光照等），观察实验现象。

（5）几种少量液体反应的实验步骤：向一支试管中加入一种少量液体，再加入第二种少量液体，振荡，或加热等条件，观察实验现象。

（6）气体跟液体反应的实验步骤：用一支一定规格的针筒抽取一定体积的气体，然后抽取一定体积和一定浓度的某种溶液，振荡，观察实验现象。

三、实验基本操作方法

1. 药品的取用

（1）将粉末状药品加入试管：用药匙从广口瓶中取出，试管横放，将盛药品的药匙或纸槽送到试管底，再将试管竖起，抽出药匙或纸槽，如图 2-22 所示。

（2）将块状药品加入试管：用镊子夹住块状固体，试管横放，将块状固体放于试管口，再将试管慢慢正立，让块状固体慢慢下滑到试管底，如图 2-23 所示。

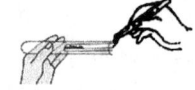

图 2-22　将粉末状药品加入试管示意图　　图 2-23　将块状药品加入试管示意图

（3）将较多液体药品加入试管的方法（倾倒法）：将瓶塞朝上放于桌面上，试剂瓶标签对着掌心，瓶口紧挨着容器口，使液体缓缓沿容器壁流下，如图 2-24 所示。

（4）取一定体积的液体：用量筒或滴定管或移液管量取。

注意：往容量瓶、漏斗里倾注液体时，应用玻璃棒引流。

（5）特殊药品的取用：

①钾、钠切下的碎屑要放回原瓶；白磷取小块时要在水下切割；

②取液溴用长滴管吸取，在通风橱里操作；

③取用浓酸浓碱时要防止沾到皮肤上和衣服上。

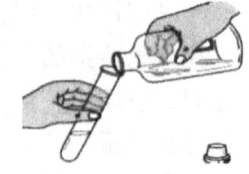

图 2-24　倾倒法示意图

2. 不同物质的溶解

(1) 固体物质的溶解：一般把待溶解的固体放入烧杯中，再加水溶解。为了加快溶解速度，可采用搅拌（见图 2–25）、振荡、加热（易水解或受热易分解的物质不能加热）等方法。

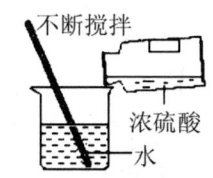
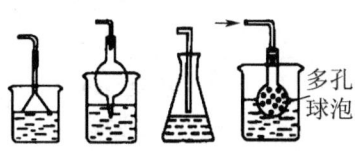

图 2–25　搅拌示意图　　图 2–26　浓硫酸稀释示意图　　图 2–27　易溶气体溶解示意图

(2) 液体物质的溶解：一般先加入密度小的液体（要特别注意浓硫酸的稀释方法，见图 2–26）

(3) 溶解度大的气体的溶解：典型的防倒吸装置（见图 2–27）；溶解度小的气体的溶解装置（见图 2–28）。

图 2–28　溶解度小的气体溶解示意图

3. 物质的加热

见表 2–17。

表 2–17　常见加热方式比较表

加热方式	优点	适应范围	注意事项
直接加热	升温快，易获得较高温度	用瓷质、金属质或小而薄的玻璃仪器（如试管、坩埚、蒸发皿）等	玻璃仪器外壁要干燥
隔石棉网加热	受热较均匀，温度较易控制	较大的玻璃反应器（如烧杯、烧瓶）等	玻璃仪器外壁要干燥
水浴加热	受热均匀、温度容易控制、溶液不易翻滚	①温度不超过 100℃ 的实验（如硝基苯的制取和酯的水解）；②需反应混合物静置（如银镜反应）；③蒸馏沸点差较小的混合液	根据实验要求不同，注意温度计的位置

(1) 给试管里的液体加热

①液体体积不超过试管容积的 1/3；
②试管与桌面约成 45°角；
③先使试管均匀受热，然后小心地对着试管的中下部加热，且不时上下移动试管；
④ 管口不可对着人。

(2) 给试管里的固体加热

在给试管里的固体加热前，先将药品在试管底部铺平用铁夹固定在铁架台上，管口略向下斜。加热时先移动酒精灯使药品均匀受热，然后再集中加热。

可直接加热类：试管，坩埚，蒸发皿；隔网可直接加热类：烧杯，烧瓶，锥形瓶；不能加热类：量筒，集气瓶，试剂瓶，滴瓶，启普发生器。

4. 试纸的使用（表2-18）

表2-18　常见试纸的种类和使用方法

试纸种类	应用	使用方法	注意事项
石蕊试纸	检验酸碱性	①检验液体：取一小块试纸放在表面皿或玻璃片上，用蘸有待测液的玻璃棒点在试纸的中部，观察颜色变化。②检验气体：一般先用蒸馏水把试纸润湿，粘在玻璃棒的一端，并使之接近容器口，观察颜色变化。	①试纸不可伸入溶液中，也不能与管口接触②测溶液pH时，pH试纸不能先润湿，因为这相当于将原溶液稀释了
pH试纸	检验酸碱性的强弱		
品红试纸	检验SO_2等漂白性物质		
KI淀粉试纸	检验Cl_2等有氧化性物质		

5. 洗涤仪器

（1）玻璃仪器洗净的标准是：内壁上附着的水膜均匀，既不聚成水滴，也不成股流下。

（2）常见洗涤剂及其适用范围见表2-19。

表2-19　常见洗涤剂及其适用范围表

洗涤法	常用洗涤剂	附着物	实例
水洗法	水	溶于水的物质或用其他洗涤剂洗后的仪器	
酸洗法	盐酸	难溶性氧化物	MnO_2（浓盐酸）、Fe_2O_3
		难溶性碱	$Cu(OH)_2$、$Fe(OH)_3$
		难溶性弱酸盐	FeS、$CaCO_3$
	稀硝酸	不活泼金属	Ag、Cu
		有还原性难溶化合物	Ag_2O、CuS
碱洗法	NaOH溶液、Na_2CO_3溶液	能在NaOH溶液、Na_2CO_3溶液中反应的难溶物	油脂、苯酚、SiO_2、S
	氨水	能与NH_3形成配合物的难溶物	AgCl等
有机溶剂洗法	酒精	溶于酒精不容易溶于水的物质	碘、硝基苯、酚醛树脂
	汽油	溶于汽油不容易溶于水的物质	溴、碘、油漆
	CS_2	溶于CS_2不容易溶于水的物质	白磷、硫

6. 连接仪器装置

（1）把玻璃管插入带孔橡皮塞。左手拿橡皮塞，右手拿玻璃管（靠近要插入塞子的一端）。先把要插入塞子的玻璃管的一端用水润湿，然后稍稍用力转动（小心不要折断玻璃管而刺破手掌），使它插入（见图2-29）。

图 2-29　把玻璃管插入橡皮塞孔里示意图　　图 2-30　连接玻璃管与橡皮管示意图

（2）连接玻璃管和胶皮管。左手拿胶皮管，右手拿玻璃管（图 2-30），先把玻璃管口用水润湿，稍稍用力即可把玻璃管插入胶皮管。

（3）在容器口塞橡皮塞。左手拿容器，右手拿橡皮塞慢慢转动，塞进容器口（图 2-31）。不可把容器放在桌上再使劲塞进塞子，因为这样做容易压破容器。

 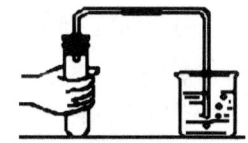

图 2-31　在容器口塞橡皮塞示意图　　图 2-32　检查装置的气密性示意图

7. 检查装置的气密性

如图 2-32 所示，把导管的一端浸在水里，用手紧贴容器的外壁。如果装置不漏气，里面的空气受热膨胀，导管口有气泡冒出。如果装置漏气，须找出原因，进行调整、修理或更换，然后才能继续进行实验。

8. 实验安全

（1）一些常用危险化学品的标志见图 2-33。

图 2-33　一些常用危险化学品的标志示意图

（2）意外事故的处理方法。

①酒精及其他易燃有机物小面积失火：立即用湿布扑灭。

②钠、钾等失火：迅速用砂土覆盖，不能用水灭火，也不能用 CO_2 灭火器及 CCl_4 灭火器灭火。

③少量酸（或碱）滴到桌上：立即用湿布擦净，再用水冲洗。有多量酸（或碱）流到桌上：立即用适量 $NaHCO_3$ 溶液（或稀醋酸）作用，后用水冲洗。

④酸沾到皮肤或衣物上：先用抹布擦拭，后用水冲洗，再用 $NaHCO_3$ 稀溶液冲洗。苯酚沾到皮肤上：用酒精擦洗，后用水冲洗。

⑤碱液沾到皮肤上：先用较多水冲洗，再用硼酸溶液清洗。

⑥酸、碱溶液溅在眼中：立即用水反复冲洗，并不断眨眼。

⑦白磷沾到皮肤上：先用 $CuSO_4$ 溶液清洗，后用稀 $KMnO_4$ 溶液湿敷。溴滴到皮肤上：应立即擦去，再用稀酒精等无毒有机溶剂洗去。

⑧误食重金属盐：应立即口服蛋清或生牛奶。

⑨汞滴落在桌或地上：应立即撒上硫粉。

⑩被玻璃或其他锐物划伤：用 H_2O_2 清洗伤口，涂上碘酒或红药水，再用创可贴外敷。烫伤或烧伤：用药棉浸75%的酒精轻涂伤处，也可用3%～5%的 $KMnO_4$ 溶液。

（3）预防安全事故。

①防爆炸：点燃可燃气体 H_2、CO 或用 CO、H_2 还原 Fe_2O_3、CuO 之前，要检验气体的纯度。

②防暴沸：配制硫酸的水溶液或硫酸的酒精溶液时，要将密度大的浓硫酸缓慢倒入水或酒精中，并搅拌；加热固定装置中的液体时要加沸石（或碎瓷片）。

③防失火：实验室中的可燃物质一定要远离火源。

④防中毒：

（a）"三不"：不直接拿，不直接闻，不能尝药品。

（b）制取有毒气体 H_2S、Cl_2、SO_2 等时，应在通风橱中进行，且进行尾气处理。

⑤防倒吸：若用加热的方法制取气体，用排水法收集气体，收集完气体时，先将导气管从水中拿出，再熄灭酒精灯。

（4）实验中的安全装置见表 2-20。

表 2-20　实验中的安全装置表

分类		简图	原理及使用实例
防倒吸装置	隔离式		导气管末端不插入液体（水）中，导气管与液体呈隔离状态。可用来吸收易溶于水的气体
	倒置漏斗式		由于漏斗容积较大，当水进入漏斗内时，烧杯内液面下降而低于漏斗下口，受重力作用，液体又落到烧杯中。常用于吸收易溶水的气体
	容器接收式		使用较大容积的容器接收可能倒吸过来的液体，防止进入气体发生装置或受热的反应容器
防堵塞装置	液封平衡管式		插入液面中的长玻璃管与大气连通，流动的气体若在前方受阻，增大的气压会随玻璃管中液面的上升而得到调节
	恒压式		使分液漏斗与烧瓶内气压相同，保证漏斗中液体顺畅流出

续上表

分类		简图	原理及使用实例
防污染安全装置	吸收式		容器中盛有与有毒气体反应的溶液，将未反应的有毒气体吸收，使其不扩散到空气中而造成污染
	灼烧式		适当的时候，点燃尖咀中的有毒可燃气体，充分燃烧后，转化为对环境无污染的产物
	收集式		利用气球或球胆将有毒气体收集后，另作处理，避免其逸散到空气中，污染环境

四、观察实验现象的方法

（1）眼：看物质的颜色、状态、位置、数量及其变化、变化的快慢（速率）。如果是燃烧实验，就要看产生什么颜色的火焰或发出什么颜色的光或是否有火星。看是否产生烟或雾（烟是一片固体小颗粒，雾是一片液体小液滴）。如果有液体存在的环境，要看是否产生气泡或浑浊或沉淀或液体分层或液体上升或产生喷泉或液体下降。

（2）鼻：闻物质的气味或变化。

（3）耳：听发出的声音。如果在液体中生成气体，就会听到"嘶嘶"声；检验易燃气体的纯度时，会听到强烈的爆鸣声或轻微的爆鸣声"噗"；如果爆炸，就会听到爆炸声。

（4）手：感觉到或借助温度计测得温度的高低或变化。

第六节　后学化学精细的思维方式推理的依据
——由物质的性质、反应推出其用途、存在、制备的方法

从图2-2中抽取中下部分，得到由物质的性质、反应推出其用途、存在、制备的方法示意图2-34。由该图可知，根据由性质或反应推出物质的用途、元素的存在形态和制备的方法就能推出所学物质的用途、元素存在的形态和制法，这是对所学物质的物理性质、化学性质及其化学反应的应用。反过来，促进学生熟练掌握所推出的物质的物理、化学性质和反应。

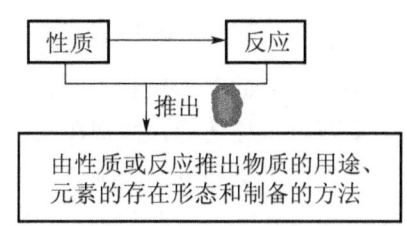

图2-34　由性质或反应推出物质的用途、元素的存在形态和制法的方法示意图

一、由物质的性质或反应推出其用途的方法

（1）由物质的物理性质推出其用途：如硅的导电性介于导体与半导体之间，用于制

晶体管等。

（2）由物质的化学性质推出其用途：如稀有气体很稳定，用作保护气。

（3）由化学反应推出其用途：如根据 $2Cl_2 + 2Ca(OH)_2 == CaCl_2 + Ca(ClO)_2 + 2H_2O$ 反应，推出氯气或石灰乳用来制造漂白粉。

二、由物质的性质或反应推出所学元素在自然界中存在形态的方法

单质稳定的元素能以游离态存在于自然界中。单质活泼，容易跟其他物质反应的元素一般以化合态存在于自然界中。

三、制备物质的方法

（一）制取物质的思维程序

如图 2-35 所示。

$$\text{产生物质的反应} \xrightarrow{\text{联系实际}} \text{确定制取该物质的原理} \longrightarrow \text{设备或装置}$$

图 2-35　制取物质的思维程序

即首先罗列出能产生该物质的反应；然后联系实际，确定制取该物质的原理；最后根据所确定的制取该物质的原理（包括反应条件）、反应物和生成物的性质，对于工业制法确定设备；对于实验室制法确定其实验装置。如制备氯气：

1. 有关产生氯气的反应

$MnO_2 + 4HCl(浓) \xrightarrow{\triangle} MnCl_2 + Cl_2\uparrow + 2H_2O$

$2KMnO_4 + 16HCl(浓) == 2KCl + 2MnCl_2 + 5Cl_2\uparrow + 8H_2O$

$4HCl + O_2 \xrightarrow[\text{高温}]{\text{催化剂}} 2H_2O + 2Cl_2\uparrow$　　$2HCl \xrightarrow{\text{通电}} H_2\uparrow + Cl_2\uparrow$　　$CuCl_2 \xrightarrow{\text{通电}} Cu + Cl_2\uparrow$

$2NaCl + 2H_2O \xrightarrow{\text{通电}} 2NaOH + H_2\uparrow + Cl_2\uparrow$

2. 联系实际，确定制取氯气的原理，进一步确定设备或装置

从原料来源看，NaCl、水最丰富，且运用电解食盐水法不但可以制氯气，而且能同时制备很重要的 NaOH 和 H_2，所以依据 $2NaCl + 2H_2O \xrightarrow{\text{通电}} 2NaOH + H_2\uparrow + Cl_2\uparrow$ 反应来制备氯气是最佳选择，特别在工业上。工业生产氯气的主要设备是电解槽。

在实验室里用电解法制备需要的少量的氯气，一般不使用电解法制备氯气。

而 $4HCl + O_2 \xrightarrow[\text{高温}]{\text{催化剂}} 2H_2O + 2Cl_2\uparrow$ 反应的条件比较苛刻，而且得到的氯气中混有氧气，很难除去氧气。

$2KMnO_4 + 16HCl(浓) == 2KCl + 2MnCl_2 + 5Cl_2\uparrow + 8H_2O$ 反应太激烈，难以控制，且 $KMnO_4$ 比 MnO_2 贵。所以在实验室里还是选择 $MnO_2 + 4HCl(浓) \xrightarrow{\triangle} MnCl_2 + Cl_2\uparrow + 2H_2O$ 反应产生氯气。一种反应物是液体，需要加热产生气体，所以选择的实验装置如图

2-36所示。

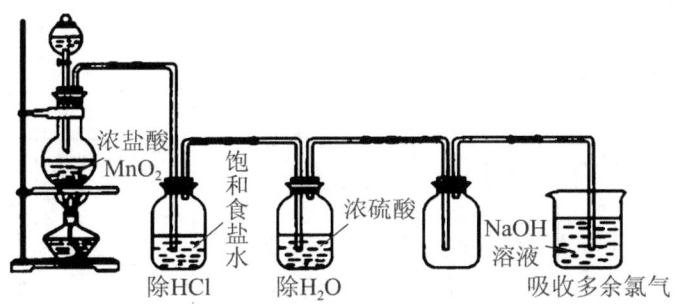

图2-36 实验室制取氯气的装置示意图

（二）制备几类物质的方法、原理

(1) 制备金属（见表1-1）。
(2) 制备非金属（见表1-2）。
(3) 制备金属氧化物（见表1-3）。
(4) 制备非金属氧化物（见表1-4）。
(5) 制备酸（见表1-5）。
(6) 制备碱（见表1-6）。

（三）实验室制备气体的方法

(1) 制备常见气体的总程序（也是装置从左到右的连接顺序）：
气体的产生→气体的净化→气体的收集→尾气处理
(2) 实验室里制备气体的一般实验步骤：
①连接好装置；②检查其气密性；③装药品；④满足实验条件；⑤收集气体；⑥无色气体验满；⑦拆装置并洗涤。
(3) 气体的产生装置及其制备的气体、收集方法、反应原理、注意事项说明，见表1-7。
(4) 气体的净化（包括干燥）：
①气体的净化：易溶于水的气体杂质可用水来吸收；酸性杂质可用碱性物质吸收；碱性杂质可用酸性物质吸收；能与杂质反应生成沉淀（或可溶物）的物质也可作为吸收剂。常见除去气体中杂质的仪器或装置图：干燥管、洗气瓶、高温玻璃管、U形管，见图1-17。
②气体的干燥：可用干燥剂来吸收水分。常见干燥剂及其适用范围见表1-8。
(5) 尾气的处理，见表1-9。

（四）从海水中制备的常见物质

(1) 制备氢氧化镁、氯化镁、镁、氯化钠、钠、碳酸氢钠、碳酸钠、氢氧化钠、氢气、氯气、氯化氢、盐酸、漂白粉等。

①流程图见图 2-37。

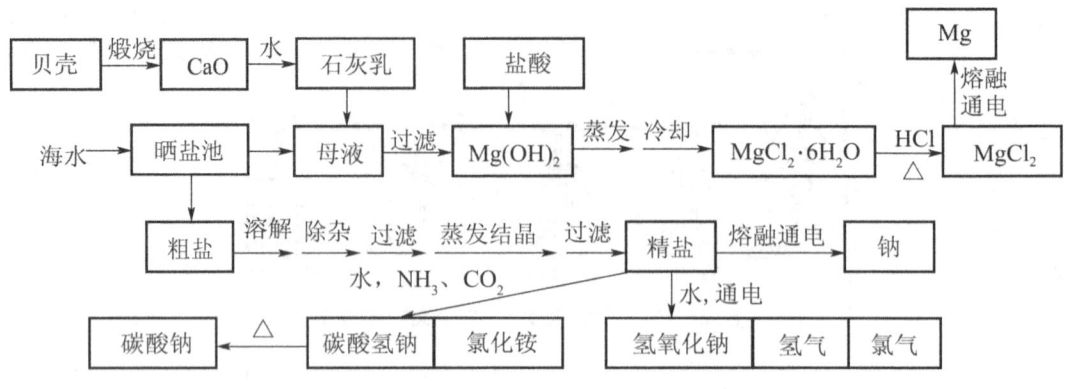

图 2-37 从海水中制备常见物质的流程图

②反应原理：$CaCO_3 \xrightarrow{\text{高温}} CaO + CO_2\uparrow, CaO + H_2O == Ca(OH)_2$

$MgCl_2 + Ca(OH)_2 == Mg(OH)_2\downarrow + CaCl_2, Mg(OH)_2 + 2HCl == MgCl_2 + 2H_2O$

$MgCl_2 \cdot 6H_2O \xrightarrow[\triangle]{HCl} MgCl_2 + 6H_2O\uparrow, MgCl_2(\text{熔融}) \xrightarrow{\text{通电}} Mg + Cl_2\uparrow$

$2NaCl(\text{熔融}) \xrightarrow{\text{通电}} 2Na + Cl_2\uparrow, 2NaCl + 2H_2O \xrightarrow{\text{通电}} 2NaOH + H_2\uparrow + Cl_2\uparrow$

$NaCl + NH_3 + CO_2 + H_2O == NaHCO_3\downarrow + NH_4Cl, 2NaHCO_3 \xrightarrow{\triangle} Na_2CO_3 + CO_2\uparrow + H_2O$

$2Ca(OH)_2 + 2Cl_2 == CaCl_2 + Ca(ClO)_2 + 2H_2O, H_2 + Cl_2 \xrightarrow{\text{点燃}} 2HCl$

（2）制备溴：

①流程图如图 2-38 所示。

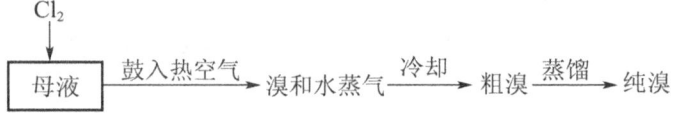

图 2-38 由分离出氯化钠的母液中制备溴的流程图

②反应原理：$2Br^- + Cl_2 == Br_2 + 2Cl^-$

（五）从海带中制备碘

（1）流程图如图 2-39 所示。

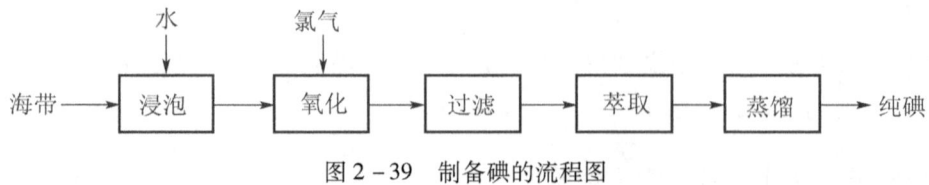

图 2-39 制备碘的流程图

（2）反应原理：$2I^- + Cl_2 == I_2 + 2Cl^-$

（六）从矿物中制备的物质

（1）铝。

①制备铝的流程图如图 2-40 所示。

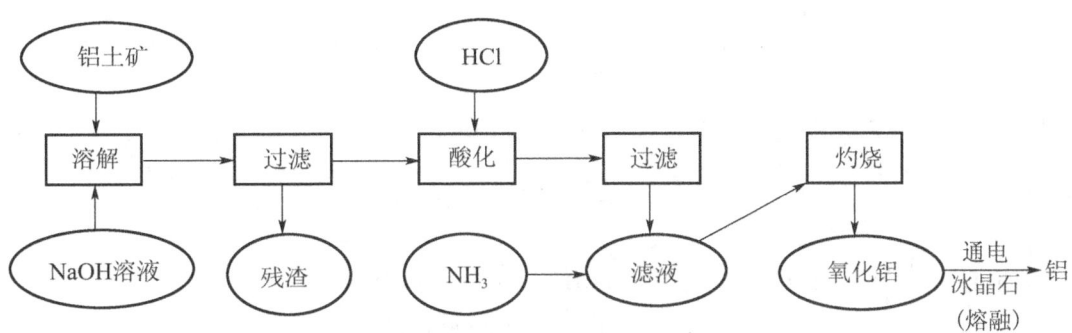

图 2-40　制备铝的流程图

②反应原理：$2NaOH + Al_2O_3 == 2NaAlO_2 + H_2O$，$2NaOH + SiO_2 == Na_2SiO_3 + H_2O$

$2NaAlO_2 + 4HCl == 2NaCl + 2AlCl_3 + 2H_2O$，$Na_2SiO_3 + 2HCl == H_2SiO_3 \downarrow + 2NaCl$

$AlCl_3 + 3NH_3 \cdot H_2O == Al(OH)_3 \downarrow + 3NH_4Cl$

$2Al(OH)_3 \xrightarrow{\triangle} Al_2O_3 + 3H_2O$，$2Al_2O_3 \xrightarrow[\text{冰晶石熔融}]{\text{通电}} 4Al + 3O_2 \uparrow$

（2）铁、Si 及其化合物的制备方法、原理如表 2-21 所示。

表 2-21　铁、Si 及其化合物的制备方法、原理表

物质	原料	反应原理	设备
铁	铁矿石、焦炭、空气、石灰石	$C + O_2 \xrightarrow{\text{点燃}} CO_2$；$CO_2 + C \xrightarrow{\text{高温}} 2CO$； $Fe_2O_3 + 3CO \xrightarrow{\text{高温}} 2Fe + 3CO_2$； $CaCO_3 \xrightarrow{\text{点燃}} CaO + CO_2 \uparrow$；$CaO + SiO_2 \xrightarrow{\text{高温}} CaSiO_3$	高炉
硅	石英砂、焦炭 Cl_2、H_2	$SiO_2 + 2C \xrightarrow{\text{高温}} Si + 2CO \uparrow$；$Si + 2Cl_2 \xrightarrow{\text{高温}} SiCl_4$； $SiCl_4 + 2H_2 \xrightarrow{\text{高温}} Si + 4HCl$	
水泥	黏土、石灰石	复杂的物理变化和化学变化	水泥回转窑
玻璃	纯碱、石灰石、石英	$Na_2CO_3 + SiO_2 \xrightarrow{\text{高温}} Na_2SiO_3 + CO_2 \uparrow$ $CaCO_3 + SiO_2 \xrightarrow{\text{高温}} CaSiO_3 + CO_2 \uparrow$	玻璃窑
陶瓷	黏土	复杂的物理变化和化学变化	陶瓷窑

（七）一些有机物的转化

一些有机物的转化如图 2-41 所示。

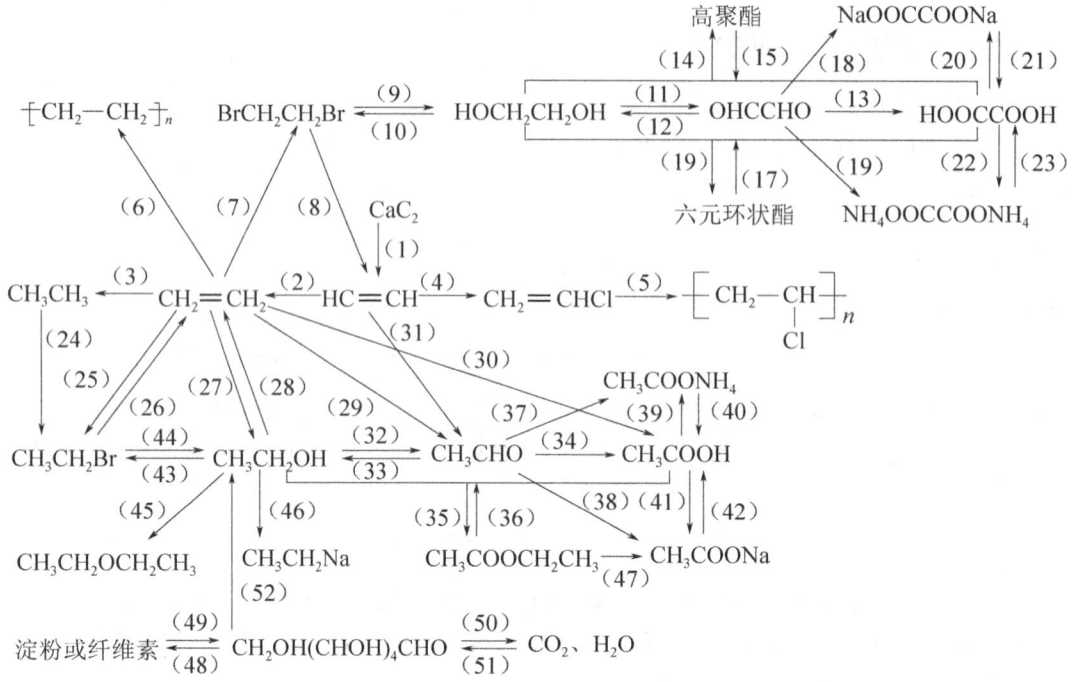

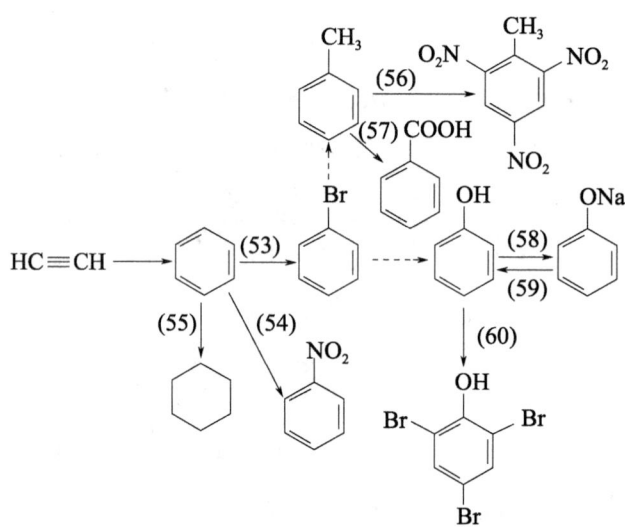

图 2-41 一些有机物转化图

相应转化方程式和所属类型如下：

(1) $CaC_2 + 2H_2O \longrightarrow Ca(OH)_2 + HC\equiv CH\uparrow$，水解反应或取代反应；

(2) $HC\equiv CH + H_2 \xrightarrow[\text{加热、加压}]{\text{催化剂}} CH_2=CH_2$，加成反应或还原反应；

(3) $CH_2=CH_2 + H_2 \xrightarrow[\text{加热、加压}]{\text{催化剂}} CH_3CH_3$，加成反应或还原反应；

(4) $HC\equiv CH + HCl \xrightarrow[\text{加热、加压}]{\text{催化剂}} CH_2=CHCl$，加成反应；

（5）$n\text{CH}_2\!=\!\text{CHCl} \xrightarrow[\text{加热、加压}]{\text{催化剂}} {\leftarrow}\!\text{CH}_2\!-\!\underset{\underset{\text{Cl}}{|}}{\text{CH}}\!{\rightarrow}_n$，加聚反应；

（6）$n\text{CH}_2\!=\!\text{CH}_2 \xrightarrow[\text{加热、加压}]{\text{催化剂}} {\leftarrow}\!\text{CH}_2\!-\!\text{CH}_2\!{\rightarrow}_n$，加聚反应；

（7）$\text{CH}_2\!=\!\text{CH}_2 + \text{Br}_2 \longrightarrow \text{BrCH}_2\text{CH}_2\text{Br}$，加成反应；

（8）$\text{BrCH}_2\text{CH}_2\text{Br} + 2\text{NaOH} \xrightarrow[\triangle]{\text{醇}} \text{HC}\!\equiv\!\text{CH}\!\uparrow + 2\text{NaBr} + 2\text{H}_2\text{O}$，消去反应；

（9）$\text{BrCH}_2\text{CH}_2\text{Br} + 2\text{NaOH} \xrightarrow[\triangle]{\text{水}} \text{HOCH}_2\text{CH}_2\text{OH} + 2\text{NaBr}$，水解反应或取代反应；

（10）$\text{HOCH}_2\text{CH}_2\text{OH} + 2\text{HBr} \xrightarrow{\triangle} \text{BrCH}_2\text{CH}_2\text{Br} + 2\text{H}_2\text{O}$，取代反应；

（11）$\text{HOCH}_2\text{CH}_2\text{OH} + \text{O}_2 \xrightarrow[\triangle]{\text{Cu}} \text{OHCCHO} + 2\text{H}_2\text{O}$，氧化反应；

（12）$\text{OHCCHO} + 2\text{H}_2 \xrightarrow[\text{加热、加压}]{\text{催化剂}} \text{HOCH}_2\text{CH}_2\text{OH}$，还原反应；

（13）$\text{OHCCHO} + \text{O}_2 \xrightarrow[\text{加热、加压}]{\text{催化剂}} \text{HOOCCOOH}$，氧化反应；

（14）$n\text{HOCH}_2\text{CH}_2\text{OH} + n\text{HOOCCOOH} \xrightarrow[\text{加热、加压}]{\text{催化剂}} \text{HO}{\leftarrow}\!\overset{\overset{\text{O}}{\|}}{\text{C}}\!-\!\overset{\overset{\text{O}}{\|}}{\text{C}}\!-\!\text{OCH}_2\text{CH}_2\text{O}\!{\rightarrow}_n \text{H} + (2n-1)\text{H}_2$，缩聚反应；

（15）$\text{HO}{\leftarrow}\!\overset{\overset{\text{O}}{\|}}{\text{C}}\!-\!\overset{\overset{\text{O}}{\|}}{\text{C}}\!-\!\text{OCH}_2\text{CH}_2\!{\rightarrow}_n \text{H} + (2n-1)\text{H}_2\text{O} \xrightarrow[\text{加热、加压}]{\text{催化剂}} n\text{HOCH}_2\text{CH}_2\text{OH} + n\text{HOOCCOOH}$，水解反应或取代反应；

（16）$\text{HOOCCOOH} + \text{HOCH}_2\text{CH}_2\text{OH} \xrightarrow[\text{加热}]{\text{催化剂}} \begin{matrix}\text{O}\!=\!\text{C}\!-\!\text{O}\!-\!\text{CH}_2 \\ |\quad\quad\quad\quad\quad| \\ \text{O}\!=\!\text{C}\!-\!\text{O}\!-\!\text{CH}_2\end{matrix} + 2\text{H}_2\text{O}$，酯化反应或取代反应；

（17）$\begin{matrix}\text{O}\!=\!\text{C}\!-\!\text{O}\!-\!\text{CH}_2 \\ |\quad\quad\quad\quad\quad| \\ \text{O}\!=\!\text{C}\!-\!\text{O}\!-\!\text{CH}_2\end{matrix} + 2\text{H}_2\text{O} \xrightarrow[\text{加热}]{\text{催化剂}} \text{HOOCCOOH} + \text{HOCH}_2\text{CH}_2\text{OH}$，水解反应或取代反应；

（18）$\text{OHCCHO} + 4\text{Cu(OH)}_2 + 2\text{NaOH} \xrightarrow{\triangle} \text{NaOOCCOONa} + 2\text{Cu}_2\text{O} + 6\text{H}_2\text{O}$，氧化反应；

（19）$\text{OHCCHO} + 4\text{Ag(NH}_3)_2\text{OH} \xrightarrow{\text{水浴加热}} \text{NH}_4\text{OOCCOONH}_4 + 4\text{Ag}\!\downarrow + 6\text{NH}_3 + 2\text{H}_2\text{O}$，银镜反应或氧化反应；

（20）$\text{HOOCCOOH} + 2\text{NaOH} \longrightarrow \text{NaOOCCOONa} + 2\text{H}_2\text{O}$，取代反应或中和反应；

（21）$\text{NaOOCCOONa} + 2\text{HCl} \longrightarrow \text{HOOCCOOH} + 2\text{NaCl}$，取代反应；

（22）$HOOCCOOH + 2NH_3 \longrightarrow NH_4OOCCOONH_4$，（化合反应）；

（23）$NH_4OOCCOONH_4 + 2HCl \longrightarrow HOOCCOOH + 2NH_4Cl$，取代反应；

（24）$CH_3CH_3 + Br_2 \xrightarrow{光照} CH_3CH_2Br + HBr$，取代反应；

（25）$CH_2=CH_2 + HBr \longrightarrow CH_3CH_2Br$，加成反应；

（26）$CH_3CH_2Br + KOH \xrightarrow[\Delta]{醇} CH_2=CH_2\uparrow + KBr + H_2O$，消去反应；

（27）$CH_2=CH_2 + H_2O \xrightarrow[加热、加压]{催化剂} CH_3CH_2OH$，加成反应；

（28）$C_2H_5OH \xrightarrow[\Delta]{催化剂} CH_2=CH_2\uparrow + H_2O$，消去反应；

（29）$2CH_2=CH_2 + O_2 \xrightarrow[加热]{催化剂} 2CH_3CHO$，氧化反应；

（30）$CH_2=CH_2 + O_2 \xrightarrow[加热]{催化剂} CH_3COOH$，氧化反应；

（31）$HC\equiv CH + H_2O \xrightarrow[加热]{催化剂} CH_3CHO$，加成重排反应；

（32）$2CH_3CH_2OH + O_2 \xrightarrow[\Delta]{Cu} 2CH_3CHO + 2H_2O$，氧化反应；

（33）$CH_3CHO + H_2 \xrightarrow[加热]{催化剂} CH_3CH_2OH$，还原反应；

（34）$2CH_3CHO + O_2 \xrightarrow[加热]{催化剂} 2CH_3COOH$，氧化反应；

（35）$CH_3COOH + CH_3CH_2OH \xrightarrow[\Delta]{催化剂} CH_3COOCH_2CH_3 + H_2O$，酯化反应或取代反应；

（36）$CH_3COOCH_2CH_3 + H_2O \xrightarrow[\Delta]{催化剂} CH_3COOH + CH_3CH_2OH$，水解反应或取代反应；

（37）$CH_3CHO + 2Ag(NH_3)_2OH \xrightarrow{水浴加热} CH_3COONH_4 + 2Ag\downarrow + 3NH_3 + H_2O$，银镜反应或氧化反应；

（38）$CH_3CHO + 2Cu(OH)_2 + NaOH \xrightarrow{\Delta} CH_3COONa + Cu_2O + 3H_2O$，氧化反应；

（39）$CH_3COOH + NH_3 \longrightarrow CH_3COONH_4$（化合反应）；

（40）$CH_3COONH_4 + HCl \longrightarrow CH_3COOH + NH_4Cl$，取代反应；

（41）$CH_3COOH + NaOH \longrightarrow CH_3COONa + H_2O$ 取代反应或中和反应；

（42）$CH_3COONa + HCl \longrightarrow CH_3COOH + NaCl$，取代反应；

（43）$CH_3CH_2OH + HBr \xrightarrow{\Delta} CH_3CH_2Br + H_2O$，取代反应；

（44）$CH_3CH_2Br + KOH \xrightarrow[\Delta]{水} CH_3CH_2OH + KBr$，水解反应或取代反应；

（45）$2CH_3CH_2OH \xrightarrow[\Delta]{催化剂} CH_3CH_2OCH_2CH_3 + H_2O$，取代反应；

（46）$2CH_3CH_2OH + 2Na \longrightarrow CH_3CH_2ONa + H_2\uparrow$，取代反应；

(47) $CH_3COOCH_2CH_3 + NaOH \xrightarrow{\Delta} CH_3COONa + CH_3CH_2OH$，取代反应；

(48) $nCH_2OH(CHOH)_4CHO \xrightarrow{催化剂} (C_6H_{10}O_5)_n$（淀粉或纤维素）$+ nH_2O$，缩聚反应；

(49) $(C_6H_{10}O_5)_n$（淀粉或纤维素）$+ nH_2O \xrightarrow[\Delta]{催化剂} nCH_2OH(CHOH)_4CHO$，水解或取代反应；

(50) $CH_2OH(CHOH)_4CHO + 6O_2 \xrightarrow{催化剂} 6CO_2 + 6H_2O$，氧化反应；

(51) $6CO_2 + 6H_2O \xrightarrow[光照]{叶绿素} CH_2OH(CHOH)_4CHO + 6O_2$，氧化还原反应或光合反应；

(52) $CH_2OH(CHOH)_4CHO \xrightarrow{酒化酶} 2CH_3CH_2OH + 2CO_2\uparrow$，氧化还原反应。

(53) ⬡ $+ Br_2 \xrightarrow{溴化铁}$ ⬡—Br $+ HBr\uparrow$，取代反应；

(54) ⬡ $+ HO—NO_2 \xrightarrow[50\sim60℃]{浓硫酸}$ ⬡—$NO_2 + H_2O$，硝化反应或取代反应；

(55) ⬡ $+ 3H_2 \xrightarrow[加热、加压]{催化剂}$ ⬡，还原反应；

(56) ⬡—$CH_3 + 3HO—NO_2 \xrightarrow[\Delta]{浓硫酸}$ (三硝基甲苯) $+ 3H_2O$，硝化反应或取代反应；

(57) 5 ⬡—$CH_3 + 6KMnO_4 + 9H_2SO_4 \rightarrow 5$ ⬡—$COOH + 3K_2SO_4 + 6MnSO_4 + 14H_2O$，氧化反应；

(58) ⬡—$OH + NaOH \rightarrow$ ⬡—$ONa + H_2O$ 或 ⬡—$OH + Na_2CO_3 \rightarrow$ ⬡—$ONa + NaHCO_3$，取代反应；

(59) ⬡—$ONa + HCl \rightarrow$ ⬡—OH（白色混浊）$+ NaCl$ 或 ⬡—$ONa + CO_2 + H_2O \rightarrow$ ⬡—$OH + NaHCO_3$，取代反应；

(60) ⬡—$OH + 3Br_2 \rightarrow$ (2,4,6-三溴苯酚)$\downarrow + 3HBr$，取代反应；

第七节 电性力是化学作用的基础

一、电性力的自然规律

(1) 定性规律：同性相斥，异性相吸。

(2) 定量规律：同性相加，异性相抵；同性相斥或异性相吸的力量大小运用库仑定律计算。

同性相加是指带同种电荷的粒子聚在一起，总电荷数等于各粒子所带电荷的总和。同性电荷是互相排斥的，但如果有力量将它们聚在一起，总电荷数等于各粒子所带电荷的总和。如，原子的核电荷数等于聚在原子核上的所有质子所带电荷的总和，即核电荷数＝该原子核中的质子数。

同种电荷的粒子不聚在一起，但在分子的尺度内，同种电荷相当于集中在电荷重心上，这时，电荷重心上的总电荷数等于各粒子所带电荷的总和。如，在水分子中，两个氢原子所带的正电荷相当于集中在如图2－42a所示的正电荷重心A上；氧原子上的两个负电点相当于集中在如图2－42b所示的负电荷重心B上。

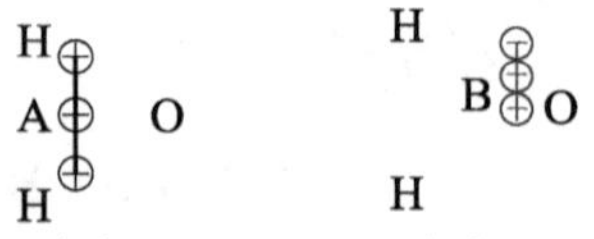

图2－42　分子中电荷重心示意图

异性相抵是指在异性电荷的范围之外，异性电荷互相抵消。如，在原子的外围，原子核所带的正电荷与核外电子所带的负电荷相互抵消，原子对外显电中性。

带电粒子之间的相互作用力，根据库仑定律计算：$F = k\dfrac{q_1 q_2}{r^2}$。

带电微粒之间的相互作用主要决定于电性力，即库仑力，质量力即万有引力很小，可忽略。如，氢原子中的库仑力：$F = kq_1 q_2 / r^2 = 9.0 \times 10^9 \times (1.60 \times 10^{-19})^2 / (5.3 \times 10^{-11})^2 = 8.2 \times 10^{-8}$（N）；

氢原子中的万有引力：$F(万) = Gm_1 m_2 / r^2 = 6.7 \times 10^{-11} \times (1.67 \times 10^{-27}) \times (9.1 \times 10^{-31}) / (5.3 \times 10^{-11})^2 = 3.6 \times 10^{-47}$（N）。

（3）电荷守恒定律：电荷既不会创生，也不会消失，它只能从一个物体转移到另一个物体，或者从物体的一部分转移到另一部分，在转移过程中，电荷的总量保持不变。

（4）一个质子带一个单位正电荷，中子不带电，一个电子带一个单位负电荷。

（5）原子由原子核与核外电子构成，原子核由质子与中子构成。

二、电性力在化学上的应用

1. 在物质电性特征上的应用

（1）原子对外显电中性。因为原子由原子核与核外电子构成，原子核由质子与中子构成，一个质子带一个单位正电荷，中子不带电，一个电子带一个单位负电荷，原子的核电荷数等于质子数等于核外电子数，核外电子带负电荷集中在负电荷重心——原子核上，其总和等于该原子中电子的总数，原子核带的正电荷数与核外电子集中在原子核上的负电荷数相等，符号相反，相互抵消，因此，原子对外显电中性。

（2）单质分子对外显电中性。因为单质分子是由同种元素的原子构成的，原子对外显电中性。所以，单质分子对外显电中性。

（3）共价化合物对外显电中性。因为只含共价键的化合物，叫做共价化合物。在形成共价键时，遵循电荷守恒定律，只是原子提供电子并在它们之间形成共用电子对，电子的总数不改变，原子核不变，共价化合物中质子总数仍等于电子总数，符号相反，相互抵消，所以，共价化合物对外显电中性。

（4）离子化合物对外显电中性。因为由阳离子和阴离子构成的化合物或含离子键的化合物叫做离子化合物。阳离子带正电，阴离子带负电，异性电荷相互吸引。只有体系中阳离子带的总正电荷数等于阴离子带的总负电荷数（绝对值），才不再吸引带相反电荷的离子，形成平衡稳定的化合物。所以，离子化合物对外必显电中性。

（5）化合物中各元素化合价的代数和为零。因为化合物对外显电中性，元素的总正化合价数必等于元素的总负化合价数（绝对值），如 Na_2SO_4 中，$(+1) \times 2 + (+6) \times 1 = |(-2) \times 4|$，移项，得：$(+1) \times 2 + (+6) \times 1 + (-2) \times 4 = 0$，即化合物中各元素化合价的代数和等于零。

（6）电解质溶液对外显电中性。因为电解质属于化合物，化合物对外显电中性，化合物在溶液中电离时，遵循电荷守恒定律，电离出的阳离子带的总正电荷数必等于电离出的阴离子带的总负电荷数，导致溶液中阳离子带正电荷的总数等于阴离子带负电荷的总数，符号相反，相互抵消，所以，电解质溶液对外显电中性。由此以 $Al_2(SO_4)_3$ 溶液为例推导出：$3c(Al^{3+}) + c(H^+) = 2c(SO_4^{2-}) + c(OH^-)$。

（7）由分子组成的溶液对外显电中性。因为单质分子、化合物分子对外都显电中性，所以，由分子组成的溶液对外显电中性。

（8）混合物对外显电中性。因为混合物是由两种或两种以上成分组成的物质。成分可以是单质或化合物。单质和化合物对外都显电中性。所以，混合物对外显电中性。

（9）物质对外显电中性。因为物质包括纯净物和混合物。每种纯净物和混合物对外都显电中性。所以，物质对外显电中性。

（10）阴离子带的负电荷数＝一个原子或一个显电中性的原子团得到的电子数＝该离子核外的电子总数－其所有原子核中的质子总数。因为原子也显电中性，一个电子带一个单位负电荷，所以，一个原子或一个显电中性的原子团得到的电子数等于所得到的阴离子带的负电荷数，自然也等于该离子核外的电子总数与其所有原子核中的质子总数之差。

（11）阳离子带的正电荷数＝一个原子或一个显电中性的原子团失去的电子数＝该离子所有原子核中的质子总数－其核外的电子总数。因为一个原子或一个显电中性的原子团中，所有原子核中的质子总数＝其核外的电子总数，一个质子带一个单位正电荷，一个电子带一个单位负电荷，所以，一个原子或一个显电中性的原子团失去的电子数等于所得到的阳离子带的正电荷数，自然也等于该离子所有原子核中的质子总数与其核外的电子总数之差。

2. 在物质结构上的应用

（1）最外层电子数相同（或同主族元素）的原子，随着原子序数增加，原子半径增大，原子核与最外层电子之间的作用力减小。因为最外层电子数相同（或同主族元素）的原子，随着原子序数增加，原子的电子层数增加，原子半径增大。根据库仑定律，虽然核电荷数增加，会导致原子核与最外层电子之间的作用力增大，但原子半径增大，会使原子核与最外层电子之间的作用力以平方数的程度减小，最终以原子半径增大，导致原子核与最外层电子之间的作用力减小为主。所以，最外层电子数相同（或同主族元素）的原子，随着原子序数增加，原子半径增大，原子核与最外层电子之间的作用力减小。

（2）电子层数相同（或同周期元素）的原子，随着原子序数增加，原子核与其核外电子之间的作用力增大，原子半径减小。因为电子层数相同（或同周期元素）的原子，随着原子序数增加，原子的核电荷数和最外层电子数同时增加，根据库仑定律可知，原子核与其核外电子之间的吸引力增大，核外电子之间的排斥力也增大。但原子的核电荷数和最外层电子数同时增加，导致原子核与其核外电子之间的吸引力增大比核外电子之间的排斥力增大得更大。所以，电子层数相同（或同周期元素）的原子，随着原子序数增加，原子核与其核外电子之间的作用力增大，原子半径减小。

（3）电子层结构相同的离子，其半径随着核电荷数增加而减小。因为同一种粒子中原子核和各个电子的相互作用、运动都处于平衡状态。当仅增加核电荷数，即质子数，而电子层结构相同时，根据库仑定律可知，原子核与核外电子之间的吸引力增大，离子半径就会减小，导致电子之间的距离也会减小，电子之间的排斥力相应增大，最终离子中原子核和各个电子的相互作用、运动达到新的平衡状态。所以电子层结构相同的离子，其半径随着核电荷数增加而减小。

（4）同种金属元素，阳离子半径小于原子半径，带正电荷数越多的阳离子的半径越小。因为有的阳离子比原子少一个电子层。如，钠等主族元素的离子比其原子的半径小。或因为减少一个电子导致电子之间的排斥力减小为主。如，铁离子的半径比亚铁离子的小。

（5）同种非金属元素，阴离子半径大于原子半径。因为增加一个电子导致电子之间的排斥力增大为主。如，氯离子的半径比氯原子的大。形成经验：粒子电子层数不变时，其核电荷数与核外电子数同时增加或只有核电荷数增加，粒子半径减小；只有核外电子增加，其半径增大。

（6）离子键的形成条件是活泼金属与活泼非金属元素之间相互结合。因为离子键是阴阳离子之间通过静电作用形成的化学键。根据库仑定律可知，活泼金属原子最外层电子与原子核之间的吸引力较弱，这些最外层电子容易失去形成阳离子；活泼非金属原子吸引电子的能力强，容易得到电子形成阴离子。所以离子键的形成条件是活泼金属与活泼非金属元素之间相互结合。

（7）不活泼的金属原子与不活泼的非金属原子或不同的非金属原子之间通过共用电子对结合，共用电子对偏向吸引电子能力比较强的原子形成极性键。因为不活泼的金属原子不容易失去电子变为阳离子，不活泼的非金属原子不容易得到电子变为阴离子，不能通过离子键结合；但这些不活泼的金属原子与不活泼的非金属原子电子层结构还未达到饱和结构，不稳定，都只好通过形成共用电子对，使其形成相对稳定的结构。通过共用电子对结合的两原子，当其中一个原子吸引电子的能力比较强时，共用电子对就会偏离两原子的中间，偏向吸引电子能力较强的原子一边。由于电子带负电，共用电子对所偏向的原子就带有一定量的负电荷，另一原子带有一定量的正电荷，电荷分布不均匀，即就是极性键。所以，不活泼的金属原子与不活泼的非金属原子或不同的非金属原子之间通过共用电子对结合，共用电子对偏向吸引电子能力比较强的原子形成极性键。

（8）两个未达到饱和结构的相同非金属原子之间的共用电子对处于两个成键原子的中间，即形成非极性键。因为相同的两个非金属原子与共用电子对吸引力相同，共用电对自然处于两个成键原子的中间,两原子之间电荷分布均匀,这样的共价键就是非极性键。

(9)分子的空间构型是同一原子周围共用电子对或孤电子对互相排斥达到平衡的结果(见表 2-22)。

表 2-22　不同化合物构型和键角

化合物	构型	键角	化合物	构型	键角
甲烷	正四面体	109°28′	乙烯、氟化硼	平面形	120°
四氯化碳	正四面体	109°28′	苯	平面形	120°
氨	三角锥体	107°18′	二氧化碳	直线形	180°
水	V 形	104°27′	乙炔	直线形	180°

①为什么甲烷(还有四氯化碳、四氟化碳、四溴化碳、四氟化硅、四氯化硅等)分子是正四面体结构,且其所有 HCH 夹角相同(α),都等于 109°28′?因为甲烷分子中四个碳氢键完全相同,四对共用电子对相互排斥,达到平衡时,甲烷分子中的四个氢原子均匀地取向正四面体的四个顶角,如图 2-43 所示;甲烷分子与立方体的关系:碳原子居于立方体的中心,如果其中两个氢原子位于立方体一个面的两个对角,那么,另两个氢原子位于该面的对面,且与对面两个氢原子交叉的两个角上,如图 2-44 所示。

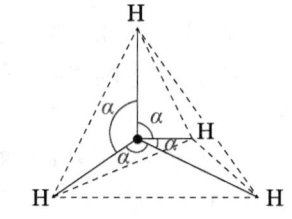

图 2-43　甲烷分子结构示意图

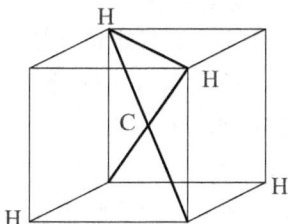

图 2-44　甲烷分子与立方体关系示意图

设立方体的边长为 a,根据余弦定理,得:$2a^2 = 3a^2/2 - (3a^2/2)\cos\alpha$,整理得:$\cos\alpha = -1/3$,解得:$\alpha = 109°28′$。所以,甲烷(还有四氯化碳、四氟化碳、四溴化碳、四氟化硅、四氯化硅等等)分子是正四面体结构,且其所有 HCH 夹角相同,都等于 109°28′。

②为什么氨分子中 HNH 夹角小于 109°28′?因为如果有四个等价的氮氢共用电子对互相排斥,HNH 夹角相同,都等于 109°28′。但氨分子中只有三对氮氢共用电子对和一对孤电子对,孤电子对更靠近氮原子,对三对共用电子对排斥力更大一些,所以,氨分子中 HNH 夹角小于 109°28′。

③为什么水分子中的 HOH 夹角 = 104°27′小于氨分子中 HNH 夹角(109°28′)?因为水分子比氨分子少了一对共用电子对和多了一对孤电子对,孤电子对更靠近氧原子,对两对共用电子对排斥力更大一些,所以,水分子中的 HOH 夹角(104°27′)小于氨分子中 HNH 夹角(109°28′)。

④为什么氟化硼分子（BF_3）是平面分子，FBF 夹角等于 120°？因为氟化硼分子中三对共用电子对相互排斥，最终达到平衡时，氟化硼（BF_3）四个原子处于同一平面上，所以 FBF 夹角等于 120°。

⑤为什么二氧化碳分子（O=C=O）和乙炔分子（H—C≡C—H）都是直线型分子？因为两种分子中的碳原子周围都仅有两团共用电子对，它们相互排斥，最终达到平衡时，二氧化碳分子中的两个氧原子与一个碳原子处于一条直线上，乙炔分子中的两个氢原子与两个碳原子处于一条直线上。

⑥为什么乙烯分子（C_2H_4）、苯分子（C_6H_6）都是平面分子，其中的键角都是 120°？因为它们分子中每个碳原子都进行 sp^2 杂化，每个 sp^2 杂化轨道上都只有 1 个电子，三个 sp^2 杂化轨道上的电子相互排斥，达到平衡时，三个 sp^2 杂化轨道对称轴的夹角是 120°，处于同一平面上。氢原子或其他碳原子沿着轨道对称轴方向重叠，且每个碳原子还有一个 p 轨道与三个 sp^2 杂化轨道形成的平面垂直，不同碳原子的 p 轨道要平行，才能重叠形成 π 键。所以，乙烯分子（C_2H_4）、苯分子（C_6H_6）都是平面分子，其中的键角都是 120°。

（10）当分子中含有极性键且不对称时，不能使正负电荷重心重合，这样的分子是极性分子。因为极性分子是指电荷分布不均匀的分子。分子中含有极性键，即在该极性键的范围内电荷分布不均匀，靠近吸引电子能力比较强的原子的一边带一定量的负电荷，靠近另一原子的一边带有一定量正电荷。如果分子不对称，分子中的正负电荷重心就不能重合，正负电荷就不能相互抵消，分子的电荷分布就不均匀，即分子的一边带一定量的正电荷，另一部分带一定量的负电荷。所以，当分子中含有极性键，且不对称时，不能使正负电荷重心重合，正负电荷不能相互抵消，这样的分子是极性分子。如，含有极性键的双原子分子：HCl 等分子一定属于极性分子；含有极性键的不对称的多原子分子：H_2O、NH_3、CH_3Cl、CH_2Cl_2、$CHCl_3$ 等分子都属于极性分子。

（11）当分子全部由非极性键构成或分子中虽然含有极性键，但分子是对称的时，这样的分子是非极性分子。因为非极性分子是指电荷分布均匀的分子。全部由非极性键构成的分子，其中每个非极性键电荷分布是均匀的，导致整个分子的电荷分布也是均匀的，如 H_2、N_2、O_2、F_2 等分子都属于非极性分子；或分子中虽然含有极性键，但当分子是对称的时，所有极性键正电荷重心与这些极性键的负电荷重心重合且电量相等，电性刚好完全抵消，对外显电中性，即分子中的电荷分布均匀。所以，当分子全部由非极性键构成或分子中虽然含有极性键，但分子是对称的时，这样的分子是非极性分子。

（12）离子带的电荷越多、离子半径越小，离子键越强。因为根据库仑定律可知，离子带的电荷越多、离子半径越小，阴阳离子的吸引力越大，与阴阳离子的核之间、它们电子之间的排斥力一起建立多力平衡状态，形成稳定的离子键，所以，离子带的电荷越多、离子半径越小，离子键越强。如离子键：NaF > NaCl > KCl；MgO > NaCl（与它们熔沸点变化规律一致）。

（13）离子带的电荷越多（自由电子也越多）、离子半径越小，金属键越强。因为金属键是金属离子与金属晶体中的自由电子之间的相互作用形成的化学键。如果都是 1mol 不同金属，离子带的电荷越多，也就是每个金属原子失去的电子数越多，那么，根据库仑定律可知，金属离子与自由电子之间的吸引力越强，与金属离子之间、它们的核之间、电子之间的排斥力一起建立多力平衡状态，形成稳定的金属键，所以，离子带的电荷越多（自由电子也越多）、离子半径越小，金属键越强。如，金属键：Li > Na > K > Rb > Cs；Al > Mg > Na（与它们熔沸点变化规律一致）。

（14）共价键越短、共用电子对数越多、两个成键原子孤对电子数越少，共价键越强。因为共价键越短、共用电子对数越多，根据库仑定律可知，共用电子对与两成键原子的核吸引力越强；两个成键原子孤对电子数越少，孤对电子之间的排斥力越小，所以，共价键越短、共用电子对数越多、两个成键原子孤对电子数越少，共价键越强。如，共价键：金刚石中的 C—C > 金刚砂中的 C—Si > 硅晶体中的 Si—Si（它们都属于原子晶体，熔化沸腾时，都破坏共价键，故熔沸点：金刚石 > 金刚砂 > 硅晶体）；N≡N > O=O > F—F；H—F > H—Cl > H—Br > H—I（物质的热稳定性是指该物质受热时，发生分解反应的难易程度。物质中的共价键越强，该键越难断裂，该物质的热稳定性就越强。热稳定性：HF > HCl > HBr > HI）；H—F > H—O > N—H（热稳定性：HF > H_2O > NH_3）。

（15）组成和结构相似的物质，相对分子质量越大，分子间的作用力越大。因为如氟、氯、溴、碘单质等分子晶体，相对分子质量越大，组成原子的半径也越大，原子和对其最外层电子的作用力越小，这些最外层电子越容易摆动，摆动的幅度也越大，即更容易产生瞬间极性，分子一边带正电，另一边带负电的几率和带电量都越多，根据库仑定律可知，分子间作用力越大；又如，烷烃等同系物随相对分子质量增加，分子之间的作用点增多，分子间作用力增大。所以，组成和结构相似的物质，相对分子质量越大，分子间的作用力越大。

（16）组成和相对分子质量相同的分子，如同分异构体，支链数越多，分子间作用力越小。因为组成和相对分子质量相同的分子，如同分异构体，支链数越多，分子间平均距离越大，根据库仑定律可知，分子间作用力越小。

（17）相对分子质量相同的分子，分子的极性越大，分子间作用力越大。主要是由于电量增加所致。因为相对分子质量相同的分子，分子的极性越大，即是分子内一边带正电荷，另一边带负电荷且电荷量越多，根据库仑定律可知，分子间作用力越大。如，分子间作用力：CO > N_2。CO 熔点：-207℃，沸点：-190℃；N_2 熔点：-209.8℃，沸点：-195.8℃。

（18）分子组成中含有 N—H，或—O—H，或 F—H 时，它们分子之间或分子内相互作用会明显增强。因为元素 N、O、F 吸引电子能力很强，分别跟氢原子结合形成氢化物时，其中的共用电子对都显著偏向 N、O、F 原子，使这些原子带有比较多的负电荷，而氢原子几乎变为一个裸露的带一个单位正电荷的质子。它们的氢化物处于晶体或液体时，静电作用比较强，可达到十几到几百 kJ/mol。这种存在于氢化物之间或分子内，能量在十几到几百 kJ/mol 的相互作用，叫作氢键。

（19）氢键的相对强弱：F—H⋯F > —O—H⋯O— > N—H⋯N。因为原子吸引电子的能力：F > O > N，共用电子对偏离氢原子的程度：F—H > —O—H > N—

H，带负电荷量：F＞O＞N，氢原子带正电荷量：F—H＞—O—H＞N—H，所以，氢键的相对强弱：F—H⋯F ＞—O—H⋯O＞N—H⋯N 。
　　　　　　　　　　　　　　｜　　　　｜　　　　＼
　　　　　　　　　　　　　　H　　　　H　　　　H

3．在物质性质上的应用

（1）最外层电子数相同（或同主族元素）的原子，随着原子序数增加（自上而下），原子失去电子的能力增强，元素的金属性增强：单质的还原性增强，最高价氧化物对应的水化物的碱性增强；得到电子的能力减弱，元素的非金属性减弱：单质氧化性减弱，最高价氧化物对应的水化物的酸性减弱，气态氢化物的稳定性减弱。因为最外层电子数相同（或同主族元素）的原子，随着原子序数增加（自上而下），原子的电子层数增加，原子半径增大，根据库仑定律可知，原子核与核外电子之间的吸引力减弱为主，所以，最外层电子数相同（或同主族元素）的原子，随着原子序数增加（自上而下），原子失去电子的能力增强，元素的金属性增强：单质的还原性增强，最高价氧化物对应的水化物的碱性增强；得到电子的能力减弱，元素的非金属性减弱：单质氧化性减弱，最高价氧化物对应的水化物的酸性减弱，气态氢化物的稳定性减弱。

（2）电子层数相同（或同周期元素）的原子，随着原子序数增加（或从左到右），原子失去电子的能力减弱，元素的金属性减弱：单质的还原性减弱，最高价氧化物对应的水化物的碱性减弱；得到电子的能力增强（除0族元素外），元素的非金属性增强：单质氧化性增强，最高价氧化物对应的水化物的酸性增强，气态氢化物的稳定性增强。因为电子层数相同（或同周期元素）的原子，随着原子序数增加（或从左到右），原子半径减小，根据库仑定律可知，原子核与核外电子之间的吸引力增强，所以，电子层数相同（或同周期元素）的原子，随着原子序数增加（或从左到右），原子失去电子的能力减弱，元素的金属性减弱：单质的还原性减弱，最高价氧化物对应的水化物的碱性减弱；得到电子的能力增强（除0族元素外），元素的非金属性增强：单质氧化性增强，最高价氧化物对应的水化物的酸性增强，气态氢化物的稳定性增强。

（3）电子层结构相同的阳离子，其氧化性随着核电荷数增加而增强。因为电子层结构相同的阳离子，其半径随着核电荷数增加而减小，阳离子吸引电子的能力增强，得到电子的能力增强。所以，电子层结构相同的阳离子，其氧化性随着核电荷数增加而增强。如果是最高价的阳离子，就没有还原性。如，Na^+、Mg^{2+}、Al^{3+}氧化性依次增强，都没有还原性。

（4）电子层结构相同的阴离子，其还原性随着核电荷数增加而减弱。因为电子层结构相同的阴离子，其半径随着核电荷数增加而减小，阴离子吸引最外层电子的能力增强，失去最外层电子的能力减弱。所以，电子层结构相同的阴离子，其还原性随着核电荷数增加而减弱。如果是最低价的阴离子，就没有氧化性。如，N^{3-}、O^{2-}、F^-还原性依次减弱，都没有氧化性。

（5）同种金属元素，带正电荷数越多的阳离子的氧化性越强。因为同种金属元素，带正电荷数越多的阳离子的半径越小，其核吸引电子的能力越强，所以，同种金属元素，带正电荷数越多的阳离子的氧化性越强。如，铁离子的氧化性比亚铁离子的强。

（6）同种非金属元素，阴离子的还原性比其原子的强。因为同种非金属元素，阴离子半径大于原子半径，其核吸引最外层电子的能力比其原子的弱，阴离子失去最外层电子的能力增强，所以，同种非金属元素，阴离子的还原性比其原子的强。

（7）离子晶体中，离子键越强，其熔沸点越高。因为离子晶体熔化沸腾都破坏离子键，离子键越强，离子晶体的熔沸点越高。如，离子键：NaF > NaCl > KCl；MgO > NaCl，熔沸点：NaF > NaCl > KCl；MgO > NaCl。

（8）金属晶体中，金属键越强，其熔沸点越高。因为金属晶体熔化沸腾都破坏金属键，金属键越强，金属晶体的熔沸点越高。如，金属键：Li > Na > K > Rb > Cs；Al > Mg > Na，熔沸点：Li > Na > K > Rb > Cs；Al > Mg > Na。

（9）原子晶体中，共价键越强，其熔沸点越高。因为原子晶体熔化沸腾都破坏共价键，共价键越强，原子晶体的熔沸点越高。如，共价键：金刚石中的 C—C > 金刚砂中的 C—Si > 硅晶体中的 Si—Si，熔沸点：金刚石 > 金刚砂 > 硅晶体。

（10）通过共价键形成的分子中，共价键越强，该分子越稳定。因为分子的稳定性是指分子参与反应的难易程度。分子越难参与反应，该分子越稳定。而化学反应过程是旧化学键断裂，新化学键形成的过程。所以，通过共价键形成的分子中，共价键越强，该分子越稳定。如，分子中共价键：N≡N > O=O > F—F，分子稳定性：N≡N > O=O > F—F（与原子得到电子的能力，元素的非金属性由弱到强的顺序一致：N < O < F。原子越难得到电子，元素非金属性越弱，单质越稳定）；又如，分子中共价键：N≡N > P_4 或红磷中的 P—P 键，分子稳定性：N≡N > P_4 或红磷（与原子得到电子的能力，元素的非金属性：N > P 矛盾。N≡N 非常稳定，主要决定于分子结构）。

（11）通过共价键形成的分子中，共价键越强，该分子的热稳定性越强。因为分子的热稳定性是指分子受热发生分解反应的难易程度。分子受热越难发生分解反应，该分子越稳定。而化学反应过程是旧化学键断裂，新化学键形成的过程。所以，通过共价键形成的分子中，共价键越强，该分子受热稳定性越强。如，分子中共价键：H—F > H—Cl > H—Br > H—I（与原子得到电子的能力，元素的非金属性由强到弱的顺序一致：F > Cl > Br > I），热稳定性：HF > HCl > HBr > HI；共价键：H—F > H—O > N—H，原子得到电子的能力、元素的非金属性：F > O > N，热稳定性：HF > H_2O > NH_3。

（12）分子晶体中，分子间的作用力越大，其熔沸点越高。因为分子晶体熔化沸腾时，破坏分子间作用力，所以，分子晶体中，分子间的作用力越大，其熔沸点越高。如，分子间作用力：$F_{2\text{分子间}}$ < $Cl_{2\text{分子间}}$ < $Br_{2\text{分子间}}$ < $I_{2\text{分子间}}$，熔沸点：$F_{2\text{晶体}}$ < $Cl_{2\text{晶体}}$ < $Br_{2\text{晶体}}$ < $I_{2\text{晶体}}$；又如，烷烃等同系物随相对分子质量增加，分子间作用力增大，熔沸点升高。再如，分子间作用力：CO > N_2。CO 熔点：-207℃，沸点：-190℃；N_2 熔点：-209.8℃，沸点：-195.8℃。

还有，由于 HF、H_2O、NH_3 分子晶体中存在氢键，导致分子间作用力：HF > HI > HBr > HCl；H_2O > H_2Te > H_2Se > H_2S；NH_3 > AsH_3 > PH_3；CH_3CH_2OH > CH_3OCH_3；对硝基苯酚 > 间硝基苯酚 > 邻硝基苯酚（其中邻硝基苯酚在分子内存在比较强的氢键，而分子间氢键：对硝基苯酚 > 间硝基苯酚，所以，分子间的作用力：对硝基苯酚 > 间硝基苯酚 > 邻硝基苯酚）。沸点：HF > HI > HBr > HCl；熔点：HI > HF > HBr > HCl（熔化时形成

(HF)n，即仅形成氟化氢的多聚体，破坏氢键的百分率小）；$H_2O > H_2Te > H_2Se > H_2S$；$NH_3 > AsH_3 > PH_3$；$CH_3CH_2OH > CH_3OCH_3$；间硝基苯酚 > 邻硝基苯酚。

（13）HF、H_2O、NH_3 熔沸点（见表 2-23）。

表 2-23 三种氢化物熔点和沸点

三种氢化物	HF	H_2O	NH_3
熔点/℃	-83.7	0	-77.7
沸点/℃	19.5	100	-33.5

①熔点：$H_2O > NH_3 > HF$。因为分子晶体熔点取决于：（a）分子晶体熔化时破坏的分子间作用力的强弱；（b）分子的对称度。HF、H_2O、NH_3 三种分子都不是高度对称的分子，对称度对它们熔点影响差距不大；分子晶体熔化时破坏的分子间作用力 = 该晶体中的分子间作用力 × 该晶体熔化时破坏的分子间作用力百分数。HF、H_2O、NH_3 三种晶体熔化时破坏的分子间作用力：$H_2O > NH_3 > HF$。所以，它们的熔点：$H_2O > NH_3 > HF$。

②沸点：$H_2O > HF > NH_3$。因为由分子组成的液体的沸点取决于该类液体沸腾时破坏的分子间作用力的强弱。由分子组成的液体沸腾时破坏的分子间作用力 = 该液体中的分子间作用力 × 该液体沸腾时破坏的分子间作用力百分数。HF、H_2O、NH_3 三种液体沸腾时破坏的分子间作用力：$H_2O > HF > NH_3$。所以，它们的沸点：$H_2O > HF > NH_3$。

（14）物质的溶解性遵循相似相溶原理。因为当溶质粒子与溶剂粒子之间的作用力大于溶质粒子之间、溶剂粒子之间的作用力或相近时，溶质就比较容易溶于溶剂中。由极性分子组成的溶质与由极性分子组成的溶剂之间：虽然溶质中的极性分子之间、溶剂中的极性分子之间的作用力都比较大，但溶质中的极性分子与溶剂中的极性分子之间的作用力也比较大，溶质分子与溶剂分子之间的作用力与溶质分子之间、溶剂分子之间的作用力相近，故由极性分子组成的溶质就比较容易溶于由极性分子组成的溶剂中。由非极性分子组成的溶质与由非极性分子组成的溶剂之间：溶质中的非极性分子之间、溶剂中的非极性分子之间的作用力、溶质中的非极性分子与溶剂中的非极性分子之间的作用力都比较小，即溶质分子与溶剂分子之间的作用力与溶质分子之间、溶剂分子之间的作用力相近，故由非极性分子组成的溶质就比较容易溶于由非极性分子组成的溶剂中。由非极性分子组成的溶质与由极性分子组成的溶剂之间：溶质中的非极性分子之间作用比较小，溶剂中的极性分子之间的作用力比较大，溶质中的非极性分子与溶剂中的极性分子之间的作用力比较小，即溶质分子与溶剂分子之间的作用力明显小于溶剂分子之间的作用力，故非极性分子组成的溶质就比较难溶于由极性分子组成的溶剂中。所以，物质的溶解性遵循相似相溶原理。

（15）HF、NH_3、CH_3CH_2OH 都极易溶于水。因为溶质分子与溶剂分子之间的作用力越强，该溶质分子越易溶于所指的溶剂中。HF、NH_3、CH_3CH_2OH 都能与水分子形成比较强的氢键，所以，HF、NH_3、CH_3CH_2OH 都极易溶于水。

（16）溶解度：间硝基苯酚 > 邻硝基苯酚。因为与间硝基苯酚比较，邻硝基苯酚在分子内存在比较强的氢键，几乎不能与水分子形成氢键，邻硝基苯酚与水分子间的作用力比较小。所以，溶解度：间硝基苯酚＞邻硝基苯酚。

（17）HF 比较难电离，属于弱酸。因为 HF 在水溶液中也存在 F—H⋯F 的氢键，1

$$\begin{matrix} & | \\ & H \end{matrix}$$

个氢原子同时受到 2 个氟原子作用，比较难电离出氢离子，故 HF 属于弱酸。

（18）酸性：HI＞HBr＞HCl＞H_2S。因为极性分子在水中电离的难易不仅决定于共价键的极性：共价键的极性越强，在水中越易电离；而且决定于共价键的强弱：共价键越弱，越易电离。HI、HBr、HCl 在水中电离的难易主要决定于其中共价键的强弱：H—Cl＞H—Br＞H—I；而 HCl、H_2S 在水中电离的难易主要决定于其中共价键的极性的强弱：H—Cl＞H—S—H。所以，酸性：HI＞HBr＞HCl＞H_2S。

（19）跟金属等还原剂接触时，浓硫酸中的 +6 价硫原子能得到电子，而稀硫酸中的 +6 价硫原子不能得到电子。原因是：浓硫酸中的硫酸主要以分子的形式存在，对电子没有排斥力，+6 价硫原子得到电子的能力比 +1 价氢原子的强；而稀硫酸主要以 H^+、HSO_4^-、SO_4^{2-} 的形式存在，只有 H^+ 带正电，吸引电子，得到电子，而 HSO_4^-、SO_4^{2-} 都带负电，排斥电子，不能得到电子。所以，跟金属等还原剂接触时，浓硫酸中的 +6 价硫原子能得到电子，而稀硫酸中的 +6 价硫原子不能得到电子。

（20）跟金属等还原剂接触时，浓、稀硝酸都以 +5 价氮原子得到电子为主。因为我们知道，硝酸有挥发性，说明浓、稀硝酸中都存在硝酸分子，+5 价氮原子得到电子的能力比 +1 价氢或 H^+ 的强。所以，跟金属等还原剂接触时，浓、稀硝酸都以 +5 价氮原子得到电子为主。

（21）胶体具有均一、稳定性。原因是同种胶体中的胶体微粒带同种电荷，它们互相排斥，不能聚集在一起。

（22）多元酸的电离方程式和电离平衡常数（表 2 - 24）。

表 2 - 24　常见多元酸的电离方程式和电离平衡常数 K_a

酸	电离方程式	电离平衡常数 K_a
H_2CO_3	$H_2CO_3 \rightleftharpoons H^+ + HCO_3^-$ $HCO_3^- \rightleftharpoons H^+ + HCO_3^{2-}$	$K_{a1} = 4.3 \times 10^{-7}$ $K_{a2} = 5.6 \times 10^{-11}$
H_2S	$H_2S \rightleftharpoons H^+ + HS^-$ $HS^- \rightleftharpoons H^+ + S^{2-}$	$K_{a1} = 9.1 \times 10^{-8}$ $K_{a2} = 1.1 \times 10^{-12}$
H_3PO_4	$H_3PO_4 \rightleftharpoons H^+ + H_2PO_4^-$ $H_2PO_4^- \rightleftharpoons H^+ + HPO_4^{2-}$ $HPO_4^{2-} \rightleftharpoons H^+ + PO_4^{3-}$	$K_{a1} = 7.5 \times 10^{-3}$ $K_{a2} = 6.2 \times 10^{-8}$ $K_{a3} = 2.2 \times 10^{-13}$
$H_2C_2O_4$	$H_2C_2O_4 \rightleftharpoons H^+ + HC_2O_4^-$ $HC_2O_4^- \rightleftharpoons H^+ + C_2O_4^{2-}$	$K_{a1} = 5.9 \times 10^{-2}$ $K_{a2} = 6.4 \times 10^{-5}$

续上表

酸	电离方程式	电离平衡常数 K_a
$\begin{array}{c}\quad\ \ CH_2-COOH\\ \ \ \ \ \ \ \ \ \ \ \ \ \|\\ HO-C-COOH\\ \ \ \ \ \ \ \ \ \ \ \ \ \|\\ \quad\ \ CH_2-COOH\end{array}$	$HOOCCH_2C(OH)(COOH)CH_2COOH \rightleftharpoons$ $HOOCCH_2C(OH)(COOH)CH_2COO^- + H^+$ $HOOCCH_2C(OH)(COOH)CH_2COO^- \rightleftharpoons$ $^-OOCCH_2C(OH)(COOH)CH_2COO^- + H^+$ $^-OOCCH_2C(OH)(COOH)CH_2COO^- \rightleftharpoons$ $^-OOCCH_2C(OH)(COO^-)CH_2COO^- + H^+$	$K_{a1} = 7.1 \times 10^{-4}$ $K_{a2} = 1.7 \times 10^{-5}$ $K_{a3} = 4.1 \times 10^{-7}$

①多元弱酸都分步电离，且 $K_{a1} > K_{a2} > K_{a3} > \cdots$。因为虽然像磷酸分子那样，三个羟基完全相同，即电离出任一个氢离子时，要破坏 O—H 键需要的能量相同，但电离出第 1 个 H^+ 后，得到 $H_2PO_4^-$。$H_2PO_4^-$ 带一个单位负电荷：(a) 使其中的 P 带的实际正电荷量减少，使未电离的 O—H 的极性变弱，水分子对其作用减弱，较难电离出第二个氢离子；(b) $H_2PO_4^-$ 电离出第二个氢离子时，要克服多一个单位负电荷的吸引力，所以，多元弱酸都分步电离，且 $K_{a1} > K_{a2} > K_{a3} > \cdots$。

②几个羟基或氢原子结合在同一个中心原子上时，K_{a1}/K_{a2} 比较大，如 H_2CO_3、H_2S、H_3PO_4；几个羟基或氢原子结合在不同原子上时，K_{a1}/K_{a2} 比较小，且羟基或电离的氢原子距离越大，K_{a1}/K_{a2} 比值越小（当然大于1），如 $H_2C_2O_4$、柠檬酸。因为几个羟基或氢原子结合在同一个中心原子上时，原子之间的距离较小，电离出第 1 个 H^+ 后，得到的带一个单位负电荷的酸根离子：(a) 使其中的中心原子带的实际正电荷量减少更明显，使未电离的 O—H 的极性变弱得更明显，水分子对其作用减弱更明显，更难电离出第二个氢离子；(b) 由于距离小，根据库仑定律可知，电离出第二个氢离子时，要克服多一个单位负电荷的吸引力更大。而几个羟基或氢原子结合在不同原子上时，且羟基或电离的氢原子距离越大：(a) 使其中的不同原子带的实际正电荷量减少不明显，使未电离的 O—H 的极性变弱不明显，水分子对其作用减弱不明显，电离出第二个氢离子的难度增加不明显；(b) 由于距离越大，根据库仑定律可知，电离出第二个氢离子时，要克服多一个单位负电荷的吸引力越小，所以，几个羟基或氢原子结合在同一个中心原子上时，K_{a1}/K_{a2} 比较大，如 H_2CO_3、H_2S、H_3PO_4；几个羟基或氢原子结合在不同原子上时，K_{a1}/K_{a2} 比较小，且羟基或电离的氢原子距离越大，K_{a1}/K_{a2} 比值越小（当然大于1），如 $H_2C_2O_4$、柠檬酸。

4. 在变化（反应）上的应用

（1）最外层电子数相同（或同主族元素）的原子，随着原子序数增加（自上而下），在相同条件下，单质越来越容易跟同一种氧化剂反应。在相同条件下，最高价氧化物对应的水化物越来越容易跟同一种酸或同一种酸性氧化物或同一种弱碱盐反应；在相同条件下，单质越来越难跟同一种还原剂反应。在相同条件下，最高价氧化物对应的水化物越来越难跟同一种碱或同一种碱性氧化物或同一种弱酸盐反应。在相同条件下，气态氢化物越容易发生分解反应。因为最外层电子数相同（或同主族元素）的原子，随着原子序数增加（自上而下），原子的电子层数增加，原子半径增大，根据库仑定律可知，原子核与核外电子之间的吸引力减弱为主，原子失去电子的能力增强，元素的金属性增强；单质的还原性增强，最高价氧化物对应的水化物的碱性增强；得到电子的能力减弱，元素的非金属性减弱；单质氧化性减弱，最高价氧化物对应的水化物的酸性减弱，气态氢化物的稳定性减弱。所以，有以上反应结果。

（2）电子层数相同（或同周期元素）的原子，随着原子序数增加（或从左到右，除0族外），在相同条件下，单质越来越难跟同一种氧化剂反应。在相同条件下，最高价氧化物对应的水化物越来越难跟同一种酸或同一种酸性氧化物或同一种弱碱盐反应；在相同条件下，单质越来越容易跟同一种还原剂反应。在相同条件下，最高价氧化物对应的水化物越来越容易跟同一种碱或同一种碱性氧化物或同一种弱酸盐反应。在相同条件下，气态氢化物越难发生分解反应。因为电子层数相同（或同周期元素）的原子，随着原子序数增加（或从左到右），元素的金属性减弱；单质的还原性减弱，最高价氧化物对应的水化物的碱性减弱；得到电子的能力增强（除0族元素外），元素的非金属性增强；单质氧化性增强，最高价氧化物对应的水化物的酸性增强，气态氢化物的稳定性增强。所以，有以上反应结果。

（3）电子层结构相同的阳离子，在相同条件下，跟同种还原剂反应或在电解池的阴极上得到电子，发生还原反应随着核电荷数增加而容易。因为电子层结构相同的阳离子，其氧化性随着核电荷数增加而增强。

（4）电子层结构相同的阴离子，在相同条件下，跟同种氧化剂反应或在电解池的阳极上失去电子，发生氧化反应随着核电荷数增加而变难。因为电子层结构相同的阴离子，其还原性随着核电荷数增加而减弱。

（5）同种金属元素，带正电荷数越多的阳离子，在相同条件下，跟同种还原剂反应或在电解池的阴极上得到电子，发生还原反应越容易。因为同种金属元素，带正电荷数越多的阳离子的氧化性越强。

（6）同种非金属元素，阴离子比其原子在相同条件下，跟同种氧化剂反应容易。因为同种非金属元素，阴离子的还原性比其原子的强。

（7）跟金属等还原剂接触时，浓硫酸中的+6价硫原子能得到电子，发生还原反应，浓硫酸的还原产物是SO_2，而稀硫酸中的+6价硫原子不能得到电子。原因是浓硫酸中的硫酸主要以分子的形式存在，对电子没有排斥力，+6价硫原子得到电子的能力比+1价氢原子的强；而稀硫酸主要以H^+、HSO_4^-、SO_4^{2-}的形式存在，只有H^+带正电，吸引电子，得到电子，而HSO_4^-、SO_4^{2-}都带负电，排斥电子，不能得到电子。所以，跟金属等还原剂接触时，浓硫酸中的+6价硫原子能得到电子，而稀硫酸中的+6价硫原子不能得到电子。

（8）跟金属等还原剂接触时，浓、稀硝酸都以+5价氮原子得到电子为主，发生还原反应，浓硝酸的还原产物是NO_2，随着稀硝酸浓度的减小，硝酸的还原产物中氮元素的化合价降低，依次是NO、N_2O、N_2、NH_4NO_3。因为我们知道，硝酸有挥发性，说明浓、稀硝酸中都存在硝酸分子，+5价氮原子得到电子的能力比+1价氢或H^+的强。所以，跟金属等还原剂接触时，浓、稀硝酸都以+5价氮原子得到电子为主。

（9）在相同条件下，同种碱或同种碱性氧化物或同种金属或同种更弱酸的盐跟同种多元弱酸混合时，反应从易到难的顺序是：第一个氢离子 > 第二个氢离子 > 第三个氢离子 > …。因为多元弱酸都分步电离，且 $K_{a1} > K_{a2} > K_{a3} > \cdots$。

（10）多元弱酸的正盐在溶液中分步水解。因为多元弱酸都分步电离，且 $K_{a1} > K_{a2} > K_{a3} > \cdots$，倒过来或根据库仑定律可知，多元弱酸的正盐电离出来的酸根离子结合由水电离出来的氢离子：$M^{n-} > HM^{(n-1)-} > H_2M^{(n-2)-} > \cdots$。

（11）NaCl 固体与浓硫酸混合，在常温下，不论 NaCl 是否过量，只发生的反应是：$NaCl + H_2SO_4(浓) = NaHSO_4 + HCl\uparrow$；只有在强热和氯化钠过量的条件下才进一步反应：$NaCl + NaHSO_4 \xrightarrow{强热} Na_2SO_4 + HCl\uparrow$。因为 H_2SO_4 提供氢离子从易到难的顺序是：第一个氢离子 > 第二个氢离子。

（12）在电解质电离或离子反应方程式中，左右两边电荷的符号和总数都相同。因为电荷守恒定律指出电荷既不会创生，也不会消失，它只能从一个物体转移到另一个物体，或者从物体的一部分转移到另一部分，在转移过程中，电荷的总量保持不变。所以，在电解质电离或离子反应方程式中，左右两边电荷的符号和总数都相同。

（13）S^{2-} 与 SO_3^{2-}、SO_4^{2-} 之间，Cl^- 与 ClO^-、ClO_3^- 之间，Br^- 与 BrO_3^- 之间不能发生氧化还原反应，而加酸、硫化物跟浓硫酸却能发生氧化还原反应。因为同性电荷是互相排斥的，S^{2-} 与 SO_3^{2-}、SO_4^{2-}；Cl^- 与 ClO^-、ClO_3^-；Br^- 与 BrO_3^- 都带负电，它们互相排斥，不能靠近，故 S^{2-} 与 SO_3^{2-}、SO_4^{2-} 之间，Cl^- 与 ClO^-、ClO_3^- 之间，Br^- 与 BrO_3^- 之间不能发生（氧化还原）反应；而加酸后，发生反应：$S^{2-} + 2H^+ = H_2S$，$SO_3^{2-} + 2H^+ = H_2SO_3$，$Cl^- + H^+ = HCl$（由盐酸有挥发性可知，盐酸中存在 HCl 分子），$ClO^- + H^+ = HClO$，$ClO_3^- + H^+ = HClO_3$，$Br^- + H^+ = HBr$（由氢溴酸有挥发性可知，氢溴酸中存在 HBr 分子），$BrO_3^- + H^+ = HBrO_3$，都变为电中性分子或存在电中性分子，且 H_2S、HCl、HBr 都有强度不同的还原性，H_2SO_3（或 SO_2）、HClO、$HClO_3$、$HBrO_3$ 都有强度不同的氧化性，能发生氧化还原反应：$2H_2S + H_2SO_3 = 3S\downarrow + 3H_2O$，$HCl + HClO = Cl_2\uparrow + H_2O$，$5HCl + HClO_3 = 3Cl_2\uparrow + 3H_2O$，$5HBr + HBrO_3 = 3Br_2 + 3H_2O$；硫化物跟稀硫酸不能发生氧化还原反应，而浓硫酸主要以分子的形式存在，有强氧化性，能发生反应：$3H_2S + H_2SO_4(浓) = 4S\downarrow + 4H_2O$ 或 $H_2S + H_2SO_4(浓) = S\downarrow + SO_2\uparrow + 2H_2O$，$3Na_2S + 4H_2SO_4(浓) = 3Na_2SO_4 + 4S\downarrow + 4H_2O$ 或 $Na_2S + 2H_2SO_4(浓) = Na_2SO_4 + S\downarrow + SO_2\uparrow + 2H_2O$。所以，$S^{2-}$ 与 SO_3^{2-}、SO_4^{2-} 之间，Cl^- 与 ClO^-、ClO_3^- 之间，Br^- 与 BrO_3^- 之间不能发生氧化还原反应，而加酸、硫化物跟浓硫酸却能发生氧化还原反应。

（14）胶体产生电泳现象。原因是胶体微粒带同种电荷，当向胶体通电时，与外电路的负极相接的阴极带负电，与外电路的正极相接的阳极带正电，胶体微粒向带相反电荷的电极一边移动，即为电泳现象。

（15）胶体能凝聚。原因是胶体具有稳定性是由于同种胶体中的胶体微粒带同种电荷，它们互相排斥，不能聚集在一起，当接触到带相反电荷的离子或胶体微粒时，它们电性互相抵消，没有电性的排斥，这些微粒就能聚集到一起，形成较大颗粒。

（16）羧酸跟醇发生酯化反应时，结合方式都是 $RCO-OH+H-OCH_2R'$，导致羧基上的羟基与醇羟基上的氢原子结合生成水。因为羧基上的碳原子带的正电荷的量比醇分子中与羟基结合的碳原子的多，醇羟基中氧原子与羧基中的碳原子吸引力比较大。无机含氧酸跟醇发生的酯化反应相似，$O_2N-OH+H-OCH_2R$；$HO_3S-OH+H-OCH_2R$。

（17）不对称烯烃跟极性分子或含阴阳离子的溶液反应时，带负电的粒子跟含氢原子少的不饱和碳原子结合。如 $CH_3CH=CH_2 + HBr \longrightarrow CH_3CHBrCH_3$。因为—$CH_3$ 中的碳原子带负电，排斥受两原子作用较弱的 π 键的电子对，使该电子对向 CH_2 一边移动，导致中间碳原子带一定量的正电，吸引带负电的溴离子。

如果想发生 $CH_3CH=CH_2 + HBr \longrightarrow CH_3CH_2CH_2Br$ 反应，就可在有过氧化物存在的条件下进行。因为如过氧化氢存在时能发生反应：$H_2O_2 + 2HBr = 2Br + 2H_2O$，中性的溴原子对电性起的作用不大，而由于—$CH_3$ 有较大的空间位阻，导致 $CH_3CH_2CH_2Br$ 是主要产物。

（18）所有物质的水解反应都遵循电荷吸斥原理。带正电的粒子与水电离出来的 OH^- 或带负电的粒子与水电离出来的 H^+ 的作用力越大越容易水解。故对于盐，越弱的碱与越弱的酸生成的盐越容易水解。

（19）弱肉强食也是电性引起作用力变化的结果。

①氧化还原反应的规律：较强氧化剂 + 较强还原剂→较弱氧化剂 + 较弱还原剂。因为较强氧化剂对电子吸引力较强，该物质得到电子后生成的物质就不容易失去电子而变为较弱还原剂；较强还原剂对电子吸引力较弱，该物质失去电子后生成的物质就不容易得到电子而变为较弱氧化剂。

②物质之间越容易发生化合反应，生成的物质就越难分解，即越稳定。因为反应物越活泼也包含其中的相互作用越弱，越容易生成越稳定的和相互作用越强的生成物。

③中和反应的实质是 $H^+ + OH^- = H_2O$。即阴阳离子通过异性电荷相互吸引生成稳定难电离的水。

④盐跟酸发生复分解反应

a. 较强酸制备较弱酸。氢离子从易电离、与酸根吸引力弱的强酸上转到难电离、作用力强的酸根上形成弱酸。

b. 难挥发性酸制备易挥发性酸。分子间作用力强的酸生成分子间作用力弱的酸。如浓硫酸跟氯化钠固体反应生成氯化氢气体。

c. 生成极难溶于水和所生成的较强酸的盐时，弱酸可制备强酸。溶解能力强或容易电离的盐制备溶解能力弱或难电离的盐。如 $CuSO_4 + H_2S = CuS\downarrow + H_2SO_4$

或 $FeCl_3 + 3KSCN = Fe(SCN)_3 + 3KCl$。

⑤较强碱制备较弱碱。氢氧根离子从易电离、与金属离子吸引力弱的强碱上转到难电

离、作用力强的金属离子或铵离子上形成弱碱。

（20）原电池的阳极（即负极）或电解池的阳极都是最容易失去电子的物质（浓度相同时）首先失去电子，发生氧化反应。物质容易失去电子，说明失去的电子所受的吸引力弱。

常见金属和相同物质的量浓度的阴离子失去电子从易到难的顺序是：
$K > Ca > Na > Mg > Al > Zn > Fe > Sn > Pb > Cu > Hg > Ag > S^{2-} > I^- > Br^- > Cl^- > OH^- >$ 元素最高价含氧酸根离子 $> F^-$

（21）原电池的阴极（即正极）或电解池的阴极等最容易得到电子的物质（浓度相同时）首先得到电子，发生还原反应。物质容易得到电子，说明物质吸引电子的能力强。

相同物质的量浓度的常见阳离子得到电子从易到难的顺序是：
$Ag^+ > Hg^{2+} > Cu^{2+} > H^+ > Pb^{2+} > Sn^{2+} > Fe^{2+} > Zn^{2+} > Al^{3+} > Mg^{2+} > Na^+ > Ca^{2+} > K^+$

（22）燃料电池在碱性溶液中的电极反应：负极：$H_2 - 2e^- + 2OH^- == 2H_2O$，正极：$O_2 + 4e^- + 2H_2O == 4OH^-$。因为 H_2 失去电子变为 H^+ 必定跟碱性溶液中的 OH^- 反应生成水；1个 O_2 分子得到4个电子生成2个 O^{2-} 离子，必定跟2个水分子电离出的2个 H^+ 反应生成2个 OH^-，加上2个水分子电离出的2个 OH^- 共生成4个 OH^-：$2O^{2-} + 2H_2O == 4OH^-$。

（23）燃料电池在酸性溶液中的电极反应：负极：$H_2 - 2e^- == 2H^+$，正极：$O_2 + 4e^- + 4H^+ == 2H_2O$。因为1个 O_2 分子得到4个电子生成2个 O^{2-} 离子，必定跟酸性溶液中的4个 H^+ 反应生成2个 H_2O 分子。

（24）溴乙烷（CH_3CH_2Br）与氢氧化钠水溶液共热，水解反应的速率比消去反应的速率大得多，即主要发生水解反应；与氢氧化钠的乙醇溶液共热，消去反应的速率比水解反应的速率大得多，即主要发生消去反应。

因为溴乙烷难溶于氢氧化钠水溶液，将溴乙烷加入氢氧化钠水溶液中，两种液体分层，溴乙烷在下层，溴乙烷分子是弱极性分子，其中溴原子一边带一定量的负电荷，氢氧化钠溶液主要接触 CH_3CH_2Br 分子中的溴原子，如图2-45所示，所以，溴乙烷水解速率比消去速率大得多。

而溴乙烷溶于氢氧化钠的乙醇溶液，溴乙烷整个分子充分与氢氧化钠接触，溴乙烷发生消去反应的速率比水解速率大得多。

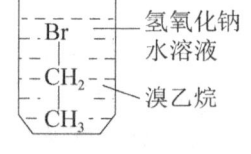

图2-45 溴乙烷水解示意图

第三章 物质的精华

第一节 过氧化钠

一、组成

Na_2O_2

二、结构

晶体结构：Na_2O_2 的电子式为 $Na^+[:\ddot{O}:\ddot{O}:]^{2-}Na^+$，离子晶体。

三、性质

(1) 物理性质：淡黄色固体，易潮解，密度 $2.805 g/cm^3$，熔点不低，约 675℃。
(2) 化学性质：过氧化钠中的氧元素呈 -1 价，钠元素呈 $+1$ 价。

四、化学反应与实验现象、用途

过氧化钠跟还原剂（既显强氧化性）反应，使有机色素（漂白性）氧化而褪色，能杀菌、消毒。跟强氧化剂（又显弱还原性）反应，自身发生氧化还原反应。

（一）显强氧化性（-1 价氧→-2 价氧），跟还原剂反应

(1) 跟金属反应：$2Na + Na_2O_2 \xrightarrow{\triangle} 2Na_2O$，银白色固体变为银白色液体，与浅黄色固体一起变为白色固体。这是制备氧化钠的方法之一。

$Fe + 3Na_2O_2 \xrightarrow{熔融} Na_2FeO_4 + 2Na_2O$，灰色液体变为紫色液体，慢慢冷却，先析出白色固体，再析出紫色固体。这是制备高铁酸钠的方法之一。

(2) 跟某些非金属反应：$C + 2Na_2O_2 \xrightarrow{熔融} Na_2CO_3 + Na_2O$，淡黄色液体遇到碳粉，黑色粉末消失，形成无色液体，冷凝变为白色固体。

(3) 跟含较低价元素的化合物反应：

① $SO_2 + Na_2O_2 == Na_2SO_4$，无色刺激性气味的气体消失，浅黄色固体变为白色固体。

② $Cr_2O_3 + 3Na_2O_2 == 2Na_2CrO_4 + Na_2O$，黄绿色固体变为黄色固体。

③ $4FeCl_2 + 4Na_2O_2 + 6H_2O == 4Fe(OH)_3\downarrow + 8NaCl + O_2\uparrow$，浅绿色溶液和浅黄色固体变为红褐色沉淀，产生气泡，逸出无色无气味的气体。

④ 将有机色素氧化而褪色→作漂白剂。

⑤ 将细菌、病毒氧化而杀菌、消毒→用作杀菌消毒剂。

（二）显弱还原性（-1价氧→-1/2价氧或氧气），跟强氧化剂反应

（1）跟活泼非金属反应：$Na_2O_2 + O_2 \xrightarrow{500℃} 2NaO_2$，浅黄色固体变为黄色固体。

（2）跟元素化合价较高的化合物反应：
$2KMnO_4 + 5Na_2O_2 + 8H_2SO_4 == 2MnSO_4 + K_2SO_4 + 5Na_2SO_4 + 5O_2\uparrow + 8H_2O$，浅黄色固体溶解，溶液的紫色变为无色，产生气泡，逸出无色无气味的气体。

（三）与最高价气态非金属氧化物能发生自身氧化还原反应，生成盐，放出氧气

$2Na_2O_2 + 2CO_2 == 2Na_2CO_3 + O_2\uparrow$，浅黄色固体变为白色固体，体系温度升高→用作供氧剂。

$2Na_2O_2 + 2H_2O == 4NaOH + O_2\uparrow$，浅黄色固体变为无色溶液（水多），体系温度升高，逸出使带火星的木条复燃的无色气体→用作供氧剂。

五、制备

（1）首先用金属钠在一个含氧量低于空气的环境下形成Na_2O：$4Na + O_2 == 2Na_2O$；

（2）隔绝湿气，充分粉碎Na_2O；

（3）再置于一个含氧量高于空气的环境下，加热200~350℃进一步氧化为Na_2O_2：
$2Na_2O + O_2 \xrightarrow{200~350℃} 2Na_2O_2$。

第二节　氯化钠

一、组成

NaCl

二、结构

晶体结构：NaCl 的电子式为 $Na^+[:\ddot{Cl}:]^-$，离子晶体。

三、性质

（1）物理性质：常温下，氯化钠是无色立方晶体或白色粉末，易溶于水，密度

2.165g/cm³，熔沸点较高，熔点 801℃，沸点 1413℃。

（2）化学性质：氯化钠中的钠元素呈 +1 价、氯元素呈 -1 价。属盐（跟七类物质反应）。

四、化学反应与实验现象、用途

（1）跟碱反应。

（2）跟难挥发性酸反应：$NaCl(s) + H_2SO_4(浓) == NaHSO_4 + HCl\uparrow$，

$NaCl(s) + NaHSO_4 \xrightarrow{强热} Na_2SO_4 + HCl\uparrow$ 或 $2NaCl(s) + H_2SO_4(浓) \xrightarrow{强热} Na_2SO_4 + 2HCl\uparrow$，产生气泡，逸出无色有刺激性气味的气体，在空气中形成白雾。

（3）跟某些盐反应：$NaCl(aq) + AgNO_3(aq) == NaNO_3 + AgCl\downarrow$，$Cl^- + Ag^+ == AgCl\downarrow$，产生白色沉淀。

$NaCl(饱和) + NH_3 + CO_2 + H_2O == NaHCO_3\downarrow + NH_4Cl$，

$Na^+ + NH_3 + CO_2 + H_2O == NaHCO_3\downarrow + NH_4^+$，产生白色沉淀→制备碳酸氢钠。

（4）跟活泼金属反应，显示钠离子的弱氧化性：$2NaCl + Sr \xrightarrow{熔融} 2Na + SrCl_2$，

$2Na^+ + Sr \xrightarrow{熔融} 2Na + Sr^{2+}$。

（5）跟活泼非金属反应，显示氯离子的弱还原性：$2NaCl + F_2 \xrightarrow{熔融} 2NaF + Cl_2$，

$2Cl^- + F_2 \xrightarrow{熔融} 2F^- + Cl_2$，浅黄绿色气体变为黄绿色气体。

（6）熔融电解：$2NaCl \xrightarrow[熔融]{通电} 2Na + Cl_2\uparrow$，$2Na^+ + Cl^- \xrightarrow[熔融]{通电} 2Na + Cl_2\uparrow$，在阴极区产生银白色液体，阳极产生气泡，逸出黄绿色有刺激性气味的气体→制备金属钠。

（7）电解饱和氯化钠溶液：$2NaCl + H_2O \xrightarrow{通电} 2NaOH + H_2\uparrow + Cl_2\uparrow$，

$2Cl^- + H_2O \xrightarrow{通电} 2OH^- + H_2\uparrow + Cl_2\uparrow$，阴极产生气泡，逸出无色无气味的气体，溶液使酚酞先变红色；阳极产生气泡，逸出黄绿色有刺激性气味的气体→制备氢氧化钠。

五、氯化钠存在情况

海水中的含量较大。

六、制法

将海水导入池中，日晒或在干燥的天气或风吹，蒸发掉水分，氯化钠就结晶出来。

第三节 氢氧化钠（俗名：烧碱、火碱、苛性钠）

一、组成

NaOH

二、结构

晶体结构：NaOH 的电子式为 $Na^+[:\ddot{O}:H]^-$，离子晶体。

三、性质：

（1）物理性质：常温下，白色半透明，结晶状固体。氢氧化钠极易溶于水，溶解度随温度的升高而增大，溶解时能放出大量的热，288K 时其饱和溶液浓度可达 16.4mol/L（1∶1），有吸水性，在空气中潮解，可用作干燥剂；密度为 2.130g/cm³，熔沸点较高，熔点为 318.4℃，沸点为 1390℃。

（2）化学性质：氢氧化钠中的钠和氢元素 +1 价、氧元素 -2 价，有强碱性（跟六类物质反应）。

四、化学反应与实验现象、用途

（1）跟酸碱指示剂反应：使无色酚酞试液变成红色；使 pH 试纸、紫色石蕊溶液等变蓝色。

（2）跟酸发生中和反应→盐 + 水：$NaOH + HCl == NaCl + H_2O$，$OH^- + H^+ == H_2O$，体系温度升高。

$NaOH + H_3PO_4 == NaH_2PO_4 + H_2O$，$OH^- + H_3PO_4 == H_2PO_4^- + H_2O$，

$2NaOH + H_3PO_4 == Na_2HPO_4 + 2H_2O$，$2OH^- + H_3PO_4 == HPO_4^{2-} + 2H_2O$，

$3NaOH + H_3PO_4 == Na_3PO_4 + 3H_2O$，$3OH^- + H_3PO_4 == PO_4^{3-} + 3H_2O$，体系温度升高。

$NaOH + Al(OH)_3 == NaAlO_2 + 2H_2O$，$OH^- + Al(OH)_3 == AlO_2^- + 2H_2O$，白色固体溶解。

$2NaOH + Zn(OH)_2 == Na_2ZnO_2 + 2H_2O$，$2OH^- + Zn(OH)_2 == ZnO_2^{2-} + 2H_2O$，白色固体溶解。

（3）跟酸性氧化物反应→盐 + 水：$2NaOH + CO_2 == Na_2CO_3 + H_2O$，$2OH^- + CO_2 == CO_3^{2-} + H_2O$，

$NaOH + CO_2 == NaHCO_3$，$OH^- + CO_2 == HCO_3^-$，无色无气味的气体消失。

$2NaOH + SiO_2 == Na_2SiO_3 + H_2O$，$2OH^- + SiO_2 == SiO_3^{2-} + H_2O$，白色粉末逐渐溶

解→制备水玻璃；NaOH 不能盛于带玻璃塞的玻璃瓶中。

$2NaOH + Al_2O_3 == 2NaAlO_2 + H_2O$，$2OH^- + Al_2O_3 == 2AlO_2^- + H_2O$，白色固体溶解。

$2NaOH + ZnO == Na_2ZnO_2 + H_2O$，$2OH^- + ZnO == ZnO_2^{2-} + H_2O$，白色固体溶解。

（4）跟某些盐反应→新碱+新盐：$2NaOH(aq) + CuSO_4 == Cu(OH)_2\downarrow + Na_2SO_4$，$2OH^- + Cu^{2+} == Cu(OH)_2\downarrow$，产生蓝色沉淀。

$NaOH + NH_4Cl == NH_3\cdot H_2O + NaCl$，$OH^- + NH_4^+ == NH_3\cdot H_2O$，闻到刺激性气味。

$NaOH + NH_4Cl == NH_3\uparrow + H_2O + NaCl$，$OH^- + NH_4^+ == NH_3\uparrow + H_2O$，逸出刺激性气味的气体。

跟酸式盐反应→正盐+水：$NaHCO_3 + NaOH == Na_2CO_3 + H_2O$，$HCO_3^- + OH^- == CO_3^{2-} + H_2O$。

（5）跟金属 Al、Zn 反应→盐+H_2：$2Al + 2NaOH + 2H_2O == 2NaAlO_2 + 3H_2\uparrow$，

$2Al + 2OH^- + 2H_2O == 2AlO_2^- + 3H_2\uparrow$，银白色固体溶解，产生气泡，逸出无色无气味的气体。

$Zn + 2NaOH == Na_2ZnO_2 + H_2\uparrow$，$Zn + 2OH^- == ZnO_2^{2-} + H_2\uparrow$，银白色固体溶解，产生气泡，逸出无色无气味的气体。

（6）跟某些非金属反应：$Si + 2NaOH + H_2O == Na_2SiO_3 + 2H_2\uparrow$，$Si + 2OH^- + H_2O == SiO_3^{2-} + 2H_2\uparrow$，白色粉末溶解，产生气泡，逸出无色无气味的气体→野外制备少量氢气。

跟氯、溴、碘、硫等反应时，非金属单质都是发生自身氧化还原反应：

$2NaOH + Cl_2 == NaCl + NaClO + H_2O$，$2OH^- + Cl_2 == Cl^- + ClO^- + H_2O$，黄绿色有刺激性气味的气体消失。

$6NaOH(热) + 3Cl_2 == 5NaCl + NaClO_3 + 3H_2O$，$6OH^-(热) + 3Cl_2 == 5Cl^- + ClO_3^- + 3H_2O$，黄绿色有刺激性气味的气体消失。

$6NaOH + 3Br_2 == 5NaBr + NaBrO_3 + 3H_2O$，$6OH^- + 3Br_2 == 5Br^- + BrO_3^- + 3H_2O$，红棕色液体褪色。

$6NaOH + 3I_2 == 5NaI + NaIO_3 + 3H_2O$，$6OH^- + 3I_2 == 5I^- + IO_3^- + 3H_2O$，紫黑色固体溶解。

$6NaOH + 3S == 2Na_2S + Na_2SO_3 + 3H_2O$，$6OH^- + 3S == 2S^{2-} + SO_3^{2-} + 3H_2O$，淡黄色固体溶解。

$6NaOH + 4S == 2Na_2S + Na_2S_2O_3 + 3H_2O$，$6OH^- + 3S == 2S^{2-} + S_2O_3^{2-} + 3H_2O$，淡黄色固体溶解。

五、制法

（1）将碳酸钠的固体颗粒（浓溶液也行）加入石灰浆中：

$Ca(OH)_2 + Na_2CO_3 == CaCO_3\downarrow + 2NaOH$，过滤，取滤液蒸发，冷却结晶。耐碱

设备。

(2) 电解饱和食盐水：$2NaCl + 2H_2O \stackrel{}{=\!=\!=} Cl_2\uparrow + 2NaOH + H_2\uparrow$。阳离子交换膜电解池。

第四节　镁

一、组成

$_{12}Mg$

二、结构

(1) 原子结构：原子电子排布式为 $1s^22s^22p^63s^2$，原子结构示意图为 ，原子的电子式为 Mg: ，居于元素周期表的第 3 周期 IIA 族。

(2) 晶体结构：金属晶体。金属键：Be > Mg；Na < Mg < Al。

三、性质

(1) 物理性质：常温下为银白色固体，电和热的良导体，硬度小，硬度：Be > Mg；Na < Mg < Al。延展性好，密度是 $1.74g/cm^3$，密度：Be > Mg；Na < Mg < Al。表面有致密的氧化膜保护。熔点为 650℃，沸点为 1090℃，熔沸点：Be > Mg；Na < Mg < Al。

(2) 化学性质：很活泼；有强还原性（易跟氧化剂反应）：Ba > Sr > Ca > Mg > Be；Na > Mg > Al。

四、化学反应与实验现象、用途

（一）跟非金属反应

(1) $2Mg + O_2 =\!=\!= 2MgO$，金属光泽变淡→表面形成致密的氧化膜。

(2) $2Mg + O_2 \stackrel{点燃}{=\!=\!=} 2MgO$，剧烈燃烧，银白色固体迅速减少，生成白烟和白色固体，周围温度迅速升高，发出耀眼的白光→制备照明弹。

(3) $Mg + Cl_2 \stackrel{点燃}{=\!=\!=} MgCl_2$，剧烈燃烧，银白色固体迅速减少，黄绿色气体迅速消失，产生白烟，周围温度升高，发出耀眼的白光。

(4) $Mg + S \stackrel{\triangle}{=\!=\!=} MgS$，灰黄色粉末消失，生成白色固体，体系温度升高，产生黄色蒸气。

(5) $Mg + I_2 \stackrel{水}{=\!=\!=} MgI_2$，紫灰色粉末变为棕色固体，周围温度升高，产生紫红色蒸气。

(6) $3Mg + N_2 \xrightarrow{\text{高温}} Mg_3N_2$，银白色固体逐渐变为黄绿色固体。

（二）跟含较高价态元素的化合物反应

(1) $Mg + 2HCl == MgCl_2 + H_2\uparrow$，$Mg + H_2SO_4(稀) == MgSO_4 + H_2\uparrow$，$Mg + 2H^+ == Mg^{2+} + H_2\uparrow$，银白色固体在液体中上下运动，快速减少，产生气泡，逸出无色气体，听到"嘶嘶"声，体系温度升高。

(2) $Mg + 2H_2O(热水) == Mg(OH)_2 + H_2\uparrow$，产生少量气泡，加入酚酞试液，固体表面变为红色。

(3) $Mg + 2H_2SO_4(浓) == MgSO_4 + SO_2\uparrow + 2H_2O$，银白色固体浮于液面振动并逐渐减少，有白色固体沉聚，产生气泡，逸出无色有刺激性气味的气体，体系温度升高。

(4) $Mg + 4HNO_3(浓) == Mg(NO_3)_2 + 2NO_2\uparrow + 2H_2O$，$Mg + 4H^+ + 2NO_3^- == Mg^{2+} + 2NO_2\uparrow + 2H_2O$，银白色固体浮于液面振动并迅速减少，产生大量气泡，逸出红棕色有刺激性气味的气体，体系温度升高。

(5) $3Mg + 8HNO_3(稀) == 3Mg(NO_3)_2 + 2NO\uparrow + 4H_2O$，

$3Mg + 8H^+ + 2NO_3^- == 3Mg^{2+} + 2NO\uparrow + 4H_2O$，银白色固体在液体中振动并逐渐减少，产生气泡，逸出无色气体，到达容器口变为红棕色有刺激性气味的气体，体系温度升高。

(6) $4Mg + 10HNO_3(更稀) == 4Mg(NO_3)_2 + N_2O\uparrow + 5H_2O$，

$4Mg + 10H^+ + 2NO_3^- == 4Mg^{2+} + N_2O\uparrow + 5H_2O$ 或 $5Mg + 12HNO_3(更稀) == 5Mg(NO_3)_2 + N_2\uparrow + 6H_2O$，

$5Mg + 12H^+ + 2NO_3^- == 5Mg^{2+} + N_2\uparrow + 6H_2O$，银白色固体在液体中振动并逐渐减少，产生气泡，逸出无色气体。

(7) $4Mg + 10HNO_3(极稀) == 4Mg(NO_3)_2 + NH_4NO_3 + 3H_2O$，

$4Mg + 10H^+ + NO_3^- == 4Mg^{2+} + NH_4^+ + 3H_2O$，银白色固体在液体下面振动并慢慢减少。

(8) 将镁加入氯化铵溶液中，总反应：$Mg + 2NH_4Cl == MgCl_2 + 2NH_3\uparrow + H_2\uparrow$，

$Mg + 2NH_4^+ == Mg^{2+} + 2NH_3\uparrow + H_2\uparrow$，银白色固体在液体中振动并逐渐减少，产生气泡，逸出无色有刺激性气味的气体，听到嘶嘶声。

(9) $Mg + 2CH_3CH_2OH == (CH_3CH_2O)_2Mg + H_2\uparrow$，银白色固体在无色液体下面振动，产生气泡，逸出无色气体，固体逐渐减少。

(10) $2Mg + CO_2 \xrightarrow{\text{点燃}} 2MgO + C$，剧烈燃烧，银白色固体迅速减少，生成夹有黑色固体的白色固体，周围温度迅速升高，发出耀眼的白光→不能用CO_2灭镁的着火。

(11) $2Mg + SiO_2 \xrightarrow{\text{高温}} 2MgO + Si$。

(12) $3Mg + Fe_2O_3 \xrightarrow[\text{隔绝空气}]{\text{高温}} 3MgO + 2Fe$，暗红色粉末变为白色残渣和红色液体。

五、元素存在形态

镁元素在自然界中只以化合态存在。

六、制法

（1）反应原理：$MgCl_2 \xrightarrow[\text{熔融}]{\text{通电}} Mg + Cl_2 \uparrow$。

（2）主要设备：电解池。

第五节　铝

一、组成

$_{13}Al$

二、结构

（1）原子结构：原子电子排布式为 $1s^22s^22p^63s^23p^1$，原子结构示意图为 +13 2 8 3，原子的电子式为 ·Al: ，居于元素周期表的第 3 周期 ⅢA 族。

（2）晶体结构：金属晶体。金属键：Al > Ga；Na < Mg < Al。

三、性质

（1）物理性质：常温下为银白色固体，电和热的良导体，硬度小，硬度：B > Al > Ga；Na < Mg < Al。延展性好，密度是 $1.74g/cm^3$，密度：B < Al < Ga；Na < Mg < Al。表面有致密的氧化膜保护。熔点为 660℃，沸点为 2467℃，熔沸点：B > Al > Ga；Na < Mg < Al。

（2）化学性质：很活泼；有强还原性（易跟氧化剂反应）：Al > Ga；Na > Mg > Al。

四、化学反应与实验现象、用途

（一）跟非金属反应

（1）$4Al + 3O_2 =\!=\!= 2Al_2O_3$，金属光泽变淡→表面形成致密的氧化膜。

（2）$4Al + 3O_2 \xrightarrow{\text{点燃}} 2Al_2O_3$，灰色粉末迅速减少，生成白烟和白色固体，周围温度迅速升高，发出耀眼的白光→制备焰火。

（3）$2Al + 3Cl_2 \xrightarrow{\text{点燃}} 2AlCl_3$，银白色固体迅速减少，黄绿色气体迅速消失，产生白

烟,周围温度升高,发出耀眼的白光。

(4) $2Al + 3S \xrightarrow{\triangle} Al_2S_3$,灰黄色粉末消失,生成黄色固体,体系温度升高,产生黄色蒸气。

(5) $2Al + 3I_2 \xrightarrow{水} 2AlI_3$,紫灰色粉末变为棕色固体,周围温度升高,产生紫红色蒸气。

(6) $2Al + N_2 \xrightarrow{高温} 2AlN$,灰色粉末逐渐变为白色固体。

(二)跟含较高价态元素的化合物反应

(1) $2Al + 6HCl = 2AlCl_3 + 3H_2\uparrow$,$2Al + 3H_2SO_4(稀) = Al_2(SO_4)_3 + 3H_2\uparrow$,

$2Al + 6H^+ = 2Al^{3+} + 3H_2\uparrow$,银白色固体在液体中上下运动,逐渐减少,产生较多气泡,逸出无色气体,听到"嘶嘶"声,体系温度升高。

(2) $2Al + 6H_2O(热水) = 2Al(OH)_3 + 3H_2$,产生几个小气泡。

(3) $2Al + 2NaOH + 2H_2O = 2NaAlO_2 + 3H_2\uparrow$,$2Al + 2OH^- + 2H_2O = 2AlO_2^- + 3H_2\uparrow$,银白色固体在液体中上下运动,逐渐减少,产生较多气泡,逸出无色气体,听到"嘶嘶"声,体系温度升高。

(4) $2Al + 3Hg(NO_3)_2 = 3Hg + 2Al(NO_3)_3$,$2Al + 3Hg^{2+} = 3Hg + 2Al^{3+}$,银白色固体逐渐减少,有银白色液体沉聚。

(5) 常温下,铝在浓硫酸、浓硝酸中钝化。

受热会慢慢反应:① $2Al + 6H_2SO_4(浓) \xrightarrow{\triangle} Al_2(SO_4)_3 + 3SO_2\uparrow + 6H_2O$,银白色固体浮于液面振动并逐渐减少,有白色固体沉聚,产生气泡,逸出无色有刺激性气味的气体。

② $Al + 6HNO_3(浓) \xrightarrow{\triangle} Al(NO_3)_3 + 3NO_2\uparrow + 3H_2O$,$Al + 6H^+ + 3NO_3^- \xrightarrow{\triangle} Al^{3+} + 3NO_2\uparrow + 3H_2O$,银白色固体在液液体中振动并慢慢减少,产生气泡,逸出红棕色有刺激性气味的气体。

(6) $Al + 4HNO_3(稀) = Al(NO_3)_3 + NO\uparrow + 2H_2O$,$Al + 4H^+ + NO_3^- = Al^{3+} + NO\uparrow + 2H_2O$,银白色固体在液体中振动并逐渐减少,产生气泡,逸出无色气体,到达容器口变为红棕色有刺激性气味的气体,体系温度升高。

(7) $8Al + 30HNO_3(更稀) = 8Al(NO_3)_3 + 3N_2O\uparrow + 15H_2O$,

$8Al + 30H^+ + 6NO_3^- = 8Al^{3+} + 3N_2O\uparrow + 15H_2O$,

或 $10Al + 36HNO_3(更稀) = 10Al(NO_3)_3 + 3N_2\uparrow + 18H_2O$,

$10Al + 36H^+ + 6NO_3^- = 10Al^{3+} + 3N_2\uparrow + 18H_2O$,银白色固体在液体中振动并逐渐减少,产生气泡,逸出无色气体。

(8) $8Al + 30HNO_3(极稀) = 8Al(NO_3)_3 + 3NH_4NO_3 + 9H_2O$,

$8Al + 30H^+ + 3NO_3^- = 8Al^{3+} + 3NH_4^+ + 9H_2O$,银白色固体在液体下面振动并慢慢减少。

(9) 将铝加入氯化铵溶液中,总反应:$2Al + 6H_2O = 2Al(OH)_3 + 3H_2\uparrow$,银白色固体在液体中振动并逐渐减少,产生气泡,逸出无色气体,听到"嘶嘶"声。

(10) $2Al + 6CH_3CH_2OH = 2(CH_3CH_2O)_3Al + 3H_2\uparrow$,银白色固体在无色液体下面振动,产生气泡,逸出无色气体,固体逐渐减少。

（11）$4Al + 3CO_2 \xrightarrow{点燃} 2Al_2O_3 + 3C$，银白色固体迅速减少，生成夹有黑色固体的白色固体，周围温度迅速升高，发出耀眼的白光→不能用 CO_2 灭铝的着火。

（12）$4Al + 3SiO_2 \xrightarrow{高温} 2Al_2O_3 + 3Si$。

（13）$2Al + Fe_2O_3 \xrightarrow[隔绝空气]{高温} Al_2O_3 + 2Fe$，激烈反应，烟火向上喷射，暗红色粉末变为白色残渣和红色液体→制备高熔点金属。

五、元素存在形态

在自然界中只有化合态。

六、制法

（1）反应原理：$2Al_2O_3 \xrightarrow[熔融冰晶石]{通电} 4Al + 3O_2 \uparrow$

（2）主要设备：电解池。

第六节　氧化铝

一、组成

Al_2O_3

二、结构

晶体结构：Al_2O_3 的电子式为 $[:\ddot{O}:]^{2-} Al^{3+} [:\ddot{O}:]^{2-} Al^{3+} [:\ddot{O}:]^{2-}$，离子晶体。

三、性质

（1）物理性质：白色晶状粉末或固体，俗称矾土；无色透明者称白玉。难溶于水，能溶解在熔融的冰晶石中，密度 $3.97g/cm^3$，熔沸点高，熔点为 2050℃，沸点为 3000℃。

（2）化学性质：氧化铝中的氧元素呈 −2 价，铝元素呈 +3 价。

属两性氧化物（跟五类物质反应）；既显弱氧化性，又显弱还原性（熔融时电解生成铝和氧气）。

四、化学反应与实验现象、用途

（一）两性氧化物，跟五类物质反应

（1）跟水不反应。

（2）跟强酸反应：$Al_2O_3 + 6HCl = 2AlCl_3 + 3H_2O$，$Al_2O_3 + 6HNO_3 = 2Al(NO_3)_3$

$+3H_2O$,$Al_2O_3+3H_2SO_4(稀)$ ══ $Al_2(SO_4)_3+3H_2O$,$Al_2O_3+6H^+$ ══ $2Al^{3+}+3H_2O$,白色固体逐渐溶解得到无色溶液。

(3) 跟强碱反应：$Al_2O_3+2NaOH$ ══ $2NaAlO_2+H_2O$,$Al_2O_3+2OH^-$ ══ $2AlO_2^-+H_2O$,白色固体逐渐溶解得到无色溶液。

(4) 跟强酸性氧化物反应：$Al_2O_3+3SO_3$ ══ $Al_2(SO_4)_3$。

(5) 跟强碱性氧化物反应：$Al_2O_3+Na_2O$ ══ $2NaAlO_2$。

（二）既显弱氧化性，又显弱还原性，电解熔融氧化铝生成铝和氧气

反应原理：$2Al_2O_3 \xrightarrow[\text{熔融冰晶石}]{\text{通电}} 4Al+3O_2\uparrow$，在阴极产生银白色液体，在阳极产生气泡，逸出无色无气味的气体→制备铝。

五、制备

从铝土矿（主要含 Al_2O_3，还有少量的 Fe_2O_3、SiO_2 等杂质）中分离提纯得到氧化铝：

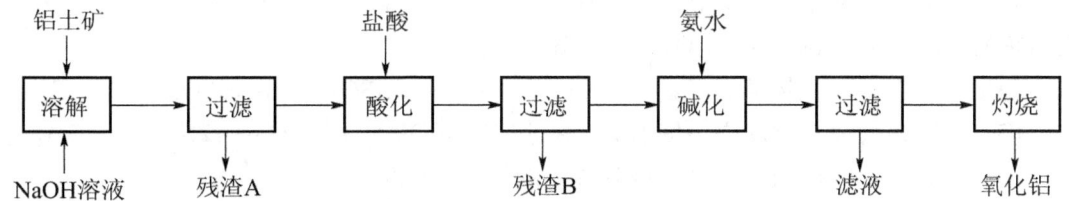

(1) $Al_2O_3+2NaOH$ ══ $2NaAlO_2+H_2O$
(2) $SiO_2+2NaOH$ ══ $Na_2SiO_3+H_2O$
(3) $NaAlO_2+4HCl$ ══ $AlCl_3+NaCl+2H_2O$
(4) Na_2SiO_3+2HCl ══ $H_2SiO_3\downarrow+2NaCl$
(5) $AlCl_3+3NH_3\cdot H_2O$ ══ $Al(OH)_3\downarrow+3NH_4Cl$
(6) $2Al(OH)_3 \xrightarrow{\Delta} Al_2O_3+3H_2O$

第七节　氢氧化铝

一、组成

$Al(OH)_3$

二、结构

晶体结构：$Al(OH)_3$ 的电子式为 H:Ö: Al :Ö:H（上方 :Ö: H），分子晶体。

三、性质

（1）物理性质：常温下，白色固体，难溶于水和乙醇，密度是 $2.42g/cm^3$。
（2）化学性质：氢氧化铝中的铝元素呈 +3 价，氢元素呈 +1 价，氧元素呈 -2 价。
两性（弱碱性和极弱酸性）：$Al^{3+} + 3OH^- \rightleftharpoons Al(OH)_3$（跟八类物质反应）$\rightleftharpoons H^+ + AlO_2^- + H_2O$；不稳定（在 300℃时失去水）。

四、化学反应与实验现象、用途

（一）两性（弱碱性和极弱酸性），跟八类物质反应

（1）跟酸碱指示剂反应：既不能使无色酚酞试液变色，又不能使紫色石蕊溶液变色。
（2）三元弱碱跟强酸反应→铝盐 + 水：$Al(OH)_3 + 3HCl = AlCl_3 + 3H_2O$，$Al(OH)_3 + 3HNO_3 = Al(NO_3)_3 + 3H_2O$，$2Al(OH)_3 + 3H_2SO_4(稀) = Al_2(SO_4)_3 + 6H_2O$，$Al(OH)_3 + 3H^+ = Al^{3+} + 3H_2O$，白色固体溶解变为无色溶液。
（3）一元极弱酸跟强碱反应→偏铝酸盐 + 水：$Al(OH)_3 + NaOH = NaAlO_2 + 2H_2O$，$Al(OH)_3 + OH^- = AlO_2^- + 2H_2O$，白色固体溶解。
（4）跟强酸性氧化物反应→铝盐 + 水：$2Al(OH)_3 + 3SO_3 = Al_2(SO_4)_3 + 3H_2O$。
（5）跟强碱性氧化物反应→偏铝酸盐 + 水：$2Al(OH)_3 + Na_2O = 2NaAlO_2 + 3H_2O$。
（6）跟盐反应→新碱 + 新盐（或新酸 + 新盐）：无例。
（7）跟金属反应→盐 + H_2：无例。
（8）跟非金属反应：无例。

（二）不稳定，在 300℃时失去水

$2Al(OH)_3 \xrightarrow{\Delta} Al_2O_3 + 3H_2O$

五、制法

（一）实验室制备 $Al(OH)_3$

（1）可溶性铝盐和氨水反应来制备：
$AlCl_3 + 3NH_3 \cdot H_2O = Al(OH)_3\downarrow + 3NH_4Cl$，$Al^{3+} + 3NH_3 \cdot H_2O = Al(OH)_3\downarrow + 3NH_4^+$，$Al_2(SO_4)_3 + 6NH_3 \cdot H_2O = 2Al(OH)_3\downarrow + 3(NH_4)_2SO_4$，$Al^{3+} + 3NH_3 \cdot H_2O = Al(OH)_3\downarrow + 3NH_4^+$。

因为强碱（如 NaOH）易与 $Al(OH)_3$ 反应，所以实验室不用强碱制备 $Al(OH)_3$，而用氨水。

（2）偏铝酸钠与过量二氧化碳反应：
$NaAlO_2 + CO_2 + 2H_2O = NaHCO_3 + Al(OH)_3\downarrow$，$AlO_2^- + CO_2 + 2H_2O = HCO_3^- +$

Al(OH)$_3$↓，过量的碳酸不与氢氧化铝反应，保证 Al 全部生成氢氧化铝。

（二）氢氧化铝工业生产方法

以铝土矿（主要含 Al$_2$O$_3$，还有少量的 Fe$_2$O$_3$、SiO$_2$ 等杂质）为原料制备氢氧化铝：

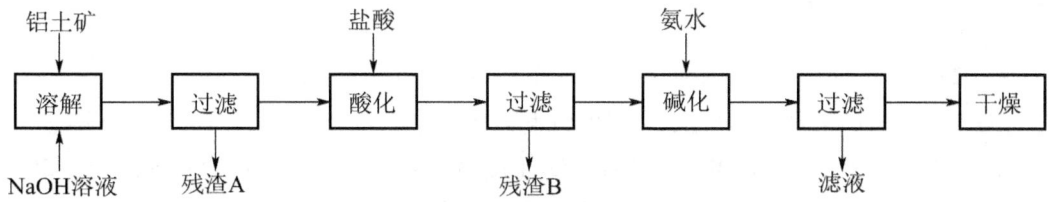

（1） Al$_2$O$_3$ + 2NaOH ══ 2NaAlO$_2$ + H$_2$O

（2） SiO$_2$ + 2NaOH ══ Na$_2$SiO$_3$ + H$_2$O

（3） NaAlO$_2$ + 4HCl ══ AlCl$_3$ + NaCl + 2H$_2$O

（4） Na$_2$SiO$_3$ + 2HCl ══ H$_2$SiO$_3$↓ + 2NaCl

（5） AlCl$_3$ + 3NH$_3$·H$_2$O ══ Al(OH)$_3$↓ + 3NH$_4$Cl

第八节　铝盐——明矾（十二水硫酸铝钾）

一、组成

KAl(SO$_4$)$_2$·12H$_2$O 或 K$_2$SO$_4$·Al$_2$(SO$_4$)$_3$·24H$_2$O，复盐：一种酸根离子与两种或两种以上金属离子或其中一种为铵离子结合形成的盐。

二、结构

晶体结构：离子晶体。

三、性质

（1）物理性质：常温下，无色立方晶体，味道酸涩，寒，有毒，故有抗菌作用、收敛作用等，可用做中药；溶于水，在 20℃，1 个标准大气压下，明矾在水中的溶解度约为 5.90g；密度为 1.757g/cm^3。熔点为 92.5℃。

（2）化学性质：KAl(SO$_4$)$_2$·12H$_2$O 中的钾元素呈 +1 价，铝元素呈 +3 价，硫元素呈 +6 价，氧元素呈 -2 价，硫酸根离子带 2 个单位负电荷，氢元素呈 +1 价。

不稳定（64.5℃时失去 9 个分子结晶水，200℃时失去 12 个分子结晶水）；其盐跟七类物质反应（复盐的总反应等于所组成的简单盐的反应之和或等于电离出的各种离子的反应之和）。

四、化学反应与实验现象、用途

（1）不稳定，64.5℃时失去 9 个分子结晶水，200℃时失去 12 个分子结晶水。

$KAl(SO_4)_2 \cdot 12H_2O \xrightarrow{64.5℃} KAl(SO_4)_2 \cdot 3H_2O + 9H_2O$，无色晶体变为白色浑浊液体。

$KAl(SO_4)_2 \cdot 12H_2O \xrightarrow{200℃} KAl(SO_4)_2 + 12H_2O$，无色晶体变为白色固体。

（2）盐，跟七类物质反应。

①跟碱反应：

a. $2KAl(SO_4)_2 + 6NaOH = 2Al(OH)_3\downarrow + K_2SO_4 + 3Na_2SO_4$，

$Al^{3+} + 3OH^- = Al(OH)_3\downarrow$，产生白色絮状沉淀。

b. $2KAl(SO_4)_2 + 8NaOH = 2NaAlO_2 + K_2SO_4 + 3Na_2SO_4$，$Al^{3+} + 4OH^- = AlO_2^- + 2H_2O$，先产生白色絮状沉淀，沉淀逐渐溶解形成无色溶液。

c. $2KAl(SO_4)_2 + 6NH_3 \cdot H_2O = 2Al(OH)_3\downarrow + K_2SO_4 + 3(NH_4)_2SO_4$，

$Al^{3+} + 3NH_3 \cdot H_2O = Al(OH)_3\downarrow + 3NH_4^+$，产生白色絮状沉淀→制备氢氧化铝。

d. $2KAl(SO_4)_2 + 3Ba(OH)_2 = 2Al(OH)_3\downarrow + 3BaSO_4\downarrow + K_2SO_4$，

$2Al^{3+} + 3SO_4^{2-} + 3Ba^{2+} + 6OH^- = 2Al(OH)_3\downarrow + 3BaSO_4\downarrow$，产生白色沉淀。

e. $KAl(SO_4)_2 + 2Ba(OH)_2 = KAlO_2 + 2BaSO_4\downarrow + 2H_2O$，

$Al^{3+} + 2SO_4^{2-} + 2Ba^{2+} + 4OH^- = AlO_2^- + 2BaSO_4\downarrow + 2H_2O$，白色沉淀量增加，后来，沉淀的物质的量逐渐减少，而沉淀的质量逐渐增加。

②跟酸反应。

③跟某些盐反应：

a. $KAl(SO_4)_2 + 2BaCl_2 = AlCl_3 + 2BaSO_4\downarrow + KCl$，$SO_4^{2-} + Ba^{2+} = BaSO_4\downarrow$，产生白色沉淀。

b. $2KAl(SO_4)_2 + 3Na_2CO_3 + 3H_2O = 2Al(OH)_3\downarrow + 3CO_2\uparrow + K_2SO_4 + 3Na_2SO_4$，

$2Al^{3+} + 3CO_3^{2-} + 3H_2O = 2Al(OH)_3\downarrow + 3CO_2\uparrow$，产生白色沉淀和气泡，逸出无色无气味的气体。

c. $2KAl(SO_4)_2 + 6NaHCO_3 = 2Al(OH)_3\downarrow + 6CO_2\uparrow + K_2SO_4 + 3Na_2SO_4$，

$Al^{3+} + 3HCO_3^- = Al(OH)_3\downarrow + 3CO_2\uparrow$，产生白色沉淀和气泡，逸出无色无气味的气体。

④跟金属反应。

⑤跟非金属反应。

⑥跟水反应：$2KAl(SO_4)_2 + 6H_2O = 2Al(OH)_3$（胶体）$+ 3H_2SO_4 + K_2SO_4$，

$Al^{3+} + 3H_2O = Al(OH)_3$（胶体）$+ 3H^+$→氢氧化铝胶体的吸附能力很强，可以吸附水里悬浮的杂质，并形成沉淀，使水变得澄清。所以，明矾是一种较好的净水剂。

⑦电解饱和明矾溶液：$2H_2O \xrightarrow{通电} 2H_2\uparrow + O_2\uparrow$，阴阳极都产生气泡，都逸出无色无气味的气体。

五、制法

明矾可由明矾石经煅烧、萃取、结晶而制得。

第九节 铁

一、组成

$_{26}Fe$

二、结构

(1) **原子结构**：原子电子排布式为 $1s^22s^22p^63s^23p^64s^23d^6$，原子结构示意图为 +26) 2 8 14 2，居于元素周期表的第 4 周期 VIII 族。

(2) **晶体结构**：通过金属键形成的金属晶体，由铁离子和自由电子构成。金属键：Fe > Al > Mg > Ca > K。

三、性质

(1) **物理性质**：常温下，银白色固体，电和热的良导体，但比铜、铝的导电性差，纯铁硬度小，延展性好，密度是 $7.8g/cm^3$，密度：Fe > Al > Mg > Ca > K。熔沸点高，熔点为 1535℃，沸点为 2750℃，熔沸点：Fe > Al > Mg > Ca > K，能被磁体吸引和被磁化。

(2) **化学性质**：活泼；具有还原性（易跟氧化剂反应）：Mg > Al > Zn > Fe > Sn > Pb > H。

四、化学反应与实验现象、用途

（一）跟非金属反应

(1) 在常温下，纯铁在空气中或铁合金在干燥的空气里都稳定。钢铁在潮湿的空气里发生电化学腐蚀：负极：$Fe - 2e^- = Fe^{2+}$，正极：在酸性较强的溶液中主要发生析氢腐蚀：$2H^+ + 2e^- = H_2\uparrow$；在弱酸性、中性、碱性溶液中主要发生吸氧腐蚀：$O_2 + 4e^- + 2H_2O = 4OH^-$，$Fe^{2+} + 2OH^- = Fe(OH)_2\downarrow$，$4Fe(OH)_2 + O_2 + 2H_2O = 4Fe(OH)_3$，形成红棕色疏松的铁锈。

(2) $3Fe + 2O_2 \xrightarrow{点燃} Fe_3O_4$，火星四射，银白色丝变为黑色固体，周围温度升高，有熔融物溅落下来。

(3) $2Fe + 3Cl_2 \xrightarrow{点燃} 2FeCl_3$，银白色固体迅速减少，黄绿色气体迅速消失，产生棕色的烟，周围温度升高。

(4) $Fe + S \xrightarrow{\Delta} FeS$，灰黄色粉末变为黑色固体，周围温度升高，产生少量黄色蒸气。

(5) $Fe + I_2 \xrightarrow{水} FeI_2$,紫灰色粉末变为棕色固体,周围温度升高,产生紫红色蒸气。

(二)跟含较高价态元素的化合物反应

(1) $Fe + 2HCl = FeCl_2 + H_2\uparrow$,$Fe + H_2SO_4(稀) = FeSO_4 + H_2\uparrow$,$Fe + 2H^+ = Fe^{2+} + H_2\uparrow$,银白色固体在液体下逐渐减少,产生气泡,逸出无色气体,听到"嘶嘶"声,体系温度升高。

(2) $3Fe + 4H_2O(g) = Fe_3O_4 + 4H_2$,银白色固体或灰色粉末变为黑色固体。

(3) $Fe + CuSO_4 = Cu + FeSO_4$,$Fe + Cu^{2+} = Cu + Fe^{2+}$,红色固体粘在银白色固体表面。

(4) 常温下,铁、铝在浓硫酸、浓硝酸中钝化。

受热会慢慢反应:①$2Fe + 6H_2SO_4(浓) \xrightarrow{\Delta} Fe_2(SO_4)_3 + 3SO_2\uparrow + 6H_2O$,银白色固体变为棕色固体,产生气泡,逸出无色有刺激性气味的气体。

②$Fe + 6HNO_3(浓) \xrightarrow{\Delta} Fe(NO_3)_3 + 3NO_2\uparrow + 3H_2O$,$Fe + 6H^+ + 3NO_3^- \xrightarrow{\Delta} Fe^{3+} + 3NO_2\uparrow + 3H_2O$,银白色固体慢慢减少,无色溶液变为棕色溶液,产生气泡,逸出红棕色有刺激性气味的气体。

(5) $Fe + 4HNO_3(稀) = Fe(NO_3)_3 + NO\uparrow + 2H_2O$,$Fe + 4H^+ + NO_3^- = Fe^{3+} + NO\uparrow + 2H_2O$,银白色固体逐渐减少,无色溶液变为棕色溶液,产生气泡,逸出无色气体,到达容器口变为红棕色有刺激性气味的气体,体系温度升高。

(6) $3Fe + 8HNO_3(稀) = 3Fe(NO_3)_2 + 2NO\uparrow + 4H_2O$,$3Fe + 8H^+ + 2NO_3^- = 3Fe^{2+} + NO\uparrow + 4H_2O$,银白色固体逐渐减少,无色溶液变为浅绿色溶液,产生气泡,逸出无色气体,到达容器口变为红棕色有刺激性气味的气体,体系温度升高。

(7) $Fe + 2FeCl_3 = 3FeCl_2$,银白色固体或灰色粉末逐渐溶解,黄色溶液变为浅绿色溶液。

五、元素存在形态

在自然界中主要以化合态存在,在陨石中存在游离态铁。

六、制法

(1) 反应原理:$C + O_2 \xrightarrow{点燃} CO_2$,$CO_2 + C \xrightarrow{高温} 2CO$,$Fe_2O_3 + 3CO \xrightarrow{高温} 2Fe + 3CO_2$,$CaCO_3 \xrightarrow{高温} CaO + CO_2\uparrow$,$CaO + SiO_2 \xrightarrow{高温} CaSiO_3$(或$CaCO_3 + SiO_2 \xrightarrow{高温} CaSiO_3 + CO_2\uparrow$)

(2) 主要设备:高炉。

第十节　氧化亚铁

一、组成

FeO

二、结构

晶体结构：FeO 的电子式为 $Fe^{2+}[:\ddot{O}:]^{2-}$，离子晶体。

三、性质

（1）物理性质：黑色粉末，难溶于水，密度是 $5.7g/cm^3$，熔沸点高，熔点为 1420℃。

（2）化学性质：氧化亚铁中的氧元素呈 -2 价，铁元素呈 +2 价。

四、化学反应与实验现象、用途

氧化亚铁属碱性氧化物（跟三类物质反应），既显氧化性（跟还原剂反应），又显还原性（跟氧化剂反应）。

（一）碱性氧化物，跟三类物质反应

（1）跟水不反应。

（2）跟酸反应：$FeO + 2HCl =\!=\!= FeCl_2 + H_2O$，$FeO + H_2SO_4（稀）=\!=\!= FeSO_4 + H_2O$，$FeO + 2H^+ =\!=\!= Fe^{2+} + H_2O$，黑色固体逐渐溶解，无色溶液变为浅绿色溶液。

（3）跟酸性氧化物反应：无例。

（二）显氧化性，跟还原剂反应

（1）跟活泼金属反应：$3FeO + 2Al \xrightarrow{\text{高温}} 3Fe + Al_2O_3$，激烈反应，烟火向上喷射，黑色粉末变为白色残渣和红色液体→制备高熔点金属。

（2）跟某些非金属反应：$2FeO + C \xrightarrow{\Delta} 2Fe + CO_2\uparrow$，有无色气体生成，冷却后，生成的黑色固体能被磁铁吸引→制备铁。

$2FeO + Si \xrightarrow{\text{高温}} 2Fe + SiO_2$，冷却后，生成的黑色固体能被磁铁吸引→炼钢时用硅作脱氧剂。

$FeO + H_2 \xrightarrow{\Delta} Fe + H_2O$，冷却后，生成的黑色固体能被磁铁吸引，还有无色液体生成→制备铁。

（3）跟含化合价低的元素的化合物反应：$FeO + CO \xrightarrow{\Delta} Fe + CO_2$，冷却后，生成的

黑色固体能被磁铁吸引→制备铁。

（三）显还原性，跟氧化剂反应

（1）跟活泼非金属反应：$4FeO + O_2 \xrightarrow{\triangle} 2Fe_2O_3$，黑色固体变为红色固体。

（2）跟含化合价高的元素的化合物反应：

$FeO + 4HNO_3(浓) == Fe(NO_3)_3 + NO_2\uparrow + 2H_2O$，$FeO + 4H^+ + NO_3^- == Fe^{3+} + NO_2\uparrow + 2H_2O$，黑色固体溶解，无色溶液变为棕色溶液，产生气泡，逸出红棕色有刺激性气味的气体，周围温度升高。

$3FeO + 10HNO_3(稀) == 3Fe(NO_3)_3 + NO\uparrow + 5H_2O$，$3FeO + 10H^+ + NO_3^- == 3Fe^{3+} + NO\uparrow + 5H_2O$，黑色固体溶解，无色溶液变为棕色溶液，产生气泡，逸出无色气体，在容器口转化为红棕色有刺激性气味的气体，周围温度升高。

$10FeO + 2KMnO_4 + 18H_2SO_4 == 5Fe_2(SO_4)_3 + K_2SO_4 + 2MnSO_4 + 18H_2O$，
$5FeO + MnO_4^- + 18H^+ == 5Fe^{3+} + Mn^{2+} + 9H_2O$，黑色固体溶解，溶液从紫色变为棕黄色。

五、制备

$FeC_2O_4 \xrightarrow{\triangle} FeO + CO\uparrow + CO_2\uparrow$，煅烧窑。

第十一节 氧化铁

一、组成

Fe_2O_3

二、结构

晶体结构：Fe_2O_3 的电子式为 $[:\ddot{\underset{..}{O}}:]^{2-} Fe^{3+} [:\ddot{\underset{..}{O}}:]^{2-} Fe^{3+} [:\ddot{\underset{..}{O}}:]^{2-}$，离子晶体。

三、性质

（1）物理性质：红色粉末，难溶于水，密度为 $5.2g/cm^3$，熔点高，熔点为 1500℃。

（2）化学性质：氧化铁中的氧元素呈 -2 价，铁元素呈 +3 价。属碱性氧化物（跟三类物质反应）；具有氧化性（跟还原剂反应）。

四、化学反应与实验现象、用途

（一）碱性氧化物，跟三类物质反应

（1）跟水不反应。

（2）跟强酸反应：$Fe_2O_3 + 6HCl = 2FeCl_3 + 3H_2O$，$Fe_2O_3 + 6HNO_3 = 2Fe(NO_3)_3 + 3H_2O$，

$Fe_2O_3 + 3H_2SO_4(稀) = Fe_2(SO_4)_3 + 3H_2O$，$Fe_2O_3 + 6H^+ = 2Fe^{3+} + 3H_2O$，红色固体逐渐溶解得到棕黄色溶液。

（3）跟强酸性氧化物反应：$Fe_2O_3 + 3SO_3 = Fe_2(SO_4)_3$，红色固体变为棕色固体。

（二）显氧化性，跟还原剂反应

（1）跟活泼金属反应：$Fe_2O_3 + 2Al \xrightarrow{高温} 2Fe + Al_2O_3$，激烈反应，烟火向上喷射，棕色粉末变为白色残渣和红色液体→制备高熔点金属。

（2）跟某些非金属反应：$2Fe_2O_3 + 3C \xrightarrow{高温} 4Fe + 3CO_2\uparrow$，棕色粉末变为黑色固体，有无色气体生成，冷却后，生成的黑色固体能被磁铁吸引→制备铁。

$2Fe_2O_3 + 3Si \xrightarrow{高温} 4Fe + 3SiO_2$，棕色粉末变为灰色固体，冷却后，生成的黑色固体被磁铁吸引。

$Fe_2O_3 + 3H_2 \xrightarrow{\triangle} 2Fe + 3H_2O$，棕色粉末变为黑色固体，冷却后，生成的黑色固体能被磁铁吸引，还有无色液体生成→制备铁。

$3Fe_2O_3 + H_2 \xrightarrow{400℃} 2Fe_3O_4 + H_2O$，红色粉末变为黑色粉末，冷却后，有无色液体生成→制备磁性氧化铁。

（3）跟含化合价低的元素的化合物反应：$Fe_2O_3 + 3CO \xrightarrow{\triangle} 2Fe + 3CO_2$，棕色粉末变为黑色固体，冷却后，生成的黑色固体能被磁铁吸引→制备铁。

五、制备

（1）$2Fe(OH)_3 \xrightarrow{\triangle} Fe_2O_3 + 3H_2O$，工业：煅烧窑；实验室：坩埚。

（2）$2FeSO_4 \xrightarrow{\triangle} Fe_2O_3 + SO_2\uparrow + SO_3\uparrow$，工业：煅烧窑；实验室：坩埚。

第十二节　四氧化三铁

一、组成

Fe_3O_4，可写为 $FeO \cdot Fe_2O_3$ 或 $Fe(FeO_2)_2$ 或 $Fe(Fe_2O_4)$

二、结构

晶体结构：电子式为 $[:\ddot{O}:]^{2-} Fe^{2+} [:\ddot{O}:]^{2-} Fe^{3+} [:\ddot{O}:]^{2-} Fe^{3+} [:\ddot{O}:]^{2-}$，离子晶体。

三、性质：

(1) 物理性质：黑色粉末，难溶于水，密度为 $5.18 g/cm^3$，熔沸点高，熔点为 1538℃，有磁性。

(2) 化学性质：四氧化三铁中的氧元素呈 −2 价，铁元素中其一呈 +2 价、其二呈 +3 价。

四、化学反应与实验现象、用途

属碱性氧化物（跟三类物质反应）；既显氧化性（跟还原剂反应），又显弱还原性（跟氧化剂反应）。

（一）碱性氧化物，跟三类物质反应

(1) 跟水不反应。

(2) 跟酸反应：难溶于酸。

(3) 跟酸性氧化物反应：无例。

（二）显氧化性，跟还原剂反应

(1) 跟活泼金属反应：$3Fe_3O_4 + 8Al \xrightarrow{\text{高温}} 9Fe + 4Al_2O_3$，激烈反应，烟火向上喷射，黑色粉末变为白色残渣和红色液体，冷却后，生成的黑色固体能被磁铁吸引→制备高熔点金属。

(2) 跟某些非金属反应：$Fe_3O_4 + 2C \xrightarrow{\text{高温}} 3Fe + 2CO_2\uparrow$，有无色气体生成，冷却后，生成的黑色固体能被磁铁吸引→制备铁。

$Fe_3O_4 + 2Si \xrightarrow{\text{高温}} 3Fe + 2SiO_2$，冷却后，生成的黑色固体被磁铁吸引。

$Fe_3O_4 + 4H_2 \xrightarrow{\triangle} 3Fe + 4H_2O$，冷却后，生成的黑色固体能被磁铁吸引，还有无色液体生成→制备铁。

(3) 跟含化合价低的元素的化合物反应：$Fe_3O_4 + 4CO \xrightarrow{\text{高温}} 3Fe + 4CO_2$，冷却后，生成的黑色固体能被磁铁吸引→制备铁。

（三）显还原性，跟氧化剂反应

(1) 跟活泼非金属反应：$4Fe_3O_4(\text{潮湿}) + O_2(\text{潮湿空气}) == 6Fe_2O_3$，黑色固体变为红色固体。

(2) 跟含化合价高的元素的化合物反应：

$3Fe_3O_4 + 28HNO_3(稀) = 9Fe(NO_3)_3 + NO\uparrow + 14H_2O$，$3Fe_3O_4 + 28H^+ + NO_3^- =\!=\!= 9Fe^{3+} + NO\uparrow + 14H_2O$，黑色固体溶解，无色溶液变为棕色溶液，产生气泡，逸出无色气体，在容器口转化为红棕色有刺激性气味的气体，周围温度升高。

$10Fe_3O_4 + 2KMnO_4 + 48H_2SO_4 =\!=\!= 15Fe_2(SO_4)_3 + K_2SO_4 + 2MnSO_4 + 48H_2O$，

$5Fe_3O_4 + MnO_4^- + 48H^+ =\!=\!= 15Fe^{3+} + Mn^{2+} + 24H_2O$，黑色固体溶解，溶液从紫色变为棕黄色。

五、制备

（1）$3Fe + 4H_2O \xrightarrow{\triangle} Fe_3O_4 + 4H_2$
（2）$3Fe_2O_3 + H_2 \xrightarrow{400℃} 2Fe_3O_4 + H_2O$ }→联合密闭炉

第十三节　氢氧化亚铁

一、组成

$Fe(OH)_2$

二、结构

晶体结构：电子式为 $H:\overset{..}{\underset{..}{O}}:Fe:\overset{..}{\underset{..}{O}}:H$，实际上 +2 价铁与 OH 之间的化学键是介于离子键与共价键之间的，其晶体也是介于离子晶体与分子晶体之间的。

三、性质

（1）物理性质：常温下，白色固体，难溶于水和乙醇。
（2）化学性质：氢氧化亚铁中的铁元素呈 +2 价，氢元素呈 +1 价，氧元素呈 -2 价。

四、化学反应与实验现象、用途

弱碱性：$Fe(OH)_2 \rightleftharpoons Fe^{2+} + 2OH^-$（跟五类物质反应）；还原性（跟氧化剂反应）；不稳定（受热时失去水）。

（一）弱碱性，跟五类物质反应

（1）跟酸碱指示剂反应：既不能使无色酚酞试液变色，又不能使紫色石蕊溶液变色。
（2）跟强酸反应→亚铁盐 + 水：$Fe(OH)_2 + 2HCl =\!=\!= FeCl_2 + 2H_2O$，$Fe(OH)_2 + H_2SO_4(稀) =\!=\!= FeSO_4 + 2H_2O$，$Fe(OH)_2 + 2H^+ =\!=\!= Fe^{2+} + 2H_2O$，白色固体溶解，得到浅绿色溶液。

（3）跟强酸性氧化物反应：无例。

（4）跟盐反应→新碱＋新盐：无例。

（5）跟非金属反应：无例。

（二）还原性，跟氧化剂反应

（1）跟活泼非金属反应：$4Fe(OH)_2 + O_2 + 2H_2O = 4Fe(OH)_3$，白色固体很快变为灰绿色，最后变为红褐色。不隔绝空气时加热：$4Fe(OH)_2 + O_2 \xrightarrow{\triangle} 2Fe_2O_3 + 4H_2O$，白色固体很快变为灰绿色，最后变为红色。

（2）跟含化合价高的元素的化合物反应：

$Fe(OH)_2 + 4HNO_3(浓) = Fe(NO_3)_3 + NO_2\uparrow + 3H_2O$，$Fe(OH)_2 + 4H^+ + NO_3^- = Fe^{3+} + NO_2\uparrow + 3H_2O$，白色固体溶解，无色溶液变为棕色溶液，产生气泡，逸出红棕色有刺激性气味的气体，温度升高。

$3Fe(OH)_2 + 10HNO_3(稀) = 3Fe(NO_3)_3 + NO\uparrow + 8H_2O$，$3Fe(OH)_2 + 10H^+ + NO_3^- = 3Fe^{3+} + NO\uparrow + 8H_2O$，白色固体溶解，无色溶液变为棕色溶液，产生气泡，逸出无色气体，在容器口转化为红棕色有刺激性气味的气体，温度升高。

$10Fe(OH)_2 + 2KMnO_4 + 18H_2SO_4 = 5Fe_2(SO_4)_3 + K_2SO_4 + 2MnSO_4 + 28H_2O$，$5Fe(OH)_2 + MnO_4^- + 18H^+ = 5Fe^{3+} + Mn^{2+} + 14H_2O$，白色固体溶解，溶液从紫色变为棕黄色。

（三）不稳定，受热失去水

$Fe(OH)_2 \xrightarrow{\triangle} FeO + H_2O$，隔绝空气加热，白色固体变为黑色固体。

五、制法

隔绝空气时，可溶性亚铁盐和 NaOH 溶液反应来制备：
$FeCl_2 + 2NaOH = Fe(OH)_2\downarrow + 2NaCl$，$Fe^{2+} + 2OH^- = Fe(OH)_2\downarrow$，将盛氢氧化钠溶液的长胶头滴管插入盛有亚铁盐溶液的试管中，挤压胶头。

第十四节　氢氧化铁

一、组成

$Fe(OH)_3$

二、结构

晶体结构：$Fe(OH)_3$ 的电子式 H:Ö:Fe:Ö:H（上方 :Ö:H），分子晶体。

三、性质

(1) 物理性质：常温下，红褐色絮状固体，难溶于水和乙醇，密度为 $3.4 \sim 3.9 g/cm^3$。
(2) 化学性质：氢氧化铁中的铁元素呈 +3 价，氢元素呈 +1 价，氧元素呈 -2 价。

四、化学反应与实验现象、用途

弱碱性：$Fe(OH)_3 \rightleftharpoons Fe^{3+} + 3OH^-$（跟五类物质反应）；氧化性（跟还原剂反应）；不稳定（受热时失去水）。

（一）弱碱性，跟五类物质反应

(1) 跟酸碱指示剂反应：既不能使无色酚酞试液变色，又不能使紫色石蕊溶液变色。
(2) 三元弱碱跟强酸反应→铁盐 + 水：$Fe(OH)_3 + 3HCl == FeCl_3 + 3H_2O$，
$Fe(OH)_3 + 3HNO_3 == Fe(NO_3)_3 + 3H_2O$，$2Fe(OH)_3 + 3H_2SO_4(稀) == Fe_2(SO_4)_3 + 6H_2O$，
$Fe(OH)_3 + 3H^+ == Fe^{3+} + 3H_2O$，红褐色固体溶解变为棕黄色溶液。
(3) 跟强酸性氧化物反应→铁盐 + 水：$2Fe(OH)_3 + 3SO_3 == Fe_2(SO_4)_3 + 3H_2O$。
(4) 跟盐反应→新碱 + 新盐：无例。
(5) 跟非金属反应：无例。

（二）不稳定，受热时失去水

$2Fe(OH)_3 \xrightarrow{\triangle} Fe_2O_3 + 3H_2O$，红褐色固体变为红色固体。

五、制法

由可溶性铁盐和氨水反应来制备：
$FeCl_3 + 3NH_3 \cdot H_2O == Fe(OH)_3 \downarrow + 3NH_4Cl$，$Fe^{3+} + 3NH_3 \cdot H_2O == Fe(OH)_3 \downarrow + 3NH_4^+$。

第十五节　亚铁盐

一、组成

由亚铁离子与酸根离子构成。

二、结构

晶体结构：离子晶体。

三、性质

（1）物理性质：常温下，浅绿色晶体，氯化亚铁、硫酸亚铁、硝酸亚铁等溶于水，亚硫酸亚铁、硫化亚铁、碳酸亚铁等难溶于水，密度比水的大，熔点较高，硫化亚铁熔点为1193℃，氯化亚铁熔点为674℃。

（2）化学性质：亚铁盐中铁元素呈+2价。

四、化学反应与实验现象、用途

属盐（跟七类物质反应）；还原性（跟氧化剂反应）；氧化性（跟还原剂反应）；含氧酸亚铁盐不稳定（温度较低就失去结晶水，温度升高进一步分解）。

（一）盐，跟七类物质反应

（1）跟碱反应：

① $FeSO_4 + 2NaOH = Fe(OH)_2\downarrow + Na_2SO_4$，$Fe^{2+} + 2OH^- = Fe(OH)_2\downarrow$，产生白色沉淀，如果在空气中，会很快变为灰绿色，最后变为红褐色→制备$Fe(OH)_2$。

② $FeCl_2 + 2NH_3·H_2O = Fe(OH)_2\downarrow + 2NH_4Cl$，$Fe^{2+} + 2NH_3·H_2O = Fe(OH)_2\downarrow + 2NH_4^+$，产生白色沉淀，如果在空气中，会很快变为灰绿色，最后变为红褐色。

③ $FeSO_4 + Ba(OH)_2 = Fe(OH)_2\downarrow + BaSO_4\downarrow$，$Fe^{2+} + SO_4^{2-} + Ba^{2+} + 2OH^- = Fe(OH)_2\downarrow + BaSO_4\downarrow$，产生白色沉淀，如果在空气中，会很快变为灰绿色，最后变为红褐色。

（2）跟酸反应：

① $FeS + 2HCl = FeCl_2 + H_2S\uparrow$，$FeS + 2H^+ = Fe^{2+} + H_2S\uparrow$，黑色固体逐渐溶解，无色溶液变为浅绿色溶液，产生气泡，逸出无色有腐蛋气味的气体。

② $FeCO_3 + H_2SO_4(稀) = FeSO_4 + CO_2\uparrow + H_2O$，浅绿色固体逐渐溶解，无色溶液变为浅绿色溶液，产生气泡，逸出无色无气味的气体。

③ $FeSO_3 + H_2SO_4(稀) = FeSO_4 + SO_2\uparrow + H_2O$，浅绿色固体逐渐溶解，无色溶液变为浅绿色溶液，产生气泡，逸出无色有刺激性气味的气体。

（3）跟某些盐反应：

① $FeSO_4 + Na_2CO_3 = FeCO_3\downarrow + Na_2SO_4$，$Fe^{2+} + CO_3^{2-} = FeCO_3\downarrow$，产生浅绿色沉淀，溶液的浅绿色变淡。

② $FeSO_4 + Na_2S = FeS\downarrow + Na_2SO_4$，$Fe^{2+} + S^{2-} = FeS\downarrow$，产生黑色沉淀，溶液的浅绿色变淡。

（4）跟活泼金属反应：$FeSO_4 + Zn = Fe + ZnSO_4$，$Fe^{2+} + Zn = Fe + Zn^{2+}$，银白色固体表面变黑，溶液的浅绿色变淡。

（5）跟非金属反应：$2FeBr_2 + 3Cl_2 = 2FeCl_3 + 2Br_2$，$2Fe^{2+} + 4Br^- + 3Cl_2 = 2Fe^{3+} + 6Cl^- + 2Br_2$，浅绿色溶液变为黄色溶液。

（6）跟水反应：$FeSO_4 + 2H_2O \rightleftharpoons Fe(OH)_2 + H_2SO_4$，$Fe^{2+} + 2H_2O \rightleftharpoons Fe(OH)_2$

$+2H^+$。

(7) 电解氯化亚铁溶液：$FeCl_2 \xrightarrow{\text{通电}} Fe + Cl_2\uparrow$，$Fe^{2+} + 2Cl^- \xrightarrow{\text{通电}} Fe + Cl_2\uparrow$，阴极析出银白色固体，阳极产生气泡，逸出黄绿色有刺激性气味的气体。

电解硫酸亚铁溶液：$2FeSO_4 + 2H_2O \xrightarrow{\text{通电}} 2Fe + O_2\uparrow + 2H_2SO_4$，

$2Fe^{2+} + 2H_2O \xrightarrow{\text{通电}} 2Fe + O_2\uparrow + 4H^+$，阴极析出银白色固体，阳极产生气泡，逸出无色无气味的气体。

（二）还原性，跟氧化剂反应

(1) 跟活泼非金属反应：$2FeCl_2 + Cl_2 = 2FeCl_3$，$2Fe^{2+} + Cl_2 = 2Fe^{3+} + 2Cl^-$，浅绿色溶液变为黄色溶液。

$2FeBr_2 + Br_2 = 2FeBr_3$，$2Fe^{2+} + Br_2 = 2Fe^{3+} + 2Br^-$，浅绿色溶液变为黄色溶液。

$4FeSO_4 + O_2 + 2H_2SO_4 = 2Fe_2(SO_4)_3 + 2H_2O$，$4Fe^{2+} + O_2 + 4H^+ = 4Fe^{3+} + 2H_2O$，浅绿色溶液变为黄色溶液。

(2) 跟含化合价高的元素的化合物反应：

$2FeSO_4 + H_2O_2 + H_2SO_4 = Fe_2(SO_4)_3 + 2H_2O$，$2Fe^{2+} + H_2O_2 + 2H^+ = 2Fe^{3+} + 2H_2O$，浅绿色溶液变为黄色溶液。

$Fe(NO_3)_2 + 2HNO_3(浓) = Fe(NO_3)_3 + NO_2\uparrow + H_2O$，$Fe^{2+} + 2H^+ + NO_3^- = Fe^{3+} + NO_2\uparrow + H_2O$，浅绿色溶液变为棕色溶液，产生气泡，逸出红棕色有刺激性气味的气体，周围温度升高。

$3Fe(NO_3)_2 + 4HNO_3(稀) = 3Fe(NO_3)_3 + NO\uparrow + 2H_2O$，$3Fe^{2+} + 4H^+ + NO_3^- = 3Fe^{3+} + NO\uparrow + 2H_2O$，浅绿色溶液变为黄色溶液，产生气泡，逸出无色气体，在容器口转化为红棕色有刺激性气味的气体，周围温度升高。

$10FeSO_4 + 2KMnO_4 + 8H_2SO_4 = 5Fe_2(SO_4)_3 + K_2SO_4 + 2MnSO_4 + 8H_2O$，

$5Fe^{2+} + MnO_4^- + 8H^+ = 5Fe^{3+} + Mn^{2+} + 4H_2O$，溶液从紫色变为棕黄色。

（三）氧化性，跟还原剂反应

跟活泼金属反应：$FeSO_4 + Zn = Fe + ZnSO_4$，$Fe^{2+} + Zn = Fe + Zn^{2+}$，银白色固体表面变黑，溶液的浅绿色变淡。

（四）含氧酸亚铁盐不稳定

$FeSO_4 \cdot 7H_2O$ 在 90℃时失去 6 分子结晶水，在 300℃时失去 7 分子结晶水。

$FeSO_4 \cdot 7H_2O \xrightarrow{90℃} FeSO_4 \cdot H_2O + 6H_2O$，浅绿色晶体变为浅绿色浑浊液体。

$FeSO_4 \cdot 7H_2O \xrightarrow{300℃} FeSO_4 + 7H_2O$，浅绿色晶体变为浅绿色粉末。

$2(FeSO_4 \cdot 7H_2O) \xrightarrow{\text{强热}} Fe_2O_3 + SO_2\uparrow + SO_3\uparrow + 14H_2O\uparrow$，浅绿色晶体变为红色固体，逸出无色有刺激性气味的气体，出炉气冷凝为无色液体→古法制备矾油，即硫酸。

$4Fe(NO_3)_2 \xrightarrow{\text{强热}} 2Fe_2O_3 + 8NO_2\uparrow + O_2\uparrow$，浅绿色固体变为红色固体，逸出红棕色有刺激性气味的气体。

五、制法

铁或铁的氧化物跟酸反应制备，如：$Fe + H_2SO_4 == FeSO_4 + H_2\uparrow$，
或 $Fe + Fe_2O_3 + 3H_2SO_4 == 3FeSO_4 + 3H_2O$，耐酸设备。
配制亚铁盐溶液时，将该盐溶于水后，还要加入铁粉和相应的酸，现用现配。

第十六节 铁盐

一、组成

由铁离子与含氧酸根离子构成或由铁原子与氯、溴等原子通过主要是共价键结合构成。

二、结构

晶体结构：铁离子与含氧酸根离子形成的盐属于离子晶体；铁原子与氯、溴等原子形成的盐属于分子晶体。

三、性质

（1）物理性质：常温下，黄色或棕黄色固体，氯化铁、硫酸铁、硝酸铁等溶于水；亚硫酸铁、硫化铁由于自身发生氧化还原反应而不存在；碳酸铁遇水完全水解不存在。密度比水的大，带结晶水的铁盐由于析出水溶解而使熔点较低；属于离子晶体的无结晶水的铁盐，未到熔点已分解；氯化铁属于分子晶体，熔点不高，熔点为282℃，沸点为315℃（分解）。

（2）化学性质：铁盐中铁元素呈 +3 价。

四、化学反应与实验现象、用途

属盐（跟七类物质反应）；配合性（跟 SCN⁻ 等发生配合反应）；氧化性（跟还原剂反应）；铁盐不稳定（温度较低就失去结晶水，温度升高进一步分解）。

（一）盐，跟七类物质反应

（1）跟碱反应：
① $FeCl_3 + 3NaOH == Fe(OH)_3\downarrow + 3NaCl$，$Fe^{3+} + 3OH^- == Fe(OH)_3\downarrow$，产生红褐色沉淀，溶液的黄色变浅→制备 $Fe(OH)_3$。

② $FeCl_3 + 3NH_3 \cdot H_2O = Fe(OH)_3\downarrow + 3NH_4Cl$,$Fe^{3+} + 3NH_3 \cdot H_2O = Fe(OH)_3\downarrow + 3NH_4^+$,产生红褐色沉淀,溶液的黄色变浅→制备 $Fe(OH)_3$。

③ $Fe_2(SO_4)_3 + 3Ba(OH)_2 = 2Fe(OH)_3\downarrow + 3BaSO_4\downarrow$,

$2Fe^{3+} + 3SO_4^{2-} + 3Ba^{2+} + 6OH^- = 2Fe(OH)_3\downarrow + 3BaSO_4\downarrow$,浑浊液的下部主要是白色沉淀,上部主要是红褐色固体,溶液的黄色变浅。

(2) 跟酸反应:$FeCl_3(s) + 3H_2SO_4(浓) = Fe(HSO_4)_3 + 3HCl\uparrow$,

$2FeCl_3(s) + 3H_2SO_4(浓) \xrightarrow{强热} Fe_2(SO_4)_3 + 6HCl\uparrow$,产生气泡,逸出无色气体。

(3) 跟某些盐反应:$Fe_2(SO_4)_3 + 3Na_2CO_3 + 3H_2O = 2Fe(OH)_3\downarrow + 3CO_2\uparrow + 3Na_2SO_4$,$2Fe^{3+} + 3CO_3^{2-} + 3H_2O = 2Fe(OH)_3\downarrow + 3CO_2\uparrow$,黄色溶液变为红褐色浑浊,产生气泡,逸出无色无气味的气体。

(4) 跟金属反应:$Fe_2(SO_4)_3 + Zn = 2FeSO_4 + ZnSO_4$,$2Fe^{3+} + Zn = 2Fe^{2+} + Zn^{2+}$,银白色固体溶解,溶液从黄色变为浅绿色。

$Fe_2(SO_4)_3 + 3Zn = 2Fe + 3ZnSO_4$,$2Fe^{3+} + 3Zn = 2Fe + 3Zn^{2+}$,银白色固体逐渐减少,有黑色粉末生成,溶液从黄色变为浅绿色,最后变为无色。

$2FeCl_3 + Fe = 3FeCl_2$,$2Fe^{3+} + Fe = 3Fe^{2+}$,灰色粉末溶解,溶液从黄色变为浅绿色。

$2FeCl_3 + Cu = 2FeCl_2 + CuCl_2$,$2Fe^{3+} + Cu = 2Fe^{2+} + Cu^{2+}$,红色粉末溶解,溶液从黄色变为蓝色。

(5) 跟非金属反应:$2FeBr_3 + 3Cl_2 = 2FeCl_3 + 3Br_2$,$2Br^- + Cl_2 = Br_2 + 2Cl^-$,黄色溶液变为棕色溶液。

(6) 跟水反应:$FeCl_3 + 3H_2O \rightleftharpoons Fe(OH)_3 + 3HCl$,$Fe^{3+} + 3H_2O \rightleftharpoons Fe(OH)_3 + 3H^+$。

$FeCl_3 + 3H_2O \xrightarrow{\triangle} Fe(OH)_3 + 3HCl$,$Fe^{3+} + 3H_2O \xrightarrow{\triangle} Fe(OH)_3 + 3H^+$,液体从棕黄色变为红褐色。

$Fe_2(CO_3)_3 + 3H_2O = 2Fe(OH)_3\downarrow + 3CO_2\uparrow \rightarrow Fe_2(CO_3)_3$,遇水完全水解,在水溶液中不存在。

(7) 电解氯化铁溶液:$2FeCl_3 \xrightarrow{通电} 2FeCl_2 + Cl_2\uparrow$,$2Fe^{3+} + 2Cl^- \xrightarrow{通电} 2Fe^{2+} + Cl_2\uparrow$,溶液从黄色变为浅绿色,阳极产生气泡,逸出黄绿色有刺激性气味的气体。

$FeCl_2 \xrightarrow{通电} Fe + Cl_2\uparrow$,$Fe^{2+} + 2Cl^- \xrightarrow{通电} Fe + Cl_2\uparrow$,阴极析出银白色固体,阳极产生气泡,逸出黄绿色有刺激性气味的气体。

电解硫酸铁溶液:$2Fe_2(SO_4)_3 + 2H_2O \xrightarrow{通电} 4FeSO_4 + O_2\uparrow + 2H_2SO_4$,

$4Fe^{3+} + 2H_2O \xrightarrow{通电} 4Fe^{2+} + O_2\uparrow + 4H^+$,溶液从黄色变为浅绿色,阳极产生气泡,逸出无色无气味的气体。$2FeSO_4 + 2H_2O \xrightarrow{通电} 2Fe + O_2\uparrow + 2H_2SO_4$,$2Fe^{2+} + 2H_2O \xrightarrow{通电} 2Fe + O_2\uparrow + 4H^+$,阴极析出银白色固体,阳极产生气泡,逸出无色无气味的气体。

（二）配合性，跟 SCN^- 等发生配合反应

$FeCl_3 + KSCN = [FeSCN]Cl_2 + KCl$，

$Fe^{3+} + SCN^- = [FeSCN]^{2+}$，$FeCl_3 + 2KSCN = [Fe(SCN)_2]Cl + 2KCl$，

$Fe^{3+} + 2SCN^- = [Fe(SCN)_2]^+$；

$FeCl_3 + 3KSCN = Fe(SCN)_3 + 3KCl$，$Fe^{3+} + 3SCN^- = Fe(SCN)_3$；

$FeCl_3 + 4KSCN = K[Fe(SCN)_4] + 3KCl$，$Fe^{3+} + 4SCN^- = [Fe(SCN)_4]^-$；

$FeCl_3 + 5KSCN = K_2[Fe(SCN)_5] + 3KCl$，$Fe^{3+} + 5SCN^- = [Fe(SCN)_5]^{2-}$；

$FeCl_3 + 6KSCN = K_3[Fe(SCN)_6] + 3KCl$，$Fe^{3+} + 6SCN^- = [Fe(SCN)_6]^{3-}$；溶液由黄色变为深红色。

（三）氧化性，跟还原剂反应

（1）跟金属反应：$Fe_2(SO_4)_3 + Zn = 2FeSO_4 + ZnSO_4$，$2Fe^{3+} + Zn = 2Fe^{2+} + Zn^{2+}$，银白色固体溶解，溶液从黄色变为浅绿色。

$Fe_2(SO_4)_3 + 3Zn = 2Fe + 3ZnSO_4$，$2Fe^{3+} + 3Zn = 2Fe + 3Zn^{2+}$，银白色固体逐渐减少，有黑色粉末生成，溶液从黄色变为浅绿色，最后变为无色。

$2FeCl_3 + Fe = 3FeCl_2$，$2Fe^{3+} + Fe = 3Fe^{2+}$，灰色粉末溶解，溶液从黄色变为浅绿色。

$2FeCl_3 + Cu = 2FeCl_2 + CuCl_2$，$2Fe^{3+} + Cu = 2Fe^{2+} + Cu^{2+}$，红色粉末溶解，溶液从黄色变为蓝色。

（2）跟含化合价低元素的化合物反应：$2FeCl_3 + H_2S = 2FeCl_2 + S\downarrow + 2HCl$，$2Fe^{3+} + H_2S = 2Fe^{2+} + S\downarrow + 2H^+$，溶液从黄色变为浅绿色，腐蛋气味的气体消失，产生浅黄色沉淀。

$2FeCl_3 + Na_2S = 2FeCl_2 + S\downarrow + 2NaCl$，$2Fe^{3+} + S^{2-} = 2Fe^{2+} + S\downarrow$；$FeCl_2 + Na_2S = 2NaCl + FeS\downarrow$，$Fe^{2+} + S^{2-} = FeS\downarrow$，向氯化铁溶液逐滴加入硫化钠溶液，溶液的黄色逐渐变浅，产生浅黄色沉淀，后来产生黑色沉淀。

或 $2FeCl_3 + 3Na_2S = 2FeS\downarrow + S\downarrow + 6NaCl$，$2Fe^{3+} + 3S^{2-} = 2FeS\downarrow + S\downarrow$；

$FeS + 2FeCl_3 = 3FeCl_2 + S\downarrow$，$FeS + 2Fe^{3+} = 3Fe^{2+} + S\downarrow$，向硫化钠溶液逐滴加入氯化铁溶液：产生黑色沉淀，后来黑色固体逐渐溶解，浅黄色固体沉淀出来后，溶液呈浅绿色→Fe_2S_3 由于发生自身氧化还原反应而不存在。

$2FeCl_3 + Na_2SO_3 + H_2O = Na_2SO_4 + 2FeCl_2 + 2HCl$，$2Fe^{3+} + SO_3^{2-} + H_2O = SO_4^{2-} + 2Fe^{2+} + 2H^+$，溶液从黄色变为浅绿色→$Fe_2(SO_3)_3$ 由于发生自身氧化还原反应而不存在。

$2FeCl_3 + 2NaI = 2FeCl_2 + I_2 + 2NaCl$，$2Fe^{3+} + 2I^- = 2Fe^{2+} + I_2$，黄色溶液变为棕色溶液→$FeI_3$ 由于发生自身氧化还原反应而不存在。

（四）铁盐不稳定

温度较低就失去结晶水，温度升高进一步分解：

$FeCl_3 \cdot 6H_2O$ 在 37℃时失去 6 分子结晶水,并形成水溶液:

$FeCl_3 \cdot 6H_2O \xrightarrow{37℃} FeCl_3 + 6H_2O$,$FeCl_3 + 3H_2O \rightleftharpoons Fe(OH)_3 + 3HCl$,

$Fe^{3+} + 3H_2O \rightleftharpoons Fe(OH)_3 + 3H^+$,橘黄色晶体变为红褐色液体。

$Fe_2(SO_4)_3 \xrightarrow{480℃} Fe_2O_3 + 3SO_3\uparrow$,棕色固体变为红色固体,产生的气体冷凝为白雾,集聚为无色液体。

五、制法

氧化铁跟酸反应制备,$Fe_2O_3 + 3H_2SO_4 == Fe_2(SO_4)_3 + 3H_2O$,耐酸设备。

第十七节 氯气

一、组成

Cl_2

二、结构

(一)原子结构

$_{17}Cl$ 的原子结构示意图:(+17)2 8 7 →氯原子的电子式::$\ddot{\underset{..}{Cl}}$· ;位置:第 3 周期 VIIA 族。

(二)分子结构

用电子式表示氯分子的形成::$\ddot{\underset{..}{Cl}}$· + ·$\ddot{\underset{..}{Cl}}$: → :$\ddot{\underset{..}{Cl}}$:$\ddot{\underset{..}{Cl}}$:,氯分子的结构式:Cl—Cl。

即两个氯原子通过一个非极性共价键结合形成一个非极性双原子分子,分子式:Cl_2。Cl—Cl 的键能:242.7kJ/mol,比 Br—Br 键的键能大;比 O═O 键的键能(493kJ/mol)小、比 N≡N 键的键能(941.7kJ/mol)小得多。

(三)晶体结构

氯单质的晶体属于分子晶体。

三、性质

(1)物理性质:常温下,氯气是黄绿色有刺激性气味的有毒气体;常温常压下,氯气在水中溶解度不大(1:2);熔沸点低,熔点为 -101℃,沸点为 -34.6℃;F_2、Cl_2、Br_2、I_2 的熔沸点依次升高;在标准状况下,$\rho_{氯气} \approx 3.17$ g/L。

（2）化学性质：很活泼（氯气很容易跟其它物质发生化学反应）；强氧化性（跟还原剂反应）；弱还原性（自身氧化还原反应）。

四、化学反应与实验现象、用途

（一）跟金属反应和现象

$2Na + Cl_2 \xrightarrow{\text{点燃}} 2NaCl$，加热，银白色固体熔化，剧烈燃烧，产生黄色火焰，发出黄光，液态小球和黄绿色气体迅速转化为大量白烟，温度升高。

$2Fe + 3Cl_2 \xrightarrow{\text{点燃}} 2FeCl_3$，迅速燃烧，银白色丝迅速减少，黄绿色气体迅速消失，产生棕色烟，周围温度升高→氯气可用来制备氯化铁。

$Cu + Cl_2 \xrightarrow{\text{点燃}} CuCl_2$，燃烧，紫红色丝逐渐减少，黄绿色气体逐渐消失，产生棕黄色烟，周围温度升高→氯气可用来制备氯化铜。

（二）跟某些非金属反应和现象

$H_2 + Cl_2 \xrightarrow{\text{光照}} 2HCl$，剧烈燃烧，产生苍白色火焰，气体的黄绿色消失，周围温度升高，在空气中产生白雾→氯气可用来制备氯化氢和盐酸。

$Si + 2Cl_2 \xrightarrow{\text{高温}} SiCl_4$，灰黑色粉末逐渐减少，气体的黄绿色逐渐变浅，产生白雾→氯气可用于提纯硅。

（三）跟含较低价元素的化合物反应和现象

$Cl_2 + 2NaBr == 2NaCl + Br_2$，离子方程式：$Cl_2 + 2Br^- == 2Cl^- + Br_2$，无色溶液变为橙色溶液→氯气可用于从海水中制备溴。

$Cl_2 + 2KI == 2KCl + I_2$，离子方程式：$Cl_2 + 2I^- == 2Cl^- + I_2$，无色溶液变为棕色溶液→氯气可用于从海带或海藻中制备碘。

$Cl_2 + H_2S == 2HCl + S\downarrow$，如果是两种气体混合，现象是：黄绿色逐渐变浅，生成浅黄色固体。

如果将氯气通入硫化氢溶液中，现象是：黄绿色气体消失，溶液浑浊，产生浅黄色沉淀。

$Cl_2 + 2FeCl_2 == 2FeCl_3$，离子方程式：$Cl_2 + 2Fe^{2+} == 2Fe^{3+} + 2Cl^-$，黄绿色气体消失，溶液由浅绿色变为棕黄色→氯气可用于将 $FeCl_2$ 转化为 $FeCl_3$ 或 Fe^{2+} 将转化为 Fe^{3+}。

（四）能发生自身氧化还原反应和现象

$Cl_2 + H_2O \rightleftharpoons HCl + HClO$，将氯气通入水中，水从无色变为浅黄绿色。干燥氯气不能使干燥的有色布条褪色，而能使湿润的有色布条褪色，说明漂白剂是次氯酸→氯气可给自来水杀菌消毒、漂白织物。

$Cl_2 + 2NaOH = NaCl + NaClO + H_2O$,离子方程式:$Cl_2 + 2OH^- = Cl^- + ClO^- + H_2O$,黄绿色气体消失→除去尾气中的氯气。

$2Cl_2 + 2Ca(OH)_2 = CaCl_2 + Ca(ClO)_2 + 2H_2O$,黄绿色气体消失→氯气可用来制备漂白粉。

五、存在形态

氯气很活泼→氯元素只以化合态存在于自然界。

六、制法

(一)工业法

原理:$2NaCl + 2H_2O \xrightarrow{\text{通电}} 2NaOH + H_2\uparrow + Cl_2\uparrow$。设备:电解槽。

(二)实验室法

原理:$MnO_2 + 4HCl(浓) \xrightarrow{\Delta} MnCl_2 + Cl_2\uparrow + 2H_2O$。装置(见下图):

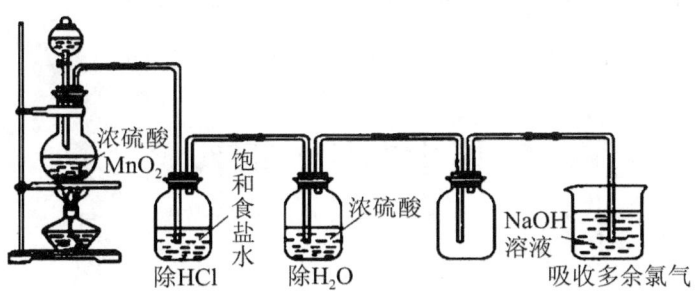

第十八节 氯化氢

一、组成

HCl

二、结构

(1)分子结构:分子的电子式为 H:Cl:,键能为 431kJ/mol,极性分子。
(2)晶体结构:分子晶体。

三、性质

(1)物理性质:常温下,氯化氢是无色而有刺激性气味的气体。在标准状况下,密

度 = 36.5/22.4 = 1.63g/L，比空气的密度大。极易溶于水，在25℃和1个标准大气压下，1体积水可溶解503体积的氯化氢气体。熔沸点低，熔点为 -144.8℃，沸点为 -84.9℃。

（2）化学性质：氯化氢中的氢元素呈 +1 价、氯元素呈 -1 价，受热稳定（难发生分解反应）。热稳定性：HF > HCl > HBr > HI；HCl > H₂S；弱还原性（跟强氧化剂反应）；氧化性（跟还原剂反应）。

四、化学反应与实验现象、用途

（1）受热稳定：难发生分解反应。

（2）弱还原性（Cl：从 -1 价→0 价）：跟强氧化剂反应
$F_2 + 2HCl(g) == 2HF + Cl_2$，气体的黄绿色变深。

（3）氧化性（H：从 +1 价→0 价）：跟还原剂反应
$2Na + 2HCl(g) == 2NaCl + H_2$，固体的银白色金属光泽消失。

五、制法

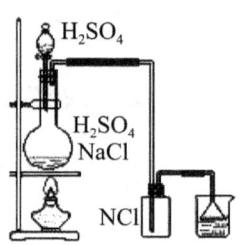

（1）工业制法。原理：$H_2 + Cl_2 \xrightarrow{点燃} 2HCl$。设备：燃烧炉。

（2）实验室制法。原理：$NaCl + H_2SO_4(浓) == NaHSO_4 + HCl\uparrow$，$NaHSO_4 + NaCl \xrightarrow{强热} Na_2SO_4 + HCl\uparrow$。装置如右图所示。

第十九节　氢气

一、组成

$_1H_2$

二、结构

（1）原子结构：原子电子排布式为 $1s^1$，原子结构示意图为 ⊕1)1，原子的电子式为 H·。

（2）分子结构：分子的电子式为 H:H，键能为 436 kJ/mol，非极性分子。

（3）晶体结构：分子晶体。

三、性质

（一）物理性质

无色无气味的气体，密度小，在标准状况下，密度 = 2/22.4 = 0.089g/L，比空气的密度小，难溶于水，熔沸点低，熔点为 -259℃，沸点为 -252℃。

（二）化学性质

常温下稳定，高温下活泼（跟同物质反应随温度升高，反应速率增大）；还原性（跟氧化剂反应）；弱氧化性（跟强还原剂反应）。

四、化学反应与实验现象、用途

（一）跟非金属反应

（1）$2H_2 + O_2 \xrightarrow{\text{点燃}} 2H_2O$，火焰呈淡蓝色，周围温度升高。将一个小烧杯放在火焰的上方，有无色无气味的液滴形成→燃料，产生热能或电能。

（2）$H_2 + Cl_2 \xrightarrow{\text{光照}} 2HCl$，$H_2$ 与 Cl_2 混合光照，听到爆炸声，黄绿色气体消失，有白雾形成。

$H_2 + Cl_2 \xrightarrow{\text{点燃}} 2HCl$，产生苍白色火焰，周围温度升高→生产盐酸。

（3）$3H_2 + N_2 \xrightarrow[\text{高温高压}]{\text{催化剂}} 2NH_3$，生成一种无色、有刺激性气味的气体→合成氨。

（二）跟含较高价态元素的化合物反应

（1）$H_2 + CuO \xrightarrow{\triangle} Cu + H_2O$，黑色粉末逐渐变为红色粉末，有无色液体生成→干法炼铜。

（2）$3H_2 + Fe_2O_3 \xrightarrow{\text{高温}} 2Fe + 3H_2O$，红色固体生成冷却后能被磁铁吸引的黑色固体，有无色液体生成→炼铁。

（3）$3H_2 + WO_3 \xrightarrow{\text{高温}} W + 3H_2O$，黄色粉末逐渐变为黑色粉末，有无色液体生成→冶炼钨。

（4）$3H_2 + CO \xrightarrow[500-700℃]{Ni} CH_4 + H_2O$，冷却后有无色液体生成。

（5）$2H_2 + CO \xrightarrow[450℃/\text{高压}]{ZnO-Cr_2O_3} CH_3OH$，冷却后有无色略带酒味的液体生成→制备甲醇。

（6）在镍等作催化剂、高温高压下，氢气能跟不饱和烃、苯、醛、酮等物质发生加成反应。如，$CH_3CHO + H_2 \xrightarrow[\text{高温}]{Ni} CH_3CH_2OH$，有刺激性气味的液体变为有醇香味的液体。

（三）跟极活泼金属反应

（1）$2Na + H_2 \xrightarrow{400℃} 2NaH$，有银色晶体生成。

（2）$2Li + H_2 \xrightarrow{300℃} 2LiH$，有白色晶体生成。 →制备金属氢化物。

（3）$Ca + H_2 \xrightarrow{300℃} CaH_2$，有白色晶体生成。

五、元素存在形态

在自然界中氢元素以化合态存在。

六、制法

（一）工业制法

原理：①$2H_2O \xrightarrow{通电} 2H_2\uparrow + O_2\uparrow$；②$2NaCl + 2H_2O \xrightarrow{通电} 2NaOH + H_2\uparrow + Cl_2\uparrow$；③$C + H_2O \xrightarrow{高温} CO + H_2$；④$CH_4 + H_2O \xrightarrow{高温} CO + 3H_2$，$CO + H_2O \xrightarrow[高温]{催化剂} CO_2 + H_2$。

设备：步骤①②为电解池，步骤③④为氧化炉。

（二）实验室制法

原理：$Zn + 2HCl = ZnCl_2 + H_2\uparrow$

装置：启普发生器 或简易启普发生器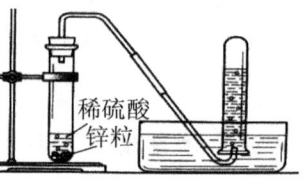

盛有氢气的集气瓶的放置方法：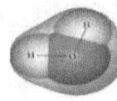

第二十节　水

一、组成

H_2O

二、结构

（一）分子结构

水分子的电子式：$\overset{\displaystyle H:\overset{..}{\underset{..}{O}}:}{H}$，结构式：H—O—H，模型：，氧氢键的键能：

463kJ/mol，极性分子。

（二）晶体结构

分子晶体；分子间不但存在范德华力，而且更重要的是存在氢键。

三、性质

（1）物理性质：常温下无色、无味的透明液体，熔沸点不高，101.325kPa 时，熔点为 0℃，沸点为 100℃，4℃时，密度为 1g/mL，能微弱导电，固态时硬而脆。

（2）化学性质：水中的氧元素呈 -2 价，氢元素呈 +1 价。稳定性（2000℃水的分解率 5%）：$HF > H_2O > NH_3 > H_2S$。水中的氢只显氧化性（跟还原剂反应）；水中的氧只显弱还原性（跟强氧化剂反应）。

四、化学反应与实验现象、用途

（一）很稳定

在 2000℃以上才开始分解。

水的电离：纯水中存在下列电离平衡：$H_2O + H_2O \rightleftharpoons H_3O^+ + OH^-$ 或 $H_2O \rightleftharpoons H^+ + OH^-$。

25℃时，纯水中氢离子物质的量浓度 $c(H^+) = 1.0 \times 10^{-7}$ mol/L，电离度 $K_w = 1.0 \times 10^{-14}$。

（二）水中的氢只显氧化性跟还原剂反应

1. 跟排在金属活动顺序中氢前面的金属反应

（1）$2Na + 2H_2O = 2NaOH + H_2\uparrow$，$2Na + 2H_2O = 2Na^+ + 2OH^- + H_2\uparrow$，银白色固体立即熔化为小球，浮于水面游动，迅速变小并消失，产生气泡，听到"嘶嘶声"，周围温度升高，加入酚酞，溶液变红。

（2）$Mg + 2H_2O = Mg(OH)_2 + H_2\uparrow$，有少量气泡产生，加入酚酞，银白色固体表面略变红色。

（3）$3Fe + 4H_2O$（水蒸气）$\xrightarrow{\triangle} Fe_3O_4 + 4H_2\uparrow$，灰色粉末变为黑色粉末，有无色可燃气体生成→生成致密坚固的四氧化三铁晶体防止铁被腐蚀。

2. 跟某些非金属反应

$C + H_2O$（水蒸气）$\xrightarrow{\triangle} CO + H_2\uparrow$，黑色粉末逐渐减少，有无色可燃气体生成→将煤炭转化为气体燃料或化工原料——水煤气。

3. 跟含较低价元素的化合物反应

$CO + H_2O \xrightarrow[\text{高温}]{\text{催化剂}} CO_2\uparrow + H_2\uparrow$→将 CO 转化为 H_2。

（三）水中的氧只显弱还原性跟强氧化剂反应

跟氧化性比氧气强的非金属反应：

$2F_2 + 2H_2O == 4HF + O_2$,浅黄绿色气体消失。

(四)水的电解,水既显氧化性,又显还原性

$2H_2O \xrightarrow{\text{通电}} 2H_2\uparrow + O_2\uparrow$,用石墨作为电极电解硫酸钠等溶液,两电极都有气泡产生,用排水集气法收集到无色无气味的气体,两气体的体积比约为2:1。

(五)水参加氧化还原反应,但水既不作氧化剂,又不作还原剂

(1) $2Na_2O_2 + 2H_2O$(加入适量水)$== 4NaOH + O_2\uparrow$,淡黄色固体变为白色固体,有气泡产生,逸出无色无气味的气体→在载人航天器或潜水艇中将人呼出的水蒸气转化为供人呼吸的氧气。

(2) $3NO_2 + H_2O == 2HNO_3 + NO$,红棕色气体变为无色气体→制备硝酸。

(六)水参与非氧化还原反应

(1) 水可跟活泼金属的碱性氧化物生成对应的碱:
①$Na_2O + H_2O$(加入适量水)$== 2NaOH$,温度升高。
②$CaO + H_2O$(加入适量水)$== Ca(OH)_2$,温度升高→制备氢氧化钙。

(2) 水可跟大多数酸性氧化物反应生成对应的酸:
①$SO_3 + H_2O == H_2SO_4$,温度升高→制备硫酸。
②$P_2O_5 + 3H_2O == 2H_3PO_4$,温度升高→$P_2O_5$作干燥剂。

(3) 跟某些不饱和烃发生水化反应
①$CH_2=CH_2 + H_2O \xrightarrow[\text{加热、加压}]{\text{催化剂}} C_2H_5OH$,有醇香味的物质生成→制备乙醇。

②$CH\equiv CH + H_2O \xrightarrow[\text{加热、加压}]{\text{催化剂}} CH_3CHO$,有刺激性气味的物质生成→制备乙醛。

(4) 水解反应:
①盐类水解反应:
(a) $Mg_3N_2 + 6H_2O == 3Mg(OH)_2 + 2NH_3\uparrow$,黄绿色固体变为白色固体,产生气泡,逸出刺激性无色气体→古时制备氨气。

(b) CaC_2(电石)$+ 2H_2O == Ca(OH)_2 + C_2H_2\uparrow$,灰色块状固体变为灰色糊状物,产生气泡,逸出无色气体,周围温度升高→制备乙炔。

(c) $C_2H_5ONa + H_2O \longrightarrow C_2H_5OH + NaOH$。

②卤代烃水解反应:$C_2H_5Br + H_2O \xrightarrow[\triangle]{\text{NaOH 水溶液}} C_2H_5OH + HBr$,

或 $C_2H_5Br + NaOH \xrightarrow[\triangle]{\text{水}} C_2H_5OH + NaBr$,振荡加热后,混浊液体逐渐变澄清→制备乙醇。

③酯水解:$CH_3COOC_2H_5 + H_2O \xrightarrow[\triangle]{\text{催化剂}} CH_3COOH + C_2H_5OH$,振荡加热后,混浊液体逐渐变澄清。

④低聚糖、多糖水解：$(C_6H_{10}O_5)_n + nH_2O \xrightarrow[\triangle]{催化剂} nC_6H_{12}O_6$（葡萄糖）。

五、水的提纯

（1）蒸馏法。设备：蒸馏装置。
（2）渗透膜分离技术进行海水淡化。
（3）非加压吸附渗透海水淡化法。

第二十一节　过氧化氢（俗称双氧水）

一、组成

H_2O_2

二、结构

（1）分子结构：水分子的电子式为 H:Ö:Ö:H，结构式为 H—O—O—H，模型为 , 极性分子。
（2）晶体结构：分子晶体；分子间既存在范德华力，又存在氢键。

三、性质

（1）物理性质：水溶液为无色透明液体，有微弱的特殊气味。纯过氧化氢是淡蓝色的油状液体。能与水、乙醇或乙醚以任何比例混合，不溶于苯、石油醚。熔点为 -0.89℃（无水），沸点为 152.1℃（无水）。相对密度为 1.46（无水）。
（2）化学性质：过氧化氢中的氧元素呈 -1 价，氢元素呈 +1 价。
不稳定（容易分解）；既显强氧化性（跟还原剂反应），又显弱还原性（跟强氧化剂反应）。

四、化学反应与实验现象、用途

（一）不稳定

过氧化氢在常温可以发生分解反应，生成氧气和水（缓慢分解，显示 -1 价氧，既有氧化性，又有还原性。），在加热或者加入催化剂后能加快反应，催化剂有二氧化锰、硫酸铜、二氧化铅、三氯化铁，及生物体内的过氧化氢酶等。
$2H_2O_2 \xrightarrow{MnO_2} 2H_2O + O_2\uparrow$，有气泡产生，逸出无色无气味的气体，周围温度升高→实验室里常把 H_2O_2 装在棕色瓶内避光并放在阴凉处。工业上装于聚乙烯桶内，容器盖上应有排气孔,外套木箱,每桶净重20kg。应储存在阴凉、清洁、通风的库房内,库温不宜超过30℃,避免日光照射。隔绝热源与火种,不可与有机物或铁、铜、铬等金属及其盐类共储混运。实验室制备氧气。

(二) 显强氧化性（-1价氧→-2价氧），跟还原剂反应

常见跟含化合价较低的元素的化合物反应：在酸性条件下 H_2O_2 的还原产物为 H_2O，在中性或碱性条件下其还原产物为氢氧化物。

(1) $H_2O_2 + 2KI + 2HCl == 2KCl + I_2 + 2H_2O$，$H_2O_2 + 2I^- + 2H^+ == I_2 + 2H_2O$，溶液由无色变为黄棕色。

(2) 酸性溶液：$2Fe^{2+} + H_2O_2 + 2H^+ == 2Fe^{3+} + 2H_2O$，溶液从浅绿色变为黄棕色→作为绿色氧化剂，除去含 Fe^{3+} 溶液中混有的亚铁离子。

接近中性溶液：$6Fe^{2+} + 3H_2O_2 == 2Fe(OH)_3\downarrow + 4Fe^{3+}$，溶液的浅绿色消失，产生红褐色沉淀→作为绿色氧化剂，将 Fe^{2+} 转化为 Fe^{3+} 并除去。

(3) $H_2O_2 + H_2S == S\downarrow + 2H_2O$，产生浅黄色沉淀。

(4) $H_2O_2 + SO_2 == H_2SO_4$，无色有刺激性气味的气体消失。

(5) 将有机色素氧化而褪色→作漂白剂。

(6) 将细菌、病毒氧化而杀菌、消毒→用作杀菌消毒剂。

(7) $N_2H_4 + 2H_2O_2 \xrightarrow{\text{点燃}} N_2\uparrow + 4H_2O$，剧烈燃烧，周围温度迅速升高→军用级99%，主要推广应用于航天姿控发动机及载人飞船上,还可以应用于军事卫星、运载火箭。

(三) 显弱还原性（-1价氧→氧气），跟强氧化剂反应

(1) 跟活泼非金属反应：$H_2O_2 + Cl_2 == 2HCl + O_2\uparrow$，黄绿色气体变为无色气体。

(2) 跟元素化合价较高的化合物反应：

$2KMnO_4 + 5H_2O_2 + 3H_2SO_4 == 2MnSO_4 + K_2SO_4 + 5O_2\uparrow + 8H_2O$，

$2MnO_4^- + 5H_2O_2 + 6H^+ == 2Mn^{2+} + 5O_2\uparrow + 8H_2O$，溶液的紫色变为无色，产生气泡，逸出无色无气味的气体。

五、制备

工业上用电解硫酸氢铵水溶液的方法制备过氧化氢,其流程如下:

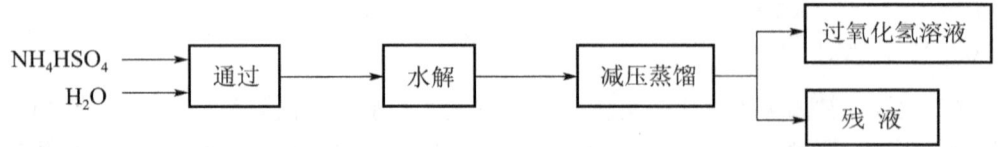

其反应原理是：$2NH_4HSO_4 \xrightarrow{\text{通电}} (NH_4)_2S_2O_8 + H_2\uparrow$，$(NH_4)_2S_2O_8 + 2H_2O == 2NH_4HSO_4 + H_2O_2$。

第二十二节 硫

一、组成

硫单质由硫元素组成（$_{16}$S）。

二、结构

（1）原子结构：电子排布式为 $1s^22s^22p^63s^23p^4$，原子结构示意图为 +16) 2) 8) 6，电子式为 ·Ṡ·。

（2）分子结构：非极性分子。

（3）晶体结构：分子晶体。

三、性质

（1）物理性质：常温下淡黄色晶体，不溶于水，稍溶于乙醇和乙醚，溶于二硫化碳、四氯化碳和苯；松脆；固态时，由于一个硫分子由 8 个 S 原子形成的环状分子，所以硫的熔沸点不是很低，如菱形硫（S_8）密度为 $2.07g/cm^3$，熔点为 112.8℃，沸点为 444.674℃。

（2）化学性质：常温下稳定，升温活泼性增强（跟同一物质，随温度升高，反应速率增大）；氧化性（跟还原剂反应）、还原性（跟氧化剂反应）。

四、化学反应与实验现象、用途

（一）显氧化性跟还原剂反应

1. 跟金属反应

（1）$2Na + S \xrightarrow{\triangle} Na_2S$，加热，银白色固体变为银白色液体，剧烈反应，黄色火光升起，噼啪作响，温度升高，产生白烟，生成白色固体。

（2）$2Al + 3S \xrightarrow{\triangle} Al_2S_3$，灰黄色混合粉末变为黄色固体，周围温度迅速升高→制备 Al_2S_3。

（3）$Fe + S \xrightarrow{\triangle} FeS$，将灰色粉末加热到红热，立即移开酒精灯，反应继续进行，生成黑色块状固体，周围温度升高。

（4）$2Cu + S \xrightarrow{\triangle} Cu_2S$，红热的红色丝在黄色的蒸气中燃烧，生成黑色固体，温度升高。

（5）$Hg + S \xrightarrow{磨擦} HgS$，银白色液体、淡黄色粉末变为黑色固体→用硫粉除去洒在地上的汞。

(6) $2Ag + S \xrightarrow{研磨} Ag_2S$，银白色固体表面变为黑色。

2. 跟某些非金属反应

(1) $S + H_2 \xrightarrow{\triangle} H_2S$，有腐蛋气味的气体生成。

(2) $2S + C \xrightarrow{\triangle} CS_2$，灰色粉末变为无色有刺激性气味的气体，冷却形成白雾，聚集为无色有刺激性气味的液体。

（二）显还原性跟氧化剂反应

1. 跟氧化性比硫强的非金属反应

$S + O_2 \xrightarrow{点燃} SO_2$，在纯氧中为蓝紫色火焰，而在空气在中为淡蓝色火焰，周围温度升高，生成有刺激性气味的气体（该气体也能使澄清石灰水变浑浊，且能使酸性高锰酸钾溶液或品红溶液褪色，加热褪色后的品红溶液，又恢复为红色）→制备二氧化硫。

2. 跟有强氧化性的化合物反应

(1) $S + 2H_2SO_4(浓) \xrightarrow{\triangle} 3SO_2\uparrow + 2H_2O$，淡黄色固体逐渐减少，生成无色有刺激性气味的气体。

(2) $S + 6HNO_3(浓) \xrightarrow{\triangle} H_2SO_4 + 6NO_2\uparrow + 2H_2O$，淡黄色固体逐渐减少，生成红棕色有刺激性气味的气体。

（三）自身发生氧化还原反应

$3S + 6KOH \xrightarrow{\triangle} 2K_2S + K_2SO_3 + 3H_2O$，$3S + 6OH^- \xrightarrow{\triangle} 2S^{2-} + SO_3^{2-} + 3H_2O$，淡黄色固体逐渐减少→除去粘于玻璃容器壁上的硫。

五、元素存在形态

既有游离态，又有化合态。

六、制法

工业制法。原理：$3FeS_2 + 4C + 4O_2 \xrightarrow{\triangle} Fe_3O_4 + 4CO\uparrow + 6S$，设备：沸腾炉。

第二十三节　二氧化硫

一、组成

SO_2

二、结构

（1）分子结构：电子式为 :Ö::S::Ö:，结构式为 O=S→O，结构模型为 ，极性分子。

（2）晶体结构：分子晶体。

三、性质

（1）物理性质：常温常压下，无色有强烈刺激性气味的有毒易液化气体，易溶于水，标准状况下密度约为 2.86g/L，熔沸点低，熔点为 -72.4℃（200.75K），沸点为 -10℃（263K）。

（2）化学性质：SO_2 中的硫呈 +4、氧呈 -2 价，酸性氧化物（对应四类反应）、氧化性（跟还原剂反应）、还原性（氧化剂反应）、漂白性（跟品红等生成不稳定物质褪色）。

四、化学反应与实验现象、用途

（一）酸性氧化物，对应发生四类反应

（1）跟水反应生成亚硫酸：$SO_2 + H_2O \rightleftharpoons H_2SO_3$，无色有刺激性气味的气体的体积减小。

（2）跟碱反应生成盐和水或生成酸式盐：$2NaOH + SO_2 == Na_2SO_3 + H_2O$，

$2OH^- + SO_2 == SO_3^{2-} + H_2O$ 或 $NaOH + SO_2 == NaHSO_3$，$OH^- + SO_2 == HSO_3^-$

（$2NaOH + SO_2 == Na_2SO_3 + H_2O$，$Na_2SO_3 + SO_2 + H_2O == 2NaHSO_3$，$SO_3^{2-} + SO_2 + H_2O == 2HSO_3^-$），无色有刺激性气味的气体消失。

$2NH_3·H_2O + SO_2 == (NH_4)_2SO_3 + H_2O$，$2NH_3·H_2O + SO_2 == 2NH_4^+ + SO_3^{2-} + H_2O$

或 $NH_3·H_2O + SO_2 == NH_4HSO_3$，$NH_3·H_2O + SO_2 == NH_4^+ + HSO_3^-$

（$2NH_3·H_2O + SO_2 == (NH_4)_2SO_3 + H_2O$，$(NH_4)_2SO_3 + SO_2 + H_2O == 2NH_4HSO_3$，$SO_3^{2-} + SO_2 + H_2O == 2HSO_3^-$），无色有刺激性气味的气体消失→可用氨水吸收 SO_2。

（3）跟碱性氧化物反应生成盐：$CaO + SO_2 == CaSO_3$，无色有刺激性气味的气体消失→用于煤炭等脱硫，还可从中提取石膏（$2CaSO_3 + O_2 \xrightarrow{受热} 2CaSO_4$）。

（4）跟比亚硫酸酸性弱的盐溶液反应：①$NaHCO_3 + SO_2 == NaHSO_3 + CO_2$，

$HCO_3^- + SO_2 == HSO_3^- + CO_2$，无色有刺激性气味的气体变为无色无气味的气体→除去二氧化碳等气体中的二氧化硫。

②$2Na_2CO_3 + SO_2 + H_2O == 2NaHCO_3 + Na_2SO_3$，$2CO_3^{2-} + SO_2 + H_2O == 2HCO_3^- + SO_3^{2-}$；无色有刺激性气味的气体消失。

$Na_2CO_3 + SO_2 + H_2O == NaHCO_3 + NaHSO_3$，$CO_3^{2-} + SO_2 + H_2O == HCO_3^- + HSO_3^-$；无色有刺激性气味的气体消失。

$Na_2CO_3 + 2SO_2 + H_2O == 2NaHSO_3 + CO_2$，$CO_3^{2-} + 2SO_2 + H_2O == 2HSO_3^- + CO_2$；无色有刺激性气味的气体变为无色无气味的气体。

（二）显氧化性跟还原剂反应

（1）跟金属反应：$3Mg + SO_2 \xrightarrow{\text{点燃}} 2MgO + MgS$，剧烈燃烧，发出耀眼的白光，温度迅速升高，银白色固体迅速减少，产生大量白烟，凝聚为白色固体。

（2）跟含化合价较低的元素的化合物反应：

$2H_2S + SO_2 = 2H_2O + 3S\downarrow$，有无色液体和浅黄色固体生成。

（三）显还原性跟氧化剂反应

（1）跟达到 I_2 的氧化性的非金属反应：$2SO_2 + O_2 \xrightleftharpoons[\text{高温}]{V_2O_5} 2SO_3$，冷却到常温，形成白雾→工业上生产 SO_3。

$SO_2 + I_2 + 2H_2O == 2HI + H_2SO_4$，$SO_2 + I_2 + 2H_2O == 4H^+ + 2I^- + SO_4^{2-}$，溶液从棕黄色变为无色（氧化性：$Cl_2 > Br_2 > I_2$）。

（2）跟含较高价元素的有氧化性的化合物反应：

①$5SO_2 + 2KMnO_4 + 2H_2O == K_2SO_4 + 2MnSO_4 + 2H_2SO_4$，

$5SO_2 + 2MnO_4^- + 2H_2O == 2Mn^{2+} + 5SO_4^{2-} + 4H^+$，溶液的紫色褪去→除去二氧化碳等气体中的二氧化硫。

②$SO_2 + 2HNO_3(浓) == H_2SO_4 + 2NO_2$，$SO_2 + 2NO_3^- == SO_4^{2-} + 2NO_2$，生成红棕色有刺激性气味的气体。

③$3SO_2 + 2HNO_3(稀) + 2H_2O == 3H_2SO_4 + 2NO$，$3SO_2 + 2NO_3^- + 2H_2O == 3SO_4^{2-} + 4H^+ + 2NO$，生成的气体遇到空气逐渐变为红棕色有刺激性气味的气体。

④$SO_2 + NaClO + H_2O == H_2SO_4 + NaCl$，$SO_2 + ClO^- + H_2O == 2H^+ + SO_4^{2-} + Cl^-$，

$2SO_2 + Ca(ClO)_2 + 2H_2O == CaSO_4 + H_2SO_4 + 2HCl$，如果次氯酸钙是稀溶液：

$SO_2 + ClO^- + H_2O == 2H^+ + SO_4^{2-} + Cl^-$；如果次氯酸钙是浓溶液：

$2SO_2 + Ca^{2+} + 2ClO^- + 2H_2O == CaSO_4\downarrow + 4H^+ + SO_4^{2-} + 2Cl^-$，无色有刺激性气味的气体消失，产生白色浑浊→除去二氧化碳等气体中的二氧化硫。

⑤$SO_2 + 2FeCl_3 + 2H_2O == 2FeCl_2 + H_2SO_4 + 2HCl$，$SO_2 + 2Fe^{3+} + 2H_2O == 2Fe^{2+} + 4H^+ + SO_4^{2-} + 2Cl^-$，无色有刺激性气味的气体消失，溶液从棕黄色变为浅绿色。

⑥$SO_2 + Na_2O_2 == Na_2SO_4$，浅黄色固体变为白色固体，周围温度升高。

（四）漂白性

将 SO_2 通入品红溶液中，由于生成不稳定的能溶无色物质而褪色；加热，无色物质分解生成品红并逸出 SO_2，无色溶液恢复为红色→检验 SO_2。

五、制法

（一）工业制法

（1）反应原理：

①硫磺燃烧：$S(s) + O_2(g) \xrightarrow{\text{点燃}} SO_2(g)$

②硫铁矿（黄铁矿）燃烧：$4FeS_2(s) + 11O_2(g) \xrightarrow{\text{点燃}} 2Fe_2O_3(s) + 8SO_2(g)$

（2）设备：沸腾炉。

（二）实验室制法

（1）反应原理：①$Na_2SO_3 + H_2SO_4 == Na_2SO_4 + SO_2(g) + H_2O$；②$Cu + 2H_2SO_4 \xrightarrow{\triangle} CuSO_4 + SO_2(g) + 2H_2O$

尾气处理：通入氢氧化钠溶液 $2NaOH + SO_2 == Na_2SO_3 + H_2O$

（2）装置：

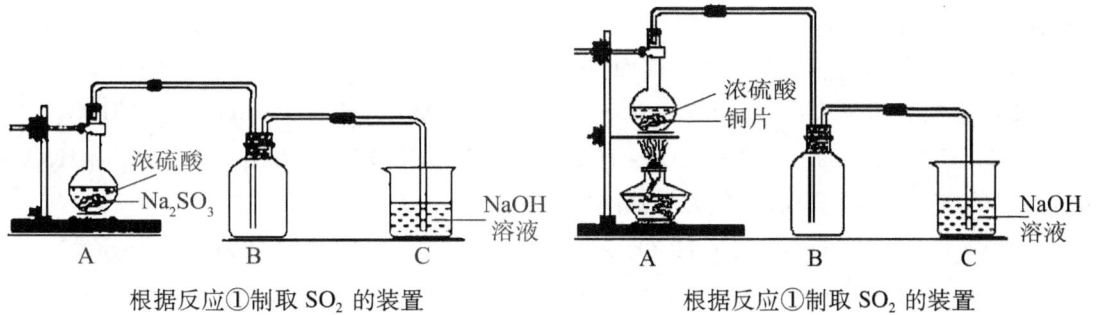

根据反应①制取 SO_2 的装置　　　　　根据反应①制取 SO_2 的装置

第二十四节　亚硫酸

一、组成

H_2O、H_2SO_3、SO_2、H^+、HSO_3^-、SO_3^{2-}、OH^-（$SO_2 + H_2O \rightleftharpoons H_2SO_3$，$H_2SO_3 \rightleftharpoons H^+ + HSO_3^-$；$HSO_3^- \rightleftharpoons H^+ + SO_3^{2-}$，$H_2O \rightleftharpoons H^+ + OH^-$）。

二、结构

电子式：
$\overset{\cdot\cdot}{\underset{\cdot\cdot}{:\overset{\times\times}{O}:}}\overset{\times\times}{\underset{\times\times}{S}}\overset{\cdot\cdot}{\underset{\cdot\cdot}{:O:H}}$
（:O:H），结构式：$H—O—\overset{\overset{O}{\uparrow}}{S}—O—H$，极性分子。

三、性质

（1）物理性质：无色透明液体，能与水以任意比例混溶。
（2）化学性质：酸性（跟五类物质反应）；不稳定（易分解）；氧化性（跟还原剂反应）；还原性（跟氧化剂反应）。

四、化学反应与实验现象、用途

（一）酸性，跟五类物质反应

（1）跟酸碱指示剂反应：使紫色石蕊试液或蓝色石蕊试纸变红色，但不褪色；不使无色酚酞变色。
（2）跟碱发生中和反应：$H_2SO_3 + 2NaOH == Na_2SO_3 + 2H_2O$，$H_2SO_3 + 2OH^- == SO_3^{2-} + 2H_2O$

或 $H_2SO_3 + NaOH == NaHSO_3 + H_2O$，$H_2SO_3 + OH^- == HSO_3^- + H_2O$。

（3）跟碱性氧化物反应：$H_2SO_3 + Na_2O == Na_2SO_3 + H_2O$，白色固体溶解，得到无色溶液，周围温度升高。
（4）跟排在金属活动顺序中氢前面的金属反应。
（5）跟弱酸盐反应：①$H_2SO_3 + Na_2SO_3 == 2NaHSO_3$，$H_2SO_3 + SO_3^{2-} == 2HSO_3^-$。
②$NaHCO_3 + H_2SO_3 == NaHSO_3 + H_2O + CO_2\uparrow$，$HCO_3^- + H_2SO_3 == HSO_3^- + H_2O + CO_2\uparrow$，有气泡产生，逸出无色无气味的气体。
③$2Na_2CO_3 + H_2SO_3 == 2NaHCO_3 + Na_2SO_3$，$2CO_3^{2-} + H_2SO_3 == 2HCO_3^- + SO_3^{2-}$。
$Na_2CO_3 + H_2SO_3 == NaHCO_3 + NaHSO_3$，$CO_3^{2-} + H_2SO_3 == HCO_3^- + HSO_3^-$。
$Na_2CO_3 + 2H_2SO_3 == 2NaHSO_3 + CO_2\uparrow + H_2O$，$CO_3^{2-} + 2H_2SO_3 == 2HSO_3^- + CO_2\uparrow + H_2O$；有气泡产生，逸出无色无气味的气体。

（二）不稳定，容易发生分解反应

$H_2SO_3 == SO_2\uparrow + H_2O$，有气泡产生，逸出无色无气味的气体。

（三）氧化性（主要 +4 价 S→0 价 S），跟还原剂反应

$2H_2S + H_2SO_3 == 3H_2O + 3S\downarrow$，溶液变浑浊，产生浅黄色沉淀。

（四）还原性，跟氧化剂反应

1. 跟达到 I_2 的氧化性的非金属反应

$H_2SO_3 + I_2 + H_2O == 2HI + H_2SO_4$，
$H_2SO_3 + I_2 + H_2O == 4H^+ + 2I^- + SO_4^{2-}$，溶液从棕黄色变为无色（氧化性：$Cl_2 > Br_2 > I_2$）。

$2H_2SO_3 + O_2 = 2H_2SO_4$,$2H_2SO_3 + O_2 = 4H^+ + 2SO_4^{2-}$。

2. 跟含较高价元素的化合物反应

(1) $5H_2SO_3 + 2KMnO_4 = K_2SO_4 + 2MnSO_4 + 2H_2SO_4 + 3H_2O$,

$5H_2SO_3 + 2MnO_4^- = 2Mn^{2+} + 5SO_4^{2-} + 4H^+ + 3H_2O$,溶液的紫色褪去。

(2) $H_2SO_3 + 2HNO_3(浓) = H_2SO_4 + 2NO_2 + H_2O$,$H_2SO_3 + 2NO_3^- = SO_4^{2-} + 2NO_2 + H_2O$,生成红棕色有刺激性气味的气体。

(3) $3H_2SO_3 + 2HNO_3(稀) + 2H_2O = 3H_2SO_4 + 2NO + 3H_2O$,

$3H_2SO_3 + 2NO_3^- + 2H_2O = 3SO_4^{2-} + 4H^+ + 2NO + 3H_2O$,生成的气体遇到空气逐渐变为红棕色有刺激性气味的气体。

(4) $H_2SO_3 + NaClO = H_2SO_4 + NaCl$,$H_2SO_3 + ClO^- = 2H^+ + SO_4^{2-} + Cl^-$,

$2H_2SO_3 + Ca(ClO)_2 = CaSO_4 + H_2SO_4 + 2HCl$,

如果次氯酸钙是稀溶液:$H_2SO_3 + ClO^- = 2H^+ + SO_4^{2-} + Cl^-$;

如果次氯酸钙是浓溶液:$2H_2SO_3 + Ca^{2+} + 2ClO^- = CaSO_4\downarrow + 4H^+ + SO_4^{2-} + 2Cl^-$,产生白色浑浊。

(5) $H_2SO_3 + 2FeCl_3 + H_2O = 2FeCl_2 + H_2SO_4 + 2HCl$,

$H_2SO_3 + 2Fe^{3+} + H_2O = 2Fe^{2+} + 4H^+ + SO_4^{2-} + 2Cl^-$,溶液从棕黄色变为浅绿色。

(6) $H_2SO_3 + Na_2O_2 = Na_2SO_4 + H_2O$,浅黄色固体溶解,周围温度升高。

五、制法

将二氧化硫气体通入水中(在密闭系统内进行)。

第二十五节 三氧化硫

一、组成

SO_3

二、结构

(1) 分子结构:电子式为 ,结构式为 ,结构模型为 ,平面正三角形,非极性分子。

(2) 晶体结构:分子晶体。

三、性质

(1) 物理性质:常温常压下为无色透明有强刺激性臭味的油状液体。相对密度为

1.97（20℃）。熔沸点低，熔点为 16.83℃（289.8K），沸点为（101.3kPa）44.8℃（317.8K）。溶于水，并跟水反应生成硫酸和放出大量的热，因此又称硫酸酐。溶于浓硫酸而成发烟硫酸。

（2）化学性质：SO_3 中的硫呈 +6、氧呈 -2 价，酸性氧化物（对应三类反应）；+6 价硫只有强氧化性（跟还原剂反应）；-2 价氧只有还原性（分解时既显氧化性又显还原性）。

四、化学反应与实验现象、用途

（一）酸性氧化物，对应发生三类反应

（1）跟水反应生成硫酸：$SO_3(l) + H_2O(l) = H_2SO_4(l)$，$\Delta H = -88kJ/mol$，无色透明有强刺激性臭味的油状液体迅速转变为无色透明的油状液体，周围温度迅速升高。

（2）跟碱反应生成盐和水：$2NaOH + SO_3 = Na_2SO_4 + H_2O$，$2OH^- + SO_3 = SO_4^{2-} + H_2O$，无色透明有强刺激性臭味的油状液体迅速消失。

（3）跟碱性氧化物反应生成盐：$CaO + SO_3 = CaSO_4$，无色透明有强刺激性臭味的油状液体迅速消失。

（二）显强氧化性跟还原剂反应

（1）跟金属反应：$Cu + 2SO_3 \xrightarrow{\Delta} CuSO_4 + SO_2$，红色丝变为白色固体。

（2）跟某些非金属反应：$2P + 5SO_3 \xrightarrow{\Delta} P_2O_5 + 5SO_2$，红色固体转变为大量白烟。

（3）跟含化合价较低的元素的化合物反应：

$K_2S + SO_3 = K_2SO_3 + S$，有浅黄色固体生成。

$2KI + SO_3 = K_2SO_3 + I_2$，有紫红色气体生成，冷凝，变为紫黑色固体。

（三）-2 价氧只有还原性，SO_3 分解时既显氧化性又显还原性：$2SO_3 \underset{\Delta}{\overset{V_2O_5}{\rightleftharpoons}} 2SO_2 + O_2$。

五、制法（工业制法）

反应原理：$2SO_2 + O_2 \underset{\Delta}{\overset{V_2O_5}{\rightleftharpoons}} 2SO_3$。设备：接触室。

第二十六节　硫酸

一、组成

H_2SO_4

二、结构

(1) 分子结构：电子式为 $\ddot{\mathrm{\ddot{O}}}\mathrm{\ddot{S}}\mathrm{\ddot{O}}\mathrm{:H}$，结构式为 $\mathrm{H-O-S-O-H}$，极性分子。

(2) 晶体结构：分子晶体。

三、性质

(1) 物理性质：硫酸是一种无色黏稠油状液体，易溶于水，能以任意比与水混溶。

有强烈的吸水性（→用作干燥剂）。是一种高沸点难挥发的强酸，100%的硫酸熔沸点：熔点10℃，沸点290℃，但是100%的硫酸并不是最稳定的，沸腾时会分解一部分，变为98.3%的浓硫酸，成为338℃（硫酸水溶液的）的恒沸物。加热浓缩硫酸最高也只能达到98.3%的浓度。98.3%硫酸的熔沸点：熔点：10℃，沸点：338℃。

(2) 化学性质：高沸点难挥发的强酸（跟五类物质反应）；浓硫酸的强氧化性（跟还原剂反应）、脱水性（脱去非游离态水分子或脱去有机物中氢氧元素）。化合价：$\overset{+1}{\mathrm{H}}_2\overset{+6}{\mathrm{S}}\overset{-2}{\mathrm{O}}_4$。

四、化学反应与实验现象、用途

（一）高沸点难挥发的强酸（$H_2SO_4 \xrightarrow{水} 2H^+ + SO_4^{2-}$），跟五类物质反应

(1) 跟酸碱指示剂反应：稀硫酸使紫色石蕊试液或蓝色石蕊试纸变红色；不使无色酚酞变色。浓硫酸使蓝色石蕊试纸和白色酚酞试纸变黑色（体现浓硫酸的脱水性）。

(2) 跟碱发生中和反应：$H_2SO_4 + 2NaOH == Na_2SO_4 + 2H_2O$，稀硫酸：$H^+ + OH^- == H_2O$，温度升高。

$2NH_3 + H_2SO_4(浓) == (NH_4)_2SO_4$，有刺激性气味的无色气体消失，有白色固体沉积→制备硫酸铵氮肥。

(3) 跟碱性氧化物反应：$H_2SO_4 + CuO == CuSO_4 + H_2O$，浓硫酸：黑色固体变为白色固体，无色液体变为浅蓝色溶液，温度升高。稀硫酸：$2H^+ + CuO == Cu^{2+} + H_2O$，黑色固体溶解，无色液体变为蓝色溶液，温度升高。

(4) 跟排在金属活动顺序中氢前面的金属反应：$Zn + H_2SO_4(稀) == ZnSO_4 + H_2\uparrow$，$Zn + 2H^+ == Zn^{2+} + H_2\uparrow$，银白色或灰色固体逐渐溶解，有气泡产生，听到"嘶嘶"声，逸出无色气体，温度升高→实验室制备氢气。

(5) 跟弱酸盐或挥发性酸的盐反应：①$H_2SO_4 + Na_2SO_3 == Na_2SO_4 + H_2O + SO_2\uparrow$，浓硫酸跟亚硫酸钠固体：有气泡产生，听到"嘶嘶"声，逸出无色有刺激性气味的气体→实验室制备二氧化硫。稀硫酸跟亚硫酸钠溶液：$2H^+ + SO_3^{2-} == H_2O + SO_2\uparrow$，有气泡产生，听到"嘶嘶"声，逸出无色有刺激性气味的气体。

②$NaCl(s) + H_2SO_4(浓) \xrightarrow{微热} NaHSO_4 + HCl\uparrow$，$2NaCl(s) + H_2SO_4(浓) \xrightarrow{微热} Na_2SO_4 + 2HCl\uparrow$，有气泡产生，逸出无色有刺激性气味的气体→实验室制备氯化氢。

③$Ca_3(PO_4)_2 + 2H_2SO_4(浓) \xrightarrow{\triangle} 2CaSO_4 + Ca(H_2PO_4)_2$，灰色固体变为白色固体→制备磷肥。

④$Ca_3(PO_4)_2 + 3H_2SO_4(浓) \xrightarrow{\triangle} 3CaSO_4 + 2H_3PO_4$，灰色固体变为白色固体→制备磷酸。

⑤$KNO_3(s) + H_2SO_4(浓) \xrightarrow{微热} KHSO_4 + HNO_3\uparrow$，有无色气体产生，形成白雾，冷凝变为无色液体→制备硝酸。

（二）浓硫酸的强氧化性（主要 +6 价 S → +4 价 S），跟还原剂反应

1. 跟金属反应

（1）常温下浓硫酸能使铁、铝等金属钝化→可用铁或铝制容器装运浓硫酸。

（2）加热时，浓硫酸可以与除金、铂之外的所有金属反应，生成高价金属硫酸盐，一般本身被还原成 SO_2，在以下反应中，硫酸表现出了强氧化性和酸性。

$Cu + 2H_2SO_4(浓) \xrightarrow{\triangle} CuSO_4 + SO_2\uparrow + 2H_2O$，红色固体沉于无色液体下面振动，逐渐减少，产生气泡，逸出无色有刺激性气味的气体，有白色固体生成于容器底部，溶液变为浅蓝色。将反应后的混合物加入盛水的小烧杯中，搅拌，白色固体溶解，得到蓝色溶液。

$2Fe + 6H_2SO_4(浓) \xrightarrow{\triangle} Fe_2(SO_4)_3 + 3SO_2\uparrow + 6H_2O$，银白色固体沉于无色液体下面产生振动，慢慢减少，产生气泡，逸出无色有刺激性气味的气体，有棕色固体生成于容器底部，溶液变为浅黄色。将反应后的混合物加入盛水的小烧杯中，搅拌，棕色固体溶解，得到棕黄色溶液→常温下可用铁或铝制容器装运浓硫酸，但不能在烈日下运输。

2. 跟某些非金属反应

热的浓硫酸可将碳、硫、磷等非金属单质氧化到其高价态的氧化物或含氧酸，本身被还原为 SO_2。在这类反应中，浓硫酸只表现出氧化性。

$C + 2H_2SO_4(浓) \xrightarrow{\triangle} CO_2\uparrow + 2SO_2\uparrow + 2H_2O$，黑色粉末浮于无色液体上面，振荡混合，加热，黑色固体慢慢减少，产生气泡，逸出无色有刺激性气味的气体。

$S + 2H_2SO_4(浓) \xrightarrow{\triangle} 3SO_2\uparrow + 2H_2O$，浅黄色粉末浮于无色液体上面，振荡混合，加热，浅黄色固体慢慢减少，产生气泡，逸出无色有刺激性气味的气体。

$2P + 5H_2SO_4(浓) \xrightarrow{\triangle} 2H_3PO_4 + 5SO_2\uparrow + 2H_2O$，红色粉末浮于无色液体上面，振荡混合，加热，红色固体慢慢减少，产生气泡，逸出无色有刺激性气味的气体。

3. 跟含低价元素的化合物反应

$H_2S + H_2SO_4(浓) == S\downarrow + SO_2\uparrow + 2H_2O$，无色臭蛋气味的气体变为无色有刺激性气味的气体，溶液变浑浊，析出浅黄色固体。

$2HBr + H_2SO_4(浓) == Br_2 + SO_2\uparrow + 2H_2O$，有红棕色有刺激性气味的气体逸出，溶

液变为橙色。

$2HI + H_2SO_4(浓) = I_2 + SO_2\uparrow + 2H_2O$,有紫色有刺激性气味的气体逸出,溶液变为棕色。

浓硫酸具有强氧化性,实验室制取 H_2S、HBr、HI 等还原性气体不能选用浓硫酸。

$2FeS + 6H_2SO_4(浓) = Fe_2(SO_4)_3 + 2S + 3SO_2\uparrow + 6H_2O$,黑色固体逐渐变为棕黄色固体,有无色带刺激性气味的气体逸出,静置,上层溶液呈浅黄色。

(三)脱水性

脱水性是指通过将分子结构中的水分子或物质中的氢元素和氧元素按照原子数 2∶1 的比例以水的形式脱去的化学变化体现的性质。

(1) $2CH_3CH_2OH \xrightleftharpoons[140℃]{浓硫酸} CH_3CH_2OCH_2CH_3 + H_2O$,有酒味的无色液体变为易挥发的有特殊气味的无色液体→制备乙醚。

(2) $CH_3CH_2OH \xrightleftharpoons[170℃]{浓硫酸} CH_2=CH_2\uparrow + H_2O$,有酒味的无色液体变为无色有特殊气味的气体→制备乙烯。

(3) $CuSO_4 \cdot 5H_2O \xrightleftharpoons{浓硫酸} CuSO_4 + 5H_2O$,蓝色晶体变为白色固体。

(4) $C_{12}H_{22}O_{11} \xrightleftharpoons{浓硫酸} 12C + 11H_2O$,物质逐渐变为黑色。如果用白糖做实验,可以看到白糖逐渐变黑,体积膨胀,形成疏松多孔的海绵状的炭,还会闻到刺激性气味气体。

五、工业制法

第 1 步:$S + O_2 \xrightarrow{点燃} SO_2$ 或 $4FeS_2 + 11O_2 \xrightarrow{点燃} 8SO_2 + 2Fe_2O_3$ 设备:沸腾炉

第 2 步:$2SO_2 + O_2 \xrightleftharpoons[\triangle]{V_2O_5} 2SO_3$ 设备:接触室

第 3 步:用 98.3% 硫酸吸收 $SO_3 + H_2SO_4 = H_2S_2O_7$(焦硫酸)   设备:吸收塔

第 4 步:加水 $H_2S_2O_7 + H_2O = 2H_2SO_4$

第二十七节 氮气

一、组成

$_7N_2$

二、结构

(1) 原子结构:电子排布式为 $1s^22s^22p^3$,原子结构示意图为 ,电子式

为 ·N̈·。

(2) 分子结构：分子的电子式为 :N⋮⋮N:，结构式为 N≡N；结构模型为 ⬤⬤，键能：941.69kJ/mol，非极性分子。

(3) 晶体结构：分子晶体。

三、性质

(1) 物理性质：氮在常温常压下是一种无色无味的气体，且通常无毒。氮气占大气总量的78.12%（体积分数），在标准情况下的气体密度是1.25g/L。氮气在水里溶解度很小，在常温常压下，1体积水中大约只溶解0.02体积的氮气。熔沸点低，雪状的固体的熔点为-209.86℃，无色的液体的沸点为-195.8℃，它是很难液化的气体。在生产中，通常采用黑色钢瓶盛放氮气。

(2) 化学性质：很稳定（很难跟其他物质反应）；高温下显氧化性（跟还原剂反应）、还原性（跟氧化剂反应）。

四、化学反应与实验现象、用途

（一）显氧化性跟还原剂反应

(1) 跟金属反应：$3Mg + N_2 \xrightarrow{高温} Mg_3N_2$，银白色固体变为黄绿色固体。

(2) 跟某些非金属反应：①$N_2 + 3H_2 \xrightleftharpoons[高温、高压]{铁触媒} 2NH_3$，有无色有刺激性气味的气体生成，体系温度升高→工业合成氨。

②$2N_2 + 3C + 6H_2O \xrightarrow{根瘤菌} 4NH_3 + 3CO_2 \longrightarrow$ 自然固氮。

（二）显还原性跟氧化剂反应

跟活泼非金属反应：$N_2 + O_2 \xrightarrow{放电} 2NO$，生成无色气体，该气体在空气中变为红棕色气体。

五、元素存在形态

既有游离态又有化合态。

六、制法

（一）工业制法

(1) 压缩冷却空气。设备：压缩机、制冷机，蒸馏器。

(2) 变压吸附制氮是以空气为原料，用碳分子筛作吸附剂，利用碳分子筛对空气中的氧和氮选择吸附的特性，运用变压吸附原理（加压吸附，减压解吸并使分子筛再生）而在常温下使氧和氮分离制取氮气。

（二）实验室制法

1. 原理

（1）亚硝酸钠与氯化铵的饱和溶液相互作用：$NH_4Cl + NaNO_2 \xrightarrow{微热} NaCl + 2H_2O + N_2 \uparrow$；

（2）重铬酸铵加热分解 $(NH_4)_2Cr_2O_7 \xrightarrow{\triangle} N_2 \uparrow + Cr_2O_3 + 4H_2O$。

（3）将氨通过红热的氧化铜。原理：$2NH_3 + 3CuO \xrightarrow{\triangle} 3Cu + 3H_2O + N_2 \uparrow$

（4）氨与溴水反应。原理：$8NH_3 + 3Br_2(aq) = 6NH_4Br + N_2 \uparrow$

2. 装置

装置如下图所示。

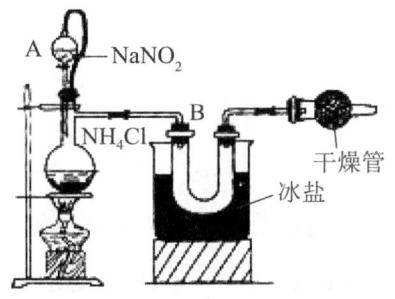

根据原理（1）制取干燥氮气用气袋收集；
不要求干燥，用排水集气法收集。

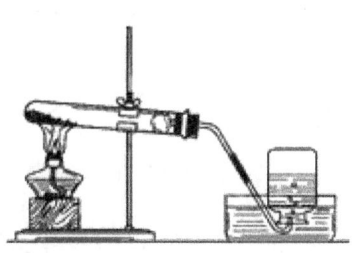

根据原理（2）制取不干燥氮气

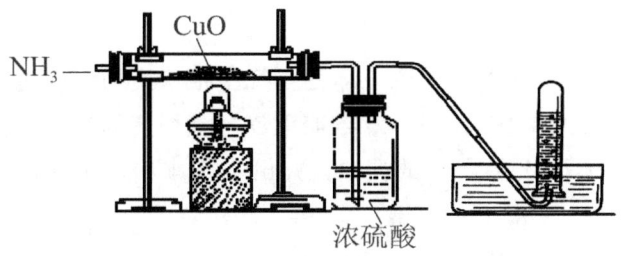

根据原理（3）制取不干燥氮气

根据原理（4）制取不干燥氮气

第二十八节　一氧化氮

一、组成

NO

二、结构

（1）分子结构：分子的电子式为 :N⋮⋮O: ，结构式为 N=O；结构模型为 ，键能为632kJ/mol，弱极性分子。

（2）晶体结构：分子晶体。

三、性质

（1）物理性质：在常况下是一种无色无味的气体。在标准情况下的气体密度是1.34g/L。难溶于水。熔沸点低，熔点为 -163.6℃，沸点为 -151.8℃。

（2）化学性质：NO 中 N 为 +2 价，O 为 -2 价。显氧化性（跟还原剂反应）和还原性（跟氧化剂反应）。

四、化学反应与实验现象、用途

（一）显氧化性跟还原剂反应

（1）跟金属反应：$2Cu + 2NO \xrightarrow{\triangle} 2CuO + N_2$，红色固体变为黑色固体。

（2）跟含化合价低的元素的化合物反应：$2CO + 2NO \xrightarrow[\triangle]{催化剂} 2CO_2 + N_2$ →除去尾气中的 CO。$4NH_3 + 6NO \xrightarrow[\triangle]{催化剂} 6H_2O + 5N_2$。

（二）显还原性跟氧化剂反应

（1）跟活泼非金属反应：$2NO + O_2 == 2NO_2$，无色气体在空气中很快变为红棕色有刺激性气味的气体→工业上制备 NO_2。$4NO + 2H_2O + 3O_2 == 4HNO_3$，无色气体消失（如果 NO 与 O_2 以 4:3 的物质的量之比或体积比混合于试管中，并倒立于水中，水充满试管）。

（2）跟含化合价高的元素的化合物反应：$NO + NO_2 == N_2O_3$。

$NO + 2HNO_3 == 3NO_2 + H_2O$，无色气体变为红棕色有刺激性气味的气体，溶液变为黄色。

五、制法

（一）工业制法

原理：$4NH_3 + 5O_2 \xrightarrow[\triangle]{催化剂} 4NO + 6H_2O$。设备：氧化炉。

（二）实验室制法

原理：$3Cu + 8HNO_3(稀) == 3Cu(NO_3)_2 + 2NO\uparrow + 4H_2O$。

装置：

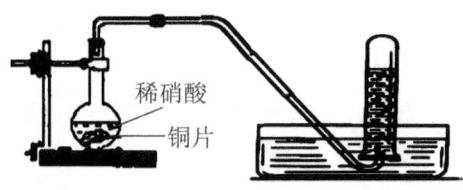

第二十九节　二氧化氮

一、组成

NO_2

二、结构

（1）分子结构："V"形结构，极性分子。
（2）晶体结构：分子晶体。

三、性质

（1）物理性质：在常况下是红棕色有刺激性气味的有毒气体，密度比空气的大，易溶于水。熔沸点低，无色固体的熔点为 -11.2℃，暗褐色液体的沸点为 21.2℃，气体易液化。

（2）化学性质：NO_2 中的 N 是 +4 价，O 为 -2 价；氧化性（跟还原剂反应）和还原性（跟氧化剂反应）；自身发生氧化还原反应。自身发生化合反应。

四、化学反应与实验现象、用途

（一）显氧化性跟还原剂反应

（1）跟金属反应：$4Cu + 2NO_2 \xrightarrow{\Delta} 4CuO + N_2$，红色固体变为黑色固体，气体的红棕色变淡，最后变为无色气体。

（2）跟某些非金属反应：$3NO_2 + S \xrightarrow{\Delta} 3NO + SO_3$，红棕色有刺激性气味的气体与黄色蒸气变为无色气体，冷凝，形成白雾，集聚为无色液体，继续冷凝，有白色固体形成。

(3) 跟含化合价低的元素的化合物反应：$NO + NO_2 \rightleftharpoons N_2O_3$。

$2KI + NO_2 + H_2O == NO + I_2 + 2KOH$。红棕色有刺激性气味的气体变为无色气体，溶液变为黄色。

$8NH_3 + 6NO_2 \xrightarrow[\triangle]{催化剂} 12H_2O + 7N_2$，红棕色有刺激性气味的气体变淡。

（二）显还原性跟氧化剂反应

（1）跟活泼非金属反应：$2NO_2 + O_3 == N_2O_5 + O_2$，红棕色有刺激性气味的气体变为白色固体。

$4NO_2 + 2H_2O + O_2 == 4HNO_3$，红棕色有刺激性气味的气体消失（如果 NO_2 与 O_2 以 4∶1 的物质的量之比或体积比混合于试管中，并倒立于水中，水充满试管。）

（2）跟含化合价高的元素的化合物反应：（略）。

（三）自身发生氧化还原反应

（1）跟水反应：$3NO_2 + H_2O == 2HNO_3 + NO$，红棕色气体变为无色气体（如果将盛有 NO_2 的试管倒立于水中，水上升至离试管底约三分之一处）。

（2）跟碱反应：$2NO_2 + 2NaOH == NaNO_3 + NaNO_2 + H_2O$，红棕色气体消失。

（四）自身发生化合反应

$2NO_2 \rightleftharpoons N_2O_4$，$\Delta H = -56.8 kJ/mol$，温度升高，气体的颜色加深。

五、制法

（1）工业制法：$2NO + O_2 == 2NO_2$。
（2）实验室制法：原理 $Cu + 4HNO_3(浓) == Cu(NO_3)_2 + 2NO_2\uparrow + 2H_2O$。
（2）装置如下图：

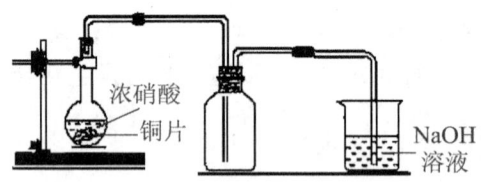

第三十节　硝酸

一、组成

HNO_3

二、结构

(1) 分子结构：电子式为 :Ö: :N: Ö: H，结构式为 O=N(—O—H)(=O)，结构模型为 ，为极性分子。

(2) 晶体结构：分子晶体。

三、性质

(1) 物理性质：无色透明易挥发液体，硝酸蒸气有窒息性刺激气味。易溶于水，能以任意比与水混溶。在压强为 101.32 kPa 下，当其质量分数达到 68%（约 15mol/L）时形成共沸混合物（沸点 120.5℃）。

(2) 化学性质：易挥发的强酸（跟五类物质反应）；不稳定（见光、受热易分解）；强氧化性（跟还原剂反应）。

四、化学反应与实验现象、用途

（一）易挥发的强酸（$HNO_3 = H^+ + NO_3^-$），跟五类物质反应

(1) 跟酸碱指示剂反应：稀硝酸使紫色石蕊试液或蓝色石蕊试纸变红色；浓硝酸使紫色石蕊试液或蓝色石蕊试纸先变红后褪色（或微热）；不使无色酚酞变色。

(2) 跟碱发生中和反应：$HNO_3 + NaOH = NaNO_3 + H_2O$，$H^+ + OH^- = H_2O$，周围温度升高。

$NH_3 + HNO_3 = NH_4NO_3$，将氨气通入硝酸中：$NH_3 + H^+ = NH_4^+$，刺激性气味的无色气体消失（氨气与硝酸蒸气混合时，产生大量白烟）→制备硝酸铵氮肥。

(3) 跟碱性氧化物反应：$2HNO_3 + CuO = Cu(NO_3)_2 + H_2O$，$2H^+ + CuO = Cu^{2+} + H_2O$，黑色固体溶解，无色液体变为蓝色溶液，周围温度升高。

(4) 跟活泼性达到银的金属反应时，显示硝酸中 +5 价氮的强氧化性，都没有氢气生成，仅生成氮的氧化物。

(5) 跟弱酸盐反应：①$Ag_2CO_3 + 2HNO_3 = 2AgNO_3 + CO_2\uparrow + H_2O$，

$Ag_2CO_3 + 2H^+ = 2Ag^+ + CO_2\uparrow + H_2O$，黄色固体溶解，产生气泡，逸出无色无气味的气体→检验氯离子、溴离子、碘离子时，排除碳酸根离子干扰。

②$CaCO_3 + 2HNO_3 = Ca(NO_3)_2 + CO_2\uparrow + H_2O$，$CaCO_3 + 2H^+ = Ca^{2+} + CO_2\uparrow + H_2O$，白色固体溶解，有气泡产生，逸出无色无气味的气体→实验室制备二氧化碳。

③$Ag_3PO_4 + 3HNO_3 = 3AgNO_3 + H_3PO_4$，$Ag_3PO_4 + 3H^+ = 3Ag^+ + H_3PO_4$，黄色固体溶解→检验氯离子、溴离子、碘离子时，排除磷酸根离子干扰。

（二）不稳定，见光、受热易分解

$4HNO_3 \xrightarrow{\triangle 或光照} 4NO_2\uparrow + O_2\uparrow + 2H_2O$，溶液变为黄色，逸出红棕色有刺激性气味的气体，使带火星的木条复燃→保存在棕色瓶中置于阴凉处。

（三）强氧化性

主要 +5 价 $N\to$ +4 价 $N:NO_2$；或 $\to$ +2 价 $N:NO$；或 $\to$ 0 价 $N:N_2$；或 $\to$ -3 价 $N:NH_3$，跟还原剂反应。

1. 跟金属反应

（1）常温下浓硝酸能使铁、铝等金属钝化→可用铁或铝制容器装运浓硝酸。

（2）硝酸可以与除金、铂之外的所有金属反应，生成高价金属硝酸盐，浓硝酸一般被还原成 NO_2；稀硝酸一般被还原成 NO；跟强还原剂（如镁、锌等活泼金属）反应时，更稀硝酸被还原为 N_2，极稀硝酸被还原为 NH_3。在以下反应中，硝酸表现出了强氧化性和酸性。

$Cu + 4HNO_3(浓) = Cu(NO_3)_2 + 2NO_2\uparrow + 2H_2O$，$Cu + 4H^+ + 2NO_3^- = Cu^{2+} + 2NO_2\uparrow + 2H_2O$，无色液体迅速变为绿色溶液，红色固体于绿色液体中上下运动，迅速减少，产生大量气泡，逸出大量红棕色有刺激性气味的气体，体系温度迅速升高。将反应后的混合物加入盛水的小烧杯中，搅拌，绿色溶液变为蓝色溶液。

$3Cu + 8HNO_3(稀) = 3Cu(NO_3)_2 + 2NO\uparrow + 4H_2O$，$3Cu + 8H^+ + 2NO_3^- = 3Cu^{2+} + 2NO\uparrow + 4H_2O$，无色液体变为蓝色溶液，红色固体沉于蓝色液体下面产生振动，逐渐减少，产生气泡，逸出无色气体，遇到空气变为红棕色气体，体系温度升高。

$Fe + 6HNO_3(浓) \xrightarrow{\triangle} Fe(NO_3)_3 + 3NO_2\uparrow + 3H_2O$，$Fe + 6H^+ + 3NO_3^- \xrightarrow{\triangle} Fe^{3+} + 3NO_2\uparrow + 3H_2O$，溶液逐渐变为黄色，银白色固体沉于黄色液体下面产生振动，慢慢减少，产生气泡，逸出红棕色有刺激性气味的气体→常温下可用铁或铝制容器装运浓硝酸，但不能在烈日下运输。

$Fe + 4HNO_3(稀，过量) = Fe(NO_3)_3 + NO\uparrow + 2H_2O$，$Fe + 4H^+ + NO_3^- = Fe^{3+} + NO\uparrow + 2H_2O$，溶液变为黄色，银白色固体沉于黄色液体下面产生振动，逐渐减少，产生气泡，逸出无色气体，遇到空气变为红棕色气体，体系温度升高。

$3Fe(过量) + 8HNO_3(稀) = 3Fe(NO_3)_2 + 2NO\uparrow + 4H_2O$，$3Fe + 8H^+ + 2NO_3^- = 3Fe^{2+} + 2NO\uparrow + 4H_2O$，（$Fe + 2Fe^{3+} = 3Fe^{2+}$），银白色固体沉于液体下面产生振动，逐渐减少，溶液变为浅绿色，产生气泡，逸出无色气体，遇到空气变为红棕色气体，体系温度升高。

$Zn + 4HNO_3(浓) = Zn(NO_3)_2 + 2NO_2\uparrow + 2H_2O$，$Zn + 4H^+ + 2NO_3^- = Zn^{2+} + 2NO_2\uparrow + 2H_2O$，无色液体迅速变为红棕色溶液，银白色固体于红棕色液体中上下运动，迅速减少，产生大量气泡，逸出大量红棕色有刺激性气味的气体，体系温度迅速升高。

$3Zn + 8HNO_3(稀) = 3Zn(NO_3)_2 + 2NO\uparrow + 4H_2O$，$3Zn + 8H^+ + 2NO_3^- = 3Zn^{2+} + 2NO\uparrow + 4H_2O$，银白色固体沉于无色液体中产生振动，逐渐减少，产生气泡，逸出无色

气体，遇到空气变为红棕色气体，体系温度升高。

$5Zn + 12HNO_3(更稀) =\!=\!= 5Zn(NO_3)_2 + N_2\uparrow + 6H_2O$，$5Zn + 12H^+ + 2NO_3^- =\!=\!= 5Zn^{2+} + N_2\uparrow + 6H_2O$，银白色固体沉于无色液体中产生振动，逐渐减少，产生气泡，逸出无色气体，体系温度升高。

$4Zn + 10HNO_3(极稀) =\!=\!= 4Zn(NO_3)_2 + NH_4NO_3 + 3H_2O$，$4Zn + 10H^+ + NO_3^- =\!=\!= 4Zn^{2+} + NH_4^+ + 3H_2O$，银白色固体沉于无色液体中振动，慢慢减少。

2. 跟某些非金属反应

热的浓硝酸可将碳、硫、磷等非金属单质氧化到其高价态的氧化物或含氧酸，本身被还原为 NO_2。在这类反应中，浓硝酸只表现出氧化性。

$C + 4HNO_3(浓) \xrightarrow{\triangle} CO_2\uparrow + 4NO_2\uparrow + 2H_2O$，黑色固体逐渐减少，产生气泡，逸出红棕色有刺激性气味的气体。

$S + 6HNO_3(浓) \xrightarrow{\triangle} H_2SO_4 + 6NO_2\uparrow + 2H_2O$，浅黄色固体慢慢减少，产生气泡，逸出红棕色有刺激性气味的气体。

$P + 5HNO_3(浓) \xrightarrow{\triangle} H_3PO_4 + 5NO_2\uparrow + H_2O$，红色固体慢慢减少，产生气泡，逸出红棕色有刺激性气味的气体。

3. 跟含低价元素的化合物反应

$3H_2S + 2HNO_3(稀) =\!=\!= 3S\downarrow + 2NO + 4H_2O$，无色臭蛋气味的气体消失，产生的无色气体遇到空气变为红棕色有刺激性气味的气体，溶液变浑浊，析出浅黄色固体。

$H_2S + 2HNO_3(浓) =\!=\!= S\downarrow + 2NO_2 + 2H_2O$，无色臭蛋气味的气体变为红棕色有刺激性气味的气体，溶液变浑浊，析出浅黄色固体。

$H_2S + 2HNO_3(浓) =\!=\!= S\downarrow + 2NO_2 + 2H_2O$，无色臭蛋气味的气体变为红棕色有刺激性气味的气体，溶液变浑浊，析出浅黄色固体。

$H_2S + 8HNO_3(浓，过量) =\!=\!= H_2SO_4 + 8NO_2 + 4H_2O$，无色臭蛋气味的气体变为红棕色有刺激性气味的气体。

$FeS + 6HNO_3(浓) =\!=\!= Fe(NO_3)_3 + S + 3NO_2\uparrow + 3H_2O$，$FeS + 6H^+ + 3NO_3^- =\!=\!= Fe^{3+} + S + 3NO_2\uparrow + 3H_2O$，黑色固体变为浅黄色固体，逸出红棕色有刺激性气味的气体，静置后，溶液显棕黄色。

$Cu_2S + 8HNO_3(浓) =\!=\!= 2Cu(NO_3)_2 + S + 4NO_2\uparrow + 4H_2O$，

$Cu_2S + 8H^+ + 4NO_3^- =\!=\!= 2Cu^{2+} + S + 4NO_2\uparrow + 4H_2O$，黑色固体变为浅黄色固体，逸出红棕色有刺激性气味的气体，静置后，溶液显绿色。将上层清夜倒入盛有水的小烧杯中，溶液变为蓝色。

$3FeSO_4 + 4HNO_3(稀) =\!=\!= Fe(NO_3)_3 + Fe_2(SO_4)_3 + NO\uparrow + 2H_2O$，

$3Fe^{2+} + 4H^+ + NO_3^- =\!=\!= 3Fe^{3+} + NO\uparrow + 2H_2O$，浅绿色溶液变为黄色溶液，产生气泡，逸出无色气体，遇到空气变为红棕色气体。

$6HBr + 2HNO_3(稀) =\!=\!= 3Br_2 + 2NO\uparrow + 4H_2O$，有带红棕色的气体逸出，溶液变为

橙色。

$6HI + 2HNO_3(稀) == 3I_2 + 2NO\uparrow + 4H_2O$，有紫色的气体逸出，遇到空气变为红棕色气体，溶液变为棕色。

硝酸具有强氧化性，实验室制取 H_2S、HBr、HI 等还原性气体不能选用硝酸。

$2H_2O + 3SO_2 + 2HNO_3(稀) == 3H_2SO_4 + 2NO$，$2H_2O + 3SO_2 + 2NO_3^- == 4H^+ + 3SO_4^{2-} + 2NO$，逸出的气体，遇到空气变为红棕色气体。

五、工业制法

第1步： $4NH_3 + 5O_2 \xrightarrow[高温]{催化剂} 4NO + 6H_2O$。   设备：氧化炉

$2NO + O_2 == 2NO_2$

第2步：用水吸收 $3NO_2 + H_2O == 2HNO_3 + NO$ 设备：吸收塔

第三十一节 氨气

一、组成

NH_3

二、结构

（1）分子结构：分子的电子式为 $H:\overset{..}{\underset{H}{N}}:H$，结构式为 $H-\underset{H}{N}-H$，结构模型为

，三角锥体，氮氢键的键能为391kJ/mol，强极性分子。

（2）晶体结构：分子晶体，分子之间不但存在范德华力，而且更重要的是存在氢键。

三、性质

（1）物理性质：常温常压下为无色有刺激性恶臭气味的气体；极易溶于水，在标准状况下，1体积水能溶解700体积的氨气；在标准状况下，密度=17/22.4=0.76(g/L)，比空气的密度小；熔沸点低，熔点为-77.7℃，沸点为-33.5℃，沸点为 $NH_3 > AsH_3 > PH_3$。

（2）化学性质：氨分子中的氢元素呈+1价、氮元素呈-3价，稳定（高温条件下发生分解反应）。稳定性：$HF > H_2O > NH_3$；$NH_3 > PH_3 > AsH_3 > SbH_3$；碱性（跟水、酸等反应）；弱还原性（跟强氧化剂反应）；氧化性（跟还原剂反应）。

四、化学反应与实验现象、用途

（1）稳定，高温下才发生分解反应（既显氧化性，又显还原性）：$2NH_3 \underset{\text{高温}}{\overset{\text{催化剂}}{\rightleftharpoons}} N_2 + 3H_2$。

（2）碱性，跟水、酸等反应：

①跟水反应：$NH_3 + H_2O \rightleftharpoons NH_3 \cdot H_2O$，湿润的白色酚酞试纸接触氨气，试纸变红色。

②跟酸反应：$NH_3 + HCl = NH_4Cl$，两种气体混合时，产生大量白烟；将氨气通入盐酸时，$NH_3 + H^+ = NH_4^+$，无色有刺激性气味的气体消失→制备氨肥。

$NH_3 + HNO_3 = NH_4NO_3$，两种气体混合时，产生大量白烟；将氨气通入硝酸时，$NH_3 + H^+ = NH_4^+$，无色有刺激性气味的气体消失→制备氨肥。

$2NH_3 + H_2SO_4 = (NH_4)_2SO_4$，将氨气通入浓硫酸时，有白色固体生成；将氨气通入稀硫酸时，$NH_3 + H^+ = NH_4^+$，无色有刺激性气味的气体消失→制备氨肥。

$3NH_3 + H_3PO_4 = (NH_4)_3PO_4$，将氨气通入磷酸时，无色有刺激性气味的气体消失→制备氮磷复合肥。

$NH_3 + CO_2 + H_2O = NH_4HCO_3$，如果氨气与二氧化碳按物质的量比 1∶1 通入足量的水中，$NH_3 + CO_2 + H_2O = NH_4^+ + HCO_3^-$，无色气体消失→制备碳铵肥料。

$NH_3 + H_2SO_3 = NH_4HSO_3$，$NH_3 + H_2SO_3 = NH_4^+ + HSO_3^-$，无色气体消失。

（3）弱还原性（N：从 -3 价→0 价或 +2 价）：跟强氧化剂反应。

①跟活泼非金属反应：$4NH_3 + 3O_2 \xrightarrow{\text{点燃}} 2N_2 + 6H_2O$，在纯氧气中燃烧，火焰呈浅蓝色，周围温度升高，随着温度的下降，先产生白雾，后形成无色液体。

$4NH_3 + 5O_2 \underset{\text{高温}}{\overset{\text{催化剂}}{=\!=\!=}} 4NO + 6H_2O$，将氨气与空气或氧气混合通过催化剂（铂铑合金），催化剂发红，生成无色气体，该气体很快变为红棕色有刺激性气味的气体，体系温度升高→氨催化氧化法制备硝酸。

$8NH_3 + 3Cl_2 = N_2 + 6NH_4Cl$（反应实质：$2NH_3 + 3Cl_2 = N_2 + 6HCl$，$NH_3 + HCl = NH_4Cl$），黄绿色褪去，产生白烟→检验氨气是否泄漏。

②跟含较高价元素的化合物反应：

$2NH_3 + 3CuO \xrightarrow{\triangle} 3Cu + N_2 + 3H_2O$，黑色固体逐渐变为红色，有无色液体在玻璃管较低一端形成，用排水集气法收集到无色无气味的气体。

$4NH_3 + 6NO \underset{\triangle}{\overset{\text{催化剂}}{=\!=\!=}} 6H_2O + 5N_2$，有白雾产生，冷凝后形成无色液体→除去尾气中的 NO。

$8NH_3 + 6NO_2 \underset{\triangle}{\overset{\text{催化剂}}{=\!=\!=}} 12H_2O + 7N_2$，红棕色有刺激性气味的气体变淡→除去尾气中的 NO_2。

（4）氧化性，跟还原剂反应：$2NH_3(液) + 2Na = 2NaNH_2 + H_2\uparrow$，银白色固体逐渐溶解，无色液体变为深蓝色溶液，有气泡产生，逸出无色无气味的气体。

$NH_3 + C \xrightarrow{\triangle} HCN + H_2\uparrow$，灰色粉末逐渐减少→制备剧毒氰化氢。

（5）合成尿素：$2NH_3 + CO_2 \xrightleftharpoons[150-200\text{大气压}]{180-200℃} CO(NH_2)_2 + H_2O$，从塔底流出无色液体，冷却后，变为白色固体→制备尿素。

五、制法

（1）工业制法。①原理：$N_2 + 3H_2 \xrightleftharpoons[\text{高温、高压}]{\text{催化剂}} 2NH_3$；②主要设备：合成塔。

（2）实验室制法：

①原理：$2NH_4Cl(\text{固态}) + Ca(OH)_2(\text{固态}) \xrightarrow{\triangle} 2NH_3\uparrow + CaCl_2 + 2H_2O$。

②装置如右图所示：

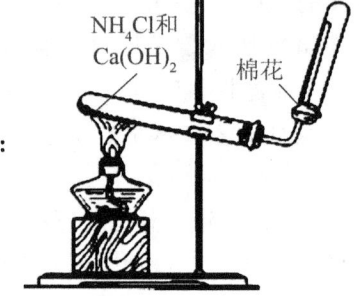

第三十二节　氨水

一、组成

H_2O、NH_3、$NH_3 \cdot H_2O$、NH_4^+、OH^-、H^+（$H_2O + NH_3 \rightleftharpoons NH_3 \cdot H_2O$、$NH_3 \cdot H_2O \rightleftharpoons NH_4^+ + OH^-$、$H_2O \rightleftharpoons H^+ + OH^-$）。

二、性质

（1）物理性质：无色透明有刺激性气味的液体，随浓度增大、温度升高，逸出 NH_3 程度增强；氨水能与水以任意比混溶。

（2）化学性质：弱碱性（$NH_3 \cdot H_2O \rightleftharpoons NH_4^+ + OH^-$，跟四类物质反应）。

三、化学反应与实验现象、用途

（1）弱碱性，跟四类物质反应：

①跟酸碱指示剂反应：使紫色石蕊试液或红色石蕊试纸变蓝色；使无色酚酞变红色。

②跟酸发生中和反应：$NH_3 \cdot H_2O + HCl = NH_4Cl + H_2O$，$NH_3 \cdot H_2O + H^+ = NH_4^+ + H_2O$，体系温度略升高。

$NH_3 \cdot H_2O + HNO_3 = NH_4NO_3 + H_2O$，$NH_3 \cdot H_2O + H^+ = NH_4^+ + H_2O$，体系温度

略升高。

$2NH_3 \cdot H_2O + H_2SO_4 == (NH_4)_2SO_4 + 2H_2O$，$NH_3 \cdot H_2O + H^+ == NH_4^+ + H_2O$，将浓硫酸加入氨水时，体系温度升高。$3NH_3 \cdot H_2O + H_3PO_4 == (NH_4)_3PO_4 + 3H_2O$。

$NH_3 \cdot H_2O + H_2SO_3 == NH_4HSO_3 + H_2O$。$NH_3 \cdot H_2O + CH_3COOH == CH_3COONH_4 + H_2O$。

③跟酸性氧化物反应：$NH_3 \cdot H_2O + CO_2 == NH_4HCO_3$，$NH_3 \cdot H_2O + CO_2 == NH_4^+ + HCO_3^-$，无色气体消失→制备碳铵肥料。

$NH_3 \cdot H_2O + SO_2 == NH_4HSO_3$，$NH_3 \cdot H_2O + SO_2 == NH_4^+ + HSO_3^-$，无色有刺激性气味的气体消失→吸收尾气中的 SO_2。

④跟比氨水碱性弱的碱所生成的盐反应：

$AlCl_3 + 3NH_3 \cdot H_2O == Al(OH)_3 \downarrow + 3NH_4Cl$，$Al^{3+} + 3NH_3 \cdot H_2O == Al(OH)_3 \downarrow + 3NH_4^+$，产生白色絮状沉淀→制备氢氧化铝。

$FeCl_3 + 3NH_3 \cdot H_2O == Fe(OH)_3 \downarrow + 3NH_4Cl$，$Fe^{3+} + 3NH_3 \cdot H_2O == Fe(OH)_3 \downarrow + 3NH_4^+$，产生红褐色沉淀→制备氢氧化铁。

$CuCl_2 + 2NH_3 \cdot H_2O == Cu(OH)_2 \downarrow + 2NH_4Cl$，$Cu^{2+} + 2NH_3 \cdot H_2O == Cu(OH)_2 \downarrow + 2NH_4^+$，产生蓝色沉淀→制备氢氧化铜。

$AgNO_3 + NH_3 \cdot H_2O == AgOH \downarrow + NH_4NO_3$，$Ag^+ + NH_3 \cdot H_2O == AgOH \downarrow + NH_4^+$，产生白色浑浊。

（2）形成配合物：$Cu(OH)_2 + 4NH_3 \cdot H_2O == [Cu(NH_3)_4](OH)_2 + 4H_2O$，

$Cu(OH)_2 + 4NH_3 \cdot H_2O == [Cu(NH_3)_4]^{2+} + 2OH^- + 4H_2O$，蓝色固体溶解，形成深蓝色溶液→制备铜氨溶液。

$AgOH + 2NH_3 \cdot H_2O == [Ag(NH_3)_2]OH + 2H_2O$，$AgOH + 2NH_3 \cdot H_2O == [Ag(NH_3)_2]^+ + OH^- + 2H_2O$，白色固体溶解，形成无色溶液→制备银氨溶液。

四、制法

将氨气通入水中（在密闭系统内进行）。

第三十三节　铵盐

一、组成

由 NH_4^+ 与酸根离子结合形成的化合物。

二、结构

（1）NH_4^+ 的电子式：$\left[\begin{array}{c} H \\ H:\overset{..}{N}:H \\ H \end{array}\right]^+$，$NH_4^+$ 的结构式：$\left[\begin{array}{c} H \\ | \\ H-N-H \\ | \\ H \end{array}\right]^+$，呈正四面体

结构。

（2）晶体结构：离子晶体。

三、性质

（1）物理性质：无色晶体或白色固体，易溶于水，溶于水时吸热，不到熔点已分解。

（2）化学性质：不稳定（受热分解），跟六类物质反应。

四、化学反应与实验现象、用途

（1）不稳定，受热分解一般生成氨气和对应的酸：

$NH_4Cl \xrightarrow{\triangle} NH_3\uparrow + HCl\uparrow$，将白色固体放在试管里加热时，试管底部的白色固体逐渐减少，在试管的中部产生白烟，形成白色固体。

$NH_4HCO_3 \xrightarrow{\triangle} NH_3\uparrow + CO_2\uparrow + H_2O$，将白色固体放在试管里加热时，试管底部的白色固体逐渐减少，在试管的中部产生少量白烟，形成白色固体。

$NH_4NO_3 \xrightarrow{440K} N_2O\uparrow + 2H_2O$，将无色晶体放在试管里加热时，试管底部的固体逐渐减少，在试管口形成无色液体。

$2NH_4NO_3 \xrightarrow{撞击} 2N_2\uparrow + O_2\uparrow + 4H_2O$，听到爆炸声，产生烟雾，体系温度升高。

（2）跟六类物质反应：

①跟碱反应：$NH_4Cl(s) + Ca(OH)_2(s) \xrightarrow{\triangle} CaCl_2 + 2NH_3\uparrow + 2H_2O$，逸出无色有刺激性气味的气体，在试管口形成无色液体→实验室制备氨气。

$(NH_4)_2SO_4(aq) + 2NaOH \xrightarrow{\triangle} Na_2SO_4 + 2NH_3\uparrow + 2H_2O$，$NH_4^+ + OH^- \xrightarrow{\triangle} NH_3\uparrow + H_2O$，逸出无色有刺激性气味的气体。

②弱酸的铵盐跟较强酸反应：$(NH_4)_2CO_3 + 2HCl == 2NH_4Cl + CO_2\uparrow + H_2O$，$CO_3^{2-} + 2H^+ == CO_2\uparrow + H_2O$，产生气泡，逸出无色无气味的气体。

③跟金属反应：$Mg + 2NH_4Cl == MgCl_2 + 2NH_3\uparrow + H_2\uparrow$，$Mg + 2NH_4^+ == Mg^{2+} + 2NH_3\uparrow + H_2\uparrow$，产生气泡，逸出无色无气味的气体。

④跟某些非金属反应：$2NH_4Br + Cl_2 == 2NH_4Cl + Br_2$，$2Br^- + Cl_2 == 2Cl^- + Br_2$，无色溶液变为橙色溶液。

⑤跟盐反应：$NH_4Cl + AgNO_3 == AgCl\downarrow + NH_4NO_3$，$Cl^- + Ag^+ == AgCl\downarrow$，产生白色沉淀。

$(NH_4)_2SO_4 + BaCl_2 == BaSO_4\downarrow + 2NH_4Cl$，$SO_4^{2-} + Ba^{2+} == BaSO_4\downarrow$，产生白色沉淀。

⑥跟水反应：$NH_4Cl + H_2O \rightleftharpoons NH_3 \cdot H_2O + HCl$，$NH_4^+ + H_2O \rightleftharpoons NH_3 \cdot H_2O + H^+$，

$(NH_4)_2CO_3 + H_2O \rightleftharpoons NH_3 \cdot H_2O + NH_4HCO_3$，$2NH_4^+ + CO_3^{2-} + H_2O \rightleftharpoons NH_3 \cdot H_2O + HCO_3^-$。

五、制法

将氨气通入酸中（在密闭系统内进行）。

第三十四节 硝酸盐

一、组成

由金属离子或 NH_4^+ 与硝酸根离子结合形成的化合物。

二、结构

（1） NO_3^- 的电子式：[图示]，NO_3^- 的结构式：[图示]，呈平面结构。

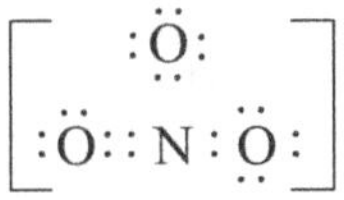

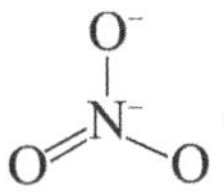

（2）晶体结构：离子晶体。

三、性质

（1）物理性质：无色晶体或白色固体，易溶于水，溶于水时吸热。
（2）化学性质：不稳定（受热分解）；较强氧化性（跟还原剂反应）。

四、化学反应与实验现象、用途

（一）不稳定，受热分解的一般规律

（1）金属活动顺序在钠及其前面的金属的硝酸盐受热，变为亚硝酸盐和氧气：

如，$2NaNO_3 \xrightarrow{\triangle} 2NaNO_2 + O_2\uparrow$，无色晶体熔化为无色液体，产生使带火星木条复燃的无色气体，冷却后，无色液体变为白色固体。

（2）金属活动顺序从镁到铜的金属硝酸盐受热，变为金属氧化物、二氧化氮和氧气：

如，$2Cu(NO_3)_2 \xrightarrow{\triangle} 2CuO + 4NO_2\uparrow + O_2\uparrow$，蓝色晶体变为蓝色溶液，后来变为黑色固体，产生红棕色气体，还能使带火星的木条复燃。

（3）金属活动顺序在汞及其后面的金属硝酸盐受热，变为金属、二氧化氮和氧气：

如，$2AgNO_3 \xrightarrow{\triangle} 2Ag + 2NO_2\uparrow + O_2\uparrow$，无色晶体变为棕色固体，后来变为黑色固体，产生红棕色气体，还能使带火星的木条复燃。

（4）硝酸铵受热容易分解：$NH_4NO_3 \xrightarrow{440K} N_2O\uparrow + 2H_2O$，将无色晶体放在试管里加热时，试管底部的固体逐渐减少，在试管口形成无色液体。

$2NH_4NO_3 \xrightarrow{撞击} 2N_2\uparrow + O_2\uparrow + 4H_2O$，听到爆炸声，产生烟雾，体系温度升高。

（二）较强氧化性，跟还原剂反应

（1）跟金属反应：$NaNO_3 + Pb \xrightarrow{\triangle} NaNO_2 + PbO$，青白色固体变为黄色固体。

（2）跟某些非金属反应：$2KNO_3 + S + 3C \xrightarrow{点火} K_2S + N_2\uparrow + 3CO_2\uparrow$，看到火花或听到爆炸声，体系温度升高，灰色固体变为棕黄色固体→制备黑火药。

五、制法

由硝酸作用于相应的金属或金属氧化物等而制得。如，以铜、硝酸、空气为原料制备硝酸铜：

$2Cu + O_2 \xrightarrow{\triangle} 2CuO$，$CuO + 2HNO_3 = Cu(NO_3)_2 + H_2O$。

第三十五节　碳

一、组成

碳单质由碳元素组成，$_6C$。

二、结构

（1）原子结构：电子排布式为 $1s^22s^22p^2$，原子结构示意图为 (+6))2)4，原子的电子式为 ·Ċ·，位于元素周期表的第二周期 IVA 族。

（2）晶体结构：金刚石的原子晶体为 ，1 个碳原子直接与 4 个碳原子各通过一个共价键结合形成正四面体结构，键角：109°28′，键能：C—C：348kJ/mol，一个最小环由六个碳原子组成。石墨属于复合晶体。

还有富勒烯 C_{60}：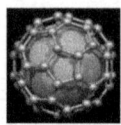，属于分子晶体；六方金刚石 ；碳纳米管 。

三、性质

(1) 物理性质

金刚石：无色晶体，最为坚固的一种碳结构，脆，不溶于水等一般溶剂，密度：$3.51g/cm^3$，熔沸点高，熔点：$3550℃$，沸点：$4827℃$。

石墨：石墨是一种深灰色有金属光泽而不透明的细鳞片状固体。质软，有滑腻感，具有优良的导电性能，不溶于水等一般溶剂，密度：$2.25g/cm^3$，熔沸点高，熔点：$3653\sim 3697℃$（升华），沸点：$4827℃$。

(2) 化学性质

常温下稳定，升温活泼性增强（跟同一物质反应，随温度升高，反应速率增大）；弱氧化性（强还原剂反应）、还原性（氧化剂反应）。

四、化学反应与实验现象、用途

（一）显弱氧化性跟强还原剂反应

(1) 跟金属反应：$2Li + 2C \xrightarrow{827℃} Li_2C_2$，银白色固体转化为银白色液体，与黑色粉末反应，冷却后得到白色固体。

(2) 跟某些非金属反应：

①$C + 2H_2 \xrightarrow{高温} CH_4$，黑色粉末逐渐减少，有无色无气味的气体生成。

②$Si + C \xrightarrow{高温} SiC$，灰色粉末变为无色坚硬的晶体。

（二）显还原性跟氧化剂反应

(1) 跟氧化性比碳强的非金属反应：

$C + O_2$（足量）$\xrightarrow{点燃} CO_2$，$2C + O_2$（不足量）$\xrightarrow{点燃} 2CO$，$C(s) + O_2(g) = CO_2(g)$ $\Delta H = -393.5kJ/mol$，

碳在氧气中燃烧，发出刺眼白光，产生无色无味能使氢氧化钙溶液（澄清石灰水）变浑浊的气体，体系温度迅速升高。

碳在空气中燃烧发出红光，产生无色无味能使氢氧化钙溶液（澄清石灰水）变浑浊的气体；当燃烧不充分，即氧气量不足时，产生一氧化碳，体系温度升高→煤炭用作燃料。

(2) 跟强氧化性酸、金属活动顺序中锌及其后面金属的氧化物等反应：

①$C + 2H_2SO_4(浓) \xrightarrow{\Delta} CO_2\uparrow + 2SO_2\uparrow + 2H_2O$，黑色粉末浮于无色液体上面，振荡混合，加热，黑色固体慢慢减少，产生气泡，逸出无色有刺激性气味的气体。

②$C + 4HNO_3(浓) \xrightarrow{\Delta} CO_2\uparrow + 4NO_2\uparrow + 2H_2O$，黑色固体逐渐减少，产生气泡，逸出红棕色有刺激性气味的气体。

③$ZnO + C \xrightarrow{\text{高温}} Zn + CO\uparrow$，灰色粉末变为青灰色固体，并收集到无色气体→冶炼锌。

④$2Fe_2O_3 + 3C \xrightarrow{\triangle} 4Fe + 3CO_2\uparrow$，棕灰色粉末变为黑色粉末，并收集到无色气体→冶炼铁。

⑤$FeO + C \xrightarrow{\text{高温}} Fe + CO\uparrow$，收集到无色气体→炼钢。

⑥$2CuO + C \xrightarrow{\triangle} 2Cu + CO_2\uparrow$，黑色粉末变为红色粉末，并收集到无色气体→冶炼铜。

⑦$C + CO_2 \xrightarrow{\text{高温}} 2CO$，红热固体减少→炼钢时产生还原剂。

⑧$2C + SiO_2 \xrightarrow{\text{高温}} Si + 2CO\uparrow$，收集到无色气体→制备硅。

⑨$BaSO_4 + 4C \xrightarrow{\text{高温}} BaS + 4CO\uparrow$，灰色粉末变为白色固体，并收集到无色气体→制备钡的其他化合物。

⑩$H_2O + C \xrightarrow{\text{高温}} CO + H_2$，红热固体减少→制备水煤气。

（三）自身发生氧化还原反应

$3C + SiO_2 \xrightarrow{\text{高温}} SiC + 2CO\uparrow$，收集到无色气体→制备碳化硅，即金刚砂。

$3C + CaO \xrightarrow{\text{电炉}} CaC_2 + CO\uparrow$，收集到无色气体→制备碳化钙，即电石。

五、元素存在形态

在自然界，碳元素既有游离态又有化合态。

六、制法

木材干馏；煤干馏。

第三十六节　一氧化碳

一、组成

CO

二、结构

（1）分子结构：分子的电子式为:C⋮⋮O:，结构式为C≡O；结构模型为 ，是弱极性分子。

（2）晶体结构：分子晶体。

三、性质

（1）物理性质：在常况下是一种无色无味有毒的气体。在标准情况下的气体密度是 1.25g/L；难溶于水；熔沸点低，熔点为 -207℃，沸点为 -191.5℃。

（2）化学性质：CO 中 C 为 +2 价，O 为 -2 价。弱氧化性（跟强还原剂反应）；还原性（跟氧化剂反应）（易燃）和有毒（跟血红蛋白反应）。

四、化学反应与实验现象、用途

（1）弱氧化性跟强还原剂反应：$2CO + 6Li \xrightarrow{\triangle} Li_2C_2 + 2Li_2O$，银白色固体变为银白色液体，最后变为白色固体。

（2）显还原性跟氧化剂反应：

①跟活泼非金属反应：$2CO + O_2 \xrightarrow{点燃} 2CO_2$，产生淡蓝色火焰，周围温度升高→作燃料。

②跟含化合价高的元素的化合物反应：

$2CO + 2NO \xrightarrow[\triangle]{催化剂} 2CO_2 + N_2$ →除去尾气中的 NO。

$4CO + 2NO_2 \xrightarrow[\triangle]{催化剂} 4CO_2 + N_2$，气体的红棕色变淡→除去尾气中的 NO_2。

$CO + H_2O \xrightarrow[高温]{催化剂} CO_2 + H_2$ →工业上制备氢气。

$Fe_2O_3 + 3CO \xrightarrow{高温} Fe + 3CO_2$，红棕色粉末变为黑色粉末→冶炼铁。

$CuO + CO \xrightarrow{\triangle} Cu + CO_2$，黑色粉末变为红色粉末→冶炼铜。

（2）有毒，跟血红蛋白反应。人吸入少量一氧化碳，会感到头痛；人吸入较多的一氧化碳，会因缺氧而死亡。

五、制法

实验室制法：

①原理：$HCOOH \xrightarrow[微热]{浓硫酸} H_2O + CO\uparrow$；②装置：如下图所示。

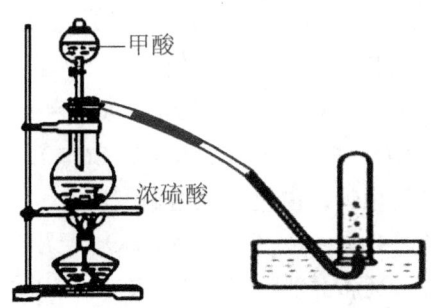

第三十七节　二氧化碳

一、组成

CO_2

二、结构

（1）分子结构：电子式为 :Ö::C::Ö: ，结构式为 O=C=O，结构模型为 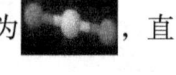，直线分子，非极性分子。

（2）晶体结构：分子晶体，晶胞示意图为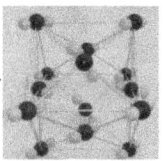

三、性质

（1）物理性质：常温下是一种无色无味气体，能溶于水（体积比 1∶1），在标准状况下的密度为 $1.96g/cm^3$，熔沸点低，在压强为 101kPa 下，－78.48℃时升华。

（2）化学性质：CO_2 中的 C 是 +4，O 为 -2 价；酸性氧化物（跟三类物质反应）；弱氧化性（跟强还原剂反应）。

四、化学反应与实验现象、用途

（一）酸性氧化物跟三类物质反应

（1）跟水反应：$CO_2 + H_2O \rightleftharpoons H_2CO_3$

（2）跟碱反应：$CO_2 + 2NaOH = Na_2CO_3 + H_2O$，$CO_2 + 2OH^- = CO_3^{2-} + H_2O$，或 $CO_2 + NaOH = NaHCO_3$，$CO_2 + OH^- = HCO_3^-$（$Na_2CO_3 + H_2O + CO_2 = 2NaHCO_3$，$CO_3^{2-} + H_2O + CO_2 = 2HCO_3^-$），无色无气味的气体消失。

$CO_2 + Ca(OH)_2 = CaCO_3\downarrow + H_2O$，$CO_2 + Ca^{2+} + 2OH^- = CaCO_3\downarrow + H_2O$，无色无气味的气体消失，产生白色沉淀→检验二氧化碳。

或 $2CO_2 + Ca(OH)_2 = Ca(HCO_3)_2$，$CO_2 + OH^- = HCO_3^-$（$CaCO_3 + H_2O + CO_2 = Ca(HCO_3)_2$，$CaCO_3 + H_2O + CO_2 = Ca^{2+} + 2HCO_3^-$），无色无气味的气体消失，先产生白色沉淀，继续通入二氧化碳，白色沉淀溶解。

（3）跟碱性氧化物反应：$CO_2 + Na_2O = Na_2CO_3$，无色无气味的气体消失。

$CO_2 + CaO = CaCO_3$，无色无气味的气体消失。

（4）跟过氧化钠、超氧化钾反应时，二氧化碳实际上也是作为酸性氧化物参与反应：

$2CO_2 + 2Na_2O_2 =\!\!=\!\!= 2Na_2CO_3 + O_2$，浅黄色粉末变为白色固体，并有能使带火星的木条复燃的无色无气味的气体生成。

$2CO_2 + 4KO_2 =\!\!=\!\!= 2K_2CO_3 + 3O_2$，黄色粉末变为白色固体，并有能使带火星的木条复燃的无色无气味的气体生成。

（二）显弱氧化性跟强还原剂反应

（1）跟活泼金属反应：$2Mg + CO_2 \xrightarrow{\text{点燃}} 2MgO + C$，激烈燃烧，银白色固体变为夹有黑色的白色固体，发出耀眼的白光，周围温度迅速升高。

（2）跟某些非金属反应：$CO_2 + C \xrightarrow{\text{高温}} 2CO$，黑色固体随着温度升高而发红，并逐渐减少。

五、制法

实验室制法：

（1）原理：$CaCO_3 + 2HCl =\!\!=\!\!= CuCl_2 + CO_2\uparrow + H_2O$。

（2）装置：如图所示。

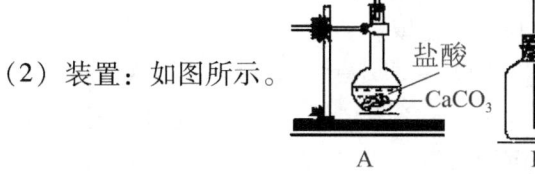

第三十八节　碳酸

一、组成

H_2CO_3

二、结构

（1）分子结构：电子式为 $H:\overset{..}{\underset{..}{O}}:\overset{\overset{..}{\overset{..}{O}}}{\underset{..}{C}}:\overset{..}{\underset{..}{O}}:H$，结构式为 $H-O-\overset{\overset{O}{\|}}{C}-O-H$，结构模型为

，是极性分子。

（2）晶体结构：分子晶体。

三、性质

（1）物理性质：碳酸溶液是无色透明液体（没有纯碳酸）。碳酸易溶于水。

（2）化学性质：不稳定（在摇晃或加热时分解为 CO_2 和 H_2O）；碳酸（H_2CO_3）是一种二元弱酸（$K_{a1} = 4.30 \times 10^{-7}$；$K_{a2} = 5.61 \times 10^{-11}$），在常温、常压下，二氧化碳饱和溶液的浓度约为 0.033mol/L，pH 为 5.6。

四、化学反应与实验现象、用途

（1）不稳定，在摇晃或加热时分解为 CO_2 和 H_2O：$H_2CO_3 == CO_2\uparrow + H_2O$，产生气泡，逸出无色无气味的气体。

（2）二元弱酸（$H_2CO_3 \rightleftharpoons H^+ + HCO_3^-$，$HCO_3^- \rightleftharpoons H^+ + CO_3^{2-}$），跟五类物质反应：

①跟酸碱指示剂反应：碳酸溶液使紫色石蕊试液或蓝色石蕊试纸变红色；碳酸溶液不使无色酚酞变色。

②跟较强的碱发生中和反应：将二氧化碳通入碱的溶液中，先跟水反应生成碳酸，碳酸再跟碱反应生成盐和水，总反应是：

a. $CO_2 + 2NaOH == Na_2CO_3 + H_2O$，$CO_2 + 2OH^- == CO_3^{2-} + H_2O$，

或 $CO_2 + NaOH == NaHCO_3$，$CO_2 + OH^- == HCO_3^-$（$Na_2CO_3 + H_2O + CO_2 == 2NaHCO_3$，$CO_3^{2-} + H_2O + CO_2 == 2HCO_3^-$），无色无气味的气体消失。

b. $CO_2 + Ca(OH)_2 == CaCO_3\downarrow + H_2O$，$CO_2 + Ca^{2+} + 2OH^- == CaCO_3\downarrow + H_2O$，无色无气味的气体消失，产生白色沉淀→检验二氧化碳。

或 $2CO_2 + Ca(OH)_2 == Ca(HCO_3)_2$，$CO_2 + OH^- == HCO_3^-$（$CaCO_3 + H_2O + CO_2 == Ca(HCO_3)_2$，$CaCO_3 + H_2O + CO_2 == Ca^{2+} + 2HCO_3^-$），无色无气味的气体消失，先产生白色沉淀，继续通入二氧化碳，白色沉淀溶解。

c. $CO_2 + 2NH_3 \cdot H_2O == (NH_4)_2CO_3 + H_2O$，$CO_2 + 2NH_3 \cdot H_2O == 2NH_4^+ + CO_3^{2-} + H_2O$，无色无气味的气体消失→制备碳酸铵。

或 $CO_2 + NH_3 \cdot H_2O == NH_4HCO_3$，$CO_2 + NH_3 \cdot H_2O == NH_4^+ + HCO_3^-$，无色无气味的气体消失→制备碳铵化肥。

③跟较强碱性氧化物反应：将碱性氧化物加入碳酸的溶液中，总反应是：

$H_2CO_3 + Na_2O == Na_2CO_3 + H_2O$，$H_2CO_3 + Na_2O == 2Na^+ + CO_3^{2-} + H_2O$，白色固体溶解，体系温度升高。

④跟活泼金属反应：将钠加入碳酸石蕊溶液中，总反应是：

$H_2CO_3 + 2Na == Na_2CO_3 + H_2\uparrow$，$H_2CO_3 + 2Na == 2Na^+ + CO_3^{2-} + H_2\uparrow$，银白色固体变为银白色液体，浮于碳酸溶液上面游动，迅速减少，听到嘶嘶声，逸出无色无气味气体，溶液从红色变为蓝色，体系温度升高。

⑤跟更弱酸的盐溶液反应：将二氧化碳通入更弱酸的盐溶液中，先跟水反应生成碳酸，碳酸再跟更弱酸的盐反应生成更弱酸和碳酸盐或碳酸氢盐，总反应是：

a. $2NaAlO_2 + CO_2 + 3H_2O == 2Al(OH)_3\downarrow + Na_2CO_3$，$2AlO_2^- + CO_2 + 3H_2O == 2Al(OH)_3\downarrow + CO_3^{2-}$，

CO_2 过量：$NaAlO_2 + CO_2 + 2H_2O == Al(OH)_3\downarrow + NaHCO_3$，$AlO_2^- + CO_2 + 2H_2O == Al(OH)_3\downarrow + HCO_3^-$，无色无气味的气体消失，产生白色絮状沉淀→制备氢氧化铝。

b. $C_6H_5ONa + CO_2 + H_2O \rightarrow C_6H_5OH \downarrow + NaHCO_3$，$C_6H_5O^- + CO_2 + H_2O \rightarrow C_6H_5OH \downarrow + HCO_3^-$，无色溶液变为白色浑浊。

c. $Na_2CO_3 + CO_2 + H_2O =\!=\!= 2NaHCO_3$，$CO_3^{2-} + CO_2 + H_2O =\!=\!= 2HCO_3^-$，无色无气味的气体消失。

d. $CaCO_3 + CO_2 + H_2O =\!=\!= Ca(HCO_3)_2$，$CaCO_3 + CO_2 + H_2O =\!=\!= Ca^{2+} + 2HCO_3^-$，白色固体逐渐溶解，得到无色溶液。

五、制法

将二氧化碳通入水中。

第三十九节　碳酸盐

一、组成

由金属离子或 NH_4^+ 与碳酸根离子结合形成的化合物。

二、结构

(1) CO_3^{2-} 的电子式： 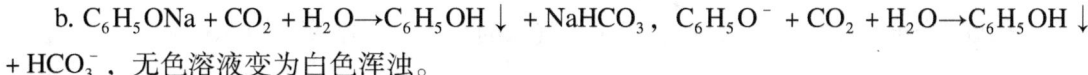 ，结构式： ，平面三角形。

(2) 晶体结构：离子晶体。

三、性质

（1）物理性质：晶体或固体，钾、钠、铵的碳酸盐易溶于水，碳酸镁微溶于水，碳酸铝、碳酸铁遇水完全水解生成对应的碱沉淀和二氧化碳，常见其余碳酸盐难溶于水。碳酸钠、碳酸钾的熔点较高，碳酸钙等大多数碳酸盐不到熔点已分解。

（2）化学性质：不稳定，一般规律：元素金属性越强，其氧化物的碱性越强，越容易跟二氧化碳反应，生成的碳酸盐（受热分解）越稳定；比其碳酸氢盐稳定。正盐（跟七类物质反应）。

四、化学反应与实验现象、用途

（一）不稳定，高温或受热分解

$CaCO_3 \xrightarrow{\text{高温}} CaO + CO_2 \uparrow$，产生无色无气味的气体 $\longrightarrow$ 制备生石灰。

$MgCO_3 \xrightarrow{\triangle} MgO + CO_2 \uparrow$，产生无色无气味的气体 $\longrightarrow$ 制备氧化镁。

$ZnCO_3 \xrightarrow{\Delta} ZnO + CO_2\uparrow$,产生无色无味的气体→制备氧化锌。

$2Ag_2CO_3 \xrightarrow{\Delta} 4Ag + O_2\uparrow + 2CO_2\uparrow$,黄色固体变为黑色固体,产生无色无味的气体。

$(NH_4)_2CO_3 \xrightarrow{\Delta} 2NH_3\uparrow + CO_2\uparrow + H_2O$,将白色固体放在试管里加热时,试管底部的白色固体逐渐减少,在试管的中部产生少量白烟,形成白色固体。

(二) 跟七类物质反应

(1) 跟碱反应:$Na_2CO_3(aq) + Ca(OH)_2(aq) = CaCO_3\downarrow + 2NaOH$,$CO_3^{2-} + Ca^{2+} = CaCO_3\downarrow$,产生白色沉淀。

$(NH_4)_2CO_3(aq) + 2NaOH \xrightarrow{\Delta} Na_2CO_3 + 2NH_3\uparrow + 2H_2O$,$NH_4^+ + OH^- \xrightarrow{\Delta} NH_3\uparrow + H_2O$,逸出无色有刺激性气味的气体。

(2) 跟较强酸反应:$(NH_4)_2CO_3 + 2HCl = 2NH_4Cl + CO_2\uparrow + H_2O$,$CO_3^{2-} + 2H^+ = CO_2\uparrow + H_2O$,产生气泡,逸出无色无味的气体。

$CaCO_3 + 2HCl = CaCl_2 + CO_2\uparrow + H_2O$,$CaCO_3 + 2H^+ = Ca^{2+} + CO_2\uparrow + H_2O$,白色固体溶解,产生气泡,逸出无色无味的气体→实验室制备CO_2。

$(NH_4)_2CO_3 + CO_2 + H_2O = 2NH_4HCO_3$,$CO_3^{2-} + CO_2 + H_2O = 2HCO_3^-$,无色气体消失。

$Na_2CO_3 + CO_2 + H_2O = 2NaHCO_3$,$CO_3^{2-} + CO_2 + H_2O = 2HCO_3^-$,无色气体消失。

向饱和碳酸钠溶液中通入足量的CO_2:$Na_2CO_3 + CO_2 + H_2O = 2NaHCO_3\downarrow$,$2Na^+ + CO_3^{2-} + CO_2 + H_2O = 2NaHCO_3\downarrow$,无色气体消失,溶液变浑浊。

$CaCO_3 + CO_2 + H_2O = Ca(HCO_3)_2$,$CaCO_3 + CO_2 + H_2O = Ca^{2+} + 2HCO_3^-$,无色气体消失,白色固体溶解。

(3) 跟金属反应。

(4) 跟某些非金属反应。

(5) 跟盐反应:$Na_2CO_3 + 2AgNO_3 = Ag_2CO_3\downarrow + 2NaNO_3$,$CO_3^{2-} + 2Ag^+ = Ag_2CO_3\downarrow$,产生白色浑浊,沉淀出黄色固体。

(6) 跟水反应:$Na_2CO_3 + H_2O \rightleftharpoons NaHCO_3 + NaOH$,$CO_3^{2-} + H_2O \rightleftharpoons HCO_3^- + OH^-$,

$Al_2(CO_3)_3 + 3H_2O = 2Al(OH)_3 + 3CO_2\uparrow$,产生气泡,逸出无色无味的气体。

$Fe_2(CO_3)_3 + 3H_2O = 2Fe(OH)_3 + 3CO_2\uparrow$,棕色固体变为红褐色固体,产生气泡,逸出无色无味的气体。

$MgCO_3 + H_2O \xrightarrow{煮沸} Mg(OH)_2 + CO_2\uparrow$→水垢中$Mg(OH)_2$的形成。

(7) 跟酸性氧化物反应:$CaCO_3 + SiO_2 \xrightarrow{高温} CaSiO_3 + CO_2\uparrow$,逸出无色无味的气体→制备普通玻璃。

$Na_2CO_3 + SiO_2 \xrightarrow{高温} Na_2SiO_3 + CO_2\uparrow$,逸出无色无味的气体→制备普通玻璃。

五、制法

（1）将二氧化碳通入碱中。

（2）侯氏制碱法：

①$NH_3 + H_2O + CO_2 =\!=\!= NH_4HCO_3$；

②$NH_4HCO_3 + NaCl$（饱和）$=\!=\!= NH_4Cl + NaHCO_3\downarrow$（平时这样的反应一般认为不进行，但是由于在某个温度下，碳酸氢钠的溶解度较低，会沉淀出来，所以这个反应一定程度上能够进行）；

③$2NaHCO_3 \xrightarrow{\triangle} Na_2CO_3 + H_2O + CO_2\uparrow$

即：$NaCl$（饱和）$+ NH_3 + H_2O + CO_2 =\!=\!= NH_4Cl + NaHCO_3\downarrow$

$2NaHCO_3 \xrightarrow{\triangle} Na_2CO_3 + H_2O + CO_2\uparrow$。

第四十节　碳酸氢盐

一、组成

由金属离子或NH_4^+与碳酸氢根离子结合形成的化合物。

二、结构

（1）CO_3^{2-}的电子式：$\left[\ddot{\underset{..}{\text{O}}}::\overset{..}{\underset{..}{\text{C}}}::\overset{..}{\underset{..}{\text{O}}}:\text{H}\right]^-$，结构式：

（2）晶体结构：离子晶体。

三、性质

（1）物理性质：晶体或固体，常见的碳酸氢盐溶于水，一般：难溶的碳酸盐的溶解度比对应的碳酸氢盐的小；特殊：易溶的碳酸盐的溶解度比碳酸氢盐的大，如碳酸钠的溶解度比碳酸氢钠的大，碳酸氢铝、碳酸氢铁遇水完全水解生成对应的碱沉淀和二氧化碳。大多数碳酸氢盐不到熔点已分解。

（2）化学性质：不稳定（受热分解）；酸式盐（跟七类物质反应）。

四、化学反应与实验现象、用途

（1）不稳定，受热分解生成碳酸盐 + CO_2 + H_2O：

$2NaHCO_3 \xrightarrow{\triangle} Na_2CO_3 + CO_2\uparrow + H_2O$，逸出无色无气味的气体→制备碳酸钠。

$Ca(HCO_3)_2 \xrightarrow{\triangle} CaCO_3\downarrow + CO_2\uparrow + H_2O$,产生无色无味的气体→暂时硬水软化。

$Mg(HCO_3)_2 \xrightarrow{\triangle} MgCO_3\downarrow + CO_2\uparrow + H_2O$,产生无色无味的气体→暂时硬水软化。

(2)跟七类物质反应:

①跟碱反应:$NaHCO_3(aq) + NaOH(aq) = Na_2CO_3 + H_2O$,$HCO_3^- + OH^- = CO_3^{2-} + H_2O$。

$NaHCO_3(aq 少) + Ca(OH)_2(aq) = CaCO_3\downarrow + NaOH + H_2O$,$HCO_3^- + Ca^{2+} + OH^- = CaCO_3\downarrow + H_2O$,产生白色沉淀。

$2NaHCO_3(aq 多) + Ca(OH)_2(aq) = CaCO_3\downarrow + Na_2CO_3 + 2H_2O$,$2HCO_3^- + Ca^{2+} + 2OH^- = CaCO_3\downarrow + CO_3^{2-} + 2H_2O$,产生白色沉淀。

$2NH_4HCO_3(aq) + 2NaOH(少) = Na_2CO_3 + (NH_4)_2CO_3 + 2H_2O$,$HCO_3^- + OH^- = CO_3^{2-} + H_2O$。

$NH_4HCO_3(aq) + 2NaOH(多) = Na_2CO_3 + NH_3 \cdot H_2O + H_2O$,$NH_4^+ + HCO_3^- + 2OH^- = CO_3^{2-} + NH_3 \cdot H_2O + H_2O$。

②跟较强酸反应:$NaHCO_3(aq) + HCl = NaCl + CO_2\uparrow + H_2O$,$HCO_3^- + H^+ = CO_2\uparrow + H_2O$,产生气泡,逸出无色无味的气体。

$NH_4HCO_3 + HCl = NH_4Cl + CO_2\uparrow + H_2O$,$HCO_3^- + H^+ = CO_2\uparrow + H_2O$,产生气泡,逸出无色无味的气体。

$Ca(HCO_3)_2 + 2HCl = CaCl_2 + 2CO_2\uparrow + 2H_2O$,$HCO_3^- + H^+ = CO_2\uparrow + H_2O$,产生气泡,逸出无色无味的气体。

③跟金属反应:不要求。

④跟某些非金属反应:不要求。

⑤跟盐反应:$Ba(HCO_3)_2 + Na_2SO_4 = BaSO_4\downarrow + 2NaHCO_3$,$Ba^{2+} + SO_4^{2-} = BaSO_4\downarrow$,产生白色沉淀。

$3NaHCO_3 + AlCl_3 = Al(OH)_3\downarrow + 3CO_2\uparrow + 3NaCl$,$3HCO_3^- + Al^{3+} = Al(OH)_3\downarrow + 3CO_2\uparrow$,溶液变为白色浑浊,产生气泡,逸出无色无味的气体。

$6NaHCO_3 + Al_2(SO_4)_3 = 2Al(OH)_3\downarrow + 6CO_2\uparrow + 3Na_2SO_4$,$3HCO_3^- + Al^{3+} = Al(OH)_3\downarrow + 3CO_2\uparrow$,溶液变为白色浑浊,产生气泡,逸出无色无味的气体→制造泡沫灭火器。

⑥跟水反应:$NaHCO_3 + H_2O \rightleftharpoons H_2CO_3 + NaOH$,$HCO_3^- + H_2O \rightleftharpoons H_2CO_3 + OH^-$。

$Al(HCO_3)_3 + 3H_2O = Al(OH)_3 + 3CO_2\uparrow$,产生气泡,逸出无色无味的气体。

$Fe(HCO_3)_3 + 3H_2O = Fe(OH)_3 + 3CO_2\uparrow$,棕色固体变为红褐色固体,产生气泡,逸出无色无味的气体。

⑦跟酸性氧化物反应:$NaHCO_3 + SO_2 = NaHSO_3 + CO_2\uparrow$,$HCO_3^- + SO_2 = HSO_3^- + CO_2\uparrow$,无色有刺激性气味的气体变为无色无味的气体→除去 CO_2 中混有的 SO_2。

五、制法

(1)将过量的二氧化碳通入碱中。

（2）侯氏制碱法：

①$NH_3 + H_2O + CO_2 == NH_4HCO_3$

②$NH_4HCO_3 + NaCl$（饱和）$== NH_4Cl + NaHCO_3\downarrow$（平时这样的反应一般认为不进行，但是由于在某个温度下，碳酸氢钠的溶解度较低，会沉淀出来，所以这个反应一定程度上能够进行）

即：$NaCl$(饱和)$+ NH_3 + H_2O + CO_2 == NH_4Cl + NaHCO_3\downarrow$。

第四十一节　硅

一、组成

硅单质由硅元素组成（$_{14}Si$）。

二、结构

（1）原子结构：电子排布式为$1s^22s^22p^63s^23p^2$，原子结构示意图为 (+14 2 8 4)，电子式为·$\overset{\cdot}{Si}$·，位于元素周期表的第三周期ⅣA族。

（2）晶体结构：硅晶体的原子晶体为 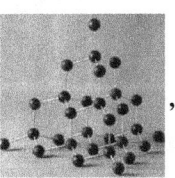，1个硅原子直接与4个硅原子各通过一个共价键结合形成正四面体结构，键角：109°28′，键能：Si—Si：226kJ/mol，一个最小环由六个硅原子组成。

三、性质

（1）物理性质：灰色有光泽晶体，硬而脆，硬度：金刚石>硅晶体，不溶于水等一般溶剂，密度为$2.4g/cm^3$，熔沸点高，但比金刚石的低，熔点为1410℃，沸点为2355℃，导电性介于金属与绝缘体之间，是一种良好的半导体，用于制造光电池和集成电路等。

（2）化学性质：常温下稳定，升温活泼性增强（跟同一物质反应，随温度升高，反应速率增大）；弱氧化性（强还原剂反应）、还原性（氧化剂反应）。

四、化学反应与实验现象、用途

（1）显弱氧化性跟强还原剂反应：

跟活泼金属反应：$Si + 2Mg \xrightarrow{550\sim600℃} Mg_2Si$，灰色粉末转化为蓝色固体。

（2）显还原性跟氧化剂反应：

①跟氧化性比硅强的非金属反应：

$Si + C \xrightarrow{高温} SiC$，灰色粉末变为无色坚硬的晶体。

$Si + O_2 \xrightarrow{点燃} SiO_2$，灰色固体迅速减少，发出刺眼白光，产生白烟，聚集为白色固体，周围温度迅速升高。

$Si + 2Cl_2 \xrightarrow{高温} SiCl_4$，灰色粉末逐渐减少，气体的黄绿色变浅，冷却，先形成白雾，最后变为易挥发的无色液体→提纯硅。

$Si + 2F_2 == SiF_4$，灰色粉末逐渐减少，气体的浅黄绿色消失。

②跟氢氟酸反应：$Si + 4HF == SiF_4 \uparrow + 2H_2 \uparrow$，灰色粉末逐渐减少，产生气泡，逸出无色气体。

③跟强碱浓溶液反应：$Si + 2OH^- + H_2O == SiO_3^{2-} + 2H_2 \uparrow$，灰色粉末逐渐减少，产生气泡，逸出无色气体→在野外可用来迅速得到氢气。

④跟铁的氧化物等反应：$2FeO + Si \xrightarrow{高温} 2Fe + SiO_2$→炼钢时，硅铁作为脱氧剂。

五、元素存在形态

在自然界，硅元素只以化合态存在，在地壳中含硅量第二。

六、制法

原理：

$SiO_2 + 2C \xrightarrow{高温} Si + 2CO \uparrow$（设备：电炉）

提纯：$Si + 2Cl_2 \xrightarrow{高温} SiCl_4$（设备：旋转管）

分馏（设备：分馏器）

$SiCl_4 + 2H_2 \xrightarrow{高温} Si(纯) + 4HCl$

第四十二节　二氧化硅

一、组成

二氧化硅晶体由硅、氧元素组成，其化学式是 SiO_2。

二、结构

晶体结构：原子晶体，其中1个硅原子直接跟4个氧原子结合，这4个氧原子居于正四面体的4个顶角，1个氧原子直接跟2个硅原子结合，Si—O—Si 形成"V"形结构，1个最小环由12个原子（6个硅原子、6个氧原子）组成。其结构示意图：

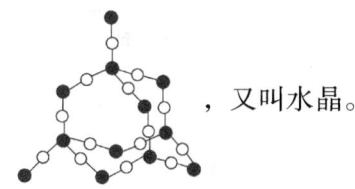，又叫水晶。

三、性质

（1）物理性质。晶体：无色透明的六方柱状晶体，硬而脆，不溶于水等一般溶剂，熔沸点高；熔点为1723℃；沸点为2230℃。

无定形体：多孔、质轻、松软的固体，表面积大，吸附能力强，用作干燥剂、催化剂载体。

（2）化学性质：SiO_2中的Si是+4，O为-2价；稳定（常温：跟强碱、氢氟酸反应；高温：跟其他物质反应）；酸性氧化物（跟三类物质反应）；弱氧化性（跟强还原剂反应）。

四、化学反应与实验现象、用途

（1）稳定，常温：跟强碱、氢氟酸反应；高温：跟其他物质反应。

$SiO_2 + 4HF == SiF_4\uparrow + 2H_2O$，无色晶体逐渐减少，产生气泡，逸出无色气体。

（2）酸性氧化物跟三类物质反应：

①不跟水反应。

②跟强碱反应：$SiO_2 + 2NaOH == Na_2SiO_3 + H_2O$，$SiO_2 + 2OH^- == SiO_3^{2-} + H_2O$，无色晶体逐渐减少。

③跟碱性氧化物反应：$SiO_2 + CaO \xrightarrow{高温} CaSiO_3$，1450℃时，白色固体变为液体→炼钢时，除去$SiO_2$。

$SiO_2 + Na_2 \xrightarrow{高温} Na_2SiO_3$，高温时，白色固体变为液体。

④跟高温能分解的盐反应：$SiO_2 + CaCO_3 \xrightarrow{高温} CaSiO_3 + CO_2\uparrow$，1450℃时，白色固体变为液体，逸出无色气体→炼铁时，除去脉石；制造玻璃。

$SiO_2 + Na_2CO_3 \xrightarrow{高温} Na_2SiO_3 + CO_2\uparrow$，高温时，白色固体变为液体→制造玻璃。

（3）显弱氧化性跟强还原剂反应：

①跟活泼金属反应：$2Mg + SiO_2 \xrightarrow{高温} 2MgO + Si$。

$4Al + 3SiO_2 \xrightarrow{高温} 2Al_2O_3 + 3Si$。

②跟某些非金属反应：$SiO_2 + 2C \xrightarrow{高温} Si + 2CO\uparrow$，产生无色可燃气体→制备粗硅。

五、制法

分离提纯石英砂，得到纯二氧化硅：

（一）原理	（二）主要设备
1. 跟强碱反应：$SiO_2 + 2NaOH = Na_2SiO_3 + H_2O$，$SiO_2 + 2OH^- = SiO_3^{2-} + H_2O$ 或：$SiO_2 + Na_2CO_3 \xrightarrow{高温} Na_2SiO_3 + CO_2\uparrow$	耐碱容器 或耐高温耐碱容器
2. $Na_2SiO_3 + H_2O + CO_2 = H_2SiO_3\downarrow + Na_2CO_3$ 3. $H_2SiO_3 \xrightarrow{150℃} SiO_2 + H_2O\uparrow$	过滤器

第四十三节 硅酸

一、组成

H_2SiO_3

二、结构

（1）分子结构：电子式为 H:Ö:Si:Ö:H，结构式为 H—O—Si—O—H 结构模型为

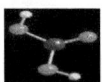，极性分子。

（2）晶体结构：分子晶体。

三、性质

（1）物理性质：白色固体，难溶于水。

（2）化学性质：不稳定（干燥或加热时逐渐失水，150℃完全分解为 SiO_2 和 H_2O）；硅酸（H_2SiO_3）是一种二元弱酸，比碳酸的酸性弱（跟五类物质反应）。

四、化学反应与实验现象、用途

（1）不稳定，干燥或加热时逐渐失水，150℃完全分解：$H_2SiO_3 \xrightarrow{150℃} SiO_2 + H_2O\uparrow$。

（2）二元弱酸（$H_2SiO_3 \rightleftharpoons H^+ + HSiO_3^-$，$HSiO_3^- \rightleftharpoons H^+ + SiO_3^{2-}$），跟五类物质反应：

①跟酸碱指示剂反应：硅酸不能使紫色石蕊试液变红色，也不能使无色酚酞变色。

②跟较强的碱发生中和反应：

$H_2SiO_3 + 2NaOH = Na_2SiO_3 + 2H_2O$，$H_2SiO_3 + 2OH^- = SiO_3^{2-} + 2H_2O$，白色固体溶解。

③跟较强碱性氧化物反应：将碱性氧化物加入硅酸的悬浊液中，总反应是：

$H_2SiO_3 + Na_2O == Na_2SiO_3 + H_2O$,$H_2SiO_3 + Na_2O == 2Na^+ + SiO_3^{2-} + H_2O$,白色固体溶解，体系温度升高。

④跟活泼金属反应。

⑤跟更弱酸的盐溶液反应。

五、制法

以石英沙为基本原料制备硅酸：

原　理	主要设备
$SiO_2 + 2NaOH == Na_2SiO_3 + H_2O$ $Na_2SiO_3 + H_2O + CO_2 == H_2SiO_3 \downarrow + Na_2CO_3$	耐碱容器 过滤器

第四十四节　硅酸盐

一、组成

由金属离子与硅酸根离子结合形成的化合物。

二、结构

晶体结构：离子晶体。硅酸钠的结构可表示为： 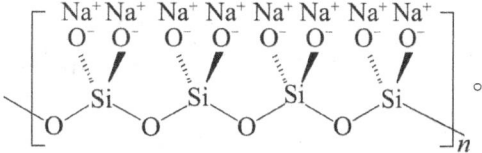 。

三、性质

（1）物理性质：晶体或固体，钾、钠的碳酸盐易溶于水，钙、镁等等硅酸盐难溶于水。

（2）化学性质：盐（跟六类物质反应）。

四、化学反应与实验现象、用途

硅酸盐，跟六类物质反应：

（1）跟碱反应：$Na_2SiO_3(aq) + Ca(OH)_2(aq) == CaSiO_3\downarrow + 2NaOH$,$CO_3^{2-} + Ca^{2+} == CaCO_3\downarrow$，产生白色沉淀。

（2）跟较强酸反应：$Na_2SiO_3 + H_2O + CO_2 == H_2SiO_3\downarrow + Na_2CO_3$，溶液变为白色

浑浊。

(3) 跟金属反应。

(4) 跟某些非金属反应。

(5) 跟盐反应：$Na_2SiO_3 + CaCl_2 == CaSiO_3\downarrow + 2NaCl$，$SiO_3^{2-} + Ca^{2+} == CaSiO_3\downarrow$，产生白色沉淀。

(6) 跟水反应：$Na_2SiO_3 + 2H_2O \rightleftharpoons H_2SiO_3 + 2NaOH$，$CO_3^{2-} + 2H_2O \rightleftharpoons H_2SiO_3 + 2OH^-$，

向硅酸钠溶液中加入酚酞试液，溶液变为红色。

五、制法

硅酸钠的制备：

(1) 原理：$SiO_2 + 2NaOH == Na_2SiO_3 + H_2O$。

(2) 主要设备：耐碱容器。

硅酸盐工业小结：

工业产品	原料	反应原理	主要设备
陶瓷	高岭土或黏土	物理、化学变化	陶瓷窑
水泥	黏土、石灰石	物理、化学变化	回转窑
玻璃	石英、石灰石、纯碱	物理变化 $SiO_2 + CaCO_3 \xrightarrow{高温} CaSiO_3 + CO_2\uparrow$ $SiO_2 + Na_2CO_3 \xrightarrow{高温} Na_2SiO_3 + CO_2\uparrow$	玻璃熔炉

第四十五节 甲烷

一、组成

CH_4

二、结构

(1) 分子结构。分子的电子式为 H:C:H（四周有H），结构式为 $H-\underset{H}{\overset{H}{C}}-H$，球棍模型为 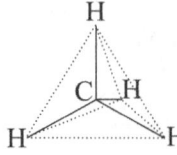，

比例模型：  ，结构示意图：（正四面体H-C-H图），正四面体，HCH 夹角均为 109°28′，碳

氢键的键长：1.09×10^{-10} m，碳氢键的键能：413kJ/mol，非极性分子。

（2）晶体结构：分子晶体。

三、性质

（1）物理性质：常温常压下为无色无气味的气体；难溶于水；在标准状况下，密度 $= 16/22.4 = 0.71$（g/L），比空气的密度小；熔沸点低，熔点为 $-182.5℃$，沸点为 $-164℃$，沸点：在烷烃的同系物中，随着碳原子数增多，烷烃的沸点依次升高。熔点：甲烷 > 乙烷 > 丙烷。

（2）化学性质：甲烷中的氢元素呈 +1 价、碳元素呈 -4 价，稳定（高温条件下发生分解反应）。稳定性：$HF > H_2O > NH_3 > CH_4$；$CH_4 > SiH_4$；易燃性，还原性（跟氧化剂反应）。

四、化学反应与实验现象、用途

（1）稳定，高温下发生分解反应（既显氧化性，又显还原性）：$CH_4 \xrightarrow{高温} C + 2H_2$，产生黑烟。

（2）易燃性，还原性，在氧气中容易燃烧→$CO_2 + H_2O$。

$CH_4(g) + 2O_2(g) = CO_2(g) + H_2O(l)$，$\Delta H = -212.8$ kJ/mol，淡蓝色火焰，周围温度升高→作燃料，但也要注意防火，点燃之前要先检验其纯度，防止爆炸。

（3）还原性，光照，跟卤素单质发生取代反应：$CH_4 + Cl_2 \xrightarrow{光照} CH_3Cl + HCl$，$CH_3Cl + Cl_2 \xrightarrow{光照} CH_2Cl_2 + HCl$，$CH_2Cl_2 + Cl_2 \xrightarrow{光照} CHCl_3 + HCl$，$CHCl_3 + Cl_2 \xrightarrow{光照} CCl_4 + HCl$，黄绿色气体变淡，有油状液体生成，生成的无色气体在空气中形成白雾。

（4）既显氧化性，又显还原性，跟水反应：$CH_4 + H_2O \xrightarrow[高温高压]{催化剂} CO + 3H_2$。

五、制法

实验室制法：

（1）原理：$CH_3COONa + NaOH \xrightarrow[CaO]{\Delta} Na_2CO_3 + CH_4\uparrow$。

（2）装置：

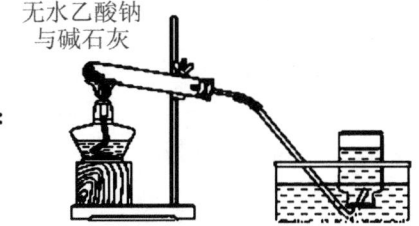

第四十六节　乙烯

一、组成

C_2H_4

二、结构

（1）分子结构。分子的电子式：$H:\overset{H}{\underset{H}{C}}::\overset{H}{\underset{H}{C}}:H$，结构式：$\overset{H}{\underset{H}{C}}=\overset{H}{\underset{H}{C}}$，结构简式：$CH_2=CH_2$，球棍模型： 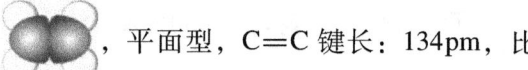 ，比例模型： ，平面型，C=C 键长：134pm，比 C—C 键长（154pm）短些，碳氢键的键能：413kJ/mol，C=C 的键能：598kJ/mol，比 C—C 键能（347kJ/mol）大些，但比 C—C 键能的 2 倍（694kJ/mol）小些，由此推测：C=C 中其中一个键比较弱。由于 C=C 的键长比 C—C 短些，那么，C=C 中一个键（σ 键）的键能比 347kJ/mol 大些，另一个键（π 键）的键能比 598 − 347 = 251（kJ/mol）小些（与 Cl—Cl 的键能 242kJ/mol 差不多），因此，C=C 中的一个键在常温下就能断裂，烯烃在常温下就能发生反应。乙烯是非极性分子。

（2）晶体结构：分子晶体。

三、性质

（1）物理性质：常温常压下为无色稍带甜气味的气体；难溶于水；在标准状况下，密度 = 28/22.4 = 1.25（g/L），与空气的密度接近，不能用排空气法收集；熔沸点低，熔点：−169℃，沸点：−103.7℃，沸点：在烯烃的同系物中，随着碳原子数增多，烯烃的沸点依次升高。熔点：乙烯＞丙烯＞丁烯。

（2）化学性质：乙烯中的氢元素呈 +1 价、碳元素呈 −2 价。

活泼，易燃性，显示还原性（容易跟氧化剂反应）；$\diagup C=C\diagdown$（加成反应和加聚反应）。

四、化学反应与实验现象、用途

（1）活泼，比较容易跟其他物质反应。
（2）还原性，跟氧化剂反应：
①易燃性：a. 在氧气中容易完全燃烧 $\longrightarrow CO_2 + H_2O$：

$C_2H_4 + 3O_2 \xrightarrow{\text{点燃}} 2CO_2 + 2H_2O$，淡蓝色火焰，周围温度升高。

b. 由于含碳量较高，在空气中不完全燃烧，除生成水和 CO_2 外，还有碳黑或一氧化碳生成：

$C_2H_4 + 3O_2 \xrightarrow{\text{点燃}} 2CO_2 + 2H_2O$，$C_2H_4 + O_2 \xrightarrow{\text{点燃}} 2C + 2H_2O$，$C_2H_4 + 2O_2 \xrightarrow{\text{点燃}} 2CO + 2H_2O$，火焰明亮，产生少量黑烟，周围温度升高→作燃料，但也要注意防火，点燃之前要先检验其纯度，防止爆炸。

② 或 $\diagup C{=}C\diagdown$ →被高锰酸钾酸性溶液氧化：$5CH_2{=}CH_2 + 12KMnO_4 + 18H_2SO_4 \longrightarrow 10CO_2 + 6K_2SO_4 + 12MnSO_4 + 28H_2O$，$5CH_2{=}CH_2 + 12MnO_4^- + 36H^+ \longrightarrow 10CO_2 + 12Mn^{2+} + 28H_2O$，溶液从紫色变为无色→用于区别饱和烃与不饱和烃。

（3）$\diagup C{=}C\diagdown$，发生加成反应：

a. $CH_2{=}CH_2 + Br_2 \longrightarrow CH_2Br{-}CH_2Br$（1，2 - 二溴乙烷，液态），溶液（溴水或溴的四氯化碳溶液）从橙色变为无色，生成无色液体在水的下层→除去甲烷等气体中混有的少量乙烯。

b. $CH_2{=}CH_2 + H_2 \xrightarrow[\text{高温高压}]{\text{催化剂}} CH_3CH_3$（乙烷）。

c. $CH_2{=}CH_2 + HBr \longrightarrow CH_3{-}CH_2Br$（溴乙烷，液态）→制备溴乙烷。

[注意：丙烯跟HBr发生加成反应时，条件不同，主要产物不同。

$CH_3CH{=}CH_2 + HBr \longrightarrow CH_3CHBr{-}CH_3$（2 - 溴丙烷，液态），

$CH_3CH{=}CH_2 + HBr \xrightarrow{\text{过氧化物}} CH_3CH_2{-}CH_2Br$（1 - 溴丙烷，液态）

d. $CH_2{=}CH_2 + H_2O \xrightarrow[\text{高温高压}]{\text{催化剂}} CH_3CH_2OH$，有醇香味的液体生成→制备乙醇。

（4）$\diagup C{=}C\diagdown$，发生加聚反应：$nCH_2{=}CH_2 \xrightarrow[\text{高温高压}]{\text{催化剂}} {+}CH_2{-}CH_2{+}_n$，生成半透明的胶状固体→制备聚乙烯树脂。

五、制法

（1）工业法：丁烷等石油分馏产品裂解，分离制得

$CH_3CH_2CH_2CH_3 \xrightarrow[\text{高温}]{\text{催化剂}} CH_2{=}CH_2 + CH_3CH_3$。

主要设备：裂解炉，精馏设备。

（2）实验室制法。

①原理：$CH_3CH_2OH \xrightarrow[170℃]{H_2SO_4} CH_2{=}CH_2\uparrow + H_2O$

②装置：

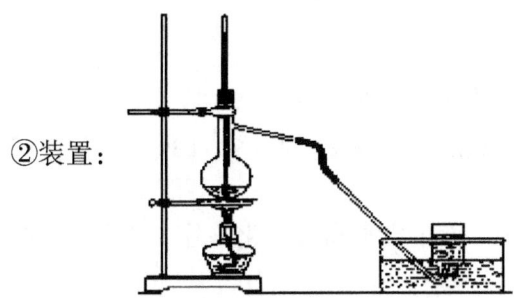

第四十七节　乙炔

一、组成

C_2H_2

二、结构

(1) 分子结构。分子的电子式：H∶C⋮⋮C∶H，结构式：H—C≡C—H，结构简式：CH≡CH，球棍模型：　　　，比例模型：　　　，直线型，C≡C 键长：121pm，C=C 键长：134pm，比 C—C 键长（154pm）短些，键长：C≡C < C=C < C—C；碳氢键的键能：413kJ/mol；C≡C 的键能：820kJ/mol，C≡C 的键长比 C—C 更短，那么，C≡C 中的一个键（σ键）的键能比 347kJ/mol 更大，C≡C 中的另二个键中的每个键（π键）的键能比 (820-347)/2 = 236.5(kJ/mol) 小些（比 Cl—Cl 的键能 242kJ/mol 小），因此，C≡C 中的两个键在常温下就能断裂，炔烃在常温下就能发生反应。乙炔为非极性分子。

(2) 晶体结构：分子晶体，分子之间只存在范德华力，氢键弱。

三、性质

(1) 物理性质：常温常压下为无色没有臭味的气体；难溶于水；在标准状况下，密度 = 26/22.4 = 1.16(g/L)，略小于空气的密度；熔沸点低，熔点：-80.8℃（加压），沸点：-84.0℃，沸点：在炔烃的同系物中，随着碳原子数增多，炔烃的沸点依次升高；乙炔 > 乙烯 > 乙烷。熔点：乙炔 > 丙炔；乙炔 > 乙烯 > 乙烷。

(2) 化学性质：乙炔中的氢元素呈 +1 价、碳元素呈 -1 价。

活泼，易燃性，显示还原性（容易跟氧化剂反应）；—C≡C—（加成反应和加聚反应）。

四、化学反应与实验现象、用途

(1) 活泼，比较容易跟其他物质反应。

(2) 还原性，跟氧化剂反应：

①易燃性：a. 在氧气中容易完全燃烧⟶ $CO_2 + H_2O$，

$2C_2H_2 + 5O_2 \xrightarrow{点燃} 4CO_2 + 2H_2O$，淡蓝色火焰，火焰温度非常高（3000 多摄氏度）⟶ 切割焊接金属。

b. 由于含碳量高，在空气中不完全燃烧，除生成水和二氧化碳外，还有碳黑或一氧化碳生成：

$2C_2H_2 + 5O_2 \xrightarrow{\text{点燃}} 4CO_2 + 2H_2O$, $2C_2H_2 + O_2 \xrightarrow{\text{点燃}} 4C + 2H_2O$, $2C_2H_2 + 3O_2 \xrightarrow{\text{点燃}} 4CO + 2H_2O$,火焰明亮,产生大量黑烟,周围温度升高→作燃料,但也要注意防火,点燃之前要先检验其纯度,防止爆炸。

②—C≡C—→被高锰酸钾酸性溶液氧化:$CH≡CH + 2KMnO_4 + 3H_2SO_4 \longrightarrow 2CO_2 + K_2SO_4 + 2MnSO_4 + 4H_2O$,$CH≡CH + 2MnO_4^- + 6H^+ \longrightarrow 2CO_2 + 2Mn^{2+} + 4H_2O$,溶液从紫色变为无色→用于区别饱和烃与不饱和烃。

(3)—C≡C—发生加成反应:a. $CH≡CH + Br_2 \longrightarrow CHBr=CHBr$(1,2 - 二溴乙烯,液态),$CHBr=CHBr + Br_2 \longrightarrow CHBr_2CHBr_2$(1,1,2,2 - 四溴乙烷,液态),总反应:

$CH≡CH + 2Br_2 \longrightarrow CHBr_2CHBr_2$,溶液(溴水或溴的四氯化碳溶液)从橙色变为无色,生成无色液体在水的下层→除去甲烷等气体中混有的少量乙炔。

b. $CH≡CH + H_2 \xrightarrow[\text{高温高压}]{\text{催化剂}} CH_2=CH_2$(乙烯),$CH_2=CH_2 + H_2 \xrightarrow[\text{高温高压}]{\text{催化剂}} CH_3CH_3$(乙烷)

c. $CH≡CH + HBr \longrightarrow CH_2=CHBr$(溴乙烯,液态),在水的下层生成无色液体→制备溴乙烯。

$CH_2=CHBr + HBr \longrightarrow CH_3CHBr_2$(1,1 - 二溴乙烷,液态)。

$CH_2=CHBr + HBr \xrightarrow{\text{过氧化物}} CH_2BrCH_2Br$(1,2 - 二溴乙烷,液态)。

d. $CH≡CH + H_2O \xrightarrow[\text{高温高压}]{\text{催化剂}} CH_3CHO$,($CH_2=CHOH \longrightarrow CH_3CHO$,可见,$CH_2=CHOH$ 不稳定,即羟基与不饱和碳原子直接结合形成的化合物是不稳定的,容易发生异构化反应生成醛或酮或羰基化合物)有刺激性气味的液体生成→制备乙醛。

(4)—C≡C—发生加聚反应:$nCH≡CH \xrightarrow[\text{高温高压}]{\text{催化剂}} \text{—}(CH=CH)_n\text{—}$,生成半透明的胶状固体→制备聚乙炔树脂。

五、制法

(1)工业法:①原理:$CaO + 3C \xrightarrow{\text{电炉}} CaC_2 + CO\uparrow$,$CaC_2 + 2H_2O \longrightarrow Ca(OH)_2 + C_2H_2\uparrow$。

②主要设备:电弧炉,钢瓶产气设备。

(2)实验室制法:①原理:$CaC_2 + 2H_2O \longrightarrow Ca(OH)_2 + C_2H_2\uparrow$。

②装置:

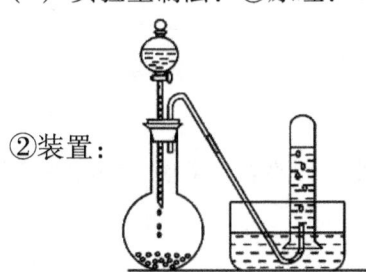

第四十八节　苯

一、组成

C₆H₆

二、结构

（1）分子结构

电子式： 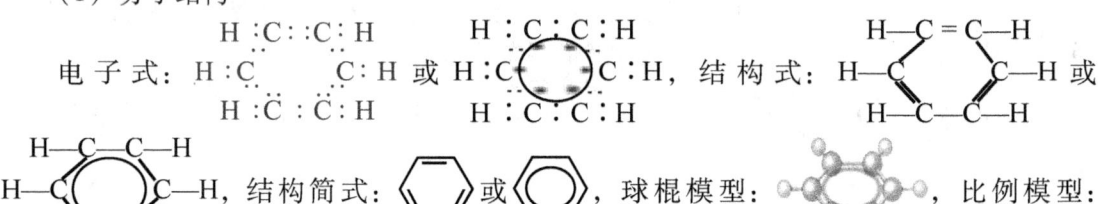 ，

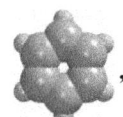，平面正六边形，其键长：140pm，C≡C 键长：121pm，C=C 键长：134pm，C—C 键长：154pm，键长：C≡C＜C=C＜苯中的碳碳键＜C—C；由于形成碳碳键的次数多，放出能量多，苯分子的能量低，所以苯分子很稳定，在通常情况下难跟其他物质反应，为非极性分子。

（2）晶体结构：分子晶体。

三、性质

（1）物理性质：常温常压下为无色有特殊气味的液体；难溶于水；密度：0.876g/mL，小于水的密度（固态、液态烃的密度都小于水的密度）；熔沸点低，熔点：5.5℃，沸点：80.1℃，沸点：在苯及其同系物中，随着碳原子数增多，沸点依次升高。熔点：苯＞甲苯。

（2）化学性质：苯中的氢元素呈 +1 价、碳元素呈 -1 价。

稳定（通常情况下难跟其他物质反应）。可燃性，显示还原性（跟氧化剂反应）。（取代反应和加成反应）。

四、化学反应与实验现象、用途

（1）稳定，通常情况下难跟其他物质反应，不能被酸性高锰酸钾溶液氧化，不能跟溴等反应。

（2）可燃性，显示还原性：

①在氧气中容易完全燃烧 $\longrightarrow$ CO_2 + H_2O：

$2C_6H_6 + 15O_2 \xrightarrow{\text{点燃}} 12CO_2 + 6H_2O$，淡蓝色火焰，火焰温度非常高。

②由于含碳量高，在空气中不完全燃烧，除生成水和二氧化碳外，还有碳黑或一氧化碳生成：

$2C_6H_6 + 15O_2 \xrightarrow{\text{点燃}} 12CO_2 + 6H_2O$，$2C_6H_6 + 3O_2 \xrightarrow{\text{点燃}} 12C + 6H_2O$，$2C_6H_6 + 9O_2 \xrightarrow{\text{点燃}} 12CO + 6H_2O$，火焰明亮，产生大量黑烟，周围温度升高。

（3）⌬，发生取代反应：①跟卤素发生取代反应：⌬ + $Br_2 \xrightarrow{FeBr_3}$ ⌬—Br + HBr，向苯与液溴的混合液中加入铁粉，液体沸腾，反应器中充满红棕色气体，冷凝，红棕色气体变为红棕色液体回流，逸出无色有刺激性气味的气体，该气体接触水面上的水蒸气，产生白雾；取导管末端所在锥形瓶中的水溶液，加入硝酸银溶液，产生浅黄色沉淀；向反应器中的褐色的浑浊物加入足量的氢氧化钠溶液，振荡，静置，分为三层，下层为红褐色固体，中层为无色液体，上层为无色液体→制备溴苯。

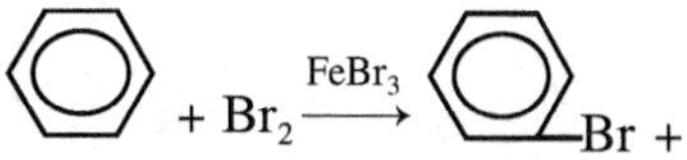

②跟浓硝酸、浓硫酸的混合酸发生硝化反应（属于取代反应）：

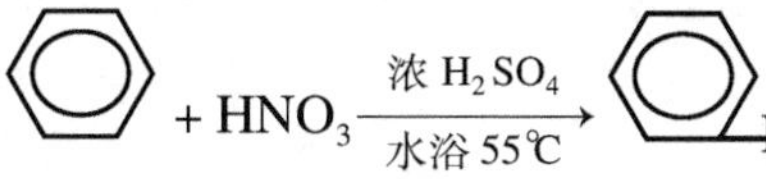

⌬ + $HNO_3 \xrightarrow[\text{水浴 55℃}]{\text{浓 }H_2SO_4}$ ⌬—NO_2 + H_2O，产生红棕色气体，反应10分钟后，将混合液倒入盛水的小烧杯中，静置，分为两层，下层是浅黄色油状液体，上层为无色液体，闻到苦杏仁气味→制备硝基苯。

③跟浓硫酸发生磺化反应（属于取代反应）：⌬ + $H_2SO_4 \xrightarrow{\text{水浴 80℃}}$ ⌬—SO_3H + H_2O，上层液体逐渐减少→制备苯磺酸。

（4）⌬，发生加成反应：① ⌬ + $3Cl_2 \xrightarrow{\text{催化剂}} C_6H_6Cl_6$（六氯环己烷，固态），无色液体变为白色固体。

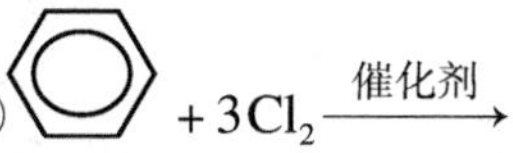

② ⌬ + $3H_2 \xrightarrow[\text{高温高压}]{\text{催化剂}}$ ⬡ （环己烷）。

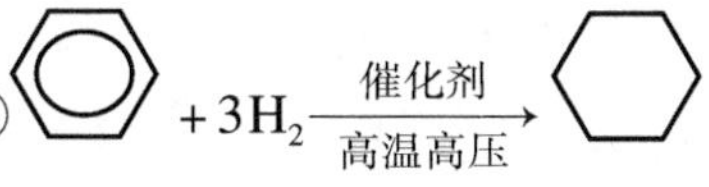

五、制法

工业法：（1）石油催化重整。（2）分离煤焦油。

第四十九节 苯的同系物的特别反应

一、甲苯跟氯气反应

（1）在光照的条件下：

C₆H₅—CH₃ + Cl₂ $\xrightarrow{\text{光照}}$ C₆H₅—CH₂Cl + HCl,

C₆H₅—CH₂Cl + Cl₂ $\xrightarrow{\text{光照}}$ C₆H₅—CHCl₂ + HCl,

C₆H₅—CHCl₂ + Cl₂ $\xrightarrow{\text{光照}}$ C₆H₅—CCl₃ + HCl,气体的黄绿色变浅,产生的气体在潮湿的空气中形成白雾。

(2) 加入铁粉,产生氯化铁作催化剂的条件下:

C₆H₅—CH₃ + Cl₂ $\xrightarrow{\text{FeCl}_3}$ 2-Cl-C₆H₄—CH₃ + HCl,

或 C₆H₅—CH₃ + Cl₂ $\xrightarrow{\text{FeCl}_3}$ 4-Cl-C₆H₄—CH₃ + HCl,黄绿色气体变浅,产生的气体在潮湿的空气中形成白雾。

二、苯的同系物被酸性高锰酸钾溶液氧化

(1) $5\text{C}_6\text{H}_5\text{—CH}_3 + 6\text{KMnO}_4 + 9\text{H}_2\text{SO}_4 \longrightarrow 5\text{C}_6\text{H}_5\text{—COOH} + 3\text{K}_2\text{SO}_4 + 6\text{MnSO}_4 + 14\text{H}_2\text{O}$,

$5\text{C}_6\text{H}_5\text{—CH}_3 + 6\text{MnO}_4^- + 18\text{H}^+ \longrightarrow 5\text{C}_6\text{H}_5\text{—COOH} + 6\text{Mn}^{2+} + 14\text{H}_2\text{O}$,上层液体逐渐减少,紫色溶液褪色,变为白色浑浊液体。

(2) $5\text{C}_6\text{H}_5\text{—CH}_2\text{CH}_3 + 12\text{KMnO}_4 + 18\text{H}_2\text{SO}_4 \longrightarrow 5\text{C}_6\text{H}_5\text{—COOH} + 5\text{CO}_2\uparrow + 6\text{K}_2\text{SO}_4 + 12\text{MnSO}_4 + 28\text{H}_2\text{O}$,

$5\text{C}_6\text{H}_5\text{—CH}_2\text{CH}_3 + 12\text{MnO}_4^- + 36\text{H}^+ \longrightarrow 5\text{C}_6\text{H}_5\text{—COOH} + 5\text{CO}_2\uparrow + 12\text{Mn}^{2+} + 28\text{H}_2\text{O}$,上层液体逐渐减少,紫色溶液褪色,产生气泡,逸出无色无气味的气体,变为白色浑浊液体。

第五十节 溴乙烷

一、组成

C₂H₅Br

二、结构

(1) 分子结构。电子式:H:C:C:Br:,结构式:
H—C—C—Br,结构简式:

CH_3CH_2Br 或 C_2H_5Br；球棍模型：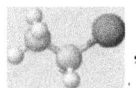，比例模型：，碳溴原子之间的共用电子对偏向溴原子，溴原子带一定量的负电，显 –1 价，该碳原子带的正电量比 CH_3 中的碳原子带的多；C—C 键长：154pm，C—H 键长：109pm，C—Br 键长：194pm；C—C 键能：347kJ/mol，碳氢键的键能：413kJ/mol，C—Br 键能：276kJ/mol，在碱性溶液中 C—Br 键断裂。溴乙烷弱极性分子。

（2）晶体结构：分子晶体。

三、性质：

（1）物理性质：常温常压下为无色或微黄色有像乙醚气味的透明液体；难溶于水（卤代烃都难溶于水）；20℃，密度：1.46g/mL，比水的密度大（含碳少的液态卤代烃的密度比水的大），熔沸点低，熔点：–119℃，沸点：38.4℃，沸点：在一溴代烷烃的同系物中，随着碳原子数增多，其沸点依次升高。常温常压下，一氯甲烷、一氯乙烷、一溴甲烷是气态。

（2）化学性质：溴乙烷中的氢元素呈 +1 价、甲基中的碳呈 –3 价，另一碳呈 –1 价，溴呈 –1 价。

可燃性，显示还原性（容易跟氧化剂反应）；卤代烷烃（水解反应和消去反应）。

四、化学反应与实验现象、用途

（1）可燃性，显示还原性，卤代烃在足量的空气中完全燃烧 $\longrightarrow CO_2 + H_2O + HX$：

$C_2H_5Br + 3O_2 \xrightarrow{\text{点燃}} 2CO_2 + 2H_2O + HBr$，火焰呈绿色，周围温度升高。

（2）卤代烷烃，在强碱水溶液中受热发生水解反应：

$\underset{\underset{H}{|}\quad\underset{Br}{|}}{CH_2-CH_2} + NaOH \xrightarrow[\triangle]{\text{水}} CH_3CH_2OH + NaBr$，$\underset{\underset{H}{|}\quad\underset{Br}{|}}{CH_2-CH_2} + OH^- \xrightarrow[\triangle]{\text{水}} CH_3CH_2OH +$ Br^-，下层浅黄色液体逐渐减少，闻到醇香气味 $\rightarrow CH_2=CH_2 \rightarrow C_2H_5Br \rightarrow CH_3CH_2OH$。

（3）符合 $\underset{\underset{H}{|}\quad\underset{X}{|}}{C-C}$ 结构的卤代烷烃，在强碱醇溶液中受热发生消去反应：

$\underset{\underset{H}{|}\quad\underset{Br}{|}}{CH_2-CH_2} + NaOH \xrightarrow[\triangle]{\text{醇}} CH_2=CH_2\uparrow + NaBr + H_2O$，$\underset{\underset{H}{|}\quad\underset{Br}{|}}{CH_2-CH_2} + OH^- \xrightarrow[\triangle]{\text{醇}} CH_2$ $==CH_2\uparrow + Br^- + H_2O$，产生气泡，逸出无色稍带甜味的气体。

五、制法

（1）原理：

$2CH_3CH_2OH + 2NaBr + H_2SO_4 \xrightarrow{\triangle} 2CH_3CH_2Br + Na_2SO_4 + 2H_2O$，

或 $2NaBr + H_2SO_4 == Na_2SO_4 + 2HBr$，$CH_3CH_2OH + HBr \xrightarrow{\triangle} CH_3CH_2Br + 2H_2O$。

（2）装置：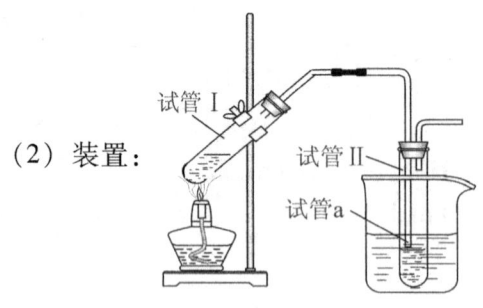

第五十一节　乙醇

一、组成

C_2H_6O

二、结构

（1）分子结构。

电子式：H:C:C:O:H，结构式：H—C—C—O，结构简式：CH_3CH_2OH 或 C_2H_5OH，球棍模型：　　　，比例模型：　　　，碳氧、氧氢原子之间的共用电子对都偏向氧原子，氧原子带一定量的负电，显 -2 价，该碳原子带的正电量比 CH_3 中的碳原子带的多，氢原子带的正电荷量比与碳原子结合带的多，导致在固态、液态时乙醇分子之间存在比较强的氢键；C—C 键长：154pm，C—H 键长：109pm，C—O 键长：143pm，O—H 键长：101pm；C—C 键能：347kJ/mol，碳氢键的键能：413kJ/mol，C—O 键能：358kJ/mol，O—H 键能：467 kJ/mol。强极性分子，乙醇分子中 O—H 的极性比水分子中的稍弱，Na 跟水反应比跟乙醇反应激烈。乙醇的水溶液中乙醇分子与水分子之间存在氢键。

（2）晶体结构：分子晶体，分子之间不但存在范德华力，还存在较强的氢键。

三、性质

（1）物理性质：常温常压下为无色有香气味的比水易挥发的透明液体；与水以任意比混溶（含碳原子数少的醇都易溶于水）；20℃，密度：0.79g/mL，比水的密度小，熔沸点不高，熔点：-117.3℃，沸点：78.4℃，沸点：在乙醇的同系物中，随着碳原子数增多，其沸点依次升高；乙醇的沸点明显高于溴乙烷的：乙醇＞溴乙烷＞乙烷。熔点：甲醇＞乙醇。

(2) 化学性质：乙醇中的氢元素呈 +1 价、甲基中的碳呈 -3 价，另一碳呈 -1 价，氧呈 -2 价。

易燃性，显示还原性（容易跟氧化剂反应）；H—C(⑤)H H—C(④)C(③)—O(①)—H （①键断：跟活泼金属反应、酯化反应（取代反应）；②键断：跟氢卤酸反应（取代反应）；一个分子的①键断、另一分子的②键断：分子间脱水生成醚（取代反应）；①③键断：催化氧化反应；②⑤键断：消去反应；②③④⑤键断：完全燃烧）。

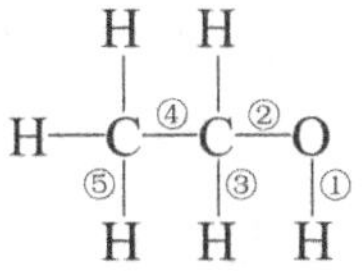

四、化学反应与实验现象、用途

（1）易燃性，显示还原性，乙醇完全燃烧 $\longrightarrow CO_2 + H_2O$：

$C_2H_5OH + 3O_2 \xrightarrow{\text{点燃}} 2CO_2 + 3H_2O$，产生浅蓝色火焰，周围温度升高→作燃料。

（2）H—C—C—O—H（① 键断：跟活泼金属发生取代反应：

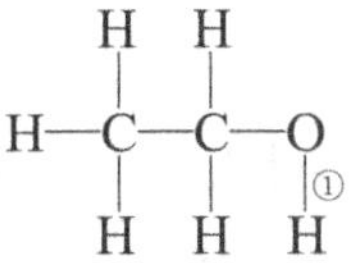

$2C_2H_5O—H + 2Na \longrightarrow 2CH_3CH_2ONa + H_2\uparrow$，银白色固体变为灰色固体，在液体里上下运动，逐渐减少，产生气泡，逸出无色气体）。

（3）H—C—C—O—H（① 键断：发生酯化反应（取代反应）：

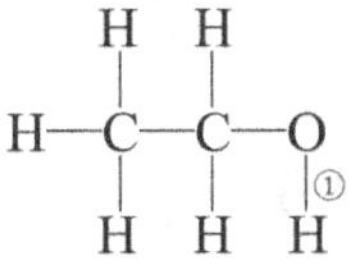

$C_2H_5O—H + CH_3CO—OH \xrightarrow[\triangle]{\text{浓硫酸}} CH_3COOCH_2CH_3 + H_2O$，用饱和碳酸钠溶液吸收逸出的蒸气，蒸气冷凝为无色有香味的油状液体浮在饱和碳酸钠溶液上→制备乙酸乙酯）。

（4）H—C—C(②)—O—H（② 键断：跟氢卤酸发生取代反应：

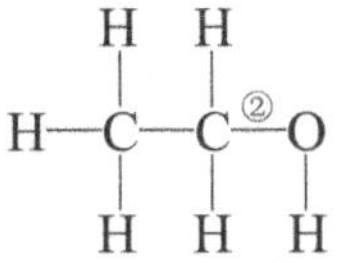

$C_2H_5—OH + HBr \xrightarrow{\triangle} C_2H_5Br + H_2O$，将逸出的蒸气通入冷水的水面，有浅黄色油状液体凝聚于水底→制备溴乙烷）。

（5）H—C—C(②)—O(①)—H，一个分子的①键断、另一分子的②键断：分子间脱水生成醚

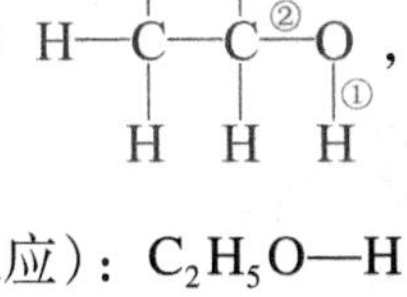

（取代反应）：$C_2H_5O—H + HO—C_2H_5 \xrightarrow[140℃]{\text{浓硫酸}} CH_3CH_2OCH_2CH_3 + H_2O$，

应写为：$2C_2H_5OH \xrightarrow[140℃]{\text{浓硫酸}} CH_3CH_2OCH_2CH_3 + H_2O$，将逸出的蒸气通入冷水的水面，

有无色油状液体浮于水面→制备乙醚。

(6) 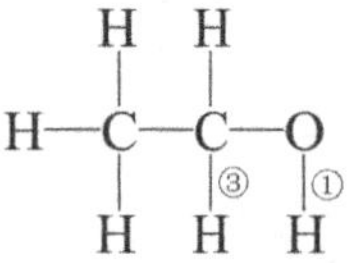 $H-\underset{H}{\overset{H}{C}}-\underset{H}{\overset{H}{\underset{③}{C}}}-\underset{①}{O}$，①③键断：乙醇发生催化氧化反应，显还原性：

$2CH_3-\underset{H}{\overset{H}{\underset{③}{C}}}-\underset{①}{O}+O_2 \xrightarrow{Cu,\Delta} 2CH_3CH=O(CH_3CHO)+2H_2O$，将红色的铜丝放于酒精灯外焰上加热变黑色后，趁热插入无水乙醇中，液体沸腾，黑色固体变为红色固体，多次重复后，闻到刺激性气味→制备乙醛。

(7) 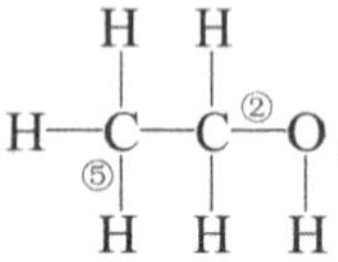 $H-\underset{\underset{H}{⑤}}{\overset{H}{C}}-\underset{H}{\overset{②}{C}}-O$，②⑤键断，发生消去反应。

$\underset{\underset{H}{⑤}}{CH_2}-\underset{\underset{OH}{②}}{CH_2} \xrightarrow[170℃]{浓硫酸} CH_2=CH_2\uparrow+H_2O$，无色液体先变为黄色，随温度升高，液体颜色逐渐加深，最后变为黑色浑浊液体，产生气泡，逸出无色稍带甜味的气体→实验室制备乙烯。

五、制法

(1) 自然循环：

① $(C_6H_{10}O_5)_n(淀粉或纤维素)+nH_2O \xrightarrow[\Delta]{催化剂} nC_6H_{12}O_6(葡萄糖)$；

② $C_6H_{12}O_6 \xrightarrow{酒化酶} 2C_2H_5OH+2CO_2\uparrow$。发酵池，蒸馏装置。

(2) 石油工业：$CH_2=CH_2+H_2O \xrightarrow[加热加压]{催化剂} CH_3CH_2OH$。合成塔。

第五十二节　苯酚（石炭酸）

一、组成

C_6H_6O

二、结构

(1) 分子结构。电子式：
$\begin{matrix} & H:C::C:H & \\ H:C & & C:O:H \\ & H:C:C:H & \end{matrix}$ 或 $\begin{matrix} & H:C::C:H & \\ H:C & & C:O:H \\ & H:C:C:H & \end{matrix}$，结构式：

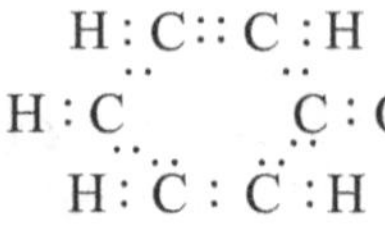

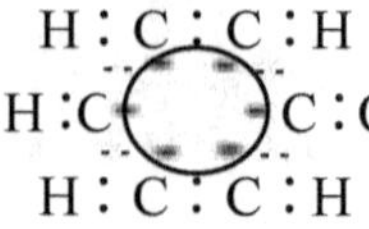

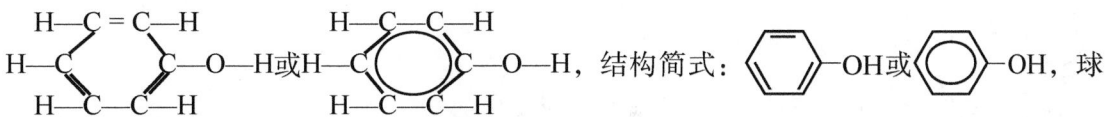，结构简式：[苯环]—OH或[苯环]—OH，球

棍模型：[图]，比例模型：[图]，平面形分子，其键长：140pm，C≡C 键长：121pm，C=C 键长：134pm，C—C 键长：154pm，键长：C≡C＜C=C＜苯基中的碳碳键＜C—C；C—H 键长：109pm，C—O 键长：143pm，O—H 键长：101pm；碳氢键的键能：413kJ/mol，C—O 键能：358kJ/mol，O—H 键能：467 kJ/mol。强极性分子，O—H 的极性：苯酚分子中的＞水分子中的＞乙醇分子中的。苯酚的水溶液中苯酚分子与水分子之间存在氢键。

（2）晶体结构：分子晶体，分子之间不但存在范德华力，还存在较强的氢键。

三、性质

（1）物理性质：常温常压下为无色或白色有特殊气味的晶体；有毒且有腐蚀性；在室温时稍溶于水，苯酚与水形成的浊液静置后会分层，上层是溶有苯酚的水层，下层是溶有水的苯酚层，在65℃就能与水混溶，易溶于乙醇、乙醚、氯仿、甘油二硫化碳等；20℃，密度：1.071g/mL，比水的密度稍大；熔沸点不高，熔点：42℃，沸点：182℃。

（2）化学性质：苯酚中的氢元素呈 +1 价、与羟基直接结合的碳呈 +1 价，其他碳呈 -1 价，氧 -2 价。

可燃性，还原性（跟氧化剂反应）；[结构式标记④⑤⑥⑦②③①]，[苯环]—O①—H ⇌ [苯环]—O⁻ + H⁺，弱酸性（①键断：跟五类物质反应、跟铁离子发生显色反应；③⑤键断：跟卤素发生反应；⑦键断：发生加成反应；②③④⑤⑥⑦键断：完全燃烧。）。

四、化学反应与实验现象、用途

（1）可燃性，显示还原性
①苯酚在氧气中完全燃烧 ⟶ CO_2 + H_2O：
$C_6H_5OH + 7O_2 \xrightarrow{点燃} 6CO_2 + 3H_2O$，产生浅蓝色火焰，周围温度升高。
②苯酚在空中不完全燃烧：$C_6H_5OH + 7O_2 \xrightarrow{点燃} 6CO_2 + 3H_2O$，$C_6H_5OH + 4O_2 \xrightarrow{点燃} 6CO + 3H_2O$，$C_6H_5OH + O_2 \xrightarrow{点燃} 6C + 3H_2O$，火焰明亮，产生大量黑烟，周围温度升高。
③被空气中的氧气氧化：2[苯环]—OH + O_2 $\xrightarrow{光照}$ 2O=[环]=O + 2H_2O，无色或白色晶体变为粉红色湿泽物→苯酚避光密闭保存。

（2）[苯环]—O①—H ⇌ [苯环]—O⁻ + H⁺，弱酸性：HCl ＞ CH_3COOH ＞ H_2CO_3 ＞

C₆H₅—OH > HCO₃⁻，跟六类物质反应：

①跟酸碱指示剂反应：不能使石蕊和酚酞变色。

②跟强碱反应：C₆H₅—O—H + NaOH ⟶ C₆H₅—ONa + H₂O，

C₆H₅—OH + OH⁻ ⟶ C₆H₅—O⁻ + H₂O，白色浑浊溶液变为澄清溶液。

C₆H₅—ONa + HCl ⟶ C₆H₅—OH + NaCl，C₆H₅—O⁻ + H⁺ ⟶ C₆H₅—OH，无色溶液变白色浑浊。

C₆H₅—ONa + CO₂ + H₂O ⟶ C₆H₅—OH + NaHCO₃，

C₆H₅—O⁻ + CO₂ + H₂O ⟶ C₆H₅—OH + HCO₃⁻，无色溶液变白色浑浊。

③跟碱性氧化物反应：2 C₆H₅—O—H + Na₂O ⟶ 2 C₆H₅—ONa + H₂O。

④跟活泼金属反应：2 C₆H₅—O—H + 2Na ⟶ 2 C₆H₅—ONa + H₂↑，将钠加入苯酚的乙醚溶液中，产生气泡，逸出无色气体，银白色固体在溶液中上下运动并逐渐减少。

⑤跟盐反应：C₆H₅—O—H + Na₂CO₃ ⟶ C₆H₅—ONa + NaHCO₃，

C₆H₅—O—H + CO₃²⁻ ⟶ C₆H₅—O⁻ + HCO₃⁻，白色浑浊液变为澄清溶液。

⑥显色反应：6 C₆H₅—O—H + FeCl₃ ⟶ H₃[Fe(C₆H₅O)₆] + 3HCl，

6 C₆H₅—O—H + Fe³⁺ ⟶ [Fe(C₆H₅O)₆]³⁻ + 6H⁺，无色溶液和黄色溶液变为紫色溶液→检验酚类物质或铁离子。

(3) 苯酚中的③⑤键断：跟卤素发生取代反应：

C₆H₅—OH + 3Br₂ ⟶ (2,4,6-三溴)C₆H₂Br₃—OH↓ + 3HBr，

苯酚 + 3Br₂ ⟶ 2,4,6-三溴苯酚↓ + 3H⁺ + 3Br⁻，红棕色溶液褪色，产生白色沉淀。

(4) 苯酚中的⑦键断：发生加成反应：

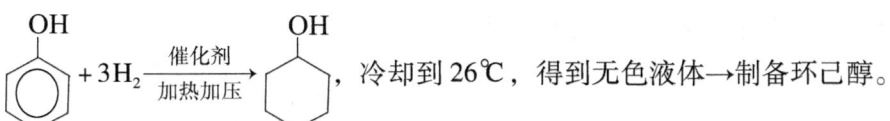，冷却到26℃，得到无色液体→制备环己醇。

五、制法

（1）由煤焦油分离。

（2）由苯磺酸经碱熔：以苯、硫酸、氢氧化钠、亚硫酸钠为原料、经典的合成苯酚的方法可简单表示为：

苯 $\xrightarrow[①]{磺化}$ 苯磺酸 $\xrightarrow[②]{亚硫酸钠}$ 苯磺酸钠 $\xrightarrow[③]{固体烧碱（300℃熔融）}$ 苯酚钠（及盐和水）$\xrightarrow[④]{SO_2}$ 苯酚

① ⌬—H + H_2SO_4 $\xrightarrow{水浴80℃}$ ⌬—SO_3H + H_2O，

② 2 ⌬—SO_3H + Na_2SO_3 ⟶ 2 ⌬—SO_3Na + $SO_2\uparrow$ + H_2O

③ ⌬—SO_3Na + 2NaOH $\xrightarrow{300℃}$ ⌬—ONa + Na_2SO_3 + H_2O

（3）由氯苯经水解。

2 ⌬—ONa + SO_2 + H_2O ⟶ 2 ⌬—OH + Na_2SO_3

第五十三　乙醛

一、组成

C_2H_4O

二、结构

（1）分子结构。电子式：H:Ç:C:H（上下为H，右为:O:），结构式：$H-\underset{H}{\overset{H}{C}}-\overset{O}{C}-H$，球棍模型：

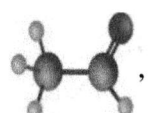，比例模型：，结构简式：CH_3CHO；碳氧原子之间的共用电子对偏向氧原子，氧原子带一定量的负电，显 -2 价，该碳原子带的正电量比 CH_3 中的碳原子带的多，显 $+1$ 价；C—C 键长：154pm，C—O 键长：143pm，C=O 键长：123pm，C—H 键长：109pm，O—H 键长：101pm；C—C 键能：347kJ/mol，C—O 键能：358kJ/mol，C=O 键能：745 kJ/mol，C—H 键能：413kJ/mol，O—H 键能：467 kJ/mol。极性分子。

（2）晶体结构：分子晶体，分子之间只存在范德华力。

三、性质

（1）物理性质：20℃、常压下为无色有刺激性气味的易流动极易挥发的透明液体；与水、乙醇、乙醚、氯仿以任意比混溶（含碳原子数少的醛都易溶于水，水与乙醛分子之间存在氢键）；18℃，密度：$0.78g/mL$，比水的密度小，熔沸点低，熔点：$-123.5℃$，沸点：$20.8℃$，在乙醛的同系物中，随着碳原子数增多，其沸点依次升高；乙醇＞溴乙烷＞乙醛＞乙烷。熔点：甲醇＞乙醇＞乙醛。

（2）化学性质：乙醛中的氢元素呈+1价、甲基中的碳呈-3价，另一碳呈+1价，氧呈-2价。

易燃性，显示还原性（容易跟氧化剂反应），$H-\underset{H}{\overset{H}{C}}-\underset{④}{\overset{①}{C}}=O$（①键断；氧化性，发生银镜反应、跟新制氢氧化铜反应（醛发生氧化反应）；②键断：加成反应；①③④键断：完全燃烧）。

四、化学反应与实验现象、用途

（1）易燃性，显示还原性，乙醛完全燃烧 $\longrightarrow CO_2 + H_2O$：

$2C_2H_4O + 5O_2 \xrightarrow{点燃} 4CO_2 + 4H_2O$，产生浅蓝色火焰，周围温度升高。

（2）$H-\underset{H}{\overset{H}{C}}-\overset{①}{C}=O$，①键断：显氧化性。①跟银氨溶液发生银镜反应：

$CH_3CHO + 2Ag(NH_3)_2OH \xrightarrow{水浴加热} CH_3COONH_4 + 2Ag\downarrow + 3NH_3 + H_2O$，

$CH_3CHO + 2Ag(NH_3)_2^+ + 2OH^- \xrightarrow{水浴加热} CH_3COO^- + NH_4^+ + 2Ag\downarrow + 3NH_3 + H_2O$，产生银镜→用含醛基的化合物制备银镜；检验物质是否含有醛基。

②跟新制氢氧化铜反应：$CH_3CHO + 2Cu(OH)_2 + NaOH \xrightarrow{\Delta} CH_3COONa + Cu_2O + 3H_2O$，

$CH_3CHO + 2Cu(OH)_2 + OH^- \xrightarrow{\Delta} CH_3COO^- + Cu_2O + 3H_2O$，浑浊液从蓝色变为绿色，最后变为红色→检验物质是否含有醛基或是否含醛基的化合物。

③跟酸性高锰酸钾溶液反应：

$5CH_3CHO + 2KMnO_4 + 3H_2SO_4 \longrightarrow 5CH_3COOH + K_2SO_4 + 2MnSO_4 + 3H_2O$，

$5CH_3CHO + 2MnO_4^- + 6H^+ \longrightarrow 5CH_3COOH + 2Mn^{2+} + 3H_2O$，溶液从紫色变为无色。

（3）$H-\underset{H}{\overset{H}{C}}-\overset{}{C}\underset{②}{=}O$，②键断：发生加成反应：

$CH_3CHO + H_2 \xrightarrow[加热加压]{催化剂} CH_3CH_2OH$（乙醛发生还原反应，显示氧化性），有刺激性气味的液体变为有醇香味的液体。

CH₃CHO + HCN ⟶ CH₃CH(OH)CN，无色有刺激性气味的液体变为黄褐色液体→制备2-羟基丙腈。

五、制法

（1）乙炔水化法：HC≡CH + H₂O $\xrightarrow[\text{加热加压}]{\text{催化剂}}$ CH₃CHO，合成塔。

（2）乙醇氧化法：2CH₃CH₂OH + O₂ $\xrightarrow[\triangle]{Cu}$ 2CH₃CHO + 2H₂O，氧化炉。

第五十四节　乙酸（俗名醋酸）

一、组成

C₂H₄O₂

二、结构

（1）分子结构。电子式：H:C:C:O:H（H上下），结构式：

$$H-\overset{\overset{H}{|}}{\underset{\underset{H}{|}}{C}}-\overset{\overset{O}{\|}}{C}-O-H$$

，结构简式：CH₃COOH，球棍模型：，比例模型：，碳氧原子之间的共用电子对偏向氧原子，氧原子带一定量的负电，显-2价，羧基碳原子带的正电量比CH₃中的碳原子带的多得多，显+3价；C—C键长：154pm，C—O键长：143pm，C=O键长：123pm，C—H键长：109pm，O—H键长：101pm；C—C键能：347kJ/mol，C—O键能：358kJ/mol，C=O键能：745 kJ/mol，C—H键能：413kJ/mol，O—H键能：467 kJ/mol。强极性分子。

（2）晶体结构：分子晶体，分子之间不但存在范德华力，而且存在氢键。

三、性质

（1）物理性质：常温常压下为无色有强烈刺激性气味的透明液体；易溶于水、乙醇、乙醚（含碳原子数少的羧酸都易溶于水，水与羧酸分子之间存在氢键）；20℃，密度：1.05g/mL，比水的密度略大，熔沸点不高，熔点：16.7℃，沸点：118℃，沸点：在乙酸的同系物中，随着碳原子数增多，其沸点依次升高；乙醇＞溴乙烷＞乙醛＞乙烷。熔点：乙酸＞甲醇＞乙醇＞乙醛；乙酸＞丙酸（-20.8℃）。

（2）化学性质：乙酸中的氢元素：+1价、甲基中的碳-3价，羧基中的碳+3价，

氧 -2 价。可燃性，显示还原性（跟氧化剂反应）；$H-\overset{H}{\underset{H}{\overset{|}{C}}}_{④}-\overset{O}{\underset{②}{\overset{\|③}{C}}}-_{①}O-H$（①键断：跟五类物质反应；②键断：酯化反应（取代反应）；①③④键断：完全燃烧。）

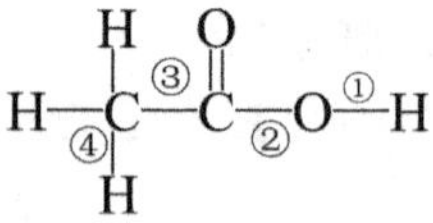

四、化学反应与实验现象、用途

（1）可燃性，显示还原性，乙酸完全燃烧→$CO_2 + H_2O$：

$C_2H_4O_2 + 2O_2 \xrightarrow{点燃} 2CO_2 + 2H_2O$，产生浅蓝色火焰，周围温度升高。

（2）$H-\overset{H}{\underset{H}{\overset{|}{C}}}-\overset{O}{\overset{\|}{C}}-_{①}O-H$，①键断：$CH_3COOH \rightleftharpoons CH_3COO^- + H^+$，弱酸性，跟五类物质反应：

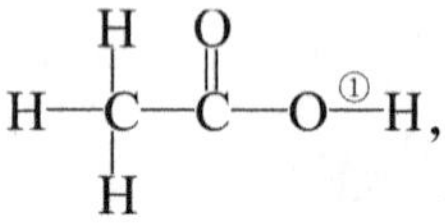

①跟酸碱指示剂反应：使石蕊变为红色，不能使酚酞变色。

②跟碱反应：$CH_3COOH + NaOH == CH_3COONa + H_2O$，$CH_3COOH + OH^- == CH_3COO^- + H_2O$，溶液的温度有所升高。

$CH_3COOH + NH_3 \cdot H_2O == CH_3COONH_4 + H_2O$，$CH_3COOH + NH_3 \cdot H_2O == CH_3COO^- + NH_4^+ + H_2O$，溶液的温度有所升高。

$2CH_3COOH + Cu(OH)_2 == (CH_3COO)_2Cu + 2H_2O$，

$2CH_3COOH + Cu(OH)_2 == 2CH_3COO^- + Cu^{2+} + 2H_2O$，蓝色固体溶解，溶液从无色变为蓝色。

③跟碱性氧化物反应：$2CH_3COOH + CuO == (CH_3COO)_2Cu + H_2O$，

$2CH_3COOH + CuO == 2CH_3COO^- + Cu^{2+} + H_2O$，黑色固体溶解，溶液从无色变为蓝色。

④跟较活泼金属反应：$2CH_3COOH + Zn == (CH_3COO)_2Zn + H_2\uparrow$，

$2CH_3COOH + Zn == 2CH_3COO^- + Zn^{2+} + H_2\uparrow$，银白色固体在液体下面振动并逐渐溶解，产生气泡，逸出无色气体。

⑤跟盐反应：$2CH_3COOH + Na_2CO_3 == 2CH_3COONa + CO_2\uparrow + H_2O$，

$2CH_3COOH + CO_3^{2-} == 2CH_3COO^- + CO_2\uparrow + H_2O$，产生气泡，逸出无色气体。

（3）$H-\overset{H}{\underset{H}{\overset{|}{C}}}-\overset{O}{\overset{\|}{C}}-_{②}O-H$，②键断：发生酯化反应（取代反应）：

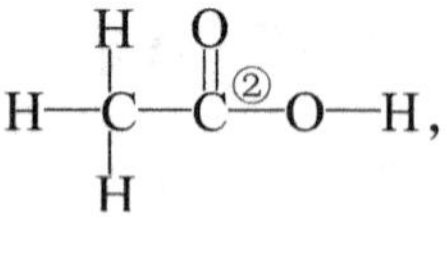

$CH_3CO-OH + C_2H_5O-H \underset{\triangle}{\overset{浓 H_2SO_4}{\rightleftharpoons}} CH_3COOCH_2CH_3 + H_2O$，用饱和碳酸钠溶液吸收逸出的蒸气，蒸气冷凝为无色有香味的油状液体浮在饱和碳酸钠溶液上→制备乙酸乙酯。

五、制法

（1）乙烯氧化法：$H_2C=CH_2 + O_2 \xrightarrow[加热加压]{催化剂} CH_3COOH$，氧化炉。

(2) 乙醛氧化法：$2CH_3CHO + O_2 \xrightarrow{催化剂} 2CH_3COOH$，氧化炉。

第五十五节 乙酸乙酯

一、组成

$C_4H_8O_2$

二、结构

(1) 分子结构。电子式：H:C:C:O:C:C:H，结构式：如图，球

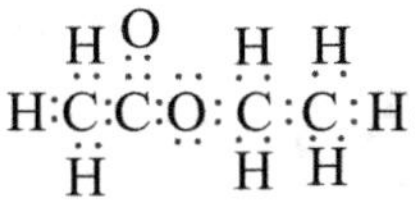

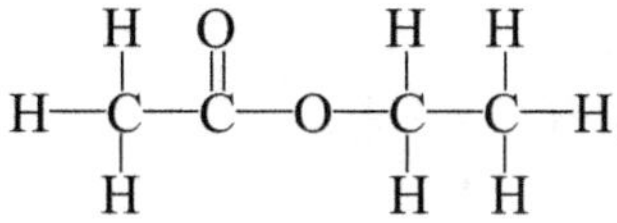

棍模型：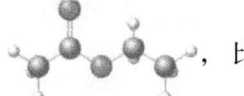，比例模型：，结构简式：$CH_3COOCH_2CH_3$ 或 $CH_3COOC_2H_5$，碳氧原子之间的共用电子对偏向氧原子，氧原子带一定量的负电，显 -2 价，羧基碳原子带的正电量比 CH_2、CH_3 中的碳原子带的多得多，显 $+3$ 价；C—C 键长：154pm，C—O 键长：143pm，C＝O 键长：123pm，C—H 键长：109pm，O—H 键长：101pm；C—C 键能：347kJ/mol，C—O 键能：358kJ/mol，C＝O 键能：745 kJ/mol，C—H 键能：413kJ/mol，O—H 键能：467 kJ/mol。弱极性分子。

(2) 晶体结构：分子晶体。

三、性质

(1) 物理性质：常温常压下为无色有香气的油状透明液体；微溶于水（酯都较难溶于水），溶于乙醇、乙醚、氯仿、苯等；20℃，密度：0.9g/mL，酯都比水的密度小；熔沸点不高，熔点：-83.6℃，沸点：77.1℃，沸点：在乙酸乙酯的同系物中，随着碳原子数增多，其沸点依次升高。

(2) 化学性质：乙酸乙酯中各元素的化合价：$\overset{-3}{C}\overset{+1}{H_3}\overset{+3}{C}\overset{-2}{O}\overset{-2}{O}\overset{-1}{C}\overset{+1}{H_2}\overset{-3}{C}\overset{+1}{H_3}$。

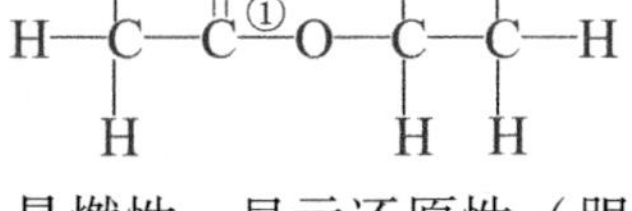

易燃性，显示还原性（跟氧化剂反应）；①键断：水解反应（取代反应）。

四、化学反应与实验现象、用途

(1) 可燃性，显示还原性，乙酸乙酯完全燃烧→$CO_2 + H_2O$：

$C_4H_8O_2 + 5O_2 \xrightarrow{\text{点燃}} 4CO_2 + 4H_2O$，产生浅蓝色火焰，周围温度升高。

（2） H—C(=O)—①O—C—C—H（结构式），①键断：发生水解反应：

①在酸性条件下水解：$CH_3CO—OCH_2CH_3 + H_2O \underset{\triangle}{\overset{\text{稀硫酸}}{\rightleftharpoons}} CH_3COOH + CH_3CH_2OH$，上层液体逐渐减少，香气味变淡。

②在碱性条件下水解：$CH_3CO—OCH_2CH_3 + NaOH \overset{\triangle}{\rightleftharpoons} CH_3COONa + CH_3CH_2OH$，

$CH_3CO—OCH_2CH_3 + OH^- \overset{\triangle}{\rightleftharpoons} CH_3COO^- + CH_3CH_2OH$，上层液体逐渐减少，香气味变淡。

五、制法

$CH_3COOH + C_2H_5OH \underset{\triangle}{\overset{\text{浓硫酸}}{\rightleftharpoons}} CH_3COOCH_2CH_3 + H_2O$，工业上用蒸馏设备。

实验室的装置：

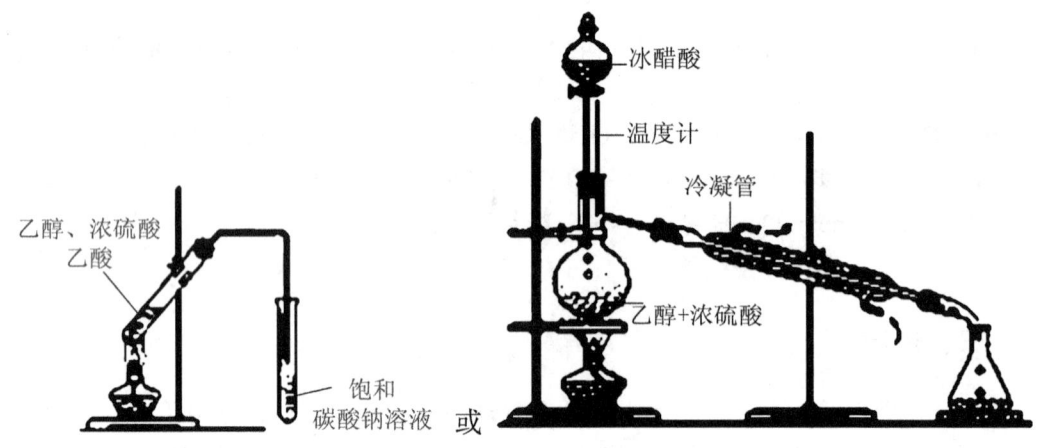

第五十六节 油脂

一、组成

由碳、氢、氧三种元素组成。

二、结构

（1）分子结构。结构通式：$\begin{matrix} R_1COOCH_2 \\ R_2COOCH \\ R_3COOCH_2 \end{matrix}$，$R_1$、$R_2$、$R_3$ 相同的甘油酯称为单甘油酯，

R_1、R_2、R_3 不同的甘油酯称为混甘油酯。弱极性分子。

（2）晶体结构：分子晶体。

三、性质

（1）物理性质：常温常压下，当甘油酯中的 R_1、R_2、R_3 为饱和烃基时，是白色固体——称为脂肪，存在动物体中；当甘油酯中的 R_1、R_2、R_3 为不饱和烃基时，是无色油状液体——称为油，存在植物体中；有油腻性；难溶于水（酯都较难溶于水），溶于醇类、醚类、酯类、烃类等；密度：$0.9 \sim 0.95 \text{g/mL}$，酯都比水的密度小；熔沸点高于水的，天然油脂没有固定的熔沸点（属于混合物），沸点：随 R_1、R_2、R_3 饱和度增大，其沸点升高。

（2）化学性质：乙酸乙酯中各元素的化合价：
$$\begin{array}{l} R_1\overset{+3}{C}O\overset{①}{—}OCH_2 \\ R_2CO\overset{①}{—}OCH \\ R_3CO\overset{①}{—}OCH_2 \end{array} \quad {}^{-1}_{0}$$
。

可燃性，显示还原性（跟氧化剂反应）；①键断：水解反应（取代反应）；加成反应；烃基含不饱和键。

四、化学反应与实验现象、用途

（1）可燃性，显示还原性，乙酸乙酯完全燃烧 $\longrightarrow CO_2 + H_2O$，在空气中不能完全燃烧产生大量黑烟。

（2）$\begin{array}{l} R_1CO\overset{①}{—}OCH_2 \\ R_2CO\overset{①}{—}OCH \\ R_3CO\overset{①}{—}OCH_2 \end{array}$，①键断：发生水解反应：

① 在酸性条件下水解：
$$\begin{array}{l} R_1CO—OCH_2 \\ R_2CO—OCH \\ R_3CO—OCH_2 \end{array} + 3H_2O \underset{\triangle}{\overset{\text{稀硫酸}}{\rightleftharpoons}} 3RCOOH + \begin{array}{l} CH_2OH \\ CHOH \\ CH_2OH \end{array}$$

② 碱性条件下水解（皂化）：
$$\begin{array}{l} RCO—OCH_2 \\ RCO—OCH \\ RCO—OCH_2 \end{array} + 3NaOH \overset{\triangle}{\rightleftharpoons} 3RCOONa + \begin{array}{l} CH_2OH \\ CHOH \\ CH_2OH \end{array},$$

$$\begin{array}{l} RCO—OCH_2 \\ RCO—OCH \\ RCO—OCH_2 \end{array} + 3OH^- \overset{\triangle}{\rightleftharpoons} 3RCOO^- + \begin{array}{l} CH_2OH \\ CHOH \\ CH_2OH \end{array},$$ 上层液体或固体逐渐减少，向形成的混合液中加入食盐细粒，产生白色疏松固体浮于液面（高级脂肪酸钠，肥皂）。

（3）烃基含不饱和键，发生加成反应（油脂的氢化或硬化）：如：

$$\begin{array}{l} C_{17}H_{33}CO—OCH_2 \\ C_{17}H_{33}CO—OCH \\ C_{17}H_{33}CO—OCH_2 \end{array} + 3H_2 \underset{\text{加热加压}}{\overset{\text{催化剂}}{\rightleftharpoons}} \begin{array}{l} C_{17}H_{35}CO—OCH_2 \\ C_{17}H_{35}CO—OCH \\ C_{17}H_{35}CO—OCH_2 \end{array}$$，无色液体变为白色固体 → 制备硬

化油。

五、制法

（1）压榨法：制备植物油。
（2）水蒸馏法：制备植物油。
（3）溶剂提取法。
（4）熬煮法：制备动物油。

第五十七节　葡萄糖

一、组成

$C_6H_{12}O_6$

二、结构

（1）分子结构：结构式为

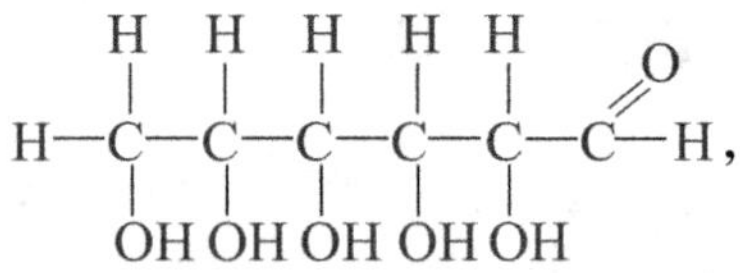

$$H-\underset{OH}{\overset{H}{C}}-\underset{OH}{\overset{H}{C}}-\underset{OH}{\overset{H}{C}}-\underset{OH}{\overset{H}{C}}-\underset{OH}{\overset{H}{C}}-\overset{O}{\underset{}{C}}-H$$

，结构简式为 $CH_2OH(CHOH)_4CHO$；碳氧、氢氧原子之间的共用电子对都偏向氧原子，氧原子带一定量的负电，显 -2 价，其中醛基碳原子带的正电量比其他碳原子带的多，显 $+1$ 价；C—C 键长：154pm，C—O 键长：143pm，C=O 键长：123pm，C—H 键长：109pm，O—H 键长：101pm；C—C 键能：347kJ/mol，C—O 键能：358kJ/mol，C=O 键能：745 kJ/mol，C—H 键能：413kJ/mol，O—H 键能：467 kJ/mol。极性分子。

（2）晶体结构：分子晶体，分子之间不但存在范德华力，而且存在氢键。

三、性质

（1）物理性质：常温常压下为白色结晶性粉末，有甜味，甜度约为蔗糖的 70%；溶于水（单糖、二糖都溶于水），稍溶于乙醇，不溶于乙醚和芳香烃，溶于乙醇、乙醚、氯仿、苯等；25℃，密度：1.54g/cm³；熔点不低，为 146℃。

（2）化学性质：葡萄糖中各元素的化合价：$\overset{-1}{C}\overset{+1}{H_2}\overset{-2}{O}\overset{+1}{H}(\overset{0}{C}\overset{+1}{H}\overset{-2}{O}\overset{+1}{H})_4\overset{+1}{C}\overset{+1}{H}\overset{-2}{O}$。

醛基既有还原性，又有氧化性（跟氧化剂反应；跟还原剂反应）；醇羟基（发生六类反应。含多官能团有机物的总反应＝所含各官能团的反应之和）。

四、化学反应与实验现象、用途

（一）醛基的还原性，跟氧化剂反应

（1）在氧气中完全燃烧：$C_6H_{12}O_6 + 6O_2 \xrightarrow{点燃} 6CO_2 + 6H_2O$，产生浅蓝色火焰，周围温度升高。

在空气中不完全燃烧，生成碳，产生黑烟。

在动物体中，在酶的催化下，在37℃被氧气完全氧化为CO_2和H_2O→是动物体能量的来源之一。

（2）发生银镜反应：

$CH_2OH(CHOH)_4CHO + 2Ag(NH_3)_2OH \xrightarrow{水浴加热} CH_2OH(CHOH)_4COONH_4 + 2Ag\downarrow + 3NH_3 + H_2O$，

$CH_2OH(CHOH)_4CHO + 2Ag(NH_3)_2^+ + 2OH^- \xrightarrow{水浴加热} CH_2OH(CHOH)_4COO^- + NH_4^+ + 2Ag\downarrow + 3NH_3 + H_2O$，产生银镜→制备银镜；检验物质是否含有醛基。

（3）跟新制氢氧化铜反应：

$CH_2OH(CHOH)_4CHO + 2Cu(OH)_2 + NaOH \xrightarrow{\triangle} CH_2OH(CHOH)_4COONa + Cu_2O + 3H_2O$，

$CH_2OH(CHOH)_4CHO + 2Cu(OH)_2 + OH^- \xrightarrow{\triangle} CH_2OH(CHOH)_4COO^- + Cu_2O + 3H_2O$，浑浊液从蓝色变为绿色，最后变为红色→检验物质是否含有醛基或是否含醛基的化合物。

（4）跟酸性高锰酸钾溶液反应：

$5CH_2OH(CHOH)_4CHO + 2KMnO_4 + 3H_2SO_4 \longrightarrow 5CH_2OH(CHOH)_4COOH + K_2SO_4 + 2MnSO_4 + 3H_2O$，

$5CH_2OH(CHOH)_4CHO + 2MnO_4^- + 6H^+ \longrightarrow 5CH_2OH(CHOH)_4COOH + 2Mn^{2+} + 3H_2O$，溶液从紫色变为无色。

（二）醛基的氧化性，跟还原剂反应

$CH_2OH(CHOH)_4CHO + H_2 \xrightarrow[加热加压]{催化剂} CH_2OH(CHOH)_4CH_2OH$，

无色气体消失→制备己六醇（甘露糖醇）。

（三）醇羟基，发生六类反应

（1）跟活泼金属反应：熔融状态能跟活泼金属反应生成氢气。

（2）分子间脱水（取代反应）。

（3）分子内脱水，一定条件下可发生消去反应；

在足量的浓硫酸中脱去全部水变为碳：$C_6H_{12}O_6 \xrightarrow{浓硫酸} 6C + 6H_2O$，白色晶体逐渐变为黄色、棕色，最后变为黑色固体，由于脱出的水溶于浓硫酸，温度升高，发生反应：$C + 2H_2SO_4 =\!= CO_2\uparrow + 2SO_2\uparrow + 2H_2O$，而看到产生气泡，形成白雾，闻到刺激性气味，黑色固体形成海绵状，体积膨胀。

（4）跟氢卤酸发生取代反应。

（5）可催化氧化变为醛或酮。

（6）发生酯化反应：

$CH_2OH(CHOH)_4CHO + 5CH_3COOOCCH_3 \xrightarrow{乙酸} CH_3COOCH_2(CH_3COOCH)_4CHO + 5CH_3COOH$。

五、制法

$(C_6H_{10}O_5)_n$（淀粉）$+ nH_2O \xrightarrow{催化剂} nC_6H_{12}O_6$（葡萄糖）。

第五十八节　蔗糖　多糖

一、组成

由碳、氢、氧三种元素组成；蔗糖：$C_{12}H_{22}O_{11}$，淀粉：$(C_6H_{10}O_5)_n$，纤维素：$(C_6H_{10}O_5)_n$；其中纤维素中的 n 比淀粉中的大得多，淀粉与纤维素不是互为同分异构体。

二、结构

（1）分子结构：极性分子。

（2）晶体结构：分子晶体，分子之间不但存在范德华力，而且存在氢键。

三、性质：

（1）物理性质。蔗糖：常温常压下，白色晶体，易溶于水（二糖都易溶于水），溶于甘油，极微溶于醇；密度：$1.59g/cm^3$；$160 \sim 186℃$分解。

淀粉：常温下，白色粉末，直链淀粉可溶于热水，支链淀粉难溶于水；密度：$1.499 \sim 1.51g/cm^3$。

纤维素：白色固体，难溶于水等一般溶剂。

（2）化学性质。可燃性，显示还原性（跟氧化剂反应）；含羟基（酯化反应等）；单元中某个碳原子跟两个氧原子结合（水解反应；受热分解反应；淀粉跟碘分子作用）。

四、化学反应与实验现象、用途

（1）可燃性，显示还原性，它们完全燃烧→$CO_2 + H_2O$，在空气中不能完全燃烧产生黑烟。

(2) 含醇羟基，发生酯化反应：

$$\left[(C_6H_7O_2)\!\!\begin{array}{c}-OH\\-OH\\-OH\end{array}\right]_n + 3n HNO_3 \xrightarrow[\triangle]{浓硫酸} \left[(C_6H_7O_2)\!\!\begin{array}{c}-O-NO_2\\-O-NO_2\\-O-NO_2\end{array}\right]_n + 3n H_2O \rightarrow 制备硝化纤维。$$

$$\left[(C_6H_7O_2)\!\!\begin{array}{c}-OH\\-OH\\-OH\end{array}\right]_n + 3n CH_3COOOCCH_3 \xrightarrow{乙酸} \left[(C_6H_7O_2)\!\!\begin{array}{c}-O-OCCH_2\\-O-OCCH_2\\-O-OCCH_2\end{array}\right]_n + 3n CH_3COOH$$

→制备醋酸纤维。

(3) 发生水解反应：

①蔗糖：$C_{12}H_{22}O_{11} + H_2O \xrightarrow[\triangle]{稀硫酸} C_6H_{12}O_6 (葡萄糖) + C_6H_{12}O_6 (果糖) \rightarrow$ 制备葡萄糖和果糖。

②淀粉：$(C_6H_{10}O_5)_n + nH_2O \xrightarrow{淀粉酶} nC_6H_{12}O_6 (葡萄糖) \rightarrow$ 制备葡萄糖。

③纤维素：$(C_6H_{10}O_5)_n + nH_2O \xrightarrow{纤维素酶} nC_6H_{12}O_6 (葡萄糖) \rightarrow$ 制备葡萄糖。

(4) 受热分解：

a. $C_6H_{12}O_6 (蔗糖) \xrightarrow{\triangle} 6C + 6H_2O$，白色晶体变为黑色固体。

$C_6H_{12}O_6 \xrightarrow{浓硫酸} 6C + 6H_2O$，白色晶体逐渐变为黄色、棕色，最后变为黑色固体，由于脱出的水溶于浓硫酸，温度升高，发生反应：$C + 2H_2SO_4 =\!=\!= CO_2\uparrow + 2SO_2\uparrow + 2H_2O$，而看到产生气泡，形成白雾，闻到刺激性气味，黑色固体形成海绵状，体积膨胀。

b. $(C_6H_{10}O_5)_n$（淀粉或纤维素）$\xrightarrow{\triangle 或浓硫酸} 6nC + 5nH_2O$，白色固体变黑。

(5) 淀粉跟碘分子作用变为蓝紫色——互相检验淀粉和碘单质。

五、制法（压榨法）

和水压榨甘蔗或甜菜，经过提纯获得蔗糖。

第五十九节　氨基酸

一、组成

主要由碳、氢、氧、氮元素组成，常见的 19 种氨基酸中半胱氨酸、蛋氨酸还含有硫元素。

二、结构

(一) 分子结构

结构的一般模式：
$$R-\underset{\underset{NH_2}{|}}{\overset{\overset{H}{|}}{C}}-\overset{\overset{O}{\|}}{C}-OH$$
，结构简式：$R-\underset{\underset{NH_2}{|}}{C}HCOOH$；碳氧、氢氧原子之间的共用电子对都偏向氧原子，氧原子带一定量的负电，显 -2 价，碳氮、氢氮原子之间的共用电子对都偏向氮原子，氮原子带一定量的负电，显 -3 价，羧基碳显 +3 价；C—C 键长：154pm，C—N 键长：147pm，C—O 键长：143pm，C=O 键长：123pm，C—H 键长：109pm，N—H 键长：101pm，O—H 键长：101pm；C—C 键能：347kJ/mol，C—N 键能：305kJ/mol，C—O 键能：358kJ/mol，C=O 键能：745 kJ/mol，C—H 键能：413kJ/mol，N—H 键能：391 kJ/mol，O—H 键能：467 kJ/mol。极性分子。

(二) 晶体结构

以分子晶体为主，分子之间不但存在范德华力，而且存在氢键，内盐存在较弱的离子键。

三、性质

(1) 物理性质：常温常压下为无色晶体，溶于水，当溶液中的氨基酸主要以两性离子的形态存在时，它在水中的溶解度最小，可以形成晶体析出。不同氨基酸出现这种情况的 pH 各不相同，利用这一差异，可以通过控制溶液的 pH 分离氨基酸。难溶于有机溶剂。熔点较高，在 200℃以上。

(2) 化学性质：甘氨酸中各元素的化合价：$\overset{+1\ -3-1+1\ +3-2-2+1}{H_2NCH_2COOH}$。$R-\underset{\underset{NH_2-H}{\overset{②}{|}}}{\overset{}{C}}HCO\overset{①}{-}OH$

氨基显碱性，羧基显酸性，属于两性化合物（跟七类物质反应）；①②键断，脱水形成肽键（取代反应）。含多官能团有机物的总反应＝所含各官能团的反应之和。

四、化学反应与实验现象、用途

(1) 两性化合物，跟七类物质反应：
①跟酸碱指示剂反应：不同氨基酸不同，其中甘氨酸不能使酚酞和紫色石蕊试液变色。
②跟酸反应：$H_2NCH_2COOH + HCl \longrightarrow ClH_3NCH_2COOH$，$H_2NCH_2COOH + H^+ \longrightarrow {}^+H_3NCH_2COOH$。
③跟碱反应：
$H_2NCH_2COOH + NaOH \longrightarrow H_2NCH_2COONa + H_2O$，$H_2NCH_2COOH + OH^- \longrightarrow H_2NCH_2COO^- + H_2O$。

④跟酸性氧化物反应：$H_2NCH_2COOH + SO_2 + H_2O \longrightarrow SO_3HH_3NCH_2COOH$，
$H_2NCH_2COOH + SO_2 + H_2O \longrightarrow SO_3H^- + {}^+H_3NCH_2COOH$，刺激性气味的气体消失。

⑤跟碱性氧化物反应：$2H_2NCH_2COOH + Na_2O \longrightarrow 2H_2NCH_2COONa + H_2O$，在水溶液白色固体溶解。

⑥跟活泼金属反应：$2H_2NCH_2COOH + 2Na \xrightarrow{熔融} 2H_2NCH_2COONa + H_2\uparrow$，产生气泡，逸出无色无气味的气体。

⑦ 跟弱酸盐或弱碱盐反应：
$H_2NCH_2COOH + Na_2CO_3 \longrightarrow H_2NCH_2COONa + NaHCO_3$。
$3H_2O + 3H_2NCH_2COOH + FeCl_3 \longrightarrow Fe(OH)_3\downarrow + 3ClH_3NCH_2COOH$，产生红褐色沉淀。

(2) $\underset{NH\overset{②}{-}H}{R-CH\overset{①}{CO-}OH}$，①② 键断，脱水形成肽键（取代反应）：

$2H_2NCH_2COOH \xrightarrow{催化剂} H_2NCH_2CO-HNCH_2COOH + H_2O$。

$nH_2NCH_2COOH \xrightarrow{催化剂} \text{\textvisiblespace}HNCH_2CO\text{\textvisiblespace}_n + nH_2O$，产生白色浑浊。

五、制法

蛋白质经水解，分离提纯。

第六十节 蛋白质

一、组成

由碳、氢、氧、氮、硫元素组成。

二、结构

（1）分子结构：通过肽键形成有特定结构和一定生物学功能极性的大分子，存在 N 端（—NH_2）和 C 端（—COOH）。

（2）晶体结构：分子晶体，分子之间不但存在范德华力，而且存在分子内、分子间氢键。

三、性质

（1）物理性质：常温常压下，白色固体，许多蛋白质溶于水形成胶体；37℃左右生物活性较高。

①能盐析：饱和的铵盐或轻金属盐，产生白色浑浊，加水又溶解→用于提取蛋白质。

②产生丁达尔效应：将一束光射入蛋白质溶液中，与光线垂直的方向看到光亮的

通路。

（2）化学性质：变性（跟重金属盐、强酸、强碱、甲醛、酒精反应，在紫外线、X射线等条件下；肽键（水解反应（取代反应））。

四、化学反应与实验现象、用途

（1）变性，跟重金属盐、强酸、强碱、甲醛、酒精反应，在加热、灼烧、紫外线、X射线等条件下都使蛋白质变性，产生不溶于水的白色固体→用于杀菌消毒、保护生物体。

（2）灼烧蛋白质时，产生烧焦羽毛的气味→区别真假毛料。

（3）跟硝酸发生颜色反应：向蛋白质溶液中加入少量的浓硝酸，微热，产生黄色沉淀。

（4）肽键，发生水解反应（取代反应）：

$$\text{\textpm(HNCH}_2\text{CO)}_n + n\text{H}_2\text{O} \xrightarrow{\text{催化剂}} n\text{H}_2\text{NCH}_2\text{COOH}$$，白色固体逐渐溶解→制备氨基酸。

五、制法

在生物体中合成，也可人工合成。

第四章　物质之间的相互转化与高考题

第一节　物质之间的相互转化及其反应方程式

一、钠及其化合物相互转化及其反应方程式

（一）钠及其化合物相互转化图

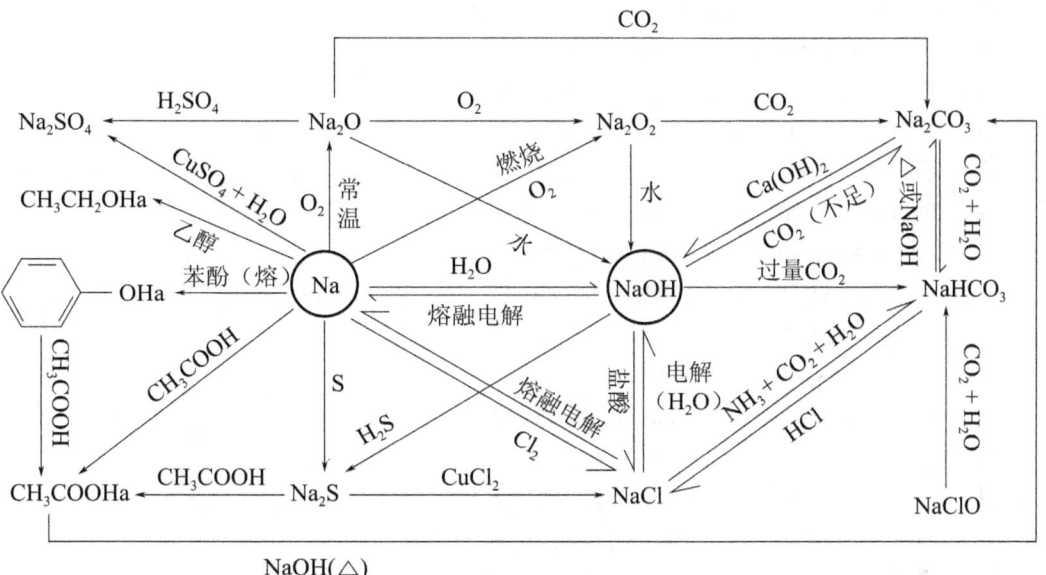

（二）钠及其化合物相互转化图的方程式

1. 钠的反应与生成

(1) $4Na + O_2 = 2Na_2O$；

(2) $2Na + O_2 \xrightarrow{\text{点燃}} Na_2O_2$；

(3) $2Na + S = Na_2S$；

(4) $2Na + Cl_2 = 2NaCl$；

(5) $2Na + 2H_2O = 2NaOH + H_2\uparrow$（浮、熔、游、响）；

(6) $2Na + 2C_2H_5OH \longrightarrow 2C_2H_5ONa + H_2\uparrow$；

(7) $2Na + 2H_2O + CuSO_4 = Cu(OH)_2\downarrow + Na_2SO_4 + H_2\uparrow$；

(8) $2Na + 2C_6H_5OH \longrightarrow 2C_6H_5ONa + H_2\uparrow$；

(9) $2Na + 2CH_3COOH \longrightarrow 2CH_3COONa + H_2\uparrow$；

(10) $2NaCl$（熔融）$\xrightarrow{\text{电解}} 2Na + Cl_2\uparrow$（工业上制 Na）；

(11) $4NaOH$（熔融）$\xrightarrow{\text{电解}} 4Na + O_2\uparrow + 2H_2O$。

2. Na_2O、Na_2O_2 的反应

(1) $Na_2O + CO_2 = Na_2CO_3$；

(2) $2Na_2O_2 + 2CO_2 = 2Na_2CO_3 + O_2$；

(3) $Na_2O + H_2O = 2NaOH$；

(4) $2Na_2O_2 + 2H_2O = 4NaOH + O_2\uparrow$；

(5) $Na_2O + H_2SO_4 = Na_2SO_4 + H_2O$。

3. NaOH 的反应或生成

1）与氧化物反应

(1) $CO_2 + NaOH$（不足）$= NaHCO_3$；

(2) $CO_2 + 2NaOH$（过量）$= Na_2CO_3 + H_2O$；

(3) $SO_2 + NaOH$（不足）$= NaHSO_3$；

(4) $SO_2 + 2NaOH$（过量）$= Na_2SO_3 + H_2O$；

(5) $SiO_2 + 2NaOH = Na_2SiO_3 + H_2O$；

2）与酸反应

(1) $2NaOH + H_2SO_4 = Na_2SO_4 + 2H_2O$；

(2) $NaOH + H_3PO_4 = H_2O + NaH_2PO_4$；

(3) $2NaOH + H_3PO_4 = 2H_2O + Na_2HPO_4$；$3NaOH + H_3PO_4 = 3H_2O + Na_3PO_4$。

3）与两性物质反应

(1) $Al_2O_3 + 2NaOH = 2NaAlO_2 + H_2O$；

(2) $Al(OH)_3 + NaOH = NaAlO_2 + 2H_2O$。

4）与盐反应

(1) $2NaOH + CuSO_4 = Cu(OH)_2\downarrow + Na_2SO_4$；

(2) $2NaOH + MgSO_4 = Mg(OH)_2\downarrow + Na_2SO_4$

(3) $2NaOH + (NH_4)_2SO_4 = Na_2SO_4 + 2NH_3 \cdot H_2O$(在溶液中)；

(4) $2NaOH(s) + (NH_4)_2SO_4(s) \xrightarrow{\triangle} Na_2SO_4(s) + 2NH_3\uparrow + 2H_2O$；

(5) $Ca(OH)_2 + 2NH_4Cl \xrightarrow{\triangle} CaCl_2 + 2H_2O + 2NH_3\uparrow$（实验室制 NH_3）；

(6) $Ca(HCO_3)_2 + 2NaOH$（过量）$= 2H_2O + CaCO_3\downarrow + Na_2CO_3$；

(7) $Ca(HCO_3)_2 + NaOH$（不足）$= H_2O + CaCO_3\downarrow + NaHCO_3$；

(8) $Mg(HCO_3)_2 + 4NaOH$（过量）$= Mg(OH)_2\downarrow + 2Na_2CO_3 + 2H_2O$。

5）与某些单质反应

(1) $2Al + 2NaOH + 2H_2O = 2NaAlO_2 + 3H_2\uparrow$；

(2) $Si + 2NaOH + H_2O = Na_2SiO_3 + 2H_2\uparrow$；

(3) $Cl_2 + 2NaOH = NaCl + NaClO + H_2O$；

(4) $3S + 6NaOH \xrightarrow{\triangle} 2Na_2S + Na_2SO_3 + 3H_2O$(洗硫)。

6）氢氧化钠生成

（1） $Na_2CO_3 + Ca(OH)_2 == CaCO_3\downarrow + 2NaOH$；

（2） $2NaCl + 2H_2O \xrightarrow{电解} 2NaOH + H_2\uparrow + Cl_2\uparrow$。

4. Na_2CO_3、$NaHCO_3$ 的反应或生成

1）与酸反应

（1） $Na_2CO_3 + HCl == NaHCO_3 + NaCl$；

（2） $Na_2CO_3 + 2HCl == 2NaCl + H_2O + CO_2\uparrow$；

（3） $NaHCO_3 + HCl == NaCl + H_2O + CO_2\uparrow$（$NaHCO_3$ 与盐酸反应更剧烈）。

2）与酸性氧化物反应

（1） $Na_2CO_3 + CO_2 + H_2O == 2NaHCO_3$；

（2） Na_2CO_3（饱和） $+ CO_2 + H_2O == 2NaHCO_3\downarrow$（$NaHCO_3$ 比 Na_2CO_3 溶解度小）；

（3） $Na_2CO_3 + SiO_2 \xrightarrow{高温} Na_2SiO_3 + CO_2\uparrow$；

（4） $2NaHCO_3$（过量） $+ SO_2 == Na_2SO_3 + 2CO_2\uparrow + H_2O$；

（5） $NaHCO_3$（不足） $+ SO_2 == NaHSO_3 + CO_2\uparrow$；

（6） $2Na_2CO_3 + SO_2 + H_2O == 2NaHCO_3 + Na_2SO_3$；

（7） $Na_2CO_3 + SO_2 == Na_2SO_3 + CO_2\uparrow$；

（8） $Na_2CO_3 + 2SO_2 + H_2O == 2NaHSO_3 + CO_2\uparrow$。

3）与碱反应

（1） $NaHCO_3 + NaOH == H_2O + Na_2CO_3$；

（2） $NaHCO_3$（不足） $+ Ca(OH)_2 == H_2O + CaCO_3\downarrow + NaOH$；

（3） $2NaHCO_3$（过量） $+ Ca(OH)_2 == 2H_2O + CaCO_3\downarrow + Na_2CO_3$；

（4） $Na_2CO_3 + Ca(OH)_2 == CaCO_3\downarrow + 2NaOH$；

4）与盐反应

（1） $Na_2CO_3 + CaCl_2 == CaCO_3\downarrow + 2NaCl$；

（2） $Na_2CO_3 + BaCl_2 == BaCO_3\downarrow + 2NaCl$；

（3） $NaHCO_3 + NaHSO_4 == Na_2SO_4 + H_2O + CO_2\uparrow$。

5）热稳定性

（1） $2NaHCO_3 \xrightarrow{\triangle} Na_2CO_3 + H_2O + CO_2\uparrow$（$Na_2CO_3$ 受热不分解）；

（2） $CaCO_3 \xrightarrow{高温} CaO + CO_2\uparrow$（$MgCO_3$、$BaCO_3$ 类似）。

6） Na_2CO_3、$NaHCO_3$ 的生成

侯德榜法：$NaCl + NH_3 + CO_2 + H_2O == NaHCO_3\downarrow + NH_4Cl$；$2NaHCO_3 \xrightarrow{\triangle} Na_2CO_3 + H_2O + CO_2\uparrow$。

另外：（1） $2Na + H_2 \xrightarrow{\triangle} 2NaH$；

（2） $2Na_2O_2 + 4HCl == 4NaCl + 2H_2O + O_2\uparrow$；

（3） $Na_2O_2 + SO_2 == Na_2SO_4$；

（4） $Na_2O_2 + CO \xrightarrow{\triangle} Na_2CO_3$；

（5） $2NO_2 + 2NaOH == NaNO_3 + NaNO_2 + H_2O$；

(6) $NO_2 + NO + 2NaOH = 2NaNO_2 + H_2O$。

二、镁及其化合物相互转化及其反应方程式

（一）镁及其化合物相互转化图

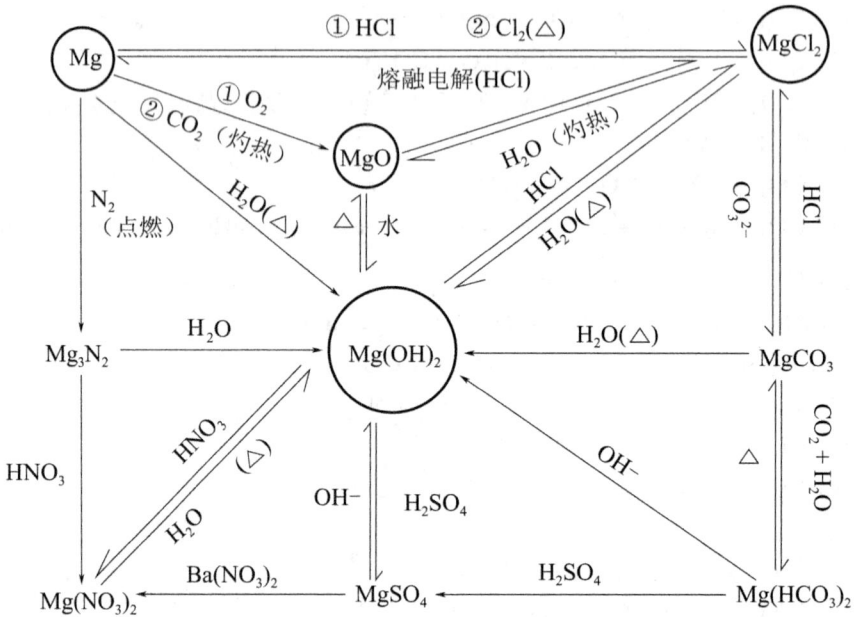

二、镁及其化合物相互转化图的方程式

1. 镁的反应或生成

(1) $2Mg + O_2 \xrightarrow{\text{点燃}} 2MgO$；

(2) $3Mg + N_2 \xrightarrow{\text{点燃}} Mg_3N_2$；

(3) $Mg + Cl_2 \xrightarrow{\text{点燃}} MgCl_2$；

(4) $Mg + S \xrightarrow{\triangle} MgS$；

(5) $2Mg + CO_2 \xrightarrow{\text{点燃}} 2MgO + C$；

(6) $Mg + 2H_2O \xrightarrow{\triangle} Mg(OH)_2 + H_2 \uparrow$；

(7) 镁跟盐酸、稀硫酸反应：$Mg + 2H^+ = Mg^{2+} + H_2 \uparrow$；

(8) $MgCl_2(\text{熔融}) \xrightarrow{\text{电解}} Mg + Cl_2 \uparrow$。

(9) 镁跟氯化铵溶液反应：$2NH_4^+ + 2H_2O \rightleftharpoons 2NH_3 \cdot H_2O + H^+$；$Mg + 2H^+ = Mg^{2+} + H_2 \uparrow$；

$2NH_3 \cdot H_2O = 2NH_3 + 2H_2O$；总反应：$Mg + 2NH_4^+ = Mg^{2+} + 2NH_3 \uparrow + H_2 \uparrow$。

2. 氧化镁的反应或生成

(1) 跟盐酸、稀硫酸、硝酸反应：$MgO + 2H^+ = Mg^{2+} + H_2O$；

(2) $MgO + H_2O == Mg(OH)_2$;

(3) $MgCl_2 + H_2O \xrightarrow{\triangle} MgO + 2HCl\uparrow$。

3. 氢氧化镁的反应或生成

(1) $Mg(OH)_2 \xrightarrow{\triangle} MgO + H_2O$;

(2) 跟盐酸、稀硫酸、硝酸反应：$Mg(OH)_2 + 2H^+ == Mg^{2+} + 2H_2O$；

(3) $Mg_3N_2 + 6H_2O == 3Mg(OH)_2 + 2NH_3\uparrow$；

(4) $Mg_3N_2 + 8HNO_3 == 3Mg(NO_3)_2 + 2NH_4NO_3$；

(5) $Mg^{2+} + 2OH^- == Mg(OH)_2\downarrow$；

(6) $Mg^{2+} + 2NH_3\cdot H_2O == Mg(OH)_2\downarrow + 2NH_4^+$；

(7) $MgCl_2 + 2H_2O \xrightarrow{电解} Mg(OH)_2\downarrow + H_2\uparrow + Cl_2\uparrow$；

(8) $MgSO_4 + Ca(OH)_2 == Mg(OH)_2\downarrow + CaSO_4\downarrow$；

(9) $MgCO_3 + H_2O \xrightarrow{\triangle} Mg(OH)_2\downarrow + CO_2\uparrow$；

(10) $Mg(HCO_3)_2 \xrightarrow{\triangle} Mg(OH)_2\downarrow + 2CO_2\uparrow$；

(11) $Mg(HCO_3)_2 + 2Ca(OH)_2 == Mg(OH)_2\downarrow + 2CaCO_3\downarrow + 2H_2O$。

三、铝及其化合物相互转化及其反应方程式

（一）铝及其化合物相互转化图

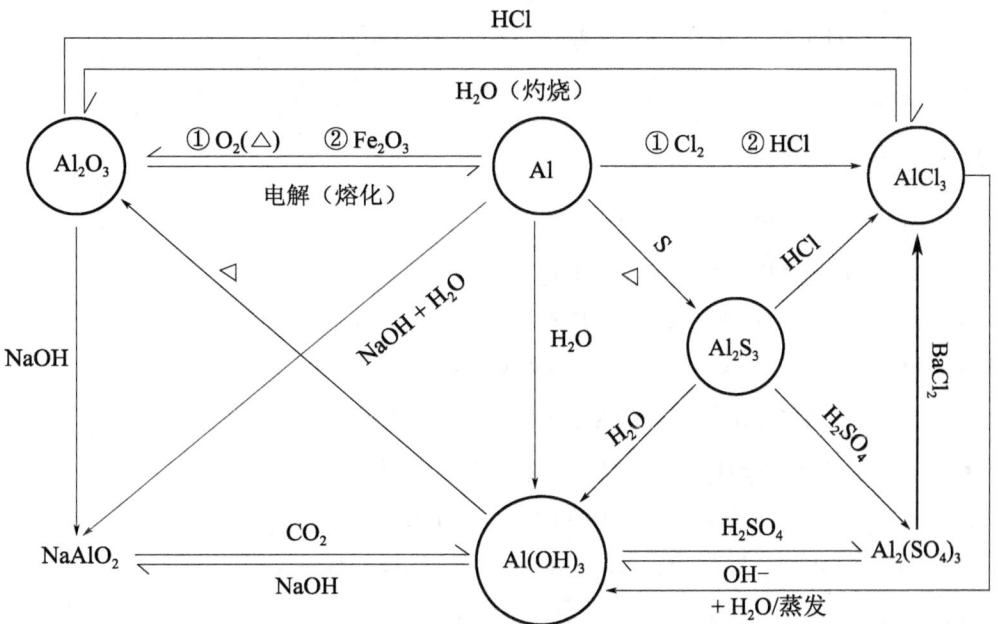

（二）铝及其化合物相互转化图的方程式

1. 铝的反应或生成

（1） $4Al + 3O_2 \xrightarrow{\text{点燃}} 2Al_2O_3$；

（2） $2Al + 3Cl_2 \xrightarrow{\text{点燃}} 2AlCl_3$；

（3） $2Al + 3S \xrightarrow{\triangle} Al_2S_3$；

（4） $2Al + Fe_2O_3 \xrightarrow{\text{高温}} 2Fe + Al_2O_3$（FeO、$Fe_3O_4$ 也有类似反应，用于野外焊接无缝铁轨）；

（5） $4Al + 3MnO_2 \xrightarrow{\text{高温}} 3Mn + 2Al_2O_3$；

（6） $2Al + Cr_2O_3 \xrightarrow{\text{高温}} 2Cr + Al_2O_3$；

（7） $10Al + 3V_2O_5 \xrightarrow{\text{高温}} 6V + 5Al_2O_3$；

（8） $2Al + 6H^+ = 2Al^{3+} + 3H_2\uparrow$；

（9） $2Al + 2OH^- + 2H_2O = 2AlO_2^- + 3H_2\uparrow$；

（10） $2Al + 6H_2SO_4(\text{浓}) \xrightarrow{\triangle} Al_2(SO_4)_3 + 3SO_2\uparrow + 6H_2O$；

（11） $Al + 6HNO_3(\text{浓}) \xrightarrow{\triangle} Al(NO_3)_3 + 3NO_2\uparrow + 6H_2O$；

（12） $Al + 4HNO_3(\text{稀}) = Al(NO_3)_3 + NO\uparrow + 2H_2O$；

（13） $2Al_2O_3(\text{熔融}) \xrightarrow[\text{冰晶石}]{\text{电解}} 4Al + 3O_2\uparrow$。

2. 氢氧化铝的反应或生成

（1） $Al(OH)_3 \xrightarrow{\triangle} Al_2O_3 + 3H_2O$；

（2） $Al(OH)_3 + OH^- = AlO_2^- + 2H_2O$；

（3） $Al(OH)_3 + 3H^+ = Al^{3+} + 3H_2O$；

（4） $Al_2S_3 + 6H_2O = 2Al(OH)_3 + 3H_2S\uparrow$；

（5） $2Al^{3+} + 3S^{2-} + 6H_2O = 2Al(OH)_3\downarrow + 3H_2S\uparrow$；

（6） $Al^{3+} + 3HS^- + 3H_2O = Al(OH)_3\downarrow + 3H_2S\uparrow$；

（7） $Al^{3+} + 3ClO^- + 3H_2O = Al(OH)_3\downarrow + 3HClO$；

（8） $2Al^{3+} + 3SiO_3^{2-} + 6H_2O = 2Al(OH)_3\downarrow + 3H_2SiO_3\downarrow$；

（9） $AlO_2^- + NH_4^+ + H_2O = Al(OH)_3\downarrow + NH_3\uparrow$；

(10) $AlO_2^- + HCO_3^- + H_2O = Al(OH)_3\downarrow + CO_3^{2-}$；

(11) $AlCl_3 + 3H_2O \xrightarrow{\Delta} Al(OH)_3\downarrow + 3HCl\uparrow$。

3. Al_2O_3 的反应

(1) $Al_2O_3 + 6H^+ = 2Al^{3+} + 3H_2O$；

(2) $Al_2O_3 + 2OH^- = 2AlO_2^- + H_2O$。

4. "铝三角"的有关反应

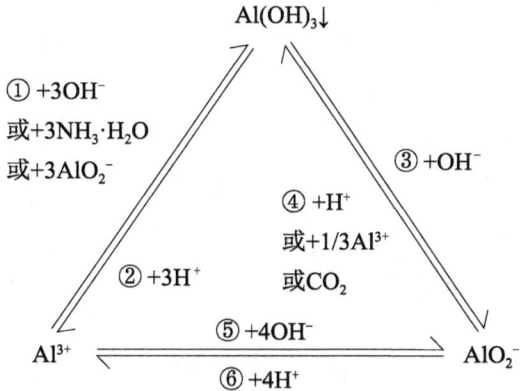

① $Al^{3+} + 3OH^- = Al(OH)_3\downarrow$；$Al^{3+} + 3NH_3\cdot H_2O = Al(OH)_3\downarrow + 3NH_4^+$（制 $Al(OH)_3$）；

$Al^{3+} + 3AlO_2^- + 6H_2O = 4Al(OH)_3\downarrow$（制 $Al(OH)_3$）。

② $Al(OH)_3 + 3H^+ = Al^{3+} + 3H_2O$；

③ $Al(OH)_3 + OH^- = AlO_2^- + 2H_2O$

④ $AlO_2^- + H^+ + H_2O = Al(OH)_3\downarrow$；$3AlO_2^- + Al^{3+} + 6H_2O = 4Al(OH)_3\downarrow$（制 $Al(OH)_3$）；

$2AlO_2^- + CO_2$(不足)$+ 3H_2O = 2Al(OH)_3\downarrow + CO_3^{2-}$；$AlO_2^- + CO_2$(过量)$+ 2H_2O = Al(OH)_3\downarrow + HCO_3^-$（制 $Al(OH)_3$）；

⑤ $Al^{3+} + 4OH^-$(过量)$= AlO_2^- + 2H_2O$；

⑥ $AlO_2^- + 4H^+$(过量)$= Al^{3+} + 2H_2O$。

四、铁及其化合物相互转化及其反应方程式

(一) 铁及其化合物相互转化图

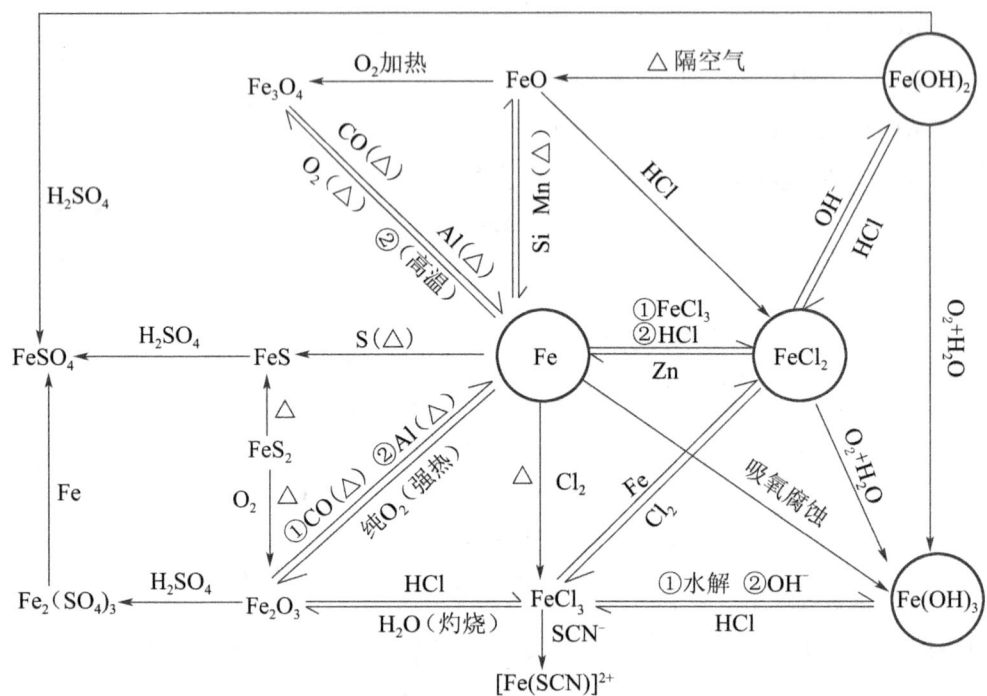

(二) 铁及其化合物相互转化图的方程式

1. Fe→Fe^{2+}：铁显还原性，跟比较弱的氧化剂反应

(1) 跟 I_2、S 非金属单质反应：$Fe + I_2 \xrightarrow{水} FeI_2$；$Fe + S \xrightarrow{\triangle} FeS$。

(2) 跟酸和含 Cu^{2+}、Fe^{3+} 的化合物反应：

$Fe + H_2SO_4(稀) == FeSO_4 + H_2\uparrow$；$Fe + 2HCl == FeCl_2 + H_2\uparrow$；$Fe + CuCl_2 == Cu + FeCl_2$；$Fe + 2FeCl_3 == 3FeCl_2$。

2. Fe→Fe^{3+}：铁显还原性，跟比 Fe^{3+} 强的氧化剂反应

(1) 跟 Cl_2、Br_2、O_2 等非金属单质反应：

$2Fe + 3Cl_2 \xrightarrow{点燃} 2FeCl_3$；$2Fe + 3Br_2 \xrightarrow{点燃} 2FeBr_3$；$3Fe + 2O_2 == Fe_3O_4$。

(2) 跟 HNO_3、$KMnO_4$ 等化合物反应：$Fe + 4HNO_3(稀) == Fe(NO_3)_3 + NO\uparrow + 2H_2O$；$10Fe + 6KMnO_4 + 24H_2SO_4 == 5Fe_2(SO_4)_3 + 3K_2SO_4 + 6MnSO_4 + 24H_2O$。

3. Fe^{2+}→Fe^{3+}：Fe^{2+} 显还原性，跟比 Fe^{3+} 强的氧化剂反应

(1) 跟 Cl_2、Br_2、O_2 等非金属单质反应：$2Fe^{2+} + Cl_2 == 2Fe^{3+} + 2Cl^-$；$2Fe^{2+} + Br_2 == 2Fe^{3+} + 2Br^-$；$4Fe^{2+} + O_2 + 4H^+ == 4Fe^{3+} + 2H_2O$；$4Fe(OH)_2 + O_2 + 2H_2O == 4Fe(OH)_3$；

FeBr$_2$ + Cl$_2$（少量）：2Fe^{2+} + Cl$_2$ ══ 2Fe^{3+} + 2Cl$^-$；FeBr$_2$ + Cl$_2$（过量）：2Fe^{2+} + 4Br$^-$ + 3Cl$_2$ ══ 2Fe^{3+} + 2Br$_2$ + 6Cl$^-$；

FeI$_2$ + Cl$_2$（少量）：Cl$_2$ + 2I$^-$ ══ I$_2$ + 2Cl$^-$；FeI$_2$ + Cl$_2$（过量）：2Fe^{2+} + 4I$^-$ + 3Cl$_2$ ══ 2Fe^{3+} + 2I$_2$ + 6Cl$^-$。

（2）跟 H$_2$O$_2$、HNO$_3$、KMnO$_4$ 等化合物反应：

2Fe^{2+} + H$_2$O$_2$ + 2H$^+$ ══ 2Fe^{3+} + 2H$_2$O；3Fe^{2+} + NO$_3^-$ + 4H$^+$ ══ 3Fe^{3+} + NO↑ + 2H$_2$O；5Fe^{2+} + MnO$_4^-$ + 8H$^+$ ══ 5Fe^{3+} + Mn^{2+} + 4H$_2$O。

4. Fe^{2+} → Fe：Fe^{2+} 显氧化性，跟还原剂反应：

（1）跟比铁还原性强的金属（Zn、Al）反应：2Al + 3FeO $\xrightarrow{高温}$ Al$_2$O$_3$ + 3Fe；Zn + Fe^{2+} ══ Zn^{2+} + Fe。

（2）跟某些非金属反应：FeO + C $\xrightarrow{\triangle}$ Fe + CO↑；FeO + H$_2$ $\xrightarrow{\triangle}$ Fe + H$_2$O。

（3）跟 CO 等化合物反应：FeO + CO $\xrightarrow{\triangle}$ Fe + CO$_2$。

5. Fe^{3+} → Fe：Fe^{3+} 显氧化性，跟还原剂反应：

（1）跟比铁还原性强的金属（Zn、Al）反应：2Al + Fe$_2$O$_3$ $\xrightarrow{高温}$ Al$_2$O$_3$ + 2Fe；3Zn + 2Fe^{3+} ══ 3Zn^{2+} + 2Fe。

（2）跟某些非金属反应：Fe$_2$O$_3$ + 3C $\xrightarrow{\triangle}$ 2Fe + 3CO↑；Fe$_2$O$_3$ + 3H$_2$ $\xrightarrow{\triangle}$ 2Fe + 3H$_2$O。

（3）跟 CO 等化合物反应 Fe$_2$O$_3$ + 3CO $\xrightarrow{\triangle}$ 2Fe + 3CO$_2$。

6. Fe^{3+} → Fe^{2+}：Fe^{3+} 显氧化性，跟还原剂反应：

（1）跟金属（Zn、Fe、Cu）反应：Zn + 2Fe^{3+} ══ Zn^{2+} + 2Fe^{2+}；Fe + 2Fe^{3+} ══ 3Fe^{2+}；Cu + 2Fe^{3+} ══ Cu^{2+} + 2Fe^{2+}；

（2）跟某些非金属反应：Fe$_2$O$_3$ + C $\xrightarrow{\triangle}$ 2FeO + CO↑；Fe$_2$O$_3$ + H$_2$ $\xrightarrow{\triangle}$ 2FeO + H$_2$O。

（3）跟 CO、H$_2$S、S^{2-}、I$^-$、SO$_2$、SO$_3^{2-}$ 等化合物反应：

Fe$_2$O$_3$ + CO $\xrightarrow{\triangle}$ 2FeO + CO$_2$；2Fe^{3+} + H$_2$S ══ 2Fe^{2+} + S↓ + 2H$^+$；2Fe^{3+} + S^{2-} ══ 2Fe^{2+} + S↓；2Fe^{3+} + 3S^{2-}（过量）══ 2FeS↓ + S↓；2Fe^{3+} + 2I$^-$ ══ 2Fe^{2+} + I$_2$；

2Fe^{3+} + SO$_2$ + 2H$_2$O ══ 2Fe^{2+} + SO$_4^{2-}$ + 4H$^+$；2Fe^{3+} + SO$_3^{2-}$ + H$_2$O ══ 2Fe^{2+} + SO$_4^{2-}$ + 2H$^+$；

7. Fe^{2+}、Fe^{3+} 的非氧化还原反应

（1）Fe^{2+} + 2OH$^-$ ══ Fe(OH)$_2$↓；

（2）Fe^{3+} + 3OH$^-$ ══ Fe(OH)$_3$↓；

（3）Fe^{2+} + 2NH$_3$·H$_2$O ══ Fe(OH)$_2$↓ + 2NH$_4^+$；

（4）Fe^{3+} + 3NH$_3$·H$_2$O ══ Fe(OH)$_3$↓ + 3NH$_4^+$；

（5）Fe^{3+} + 3SCN$^-$ ══ Fe(SCN)$_3$（红色）；

（6）Fe^{3+} + 3H$_2$O ══ Fe(OH)$_3$（胶体）+ 3H$^+$；

（7）Fe^{3+} + 3HCO$_3^-$ ══ Fe(OH)$_3$↓ + 3CO$_2$↑；

(8) $2Fe^{3+} + 3CO_3^{2-} + 3H_2O = 2Fe(OH)_3\downarrow + 3CO_2\uparrow$;

(9) $Fe^{3+} + 3AlO_2^- + 6H_2O = Fe(OH)_3\downarrow + 3Al(OH)_3\downarrow$;

(10) $Fe^{3+} + 3ClO^- + 3H_2O = Fe(OH)_3\downarrow + 3HClO$。

8. 氧化物、氢氧化物的非氧化还原反应

(1) $FeO + 2H^+ = Fe^{2+} + H_2O$;

(2) $Fe_2O_3 + 6H^+ = 2Fe^{3+} + 3H_2O$;

(3) $Fe_3O_4 + 8H^+ = Fe^{2+} + 2Fe^{3+} + 4H_2O$;

(4) $Fe(OH)_2 + 2H^+ = Fe^{2+} + 2H_2O$;

(5) $Fe(OH)_3 + 3H^+ = Fe^{3+} + 3H_2O$;

(6) $2Fe(OH)_3 = Fe_2O_3 + 3H_2O$。

五、铜及其化合物相互转化及其反应方程式

（一）铜及其化合物相互转化图

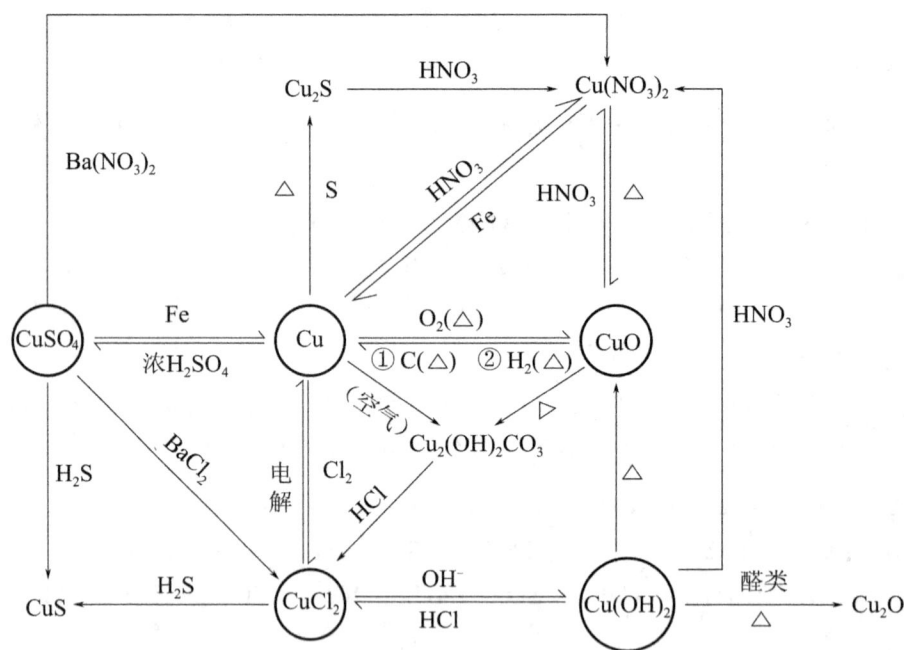

（二）铜及其化合物相互转化图的方程式

1. 铜的反应或生成

(1) $2Cu + O_2 \xrightarrow{\triangle} 2CuO$（红色变黑色，用于吸收空气中的 O_2）;

(2) $4Cu + O_2 \xrightarrow{\text{高温}} 2Cu_2O$;

(3) $2Cu + O_2 + CO_2 + H_2O = Cu_2(OH)_2CO_3$（铜生锈，绿色孔雀石）;

(4) $Cu_2(OH)_2CO_3 \xrightarrow{\triangle} 2CuO + H_2O + CO_2\uparrow$;

(5) $2Cu + 4HCl + O_2 =\!=\!= 2CuCl_2 + 2H_2O$;

(6) $2Cu + 2H_2SO_4(稀) + O_2 =\!=\!= 2CuSO_4 + 2H_2O$;

(7) $Cu + Cl_2 \xrightarrow{点燃} CuCl_2$;

(8) $2Cu + S \xrightarrow{\triangle} Cu_2S$;

(9) $Cu + 2Fe^{3+} =\!=\!= Cu^{2+} + 2Fe^{2+}$;

(10) $Cu + 2H_2SO_4(浓) \xrightarrow{\triangle} CuSO_4 + SO_2\uparrow + 2H_2O$;

(11) $Cu + 4HNO_3(浓) =\!=\!= Cu(NO_3)_2 + 2NO_2\uparrow + 2H_2O$;

(12) $3Cu + 8HNO_3(稀) =\!=\!= 3Cu(NO_3)_2 + 2NO\uparrow + 4H_2O$;

(13) $CuO + H_2 \xrightarrow{\triangle} Cu + H_2O$;

(14) $CuO + CO \xrightarrow{\triangle} Cu + CO_2$。

2. 铜氧化物和氢氧化铜、铜盐的反应或生成

(1) $CuO + 2H^+ =\!=\!= Cu^{2+} + H_2O$;

(2) $4CuO \xrightarrow{>1273K} Cu_2O + O_2\uparrow$;

(3) $Cu(OH)_2 \xrightarrow{353K} CuO + H_2O$;

(4) $Cu(OH)_2 + 2H^+ =\!=\!= Cu^{2+} + 2H_2O$;

(5) $Cu(OH)_2 \xrightarrow{\triangle} CuO + H_2O$;

(6) $Cu^{2+} + 2OH^- =\!=\!= Cu(OH)_2\downarrow$;

(7) $CuSO_4 \cdot 5H_2O \xrightarrow{\triangle} CuSO_4 + 5H_2O$（蓝色变白色）;

(8) $CuSO_4 + 5H_2O =\!=\!= CuSO_4 \cdot 5H_2O$（白色变蓝色）;

六、氯及其化合物相互转化及其反应方程式

（一）氯及其化合物相互转化图

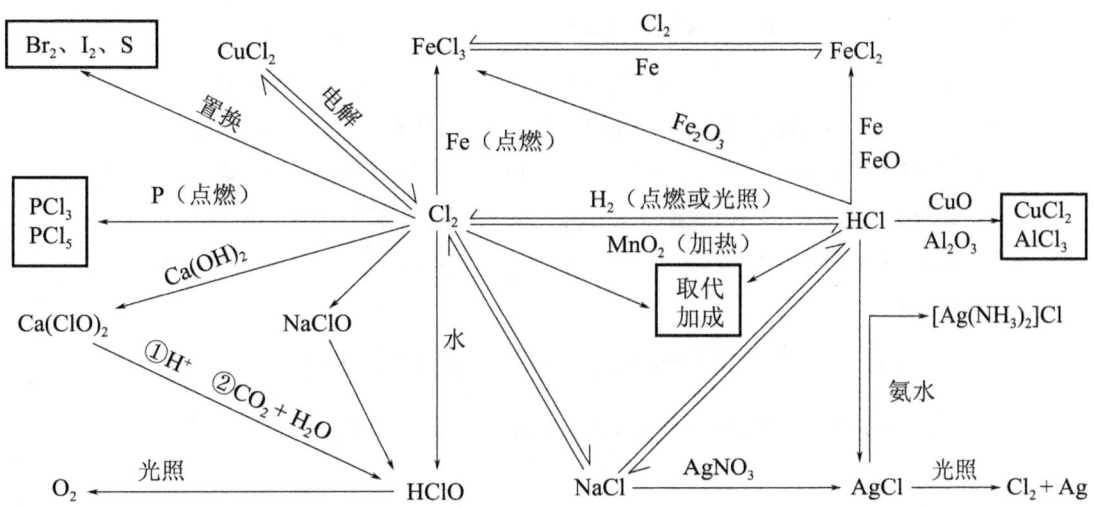

（二）氯及其化合物相互转化图的方程式

1. 氯气的反应或生成

（1） $2Na + Cl_2 \xrightarrow{\text{点燃}} 2NaCl$；

（2） $Cu + Cl_2 \xrightarrow{\text{点燃}} CuCl_2$；

（3） $2Fe + 3Cl_2 \xrightarrow{\text{点燃}} 2FeCl_3$（$F_2$、$Br_2$类似）；

（4） $Cl_2 + H_2 \xrightarrow{\text{点燃}} 2HCl$；

（5） $3Cl_2 + 2P \xrightarrow{\text{点燃}} 2PCl_3$；

（6） $5Cl_2 + 2P \xrightarrow{\text{点燃}} 2PCl_5$

（7） $Cl_2 + H_2O \xrightarrow{\text{点燃}} H^+ + Cl^- + HClO$；

（8） $2HClO == 2HCl + O_2\uparrow$（见光加快）；

（9） $Cl_2 + 2OH^- == Cl^- + ClO^- + H_2O$（吸收$Cl_2$）；

（10） $2Cl_2 + 2Ca(OH)_2 == CaCl_2 + Ca(ClO)_2 + 2H_2O$（工业上制漂白粉）；

（11） $3Cl_2 + 6KOH(\text{浓}) \xrightarrow{\triangle} KClO_3 + 5KCl + 3H_2O$；

（12） $Ca(ClO)_2 + CO_2 + H_2O == CaCO_3\downarrow + 2HClO$（日常漂白、消毒原理）；

（13） $Ca(ClO)_2 + 2HCl(\text{稀}) == CaCl_2 + 2HClO$（工业漂白原理）；

（14） $3Cl_2 + 2NH_3$（不足）$== N_2 + 2HCl$；

（15） $3Cl_2 + 8NH_3$（过量）$== N_2 + 6NH_4Cl$；

（16） $Cl_2 + 2Br^- == 2Cl^- + Br_2$；

（17） $Cl_2 + 2I^- == 2Cl^- + I_2$；

（18） $Br_2 + 2I^- == 2Br^- + I_2$；

（19） $Cl_2 + SO_2 + H_2O == 4H^+ + SO_4^{2-} + 2Cl^-$（$Br_2$、$I_2$类似）；

（20） $Cl_2 + H_2S == 2H^+ + 2Cl^- + S\downarrow$；

（21） $MnO_2 + 4HCl(\text{浓}) \xrightarrow{\triangle} MnCl_2 + Cl_2\uparrow + 2H_2O$（实验室制$Cl_2$）；

（22） $Ca(ClO)_2 + 4HCl(\text{浓}) == CaCl_2 + Cl_2\uparrow + 2H_2O$（实验室制$Cl_2$）；

（23） $2KMnO_4 + 16HCl(\text{浓}) == 2KCl + 2MnCl_2 + 5Cl_2\uparrow + 8H_2O$（实验室制$Cl_2$）；

（24） $KClO_3 + 6HCl(\text{浓}) == KCl + 3Cl_2\uparrow + 3H_2O$（实验室制$Cl_2$）；

（25） $K_2Cr_2O_7 + 14HCl(\text{浓}) == 2KCl + 2CrCl_3 + 3Cl_2\uparrow + 7H_2O$（实验室制$Cl_2$）。

2. 氯化氢的生成

（1） $NaCl + H_2SO_4(\text{浓}) \xrightarrow{\text{微热}} NaHSO_4 + HCl\uparrow$（实验室制HCl）；

（2） $2NaCl + H_2SO_4(\text{浓}) \xrightarrow{\triangle} Na_2SO_4 + 2HCl\uparrow$（实验室制HCl）。

3. HX、AgX 等的反应

(1) $H_2 + F_2 =\!= 2HF$;

(2) $H_2 + Br_2 \xrightarrow{500℃} 2HBr$;

(3) $H_2 + I_2 \xrightleftharpoons{\triangle} 2HI$;

(4) $Ag^+ + Cl^- =\!= AgCl\downarrow$（白色）;

(5) $Ag^+ + Br^- =\!= AgBr\downarrow$（淡黄色）;

(6) $Ag^+ + I^- =\!= AgI\downarrow$（黄色）;

(7) $2HCl + F_2 =\!= 2HF + Cl_2\uparrow$（颜色变深）;

(8) $2F_2 + 2H_2O =\!= 4HF + O_2\uparrow$;

(9) $Si + 4F_2 =\!= SiF_4$;

(10) $Si + 4HF =\!= SiF_4\uparrow + 2H_2\uparrow$;

(11) $SiO_2 + 4HF =\!= SiF_4\uparrow + 2H_2O$;

(12) $2AgX =\!= 2Ag + X_2$（$X = Cl$、Br、I）。

七、硫及其化合物相互转化及其反应方程式

（一）硫及其化合物相互转化图

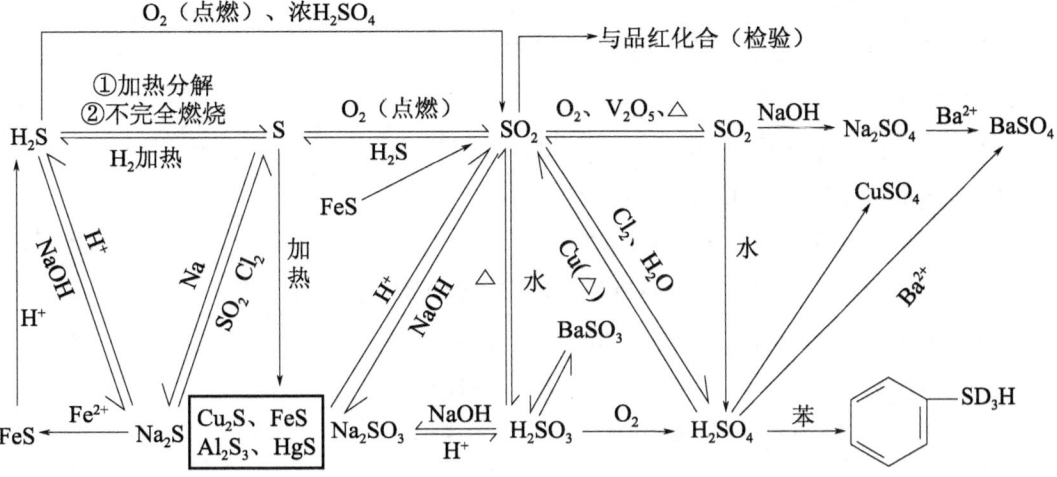

（二）硫及其化合物相互转化图的方程式

1. 硫的反应或生成

(1) $2Na + S \xrightarrow{\triangle} Na_2S$;

(2) $Fe + S \xrightarrow{\triangle} FeS$;

(3) $2Cu + S \xrightarrow{\triangle} Cu_2S$；

(4) $2Al + 3S \xrightarrow{\triangle} Al_2S_3$；

(5) $Al_2S_3 + 6H_2O = 2Al(OH)_3\downarrow + 3H_2S\uparrow$；

(6) $Hg + S = HgS$；

(7) $2Ag + S = Ag_2S$；

(8) $H_2 + S \xrightarrow{\triangle} H_2S$；

(9) $H_2 + Se \xrightarrow{\triangle} H_2Se$（$H_2 + Te$ 不能直接化合）；

(10) $S + 2KNO_3 + 3C \xrightarrow{点燃} K_2S + N_2\uparrow + 3CO_2\uparrow$（黑火药爆炸）；

(11) $3S + 6KOH \xrightarrow{\triangle} 2K_2S + K_2SO_3 + 3H_2O$（洗硫）；

(12) $S + O_2 \xrightarrow{点燃} SO_2\uparrow$；

(13) $S + 2H_2SO_4(浓) \xrightarrow{\triangle} 3SO_2\uparrow + 2H_2O$；

(14) $S + 6HNO_3(浓) = H_2SO_4 + 6NO_2\uparrow + 2H_2O$。

2. H_2S 的反应或生成

(1) $H_2S \xrightarrow{\triangle} H_2\uparrow + S$；

(2) $2H_2S + O_2(不足) \xrightarrow{点燃} 2S + 2H_2O$；

(3) $2H_2S + 3O_2(过量) \xrightarrow{点燃} 2SO_2 + 2H_2O$；

(4) $H_2S + X_2 = 2HX + S\downarrow$；

(5) 硫化钠溶液等跟 X_2 反应：$S^{2-} + X_2 = 2X^- + S\downarrow$（$X = Cl、Br、I$）；

(6) $H_2S + CuSO_4 = CuS\downarrow + H_2SO_4$；

(7) $H_2S + CuCl_2 = CuS\downarrow + 2HCl$；

(8) $H_2S + (CH_3COO)_2Pb = PbS\downarrow + 2CH_3COOH$；

(9) $H_2S + H_2SO_4(浓) = S\downarrow + SO_2\uparrow + 2H_2O$；

(10) $3H_2S(过量) + H_2SO_4(浓) = 4S\downarrow + 4H_2O$；

(11) $H_2S + 3H_2SO_4(浓，过量) = 4SO_2\uparrow + 4H_2O$；

(12) $FeS(s) + 2HCl(稀) = FeCl_2 + H_2S\uparrow$；

(13) $FeS(s) + H_2SO_4(稀) = FeSO_4 + H_2S\uparrow$（实验室制 H_2S）。

3. SO_2、H_2SO_3、SO_3^{2-} 的反应或生成

(1) $SO_2 + 2H_2S = 3S + 2H_2O$；

(2) $H_2SO_3 + 2H_2S = 3S\downarrow + 3H_2O$；

(3) $SO_3^{2-} + 2S^{2-} + 6H^+ = 3S\downarrow + 3H_2O$（$SO_3^{2-}$、$S^{2-}$ 碱性可大量共存，酸性不能大量共存）；

（4） $2SO_2 + O_2 \underset{\text{加热}}{\overset{\text{催化剂}}{\rightleftharpoons}} 2SO_3$；

（5） $2H_2SO_3 + O_2 = 2H_2SO_4$（缓慢）；

（6） $2SO_3^{2-} + O_2 = 2SO_4^{2-}$（迅速），还原性：$SO_2 < H_2SO_3 < SO_3^{2-}$。

（7） $SO_2 + Na_2O = Na_2SO_3$；

（8） $SO_2 + Na_2O_2 = Na_2SO_4$；

（9） $SO_2 + NaOH(不足) = NaHSO_3$；

（10） $SO_2 + 2NaOH(过量) = Na_2SO_3 + H_2O$；

（11） $Na_2SO_3 + SO_2 + H_2O = 2NaHSO_3$；

（12） $2SO_2 + Ca(OH)_2(不足) = Ca(HSO_3)_2$；

（13） $SO_2 + Ca(OH)_2(过量) = CaSO_3 \downarrow + H_2O$；

（14） $2NaHCO_3 + SO_2 = Na_2SO_3 + 2CO_2 \uparrow + H_2O$；

（15） $Na_2CO_3 + SO_2 = Na_2SO_3 + CO_2$；

（16） $SO_2 + H_2O \rightleftharpoons H_2SO_3$；

（17） $H_2SO_3 \rightleftharpoons H^+ + HSO_3^-$；

（18） $SO_2 + X_2 + 2H_2O = H_2SO_4 + 2HX$；

（19） $H_2SO_3 + X_2 + H_2O = H_2SO_4 + 2HX$，或 $SO_3^{2-} + X_2 + H_2O = SO_4^{2-} + 2H^+ + 2X^-$（X = Cl、Br、I）；

（20） $2Fe^{3+} + SO_2 + 2H_2O = 2Fe^{2+} + 4H^+ + SO_4^{2-}$；

（21） $SO_2 + NH_3 \cdot H_2O = NH_4HSO_3$；

（22） $4FeS_2 + 11O_2 \xrightarrow{\text{高温}} 2Fe_2O_3 + 8SO_2$；

（23） $Na_2SO_3 + H_2SO_4$（1:1）$= Na_2SO_4 + SO_2 \uparrow + H_2O$（实验室制 SO_2）。

4．SO_3、浓 H_2SO_4 的反应

（1） $SO_3 + H_2O = H_2SO_4$；

（2） $Cu + 2H_2SO_4(浓) \xrightarrow{\triangle} CuSO_4 + SO_2 \uparrow + 2H_2O$；

（3） $2Al + 6H_2SO_4(浓) \xrightarrow{\triangle} Al_2(SO_4)_3 + 3SO_2 \uparrow + 6H_2O$；

（4） $2Fe + 6H_2SO_4(浓) \xrightarrow{\triangle} Fe_2(SO_4)_3 + 3SO_2 \uparrow + 6H_2O$；

（5） $C + 2H_2SO_4(浓) \xrightarrow{\triangle} CO_2 \uparrow + 2SO_2 \uparrow + 2H_2O$；

（6） $2NaX(s) + H_2SO_4(浓) \xrightarrow{\triangle} Na_2SO_4 + 2HX \uparrow$（X = F、Cl）；

（7） $2HI + H_2SO_4(浓) \xrightarrow{\triangle} I_2 + SO_2 \uparrow + 2H_2O$（HBr 类似）。

八、氮及其化合物相互转化及其反应方程式

（一）氮及其化合物相互转化图

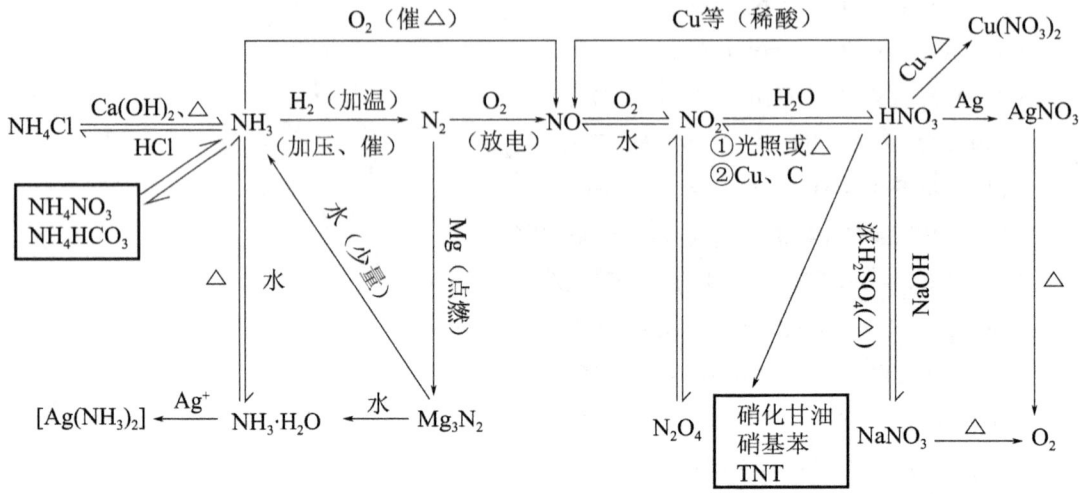

（二）氮及其化合物相互转化图的方程式

1. 氮气的反应或生成

(1) $N_2 + 3H_2 \underset{\text{高温高压}}{\overset{\text{催化剂}}{\rightleftharpoons}} 2NH_3$；

(2) $N_2 + O_2 \xrightarrow{\text{放电}} 2NO\uparrow$；

(3) $N_2 + 3Mg \xrightarrow{\text{放电}} Mg_3N_2$；

(4) $Mg_3N_2 + 6H_2O == 3Mg(OH)_2 + 2NH_3\uparrow$；

(5) $NH_4Cl + NaNO_2 \xrightarrow{\triangle} NaCl + N_2\uparrow + 2H_2O$。

2. NO、NO_2 的反应

(1) $2NO + O_2 == NO_2\uparrow$；

(2) $2NO_2(g) \rightleftharpoons N_2O_4(g)$；$\Delta H > 0$；

(3) $3NO_2 + H_2O == 2HNO_3 + NO\uparrow$；

(4) $4NO + 3O_2 + 2H_2O == 4HNO_3$；

(5) $4NO_2 + O_2 + 2H_2O == 4HNO_3$；

(6) $2NO_2 + 2NaOH == NaNO_3 + NaNO_2 + H_2O$（硝酸工业尾气吸收）；

(7) $NO_2 + NO + 2NaOH == 2NaNO_2 + H_2O$（硝酸工业尾气吸收）。

3. NH_3、$NH_3 \cdot H_2O$ 的反应

(1) $NH_3 + H_2O \underset{\text{大部分}}{\rightleftharpoons} NH_3 \cdot H_2O \underset{\text{少部分}}{\rightleftharpoons} NH_4^+ + OH^-$；

(2) $NH_3 + HCl == NH_4Cl$（白烟）；

(3) $NH_3 + HNO_3(浓) == NH_4NO_3$（白烟）；

(4) $2NH_3 + H_2SO_4 == (NH_4)_2SO_4$（无白烟）；

(5) $NH_3 + CO_2 + H_2O == NH_4HCO_3$；

(6) $2NH_3 + CO_2 + H_2O == (NH_4)_2CO_3$；

(7) $CaCl_2 + 8NH_3 == CaCl_2 \cdot 8NH_3$（$CaCl_2$ 不能干燥 NH_3）；

(8) $AlCl_3 + 3NH_3 \cdot H_2O == Al(OH)_3 \downarrow + 3NH_4Cl$（$Al(OH)_3$ 不溶于过量的氨水）；

(9) $FeCl_3 + 3NH_3 \cdot H_2O == Fe(OH)_3 \downarrow + 3NH_4Cl$；

(10) $AgNO_3 + NH_3 \cdot H_2O == AgOH \downarrow + NH_4NO_3$；

(11) $AgOH + 2NH_3 \cdot H_2O == [Ag(NH_3)_2]OH + 2H_2O$；

(12) $4NH_3 + 5O_2 \xrightarrow[\triangle]{催化剂} 4NO + 6H_2O$；

(13) $4NH_3 + 3O_2(纯) \xrightarrow{点燃} 2N_2 + 6H_2O$；

(14) $8NH_3 + 6NO_2 \xrightarrow[\triangle]{催化剂} 7N_2 + 12H_2O$；

(15) $4NH_3 + 6NO \xrightarrow[\triangle]{催化剂} 5N_2 + 6H_2O$；

(16) $2NH_3(不足) + 3Cl_2 == N_2 + 6HCl$；

(17) $8NH_3(过量) + 3Cl_2 == N_2 + 6NH_4Cl$（白烟）；

(18) $2NH_3 + 3CuO \xrightarrow{\triangle} N_2 + 3Cu + 3H_2O$。

4. 铵盐的反应

(1) $NH_4Cl \xrightarrow{\triangle} NH_3 + HCl$；

(2) $NH_4HCO_3 \xrightarrow{\triangle} NH_3 \uparrow + CO_2 \uparrow + H_2O \uparrow$；

(3) $(NH_4)_2CO_3 \xrightarrow{\triangle} 2NH_3 \uparrow + CO_2 \uparrow + H_2O \uparrow$；

(4) $2NH_4Cl(s) + Ca(OH)_2 \xrightarrow{\triangle} CaCl_2 + 2NH_3 \uparrow + 2H_2O$（实验室制 NH_3）；

(5) 铵盐和强碱在溶液中反应：$NH_4^+(稀) + OH^-(稀) == NH_3 \cdot H_2O$；

$NH_4^+(浓) + OH^-(浓) == NH_3 \uparrow + H_2O$；$NH_4^+ + OH^- \xrightarrow{\triangle} NH_3 \uparrow + H_2O$。

5. HNO_3、NO_3^-（H^+）的反应或生成

(1) $4HNO_3 \xrightarrow{\triangle 或光照} 4NO_2 \uparrow + O_2 \uparrow + 2H_2O$；

(2) $CuO + 2HNO_3 == Cu(NO_3)_2 + H_2O$；

(3) $Fe_2O_3 + 6HNO_3 == 2Fe(NO_3)_3 + 3H_2O$；

(4) $FeO + 4HNO_3(浓) == Fe(NO_3)_3 + NO_2 \uparrow + 2H_2O$；

(5) $3FeO + 10HNO_3(稀) == 3Fe(NO_3)_3 + NO \uparrow + 5H_2O$；

(6) $Cu + 4HNO_3(浓) == Cu(NO_3)_2 + 2NO_2 \uparrow + 2H_2O$；

(7) $3Cu + 8HNO_3(稀) == 3Cu(NO_3)_2 + 2NO \uparrow + 4H_2O$；

(8) $Fe + 6HNO_3(浓) \xrightarrow{\triangle} Fe(NO_3)_3 + 3NO_2 \uparrow + 3H_2O$；

(9) $Fe(少量) + 4HNO_3(稀) == Fe(NO_3)_3 + NO \uparrow + 2H_2O$；

(10) $3Fe(过量) + 8HNO_3(稀) == 3Fe(NO_3)_2 + 2NO\uparrow + 4H_2O$；

(11) $C + 4HNO_3(浓) == CO_2\uparrow + 4NO_2\uparrow + 2H_2O$；

(12) $S + 6HNO_3(浓) == H_2SO_4 + 6NO_2\uparrow + 2H_2O$；

(13) $6I^- + 2NO_3^- + 8H^+ == 3I_2 + 2NO\uparrow + 4H_2O$；

(14) $3H_2S + 2NO_3^- + 2H^+ == 3S\downarrow + 2NO\uparrow + 4H_2O$；

(15) $3S^{2-} + 2NO_3^- + 8H^+ == 3S\downarrow + 2NO\uparrow + 4H_2O$；

(16) $3SO_3^{2-} + 2NO_3^- + 2H^+ == 3SO_4^{2-} + 2NO\uparrow + H_2O$；

(17) 工业上制 HNO_3：$4NH_3 + 5O_2 \xrightarrow[\triangle]{催化剂} 4NO + 6H_2O$；$2NO + O_2 == 2NO_2$；

$3NO_2 + H_2O == 2HNO_3 + NO$。

(18) $NaNO_3(s) + H_2SO_4(浓) \xrightarrow{\triangle} NaHSO_4 + HNO_3\uparrow$（实验室制 HNO_3）；

(19) NO_3^- 的检验：晶体或浓溶液（稀溶液先浓缩）与浓 H_2SO_4、Cu 共热，若产生红棕色气体，证明有 NO_3^-。

九、磷及其化合物相互转化及其反应方程式

（一）磷及其化合物相互转化图

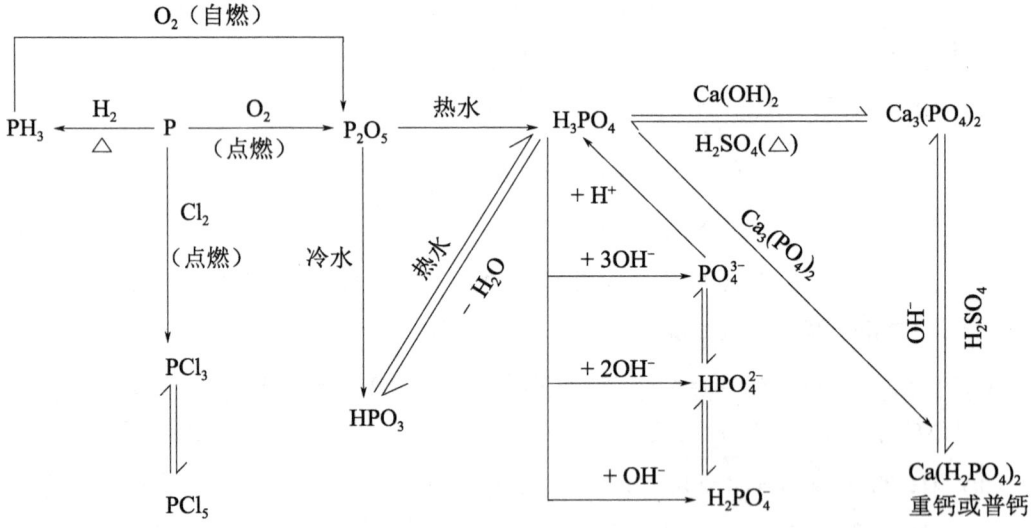

（二）磷及其化合物相互转化图的方程式

(1) $4P + 5O_2 \xrightarrow{点燃} 2P_2O_5$；

(2) $4P + 3O_2 \xrightarrow{点燃} 2P_2O_3$；

(3) $2P + 5Cl_2 \xrightarrow{点燃} 2PCl_5$（白烟）；

(4) $2P + 3Cl_2 \xrightarrow{点燃} 2PCl_3$（白雾）；

(5) $P_2O_5 + 3H_2O \xrightarrow{\Delta} 2H_3PO_4$;

(6) $P_2O_5 + H_2O(冷) == 2HPO_3(有毒)$;

(7) $H_3PO_4 + NaOH == NaH_2PO_4 + H_2O$;

(8) $H_3PO_4 + 2NaOH == Na_2HPO_4 + 2H_2O$;

(9) $H_3PO_4 + 3NaOH == Na_3PO_4 + 3H_2O$;

(10) $H_3PO_4(浓) + NaBr(s) \xrightarrow{\Delta} NaH_2PO_4 + HBr\uparrow$ (实验室制 HBr);

(11) $H_3PO_4(浓) + KI(s) \xrightarrow{\Delta} KH_2PO_4 + HI\uparrow$ (实验室制 HI)。

(12) $2P + 3H_2 \xrightarrow{\Delta} 2PH_3$;

(13) $2PH_3 + 4O_2 == P_2O_5 + 3H_2O$;

(14) $2H_3PO_4 + 3Ca(OH)_2 == Ca_3(PO_4)_2 + 6H_2O$;

(15) $Ca_3(PO_4)_2 + 4H_3PO_4 \xrightarrow{\Delta} 3Ca(H_2PO_4)_2$;

(16) $Ca_3(PO_4)_2 + 2H_2SO_4(浓) \xrightarrow{\Delta} Ca(H_2PO_4)_2 + 2CaSO_4$;

(17) $Ca_3(PO_4)_2 + 3H_2SO_4(浓) \xrightarrow{\Delta} 2H_3PO_4 + 3CaSO_4$;

(18) $Ca(H_2PO_4)_2 + 2Ca(OH)_2 == Ca_3(PO_4)_2 + 4H_2O$;

十、碳及其化合物相互转化及其反应方程式

(一) 碳及其化合物相互转化图

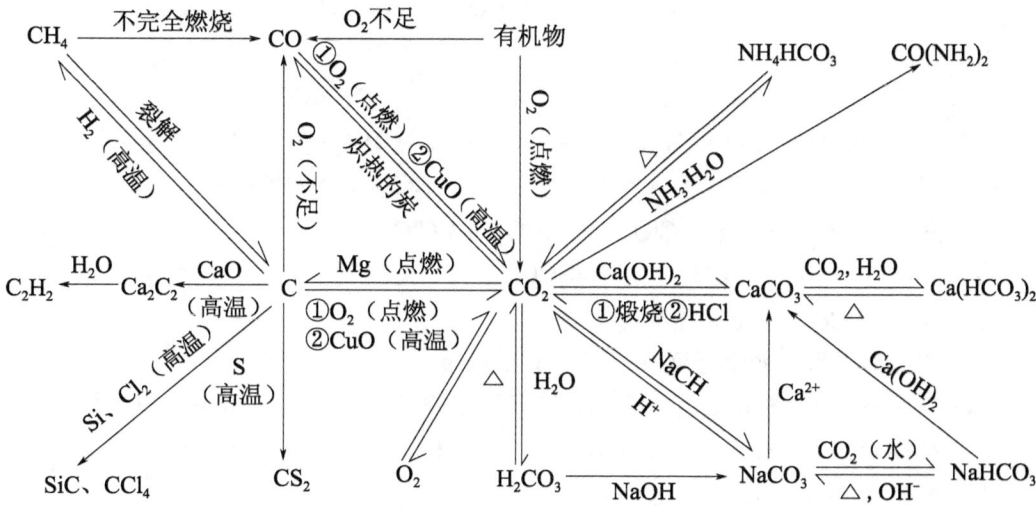

(二) 碳及其化合物相互转化图的方程式

1. 碳的反应

(1) $2C + O_2 \xrightarrow{点燃} 2CO$;

(2) $C + O_2 \xrightarrow{\text{点燃}} CO_2 \uparrow$;

(3) $C + CuO \xrightarrow{\text{高温}} Cu + CO \uparrow$;

(4) $C + 2CuO \xrightarrow{\text{高温}} 2Cu + CO_2 \uparrow$;

(5) $C + H_2O \xrightarrow{\text{高温}} CO + H_2 \uparrow$;

(6) $CO + H_2O \xrightarrow{\text{高温}} CO_2 + H_2 \uparrow$;

(7) $C + 2H_2SO_4(浓) \xrightarrow{\Delta} CO_2 \uparrow + 2SO_2 \uparrow + 2H_2O$;

(8) $C + 4HNO_3(浓) \xrightarrow{\Delta} CO_2 \uparrow + 4NO_2 \uparrow + 2H_2O$;

(9) $C + 2S \xrightarrow{\Delta} CS_2$;

(10) $3C + CaO \xrightarrow{\text{高温}} CaC_2 + CO \uparrow$（制电石）。

2. CO、CO_2 的反应

(1) $2CO + O_2 \xrightarrow{\text{点燃}} 2CO_2 \uparrow$;

(2) $3CO + Fe_2O_3 \xrightarrow{\text{高温}} 2Fe + 3CO_2$;

(3) $CO_2 + 2Mg \xrightarrow{\text{点燃}} 2MgO + C$;

(4) $CO_2(少量) + Ca(OH)_2 = CaCO_3 \downarrow + H_2O$;

(5) $2CO_2(过量) + Ca(OH)_2 = Ca(HCO_3)_2$，离子方程式：$CO_2 + OH^- = HCO_3^-$

(6) $CO_2 + BaCl_2$（aq）$\longrightarrow$ 不反应；

(7) $CO_2(少量) + H_2O + Na_2SiO_3 = H_2SiO_3 \downarrow + Na_2CO_3$；

离子方程式：$CO_2 + H_2O + SiO_3^{2-} = H_2SiO_3 \downarrow + CO_3^{2-}$；

(8) $2CO_2(过量) + 2H_2O + Na_2SiO_3 = H_2SiO_3 \downarrow + 2NaHCO_3$；

(9) $CO_2(少量) + H_2O + Ca(ClO)_2 = CaCO_3 \downarrow + 2HClO$；

(10) $2CO_2(过量) + 2H_2O + Ca(ClO)_2 = Ca(HCO_3)_2 + 2HClO$；

离子方程式：$CO_2 + H_2O + ClO^- = HCO_3^- + HClO$；

(11) $CO_2 + H_2O + Na_2CO_3 = 2NaHCO_3$。

3. CO_3^{2-}、HCO_3^- 的反应或生成

(1) 向纯碱溶液中缓慢逐滴加入稀盐酸至过量：

$Na_2CO_3 + HCl = NaHCO_3 + NaCl$，$NaHCO_3 + HCl = NaCl + H_2O + CO_2 \uparrow$；

(2) $Na_2CO_3 + Ca(OH)_2 = CaCO_3 \downarrow + 2NaOH$，$CO_3^{2-} + Ca^{2+} = CaCO_3 \downarrow$；

(3) $NaHCO_3 + NaOH = Na_2CO_3 + H_2O$；

(4) $NaHCO_3(少量) + Ca(OH)_2 = H_2O + CaCO_3 \downarrow + NaOH$，

离子方程式：$HCO_3^- + Ca^{2+} + OH^- = H_2O + CaCO_3 \downarrow$。

(5) $2NaHCO_3 + Ca(OH)_2(少量) = 2H_2O + CaCO_3 \downarrow + Na_2CO_3$，

离子方程式：$2HCO_3^- + Ca^{2+} + 2OH^- = 2H_2O + CaCO_3 \downarrow + CO_3^{2-}$。

(6) $Ca(HCO_3)_2 + NaOH(少量) = H_2O + CaCO_3 \downarrow + NaHCO_3$，$Ca^{2+} + HCO_3^- + OH^-$

$==$ $H_2O + CaCO_3 \downarrow$;

(7) $Ca(HCO_3)_2$(少量) $+ 2NaOH == 2H_2O + CaCO_3 \downarrow + Na_2CO_3$,

离子方程式：$Ca^{2+} + 2HCO_3^- + 2OH^- == 2H_2O + CaCO_3 \downarrow + CO_3^{2-}$。

十一、硅及其化合物相互转化及其反应方程式

（一）硅及其化合物相互转化图

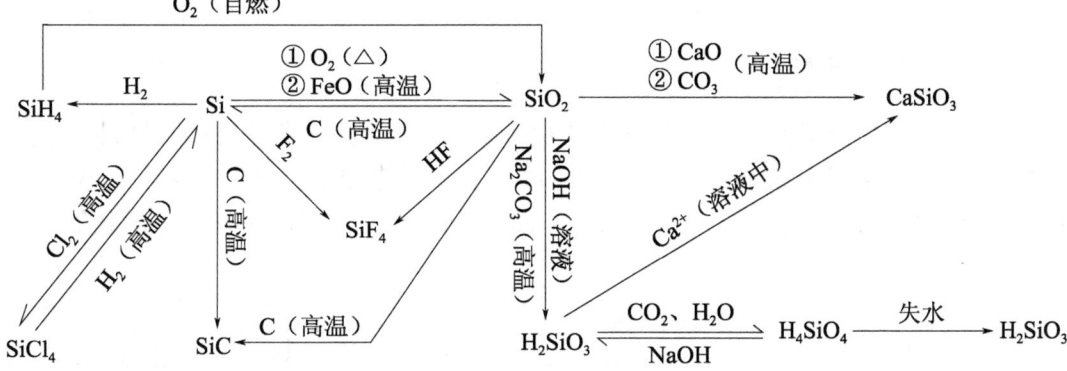

（二）硅及其化合物相互转化图的方程式

1. 硅的反应

(1) $Si + O_2 \xrightarrow{\triangle} SiO_2$；

(2) $Si + C \xrightarrow{高温} SiC$；

(3) $Si + 2Cl_2 \xrightarrow{高温} SiCl_4$；

(4) $Si + 2F_2 == SiF_4$；

(5) $Si + 4HF == SiF_4 \uparrow + 2H_2 \uparrow$；

(6) $Si + 2NaOH + H_2O == Na_2SiO_3 + 2H_2 \uparrow$；

2. SiO_2 的反应

(1) $SiO_2 + 4HF == SiF_4 \uparrow + 2H_2O$；

(2) $SiO_2 + 2NaOH == Na_2SiO_3 + H_2O$；

(3) $SiO_2 + 2C \xrightarrow{高温} Si + 2CO$；

(4) $SiO_2 + CaO \xrightarrow{高温} CaSiO_3$；

(5) 工业制玻璃的两个反应：$SiO_2 + CaCO_3 \xrightarrow{高温} CaSiO_3 + CO_2 \uparrow$；$SiO_2 + Na_2CO_3 \xrightarrow{高温} Na_2SiO_3 + CO_2 \uparrow$；

(6) 由 SiO_2 制硅酸：$SiO_2 + Na_2CO_3 \xrightarrow{高温} Na_2SiO_3 + CO_2 \uparrow$，$Na_2SiO_3 + 2HCl == H_2SiO_3 \downarrow + 2NaCl$，$Na_2SiO_3 + 2CO_2 + 2H_2O == H_2SiO_3 \downarrow + 2NaHCO_3$。

十二、有机化合物相互转化及其反应方程式

（一）有机化合物相互转化图和（二）有机化合物相互转化图的方程式（见本书第二章第六节三（七））。

第二节　高考题中的化工流程及其反应方程式

一、2013 年全国 I 卷第 27 题

锂离子电池的应用很广，其正极材料可再生利用。某锂离子电池正极材料有钴酸锂（$LiCoO_2$），导电剂乙炔黑和铝箔等。充电时，该锂离子电池负极发生的反应为 $6C + xLi^+ + xe^- = Li_xC_6$。现欲利用以下工艺流程回收正极材料中的某些金属资源（部分条件未给出）：

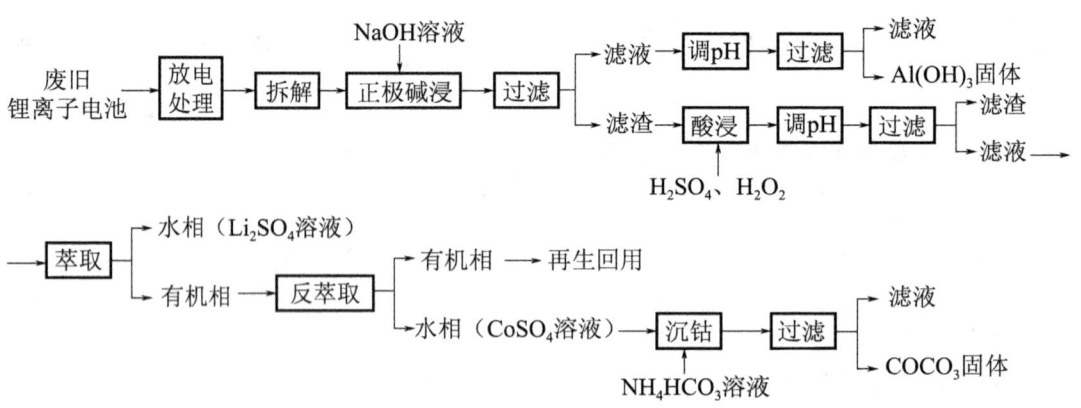

(1) 放电处理：负极 $Li_xC_6 - xe^- = 6C + xLi^+$，正极 $Li_{1-x}CoO_2 + xe^- + xLi^+ = LiCoO_2$，总反应方程式：$Li_{1-x}CoO_2 + Li_xC_6 = LiCoO_2 + 6C$。

(2) 正极碱浸：$2Al + 2OH^- + 2H_2O = 2AlO_2^- + 3H_2\uparrow$。

(3) 调节含滤液 pH：$AlO_2^- + H^+ + H_2O = Al(OH)_3\downarrow$。

(4) 酸浸：$2LiCoO_2 + 3H_2SO_4 + H_2O_2 = Li_2SO_4 + 2CoSO_4 + O_2\uparrow + 4H_2O$；$2H_2O_2 = O_2\uparrow + 2H_2O$。

(5) 沉钴：$CoSO_4 + 2NH_4HCO_3 = CoCO_3\downarrow + (NH_4)_2SO_4 + H_2O + CO_2\uparrow$。此反应分解为如下两反应易于理解：$CoSO_4 + NH_4HCO_3 = CoCO_3\downarrow + NH_4HSO_4$，$NH_4HSO_4 + NH_4HCO_3 = H_2O + CO_2\uparrow + (NH_4)_2SO_4$。

二、2013 年全国 I 卷第 38 题

查尔酮类化合物 G 是黄酮类药物的主要合成中间体，其中一种合成路线如下：

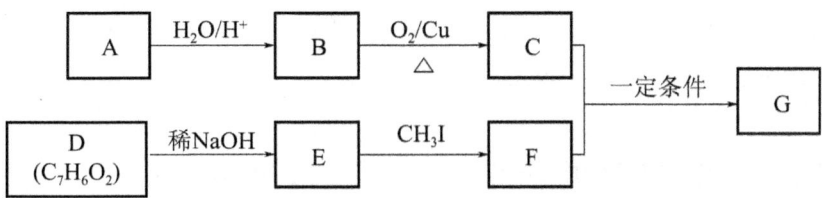

已知以下信息：

（1）芳香烃 A 的相对分子质量在 100～110 之间，1mol A 充分燃烧可生成 72g 水。

（2）C 不能发生银镜反应。

（3）D 能发生银镜反应，可溶于饱和 Na_2CO_3 溶液，核磁共振氢谱显示有 4 种氢。

（4）⟨苯环⟩—ONa + RCH_2I ⟶ ⟨苯环⟩—OCH_2R + NaI

（5）$RCOCH_3$ + R'CHO $\xrightarrow{\text{一定条件}}$ RCOCH=CHR' + H_2O

A→B：⟨苯环⟩—CH=CH_2 + H_2O $\xrightarrow{H^+}$ ⟨苯环⟩—CH(OH)—CH_3

B→C：2 ⟨苯环⟩—CH(OH)—CH_3 + O_2 $\xrightarrow[\triangle]{Cu}$ 2 ⟨苯环⟩—CO—CH_3 + 2H_2O

D→E：HO—⟨苯环⟩—CHO + NaOH ⟶ NaO—⟨苯环⟩—CHO + 2H_2O。

E→F：NaO—⟨苯环⟩—CHO + CH_3I ⟶ H_3CO—⟨苯环⟩—CHO + NaI。

C + F→G：⟨苯环⟩—CO—CH_3 + H_3CO—⟨苯环⟩—CHO $\xrightarrow{\text{一定条件}}$ ⟨苯环⟩—CO—CH=CH—⟨苯环⟩—OCH_3 + H_2O。

三、2014 年全国 I 卷第 38 题

席夫碱类化合物 G 在催化、药物、新材料等方面有广泛应用。合成 G 的一种路线如下：

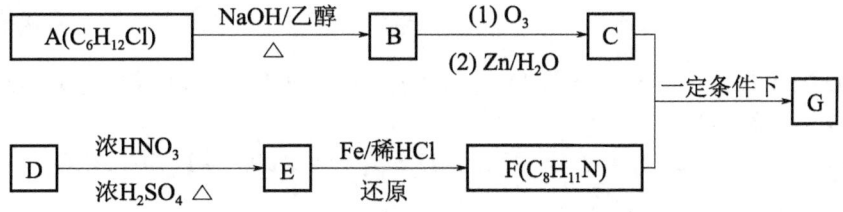

已知以下信息：

①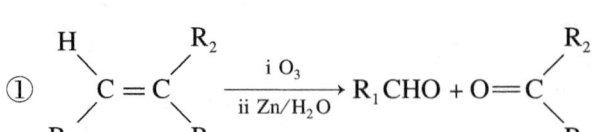

②1 mol B 经上述反应可生成 2 mol C，且 C 不能发生银镜反应。

③D 属于单取代芳烃，其相对分子质量为 106。

④核磁共振氢谱显示 F 苯环上有两种化学环境的氢。

⑤$RNH_2 + O=C{<}^{R'(H)}_{R''}$ $\xrightarrow{一定条件下}$ $R-N=C{<}^{R'(H)}_{R''}$ $+ H_2O$

$A \to B$：$(CH_3)_2CH-CCl(CH_3)_2 + NaOH \xrightarrow[\Delta]{醇} (CH_3)_2C=C(CH_3)_2 + NaCl + H_2O$；

$B \to C$：$(CH_3)_2C=C(CH_3)_2 \xrightarrow[ii\ Zn/H_2O]{i\ O_3} 2(CH_3)_2C=O$；

$D \to E$：$\underset{}{\bigcirc}-CH_2-CH_3 + HO-NO_2 \xrightarrow[\Delta]{浓 H_2SO_4} O_2N-\underset{}{\bigcirc}-CH_2-CH_3 + H_2O$；

$E \to F$：$O_2N-\underset{}{\bigcirc}-CH_2-CH_3 + 3Fe + 6HCl \longrightarrow H_2N-\underset{}{\bigcirc}-CH_2-CH_3 + 3FeCl_2 + 2H_2O$；

$C + F \to G$：$(CH_3)_2C=O + H_2N-\underset{}{\bigcirc}-CH_2-CH_3 \xrightarrow{一定条件}$

$H_3C-\underset{CH_3}{\overset{|}{C}}=N-\underset{}{\bigcirc}-CH_2-CH_3 + H_2O$

四、2015 年全国 I 卷第 27 题

硼及其化合物在工业上有许多用途。以铁硼矿（主要成分为 $Mg_2B_2O_5 \cdot H_2O$ 和 Fe_3O_4，还有少量 Fe_2O_3、FeO、CaO、Al_2O_3 和 SiO_2 等）为原料制备硼酸（H_3BO_3）的工艺流程如图所示：

铁硼矿粉 → 硫酸浸出 → 过滤 → 净化除杂 → 过滤 → 蒸发浓缩 → 冷却结晶 → 过滤 → 粗硼酸
　　　　　　　　　　↓浸渣　　　　　↓滤渣　　　　　　　　　　　　　　↓含镁母液

（1）硫酸浸出：$Mg_2B_2O_5 \cdot H_2O + 2H_2SO_4 = 2MgSO_4 + 2H_3BO_3$；$Fe_2O_3 + 3H_2SO_4 = Fe_2(SO_4)_3 + 3H_2O$；

$FeO + H_2SO_4 = FeSO_4 + H_2O$；$CaO + H_2SO_4 = CaSO_4 + H_2O$；$Al_2O_3 + 3H_2SO_4 = Al_2(SO_4)_3 + 3H_2O$；

（2）"净化除杂"需先加 H_2O_2 溶液：$2FeSO_4 + H_2O_2 + H_2SO_4 = Fe_2(SO_4)_3 + 2H_2O$；然后再调节溶液的 pH 约为 5：$Fe^{3+} + 3H_2O \rightleftharpoons Fe(OH)_3 \downarrow + 3H^+$；$Al^{3+} + 3H_2O \rightleftharpoons Al(OH)_3 \downarrow + 3H^+$；

五、2015 年全国 I 卷第 38 题

A（C_2H_2）是基本有机化工原料。由 A 制备聚乙烯醇缩丁醛和顺式异戊二烯的合成路线（部分反应条件略去）如图所示：

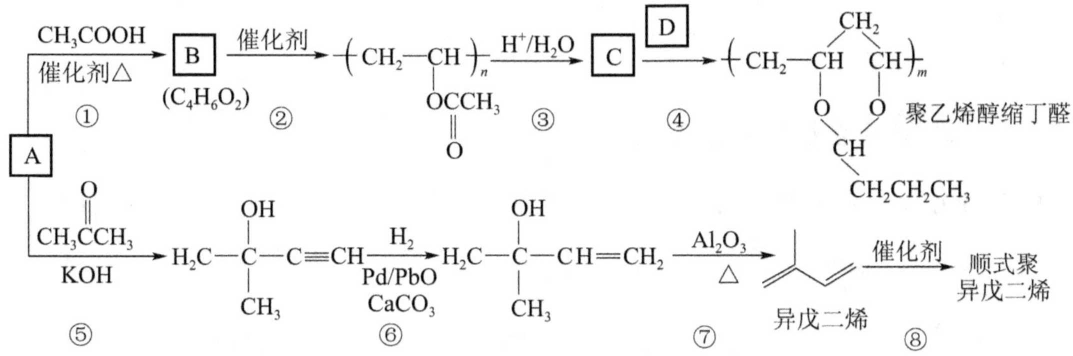

反应①：$HC≡CH + CH_3COOH \xrightarrow[\triangle]{催化剂} H_2C=CHOOCCH_3$；

反应②：$nH_2C=CHOOCCH_3 \xrightarrow{催化剂}$ 聚乙酸乙烯酯；

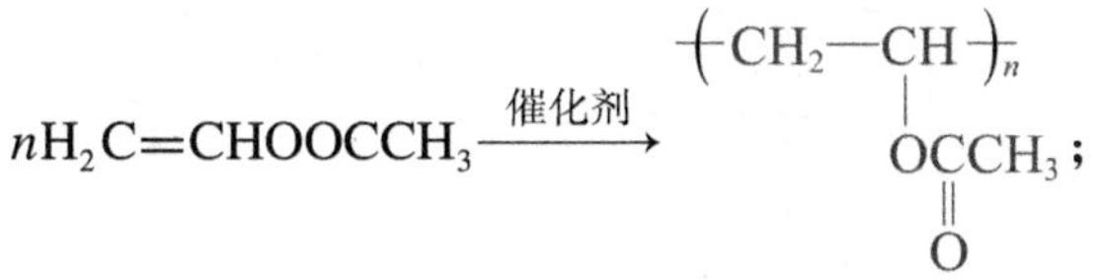

反应③：聚乙酸乙烯酯 $+ nH_2O \xrightarrow{H^+}$ 聚乙烯醇 $+ nCH_3COOH$；

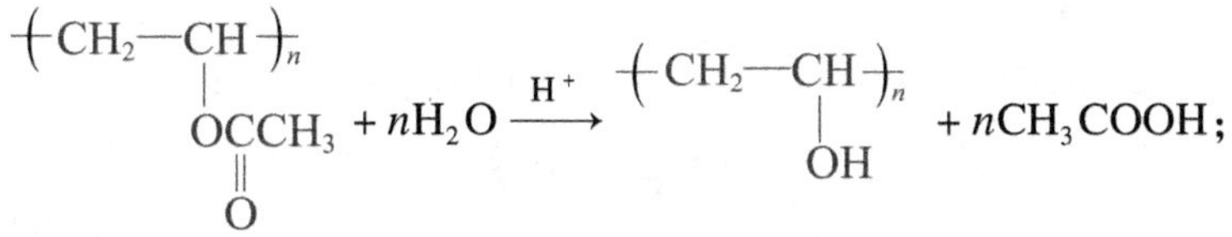

反应④：聚乙烯醇 $+ mOHCCH_2CH_2CH_3 \xrightarrow{催化剂}$ 聚乙烯醇缩丁醛 $+ mH_2O$；

反应⑤：$HC≡CH + CH_3COCH_3 \xrightarrow{KOH}$ 2-甲基-3-丁炔-2-醇；

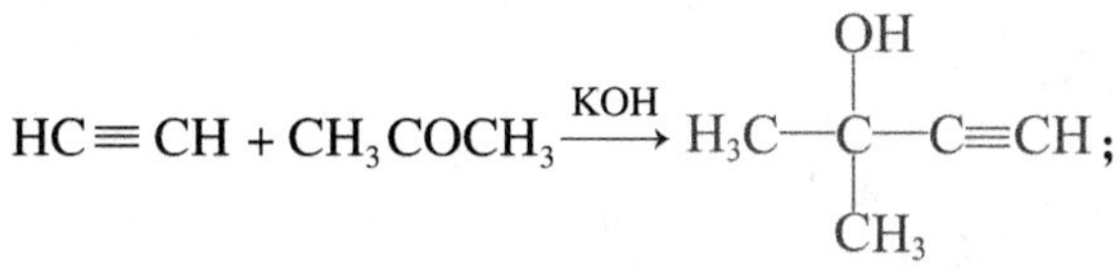

反应⑥：2-甲基-3-丁炔-2-醇 $+ H_2 \xrightarrow[CaCO_3]{Pd/PbO}$ 2-甲基-3-丁烯-2-醇；

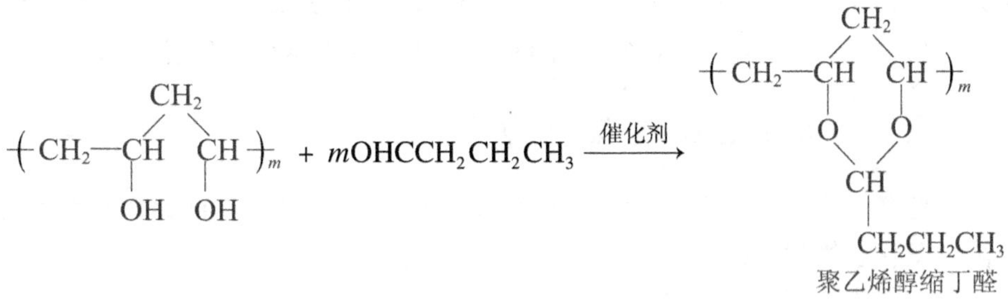

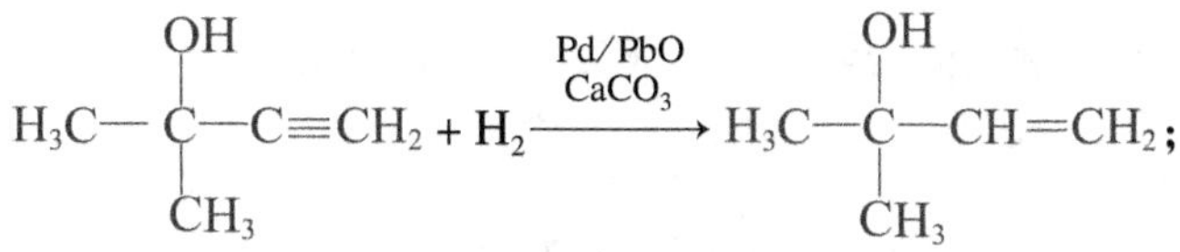

反应⑦：H₃C-C(OH)(CH₃)-CH=CH₂ $\xrightarrow[\Delta]{Al_2O_3}$ 异戊二烯；

反应⑧：CH₂=C(CH₃)-CH=CH₂ $\xrightarrow{催化剂}$ [-CH₂-C(CH₃)=CH-CH₂-]ₙ。

六、2016 年全国 I 卷第 28 题

NaClO₂ 是一种重要的杀菌消毒剂，也常用来漂白织物等，其一种生产工艺如下：

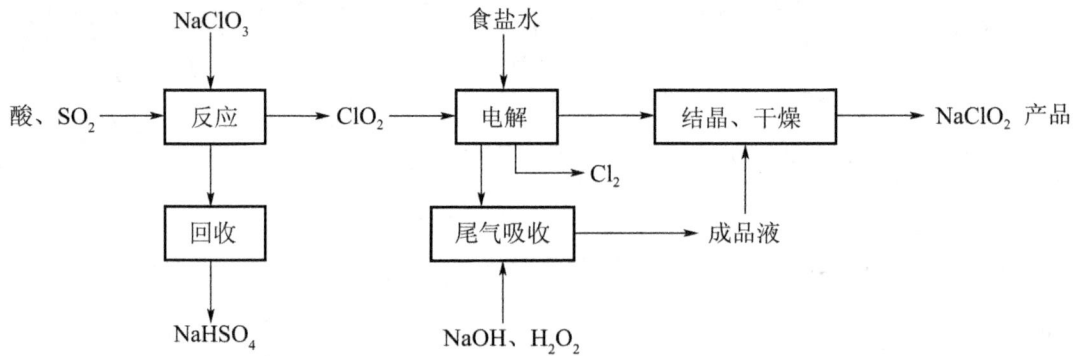

(1) "反应"：$2NaClO_3 + SO_2 + H_2SO_4 = 2NaHSO_4 + 2ClO_2$；

(2) "电解"：阴极：$ClO_2 + e^- = ClO_2^-$，阳极：$Cl^- - 2e^- = Cl_2\uparrow$，总反应的化学方程式：$2ClO_2 + 2NaCl \xrightarrow{电解} 2NaClO_2 + Cl_2$，离子方程式：$2ClO_2 + 2Cl^- \xrightarrow{电解} 2ClO_2^- + Cl_2$；

(3) "尾气吸收"：$2ClO_2 + H_2O_2 + 2OH^- = 2ClO_2^- + O_2\uparrow + 2H_2O$。

七、2016 年全国 I 卷第 38 题

秸秆（含多糖物质）的综合应用具有重要的意义。下面是以秸秆为原料合成聚酯类高分子化合物的路线：

秸秆 $\xrightarrow{生物催化}$ HOOC-CH=CH-CH=CH-COOH (A)（顺，顺）-2,4-己二烯二酸 $\xrightarrow{催化剂}$ HOOC-CH=CH-CH=CH-COOH (B)（反，反）-2,4-己二烯二酸 $\xrightarrow[\Delta]{CH_3OH, H^+}$ C₈H₁₀O₄ (C) $\xrightarrow[\Delta]{C_2H_4}$ D $\xrightarrow[\Delta]{Pd/C}$ H₃COOC-C₆H₄-COOCH₃ (E) $\xrightarrow{乙二醇 催化剂}$ PET

F: HOOC-(CH₂)₄-COOH $\xleftarrow{H_2, Pd/C}$ B；F $\xrightarrow[催化剂]{1,4-丁二醇}$ 聚酯 G

B→C: $HOOC-CH=CH-COOH + 2CH_3OH \xrightarrow{H^+ \; \Delta} H_3COOC-CH=CH-COOCH_3 + 2H_2O$;

C→D: $H_3COOC-CH=CH-COOCH_3 + CH_2=CH_2 \xrightarrow{\Delta} H_3COOC-\text{(环己烯)}-COOCH_3$;

D→E: $H_3COOC-\text{(环己烯)}-COOCH_3 \xrightarrow{Pd/C \; \Delta} H_3COOC-\text{(苯)}-COOCH_3 + 2H_2$;

E→PET: $nH_3COOC-\text{(苯)}-COOCH_3 + nHOCH_2CH_2OH \xrightarrow{催化剂}$

$H_3CO\text{-}[\overset{O}{\underset{\|}{C}}\text{-(苯)-}\overset{O}{\underset{\|}{C}}\text{-OCH}_2CH_2O]_nH + (2n-1)CH_3OH$;

A→F: $\underset{A}{HOOC-CH=CH-CH_2-CH_2-COOH} + 2H_2 \xrightarrow{Pd/C \; \Delta} HOOC-CH_2-CH_2-CH_2-CH_2-COOH$;

$nHO-\overset{O}{\underset{\|}{C}}-(CH_2)_4-\overset{O}{\underset{\|}{C}}-OH + nHO-(CH_2)_4-OH \xrightarrow{催化剂}$

F→G: $HO\text{-}[\overset{O}{\underset{\|}{C}}\text{-(CH}_2)_4\text{-}\overset{O}{\underset{\|}{C}}\text{-O-(CH}_2)_4\text{-O]}_nH + (2n-1)H_2O$。

八、2017 年全国 I 卷第 27 题

$Li_4Ti_5O_{12}$ 和 $LiFePO_4$ 都是锂离子电池的电极材料，可利用钛铁矿（主要成分为 $FeTiO_3$，还含有少量 MgO、SiO_2 等杂质）来制备，工艺流程如下：

（1）"酸浸"：信息：钛主要以 $TiOCl_4^{2-}$ 形式存在。$FeTiO_3 + 4H^+ + 4Cl^- == Fe^{2+} + TiOCl_4^{2-} + 2H_2O$，$MgO + 2H^+ == Mg^{2+} + H_2O$。

（2）"水解"：$TiOCl_4^{2-} + (x+1)H_2O == TiO_2 \cdot xH_2O \downarrow + 4Cl^- + 2H^+$（溶液酸性增强）。

（3）"双氧水和氨水"：$5TiO_2 \cdot xH_2O + 4H_2O_2 + 2NH_3 \cdot H_2O == (NH_4)_2Ti_5O_{15} + (5x+5)H_2O$。

（4）"LiOH"：$(NH_4)_2Ti_5O_{15} + 2LiOH == Li_2Ti_5O_{15} \downarrow + 2NH_3 \cdot H_2O$（或 $2NH_3 + 2H_2O$）。

（5）"Li_2CO_3、高温煅烧①"：$Li_2Ti_5O_{15} + Li_2CO_3 \xrightarrow{高温} Li_4Ti_5O_{12} + CO_2\uparrow + 2O_2\uparrow$。

（6）"双氧水和磷酸"：$2Fe^{2+} + H_2O_2 + 2H_3PO_4 == 2FePO_4 \downarrow + 2H_2O + 4H^+$。

（7）"高温煅烧②"：$2FePO_4 + Li_2CO_3 + H_2C_2O_4 \xrightarrow{高温} 2LiFePO_4 + H_2O\uparrow + 3CO_2\uparrow$。

九、2017 年全国 I 卷第 36 题

化合物 H 是一种有机光电材料中间体。实验室由芳香化合物 A 制备 H 的一种合成路线如下：

已知：① $RCHO + CH_3CHO \xrightarrow[\Delta]{NaOH/H_2O} RCH=CHCHO + H_2O$

② || + ||| $\xrightarrow{催化剂}$ □

A→B： $C_6H_5CHO + CH_3CHO \xrightarrow[\Delta]{NaOH/H_2O} C_6H_5CH=CHCHO + H_2O$；

B→C：1） $C_6H_5CH=CHCHO + 2Cu(OH)_2 + NaOH \xrightarrow{\Delta} C_6H_5CH=CHCOONa + Cu_2O + 3H_2O$；

2） $C_6H_5CH=CHCOO^- + H^+ = C_6H_5CH=CHCOOH$；

C→D： $C_6H_5CH=CHCOOH + Br_2 \longrightarrow C_6H_5CHBrCHBrCOOH$；

D→E：1） $C_6H_5CHBrCHBrCOOH + 3KOH \xrightarrow[\Delta]{醇} C_6H_5C \equiv CCOOK + 2KBr + 3H_2O$；

2） $C_6H_5C \equiv CCOO^- + H^+ = C_6H_5C \equiv CCOOH$；

E→F： $C_6H_5C \equiv CCOOH + C_2H_5OH \xrightleftharpoons[\Delta]{浓硫酸} C_6H_5C \equiv CCOOC_2H_5 + H_2O$；

F→H： $C_6H_5C \equiv CCOOC_2H_5$ + (环戊二烯) $\xrightarrow{催化剂}$ H。

十、2018 年全国 I 卷第 27 题

焦亚硫酸钠（$Na_2S_2O_5$）在医药、橡胶、印染、食品等方面应用广泛，利用烟道气中的 SO_2 生产的工艺为：

Na_2CO_3饱和溶液 → I (pH=4.1, 通入SO_2) → II (加入Na_2CO_3固体, pH=7~8) → III (通入SO_2, pH=4.1) → 结晶脱水 → $Na_2S_2O_5$

Ⅰ：$Na_2CO_3 + 2SO_2 + H_2O =\!\!=\!\!= 2NaHSO_3 + CO_2$。

Ⅱ：$Na_2CO_3 + 2NaHSO_3 =\!\!=\!\!= 2Na_2SO_3 + CO_2 + H_2O$。

Ⅲ：$Na_2SO_3 + SO_2 + H_2O =\!\!=\!\!= 2NaHSO_3$。"结晶脱水"：$2NaHSO_3 =\!\!=\!\!= Na_2S_2O_5 + H_2O$。

十一、2018 年全国Ⅰ卷第 36 题

化合物 W 可作高分子膨胀剂，一种合成路线如下：

反应①：$ClCH_2COOH + Na_2CO_3 \longrightarrow ClCH_2COONa + NaHCO_3$，

$ClCH_2COOH + CO_3^{2-} \longrightarrow ClCH_2COO^- + HCO_3^-$；

或 $2ClCH_2COOH + Na_2CO_3 \longrightarrow 2ClCH_2COONa + CO_2\uparrow + H_2O$，

$2ClCH_2COOH + CO_3^{2-} \longrightarrow 2ClCH_2COO^- + CO_2\uparrow + H_2O$。

反应②：$ClCH_2COONa + NaCN \xrightarrow{\text{二甲亚砜}(CH_3)_2SO} CNCH_2COONa + NaCl$。

反应③：$2CNCH_2COONa + 2H_2SO_4 + 4H_2O \longrightarrow 2HOOCCH_2COOH + (NH_4)_2SO_4 + Na_2SO_4$，

基础之源：$(CN)_2(N\equiv C-C\equiv N) + H_2SO_4 + 4H_2O \longrightarrow HOOCCOOH(草酸) + (NH_4)_2SO_4$。

反应④：$HOOCCH_2COOH + 2CH_3CH_2OH \xrightarrow[\triangle]{\text{浓硫酸}} CH_3CH_2OOCCH_2COOCH_2CH_3 + 2H_2O$。

基础之源：$CH_3COOH + CH_3CH_2OH \xrightarrow[\triangle]{\text{浓硫酸}} CH_3COOCH_2CH_3 + H_2O$，酯化（取代）反应。

反应⑤：1）$H_5C_2OOCCH_2COOC_2H_5 + ClCH_2COOC_2H_5 + C_2H_5ONa \xrightarrow{C_2H_5OH}$
$H_5C_2OOCCH_2CH(COOC_2H_5)_2 + NaCl + CH_3CH_2OH$；

2）$H_5C_2OOCCH_2CH(COOC_2H_5)_2 + C_6H_5CH_2Cl + C_2H_5ONa \xrightarrow{C_2H_5OH}$

$C_6H_5\!-\!\!\begin{array}{c}COOC_2H_5\\|\\-COOC_2H_5\\|\\COOC_2H_5\end{array} + NaCl + CH_3CH_2OH$。

源自题图中的信息。

反应⑥：$\underset{C_6H_5}{\overset{COOC_2H_5}{\underset{COOC_2H_5}{\text{—COOC}_2H_5}}} + 6H_2 \xrightarrow{\text{催化剂}} \underset{HO}{\overset{C_6H_5\ \ OH}{\text{—}\underset{\boxed{G}}{\text{—}}\text{—OH}}} + 3CH_3CH_2OH$。

更新了知识：从图可以更新中学有机化学知识：可由 1mol 乙酸乙酯制备 2mol 乙醇：

$CH_3COOCH_2CH_3 + 2H_2 \xrightarrow{\text{催化剂}} 2CH_3CH_2OH$，氧化还原反应。

最后的反应：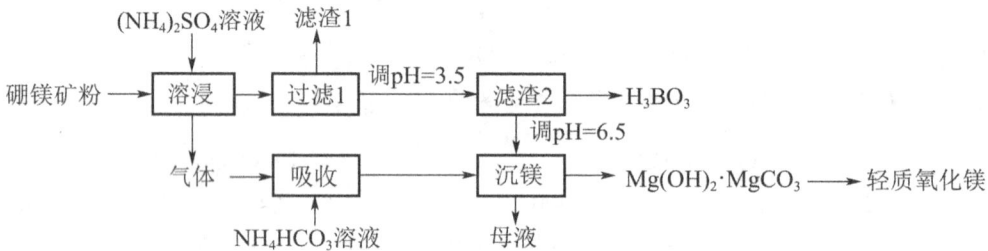

$2H_2S$，取代反应。

十二、2019年全国Ⅰ卷第26题

硼酸（H_3BO_3）是一种重要的化工原料，广泛应用于玻璃、医药、肥料等工艺。一种以硼镁矿（含 $Mg_2B_2O_5 \cdot H_2O$、SiO_2 及少量 Fe_2O_3、Al_2O_3）为原料生产硼酸及轻质氧化镁的工艺流程如下：

（1）"溶浸"：在 95℃ "溶浸" 硼镁矿粉。

$Mg_2B_2O_5 \cdot H_2O + 2(NH_4)_2SO_4 + 2H_2O \xrightleftharpoons{95℃} 2NH_3\uparrow + 2NH_4B(OH)_4 + 2MgSO_4$。

（2）"调 pH = 3.5"：$H^+ + B(OH)_4^- \rightleftharpoons H_3BO_3 + H_2O$。

（3）"吸收"：$NH_3 + NH_4HCO_3 \rightleftharpoons (NH_4)_2CO_3$。

（4）"沉镁"：$2Mg^{2+} + 2H_2O + 3CO_3^{2-} \rightleftharpoons Mg(OH)_2 \cdot MgCO_3\downarrow + 2HCO_3^-$。

十二、2019年全国Ⅰ卷第27题

硫酸铁铵 [$NH_4Fe(SO_4)_2 \cdot xH_2O$] 是一种重要铁盐。为充分利用资源，变废为宝，在实验室中探究采用废铁屑来制备硫酸铁铵，具体流程如下：

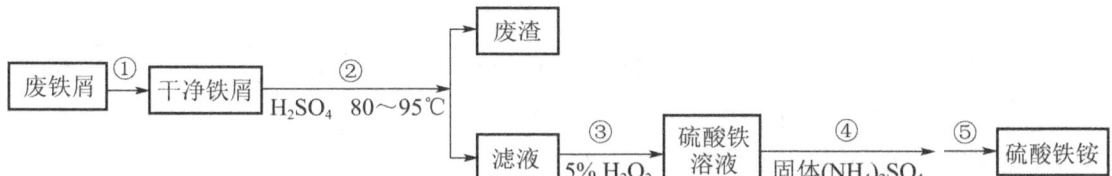

(1) 去除废铁屑表面的油污：

RCO—OCH₂   CH₂OH
RCO—OCH +3NaOH $\xrightleftharpoons{\Delta}$ 3RCOONa + CHOH ；
PCO—OCH₂   CH₂OH

(2) "H_2SO_4 80~95℃"：$Fe + H_2SO_4(稀) = FeSO_4 + H_2\uparrow$；$FeS + H_2SO_4(稀) = FeSO_4 + H_2S\uparrow$；

(3) 吸收有毒气体：$2NaOH + H_2S = Na_2S + 2H_2O$；

(4) "滤液+5%H_2O_2"：$2FeSO_4 + H_2O_2 + H_2SO_4(稀) = Fe_2(SO_4)_3 + 2H_2O$；$2H_2O_2 = 2H_2O + O_2\uparrow$；$Fe^{3+} + H_2O \rightleftharpoons Fe(OH)_3 + 3H^+$；

(5) "固体$(NH_4)_2SO_4$"：$(NH_4)_2SO_4 + Fe_2(SO_4)_3 + 24H_2O = 2[NH_4Fe(SO_4)_2·12H_2O]$。

十三、2019年全国 I 卷第 36 题

化合物 G 是一种药物合成中间体，其合成路线如下：

反应①：5 [结构式] +2KMnO₄+3H₂SO₄(稀)→5 [结构式] +K₂SO₄+2MnSO₄+8H₂O，氧化还原反应；

反应②：[结构式] +HCHO $\xrightarrow{OH^-}$ [结构式]，加成反应；

反应③：5 [环己酮-CH₂OH结构] + 4KMnO₄ + 6H₂SO₄(稀) ⟶ 5 [环己酮-COOH结构] + 2K₂SO₄ + 4MnSO₄ + 11H₂O，氧化还原反应；

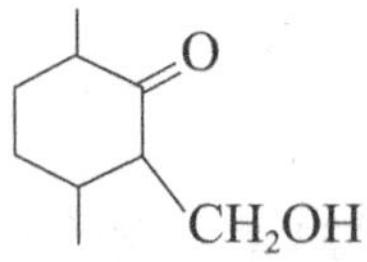

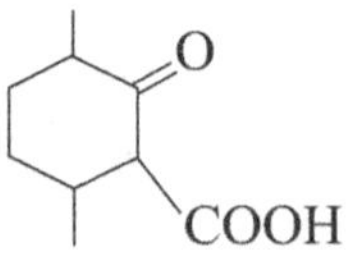

反应④：逆推知道，D 跟乙醇的酯化反应：

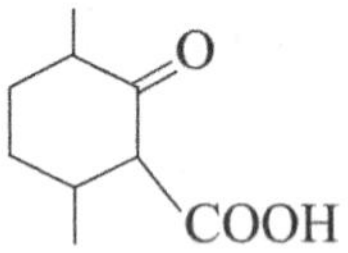

[环己酮-COOH结构] + CH₃CH₂OH $\xrightarrow[\triangle]{浓硫酸}$ [环己酮-COOC₂H₅结构] + H₂O，酯化反应或取代反应；

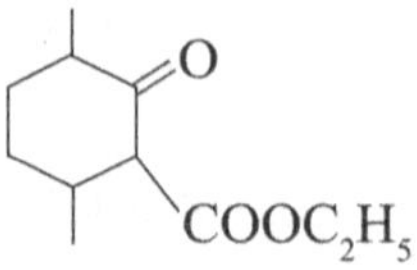

反应⑤：[环己酮-COOC₂H₅结构] + CH₃CH₂CH₂Br $\xrightarrow{C_2H_5ONa/C_2H_5OH}$ [带丙基的环己酮-COOC₂H₅结构] + HBr；

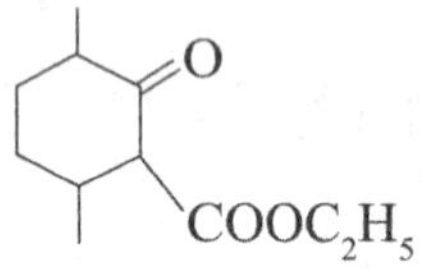

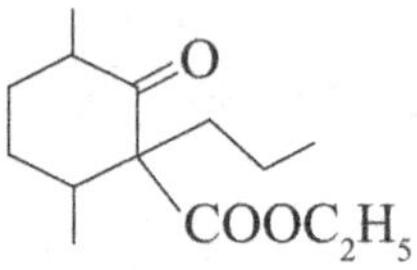

（CH₃CH₂ONa + HBr ⟶ CH₃CH₂OH + NaBr；前步将—COOH 转变为—COOCH₂CH₃ 的目的是避免 CH₃CH₂ONa 无益消耗；也不能用水作溶剂，因为：CH₃CH₂ONa + H₂O ⟶ CH₃CH₂OH + NaOH，水解反应很彻底）取代反应；

反应⑥的反应分两步完成，方程式依次为：[带丙基的环己酮-COOC₂H₅结构] + NaOH $\xrightarrow{\triangle}$ [带丙基的环己酮-COONa结构] + C₂H₅OH、[带丙基的环己酮-COONa结构] + HCl ⟶ [带丙基的环己酮-COOH结构] + NaCl。

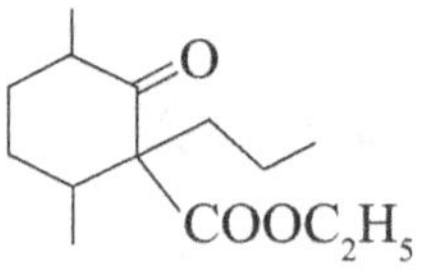

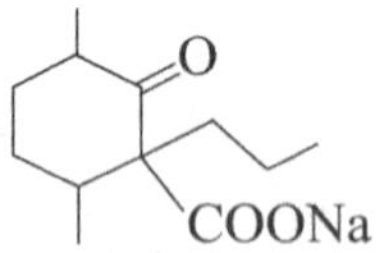

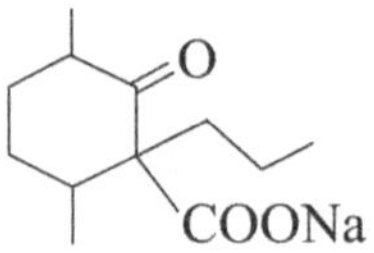

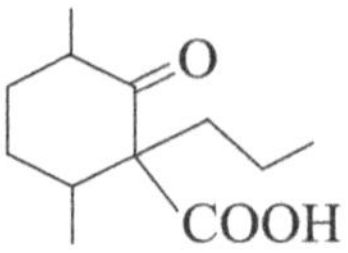